国境を生きる

マレーシア・サバ州、海サマの動態的民族誌

Nagatsu Kazufumi
長津一史

木犀社

はじめに

「二一世紀はボーダーレスの時代になる」――冷戦体制崩壊後、世界中に広まったこの予見は、新しい世紀に入ってわずか二〇年弱のあいだに大きく揺らぐようになった。

紛争や貧困を逃れたアフリカや中東の人たちが、ヨーロッパに新天地を求め、生死を賭して地中海やバルカン半島をわたる。この一〇年のあいだ、そうした越境移動が未曾有の規模で繰り返されてきた。二〇一五年、EU各国は一三〇万人を越える「難民」の庇護申請を受けつけた。他方、EU各国の住民は移民の急増に対して不満を募らせ、排外主義を急速に伸張させている。こうした状況のもと、EU各国は移民の規制に乗り出さざるをえなくなっている。[柄谷（ウェブ）2018]。

ボーダーレス化で存在意義を失うはずだった「国境」は、国境を越えようとする人とかれらを押し戻そうとする人、国境を開こうとする人と閉じようとする人がせめぎ合う、現実と言説双方の場で、いまあらためて焦点化されるようになっている［ブルーベイカー 2016］。

わたしたちの世界にかくも深く関与しつづける国境とは、そもそも何なのだろうか。それはどのような意味を持っているのだろうか。本書はこの問いから始まる。ただしこの本が依拠するのは、政府や国家や国際機関の視点ではない。国境を生きる人びとの視点からいま述べた問いを探ること――これこそが本書の目指すところである。

本書の舞台は、島嶼部東南アジアに位置するマレーシアのサバ州である。一九六三年にマレーシアへの加盟を通じてイギリス植民地から独立して以来、サバ州では、隣接するフィリピンやインドネシアとの国境をめぐる軋轢が途絶えたことがない。同州は、いわば国境問題の「先駆的地域」である。

他方、サバ州の沿岸部に住む人びとは、植民地期以前から現在の国境をまたぐ広大な生活圏を生きてきた。かれらの一部はサバ州でマレーシア国民の地位を得たが、他の人びとは「移民」ないし「難民」と位置づけられた。そうしたかれらの双方にとって、国境をめぐる国家間の問題は、日常生活のなかでそれにどう対処していくのか、いかに国境を生きるのかという問題として現れる。そうしたかれらの生きざまを、読者とともに探っていくことにしたい。

この本がとくに焦点をおくのは、マレーシア・サバ州とフィリピンとの国境海域に住む海サマを名乗る人たちである。海サマはサマを自称とする民族の一集団で、バジャウという民族名でも知られる。本書の主題は、この海サマと近代国家とのかかわり、そしてかれらにとっての国境の意味を、フィールドワークにもとづいて具体的に考えていくことにある。

海サマは、かつて家船《えぶね》を住まいとして、東南アジアの島と海を移動し、魚やナマコを採捕する生活を営んでいた。欧米諸国が東南アジアを植民地化し、その植民地を引き継いだ国民国家が成立するなかで、かれらの住む島と海は、マレーシア、フィリピン、インドネシアの国境によって分断された。しかしその後も海サマは、国境を越えて島々を往来する暮らしを営み続けてきた。かれらの国境を越える社会関係や経済活動は、いまも維持されている。

線引きの難しい海の世界で営まれてきたかれらの生活は、一見すると、国家や国境とは無関係なようにみえる。そうした人びとを対象として、なぜ国家や国境との関係を問題にするのだろうか。この民族誌は、サバ州でのフィールドワークに基づいている。しかしわたしは、その調査に先だち、海サマと国家との関係を研究テーマとしていたわけではない。もともとは、漁業活動をめぐる社会関係が調査テーマであった。海サマと国家との関係というテーマは、調査を始めてからのフィールドでの「発見」を契機として浮かびあがってきたものである。

マレーシアで調査を始める前の一九九三年と一九九四年に、わたしは断続的にフィリピン南部のシタンカイ島で修士論文のためのフィールドワークをおこなった。シタンカイ島はスル諸島の南西端に位置する。当時の島の人口は約二万人で、そのうち海サマが約三割、タウスグが約四割、陸サマが約二割を占めるといわれていた。

シタンカイ島では、ほぼすべての海サマが零細漁民であり、経済面でタウスグや陸サマに対して従属的な立場におかれていた。漁獲物の仲買と流通はタウスグや陸サマが独占していた。海サマの経済状況は、これら近隣の集団に比べて著しく劣っていた。タウスグや陸サマは、商取引において海サマを露骨に卑下し、海サマが商店の内側に立ち入ることを拒むことさえあった。

シタンカイ島に隣接するボンガオ島を訪れたとき、幼子二人を連れた海サマ夫婦が漁具店の外、炎天下で一〇分以上、待たされていた。夫婦も子どもも裸足である。マッカ巡礼の経験者であることを示す白い毛糸編の帽子を被った男性店主――わたしに同行していた海サマによればタウスグ――は、かれらの眼前に漁網用のナイロン糸の束とお釣りらしい紙幣を投げ捨てた。わたしが目にした「商取引」の例である。

海サマに対するタウスグや陸サマの蔑視と差別は、海サマをイスラームから排除された人びととみなす偏見に根ざしている。スル諸島ではムスリム（イスラーム教徒）が人口の圧倒的多数を占める。タウスグや陸サマは古くから――かれらの認識ではイスラームがスル諸島に伝来した一四世紀から――のムスリムである。他方、海サマは、二〇世紀の前半になってはじめてイスラームを受容し始めたとされる。とはいえ調査時には、ほぼすべての海サマが自らをムスリムだと考え、イスラームを実践していた。にもかかわらず、タウスグや陸サマは、かれらをムスリムと認めなかった。海サマを「アッラーに呪われた民」とする神話がその根拠だった。こうした偏見のため、タウスグらは海サマとの結婚も禁忌とみなしていた。

二年後の一九九七年、わたしはマレーシア・サバ州のカッロン村（仮名）でフィールドワークを始めた。村はサバ州南東岸のセンポルナ郡に位置する。シタンカイ島までの距離は、国境を隔ててはいるものの、わずか九〇キロメートルでしかない。人口は約六五〇〇人で、海サマが多数を占めた。センポルナ全体の人口は約一一万で、陸サマがその約七割強、海サマが約一割、タウスグが約一割を占めると推測された（残りは華人等）。

調査の開始後、ほどなくして気づいたのは、センポルナにおける海サマの位相がシタンカイ島のそれと著しく異なることであった。カッロン村では、海サマの生業は公務員や商店勤務など多様化していた。経済面でかれらは、陸サマなどにかならずしも劣っていなかった。海サマと陸サマや他地域のムスリム、たとえばマレー半島出身のマレー人との通婚も少なからずみられた。海サマは地方政治で主要なアクターとしての地位を得ており、郡レベルの行政職に就いている人もいた。

とりわけ驚いたのは、カッロン村の海サマが地域社会で広くムスリムとして認められていたことである。かれらは、センポルナでもっとも敬虔なムスリム集団だ、と語られることさえあった。ここでは、イスラームの語りを装った海サマに対する差別的な神話が公に語られることはなかった。

タウスグや陸サマを支配層、海サマを前二者に従属する最下層と位置づける階層的な民族間関係は、かつてスル諸島に栄えたイスラーム国家、スル王国の政治経済的な文脈に生成したものである。スル王国は二〇世紀初頭までに事実上、消滅した。しかし、シタンカイ島を含むスル諸島では、その民族間関係が現在に至るまで維持されている。センポルナでも、一九七〇年代頃までは同様の民族間関係が残っていた。しかし、それはいまや過去のことになっている。

このようにカッロン村の海サマは、シタンカイ島の海サマとは対照的な社会上昇を果たしていた。そうした社会変容がマレーシアとサバ州という国家の文脈に生じたことは、疑いのないことであった。

他方でわたしは、カッロン村の海サマが別の問題を抱えていることにも気づかざるをえなかった。それは、「先住者」と「移民／難民」という国籍を基準とする社会的亀裂の深刻化であった。「先住者」はマレー語で「住民」を意味するpenduduk の訳語である。「先住者」としたのは、この語が現地の文脈では「元来（asli）の住民」の意味で使われていたからである。

一九七〇年代の前半以降、フィリピン南部におけるムスリム分離独立勢力と政府軍との内戦を逃れた「難民」がセンポルナに大量流入する。「先住者」の認識にしたがえば、その一九七〇年代前半までにカッロン村に移住していた海サマたちが「先住者」である。そのなかには、シタンカイ島などからの「移民」も含まれる。他方で一九七〇年代前半より後にカッロン村に移住してきた海サマは「移民／難民」になる。

先述のように、この地域の海サマは国境をまたぐ生活圏を生きてきた。親子やキョウダイが、マレーシア側とフィリピン側に分かれて暮らすことは珍しいことではない。かれらのうちある人がマレーシア国民として登録されて「先住者」になり、別の人が登録されずに「移民／難民」になったのは、単なる歴史の偶然にすぎない。にもかかわらず、この不可視の境界線は、日々の付き合いや結婚のような社会関係、村内の微細な権力の配置から、さらには宗教実践における権威、正しさといった信仰の領域にまでも入り込み、そこにいびつな分断をもたらしていた。

ある「先住者」の海サマは、自分の娘が「移民」の海サマと結婚することに強く反対した。彼は「『移民』は同じ海サマであっても『文化（budaya）が違う』のだ」と主張した。シタンカイ島出身の海サマのイマム（導師）は、サバ州のイスラーム機関による認証を受けていないため、カッロン村のモスクで礼拝を導くことを禁じられていた。かれらがおこなうイスラームは「そもそも正統ではない（tidak sah）」とモスク青年部に属する「先住者」の海サマは説明した。

一九七四年と一九七九年にカッロン村で短期調査をおこなったクリフォード・セイザー（Clifford Sather）は、

当時すでに、国籍の有無を基準とする海サマ社会の分断が進展し始めていたことに言及している。セイザーは、かつてセンポルナ社会にみられたタウスグや陸サマに対する海サマの従属は、いまや海サマ社会内部の「先住民」に対する「移民／難民」の従属に転化していると指摘した［Sather 1984: 24］。両者のあいだの社会経済面での非対称性は、その後さらに深刻化し、いまでは信仰の領域にまで影響を及ぼしていたのである。

そうしたカッロン村の社会空間にあったのは、近代国家の論理が人びとの心のなかに刻み込んだ内なる国境ともいうべき境界線であった。

センポルナとスル諸島のあいだに引かれた国境は、もともと欧米の植民地勢力が互いの支配領域を区分するために設けた恣意的な分割線にすぎない。しかしそれは、徐々にこの海域における社会や文化の断絶線として機能するようになった。二地域の海サマは、国境を越えて広がる自前の生活圏を生きると同時に、マレーシアとフィリピンという国境で区切られた二つの異なる社会的、文化的文脈をも生きてきた。海サマと国家とのかかわりというテーマは、こうしたフィールドにおける現実の「発見」を通じて設定されたのである。

一九九〇年代末以降の東南アジア研究では、近代国家の主流に位置する政策決定者や政治経済エリートの立場からではなく、国境周辺を生きる人びとのような周縁社会から、国民統合やナショナリズム、経済開発、さらにはグローバル化を捉え直し、東南アジアにおけるオルタナティヴな国家経験を探ろうとする論考が増加した（たとえば Evans; Hutton; and Kuah eds.［2000］、Duncan ed.［2004］、加藤（編）［2004］、片岡［2006］、林（編）2009、長津・加藤（編）［2010］）。

これらの研究の多くは、国境と密接に関係しながら人びとが日々の生活を紡いでいる社会を対象としてきた。そうした社会を国境社会（border society）と呼ぼう。

島嶼部東南アジアの民族誌研究では、床呂郁哉がフィリピン・スル諸島とマレーシア・サバ州との国境にまたがって住むサマ（海サマを含む）を対象として、越境移動や密貿易をはじめとするサマ社会と国家・国境との相互作用を詳細に論じている［床呂 1999］。ナターシャ・スティシー（Natasha Stacey）は、東インドネシアのサマ漁民が、オーストラリア政府の沿岸管理政策を含むマクロな政治の文脈に巻き込まれながら、オーストラリア北岸に向かう越境航海と国境海域での資源利用を展開させてきたことを、聞き取りと歴史資料をもとに丹念に跡づけている［Stacey 2007］。石川登は、マレーシア・サラワク州とインドネシアとの陸の国境地帯に着目し、その地域の国民や民族や村落が近代国家の浸透過程でいかに形成・再編されてきたのかを社会史的な視点から綿密に描き出している［石川 2008］。

この本は、これらの先駆的な研究を参照しつつ、①民族の生成と再編、②開発過程と社会の再編、③イスラーム化と宗教実践の変容の三つの課題を設定して、国境を生きる海サマの社会文化変容をより多元的、複合的な現象として描こうとする。先にみたように、調査地では、国境の論理が、経済や政治の領域のみならず、宗教のような文化ないし精神の領域にまで介入し、そのあり方を変容させていた。本書の意義は、ひとつの国境社会の変容をこうした包括的な視点で捉え、その歴史過程のダイナミクスをフィールドでの参与観察をもとに論じることにある。

文化人類学や東南アジア研究における国境周辺への注目は、東西冷戦体制が崩壊した一九八〇年代末以降のグローバル化、すなわち大量の人・モノ・カネが国境を越えて流動する地球規模の歴史過程に研究の関心が移行していく過程と連動していた。しかしながら、序章で詳しく論じるように、東南アジアでは、グローバル化はかならずしも国民国家の衰退やボーダーレス社会の生成を促したわけではなかった。

エヴァンスらの研究［Evans; Hutton; and Kuah eds. 2000］は、一九九〇年代初頭以降の大陸部東南アジアの国境、とくに中国との国境の周囲に暮らす山地少数民族の社会経済変容を論じる。冷戦が終結した一九八〇年代末以降、中国および隣接する東南アジア諸国はつぎつぎと国境を開放した。しかし、これを契機に国境の周辺は、各国政府の直接的な干渉の対象にされる。エヴァンスらの研究は、その結果、かつてボーダーレスだった山地少数民族のあいだで、国境や国家領域が逆に可視化され、国境が政治経済面の境界として実質的な意味を持つようになったことを指摘する。本書が取りあげるスル海域でも同様に、一九九〇年代以降の国境の開放は、越境移動に対する国家の管理システムの厳格化と同時に進行した。

国境とは、あらゆる生活領域を単一の国家システムに包摂し、あるいはそこから排除する近代国家のもっとも基本的な装置のひとつである［石川 2008: 9］。冷戦終結後のグローバル化も、ＥＵ内部を除き、国境のこうした本質を大きく変質させることはなかった。現在までそれは、あくまで既存の国民国家システムを前提とした、いわば国家が管理するトランスナショナリズムとして展開してきたからである。

しかし、このように述べたからといって、東南アジアの国境を生きる人びとが、単に受動的に国民国家に囲い込まれ、包摂され、馴化されてしまったわけではもちろんない。かれらの多くは、国家の存在を前提としつつも、国境の意味をさまざまに読み替え、柔軟に自らの社会や文化を再構築しようとしてきた。この本では、こうした国境社会と国家との相互作用とそのダイナミクスにこそ目を向けようとするのである。

海サマの越境性や跨境性《こきょう》に着目した従来の研究は、かれらを「国境なき自由な海の民」［鶴見 1987］や「国境を逆手にとって生きる人びと」［床呂 1999］等として描いてきた。これに対して、本書では、海サマを「国家と対峙しながら国境を生きる人びと」として描こうとする。スル海域の国境地帯に住む海サマのリアリティは、当然、これらの表象のいずれかに一元的に回収されるわけではない。しかし、上に挙げた研究も本書も、海サマをいわたしたちのようには近代国家に包摂されていない人びととして描こうとする点では共通する。その表象の様式が、一九八〇～九〇年代にポストモダン人類学者らがその政治性とフィクション性を批判した、民族誌リアリズムの表象の様式になっていることは、否定できないだろう。

そのことを批判したいのではない。そうではなく、わたしはそうした表象を、人類学者の松田素二がいう「戦術的リアリズム」の手法として位置づけたいのである［松田 1996］。

松田は、ポストモダン人類学者による民族誌リアリズムの否定に抗い、民族誌がディスコースの世界に自閉してしまうことから逃れるために、人類学が「フィクションの構築でもなく、本質的なファクトの提示でもない、変革の意志をもった戦術的リアリズム」をもって異文化を創造的に描いていくことを提唱する。それは、現実の「世界を覆う支配の力と対峙する」フィールドの人びとの日常の創造性に共鳴し、民族誌を書くことが持つ政治性や政治的意図を否定せずに、その創造性をかれらの視点から描こうとする立場である［松田 1996: 39-43］。松田の立場に賛同したい。

この本では「近代国家と対峙する人びと」として海サマを描く。その書く行為は、近代国家の恣意性や暴力性に留意しつつ、国境を生きる周縁者の視点から社会と国家とのオルタナティヴな関係を展望しようとする意図のもとに採用した、わたしの戦術的リアリズムに立脚している。このことを、はじめに宣言しておこう。


この本は、研究の視点と立場を整理した序章、フィールドワークについて説明した一章、本論部分にあたる一〇の章、および結びの章で構成される。本論部分は、先述した三つの課題に対応する三つの部、すなわちⅠ部「民族の生成と再編」、Ⅱ部「開発過程と社会の再編」、Ⅲ部「イスラーム化と宗教実践の変容」に分かれる。

Ⅰ部には三つの章が含まれる。二章では、海サマと他の関連する民族について概説した後、海サマに関する主な先行研究をまとめる。三章では、植民地期から調査時までの対象地域の歴史過程を概観する。センポルナは、一九世紀末〜二〇世紀初頭にイギリス系植民地の統治下におかれるまでは、イスラーム国家、スル王国の支配下にあった。この章では、スル王国の勢力拡大とそれに連動した民族の生成過程を跡づけ、併せてスル王国の政治システムとイスラーム状況を整理する。

四章では、植民地期から現在までを時間軸とするサバ州のバジャウ（海サマを含む）の民族表象の変容を、公文書における行政官らの記述とバジャウ自身の語りの双方を相関的に取りあげて考察する。

Ⅱ部には三つの章が含まれる。五章ではセンポルナ社会の変容を描く。まず着目するのは、民族間の関係および国籍保有者と非国籍保有者との関係の変化である。それらの変化をまとめたうえで、後半部では、植民地支配を契機とするローカルな政治的権威の変遷を跡づける。

六章では、カッロン村の社会構成と村の形成に至るまでの歴史を概観する。冒頭でみたようにカッロン村では、「先住のサマ」と「移民／難民」のサマとの社会的分断が生じている。前半では、そうした分断がもたらした差異を含め、カッロン村の社会的・政治的構成を空間的に把握できるように集落を記述する。後半では、いま述べた社会的分断を、村の住民と世帯についての統計的データによりながら客観的に提示する。そのうえで最後には、船上生活から定住化に至るまでの歴史を短く跡づける。

七章で論じるのは、カッロン村の開発をめぐる社会動態の展開である。ここでは、マレーシアを枠組みとするカッロン村の開発の政治過程を辿り、その過程に生じた社会関係の断絶や再編を整理しつつ、同村における開発の現れ方とその社会的意味を検討する。

Ⅲ部には四つの章が含まれる。八章では、サバ州におけるイスラーム行政の展開を整理し、その制度面にみられるいくつかの特徴を指摘する。九章では、カッロン村における海サマのイスラーム化を論じる。ここではかれらのイスラーム化を、国家を枠組みとするイスラームの制度化と、海サマが地域社会でムスリムとして認められ、脱周縁化しようとする社会的実践とが交錯した複合的な社会現象として理解することを試みる。

一〇章では、海サマの宗教実践の基本構成を、イスラーム化以前から続くと思われる「伝統的」な信仰や儀礼と、イスラームの教師らが承認する「イスラーム的」な信仰と儀礼に分けて説明する。その説明をふまえて一一章では、海サマの宗教実践の変容を論じていく。具体的に取りあげるのは、イスラーム化の過程で衰退したマグンボ・パイ・バハウ儀礼と、それとは対照的にイスラーム化にともなって盛んに実施されるようになったマガルワ儀礼である。前者は、初米収穫時に祖先霊に向けておこなう儀礼、後者はイスラーム暦第八月（シャアバーン）後半に死者の霊の平安をアッラーに祈願する儀礼である。これら二つの儀礼の記述と分析をもとに、どのようなメカニズムで儀礼は再編されたのか、またその過程ではいかなる社会的な対立や葛藤が生じたのかを、国家の信仰への介入に留意しながら考察する。

結びの章では、イスラーム化と宗教実践再編の歴史過程に焦点をおいて、海サマと国家・国境との相互作用ならびにそのダイナミクスについての本書の解釈をまとめる。ここではとくに、公的イスラームの受容にともなう海サマの宗教実践の再編をかれらの文化適応の一様式として理解することを試みる。最後には、本書を基点とする比較研究の可能性を展望し、この本の結びとする。

【目次】

六　海上集落の構成と歴史——調査地カッロン村の概況——

1　村の景観と人口　173

海上集落としてのカッロン村

村の社会空間

村の人口構成

2　親族と世帯　181

親族関係

世帯

世帯構成の持続と変化

ロオク

3　国籍の意味——村の経済と社会的分節　196

生業を指標とした村の経済水準

経済格差とその背景

社会カテゴリーとしての「先住者」と「移民」

「保証人」から「先住者」へ——差異化の言説の変遷

4　定住化までの歴史——植民地期の海サマ　203

Ⅲ　イスラーム化と宗教実践の変容

ヌサ・トゥンガラ：Nusa Tenggara
バニュワンギ：Banyuwangi
バシラン：Basilan
ハドラマウト：Hadhramaut
バンジャルマシン：Banjarmasin
プトラ・ジャヤ：Putra Jaya
ブトン：Buton
バラギギ：Balangingi
パラワン：Palawan
バランバガン：Balambangan
バンガイ：Banggai
ブラウ：Berau
ブルネイ：Brunei（一王国：Kesultanan Brunei）
ブンブン（島）：Bum-Bum
ペナン：Penang
ペラク：Perak
ボネ：Bone（一王国：Kesultanan Bone）
ホロ：Jolo
ボンガオ：Bongao
マッカ：Macca
マナド：Manado
マインブン Maimbun
マカッサル：Makassar
マギンダナオ：Maguindanao（一王国：Kesultanan Maguindanao）
マラトゥア：Maratua
マラヤ：Malaya（一連邦：Federation of Malaya）
マルク：Maluku
マレー：Malay（一諸島：Malay Archipelago
一半島：Malay Peninsula）
ミンダナオ：Mindanao
ムラカ：Melaka
メイク：Myeik
メダン：Medan
メルギー：Mergui
ラハド・ダトゥ：Lahad Datu
リアウ・リンガ：Riau-Lingga
ロティ：Roti
ワンギワンギ：Wangi-Wangi

主な地名・植民地名の日本語 - 原語対照表（50音順）

イギリス北ボルネオ：British North Borneo
イギリス（英）領マラヤ：British Malaya
ウビアン：Ubian
オランダ（蘭）領東インド：Nederlands-Indië (Dutch East Indies)
カリマンタン：Kalimantan
ガヤ：Gaya
カンゲアン：Kangean
キナバタンガン：Kinabatangan
クアラ・ルンプル：Kuala Lumpur
クダ：Kudah
クダト：Kudat
クナク：Kunak
クランタン：Kelantan
クンダリ：Kendali
ゴア：Goa（—王国：Kesultanan Goa）
コタキナバル：Kota Kinabalu
コタブルド：Kota Belud
サバ：Sabah（—州：Negeri Sabah）
サプカン：Sapeken
サラワク：Sarawak（—州：Negeri Sarawak）
サンガ・サンガ：Sanga-Sanga
サンダカン：Sandakan
サンボアンガ：Zamboanga
シタンカイ：Sitangkai
シバウド：Sibaud
シムヌル：Simunul
ジャワ：Jawa
ジョホル：Johor
スマトラ：Sumatera
スランゴル：Selangor
スル：Sulu（—王国：Kesultanan Sulu
—諸島：Sulu Archipelago）
センポルナ：Semporna（—郡：Daerah Semporna）
タウィタウィ：Tawi-Tawi
タロ：Talo（—王国：Kesultanan Talo）
タワウ：Tawau
トミニ：Tomini
トリトリ：Toli-Toli
ヌグリ・スンビラン：Negeri Sembilan

主な政府機関・政党・政策等の略称　日本語 - 原語対照表

Berjaya：サバ大衆団結党。通称ブルジャヤ党（Parti Bersatu Rakyat Jelata Sabah）
BN：国民戦線（Barisan Nasional）
EAGA：東アセアン成長地域（East ASEAN Growth Area）
JAKIM：マレーシア・イスラーム開発局（v）
JHEAINS：サバ州イスラーム局（Jabatan Hal Ehwal Agama Islam Sabah）
JKKK：村落治安開発委員（Jawatankuasa Kemajuan dan Keselamatan Kampong）
KAFA：クルアーンとイスラームの義務教室（Kelas Al-Quran dan Fardhu Ain）
MUIS：サバ・イスラーム評議会（Majlis Ugama Islam Sabah）
NCAC：原住民首長諮問評議会（ＮＣＡＣ）
NEP：新経済政策（New Economic Policy）
PAS：汎マレーシア・イスラーム党（Parti Islam Se-Malaysia）
PBS：サバ統一党（Parti Bersatu Sabah）
PIP：プタタン・イスラーム協会（Persatuan Islam Putatan）
PIS：サバ・イスラーム協会（Persatuan Islam Sabah）
PIT：タワウ・イスラーム協会（Persatuan Islam Tawau）
USIA：統一サバ・イスラーム協会（United Sabah Islamic Association）
USNO：統一サバ国民組織（United Sabah National Organisation）
UMNO：統一マレー人国民組織（United Malay National Organisation）
UNKO：統一国民カダザン組織（United National Kadazan Organisa-tion）と、統一

『国境を生きる』

正誤表

本書に次のような表記の誤りがありました。お詫びして訂正いたします。

ページ / 該当箇所	誤	正
24 / 4行目	JAKIM:マレーシア・イスラーム開発局（v）	JAKIM:マレーシア・イスラーム開発局（Jabatan Kemajuan Islam Malaysia）
24 / 6行目	JKKK：村落治安開発委員	JKKK：村落治安開発委員会
24 / 9行目	NCAC：原住民首長諮問評議会（NCAC）	NCAC：原住民首長諮問評議会（Native Chiefs' Advisory Council）
24 / 19行目	UNKO：統一国民カダザン組織（United National Kadazan Organisa-tion）と、統一	UNKO：統一国民カダザン組織（United National Kadazan Organisation）
145 / II部のタイトル	開発過程と社会	開発過程と社会の再編
286 / 註の下から3行目と4行目	「聖クルアーン・アラビア語・日本語検索」（http://cgi.members.interq.or.jp/libra/nino/quran/）	「聖クルアーン日亜対訳」（http://islamjp.com/quran/quran000.htm 2018年10月1日参照）
380 / 「儀礼の創造的再構築」の10行目	一九八〇年以降	一九八〇年代以降
400 / 「クルニア」の項の4行目	州保険省	州保健省
425 / 6節目の概要文末尾	詳細は付録資料2を参照。	詳細は付録5を参照。

9．イスラームに関する語彙については次の原則を採用する。
(1) アッラー、クルアーン、シャリーア、ハディース、マッカなどのイスラームに関するもっとも基本的な語彙については、日本のイスラーム研究で一般的になっているアラビア正則語にしたがったカタカナ表記を使用する。イスラーム（ヒジュラ）暦の月名や義務礼拝の名称についても同様に扱う。これらのカタカタ表記は、大塚他編［2001］に基づく。ただし、調査地で日常的に使われる呼び名のイマム（イマーム）、ウスタズ、ハティブは、このとおり表記する。またモスクは日本語としてすでに定着しているので、このカタカナ表記を用いる。
(2) 他のイスラームに関する語彙は、マレー語あるいはサマ語の慣用的な表記、発音にしたがってカタカナで表記する。この場合の表記の原則は上記4のとおり。

10. マレーシアの通貨はマレーシア・リンギ（Ringgit Malaysia）。調査時の1990年代末、1リンギは約30円であった。

11. 植民地史料、行政文書の引用原典については、下記の略称を使用する。また、新聞については「月 日，年」の順に出典を記す（例：January 1, 1997）。
BNBH: The British North Borneo Herald and Official Gazette（出典記載は新聞に準ずる）
CO: Colonial Office（イギリス公文書館所蔵の資料。CO 674/01のように後に続く数字は資料番号を示す）
DOSM: Department of Statistics, Malaysia
GSNB: Government of the State of North Borneo
NBCA: North Borneo Central Archives Files（マレーシア・コタキナバル、サバ州立文書館所蔵の資料。NBCA 874のように後に続く数字は資料番号を示す）
NBNST: The North Borneo News and Sabah Times（新聞）
NSO-RP: National Statistics Office, Republic of the Philippines

に転化することが多いが、イスラーム知識人らは[z]と発音するようになっている。イスラームの語彙として定着している単語の[z]は“z”で記す（例：“ustaz”）。
(2) [ə]は“ə”、[ŋ]は“ng”、[ñ]は“ny”で記す。
(3) 声門閉鎖音は“q”であらわす。
(4) 母音間にあらわれる[q]は省略する（例：[alaqat]は“alaat”）。
(5) 反復の形態をとる語彙は“-”でつなぐ（例：təbba-təbbahan）。
(6) 借用語（主にマレー語）の[r]は[l]に、[h]は[q]にしばしば転化する（例:マレー語の“rumah”はサマ語では“lumaq”）
(7) 修飾語は被修飾語の後に来る（例:「大きな」“maheyaq”「家」“lumaq”は、“lumaq maheyaq”）

6. 文献や聞き取りを引用する中でのキッコウカッコ“〔 〕”は、筆者による注記であることを示す。“……”は省略、／は改行を意味する。

7. フィールドワークにおける聞き取りのほとんどは、サマ語によっている。引用のなかでサマ語の原語表記を付す場合、それがマレー語起源の単語であっても、サマ語の発音による表記を採用する（例：マレー語の“percaya”はサマ語では“palassaya”。引用では後者を記す）。

8. 信仰や儀礼の語彙など語源を記すことに研究上の意味があると思われる語で、語源が明らかな場合は原語表記の後にそれを注記する。語源を指示するための略語と記号は、以下のとおり。
(1) [ar]アラビア語、[en]英語、[jw]ジャワ語、[my]マレー語、[pers]ペルシャ語、[skr]サンスクリト語、[ts]タウスグ語。
(2) [<my]はマレー語起源の語。語の変化が明らかなときには“palassaya<percaya[my]”のように記す。[<my/ar]はアラビア語源であるが、すでにマレー語として定着している語が語源であることを意味する。語源がアラビア語、サンスクリト語である場合の、語源の語のローマ字アルファベットによる原語表記は、原則としてマレー語化した一般的な表記にしたがう。当然のことながら、語源がマレー語や他の言語であっても、その語はしばしばサマ語の語彙として定着しており、サマ語のコンテキストのなかで用いられていることには留意されたい。
(3) サマ語であることを示す必要があるときには[sm]と付記する。

凡例

1．サマ語とマレー（ムラユ）語の主要な単語については、初出時に原語のローマ字アルファベット表記を付記する。その後は基本的にカタカナ転写ないし訳語のみを記すが、章があらたまった場合など、必要に応じて原語表記を再度、付す。

2．地名については、カタカナ表記と原語のローマ字アルファベット表記との対照表を、この凡例の後に掲載しておく。本文にはローマ字アルファベット表記を付けない。

3．主な政府機関・政党名については、日本語名称と原語のローマ字アルファベット表記、その略称との対照表（略称を先に記す）を、この凡例の後に掲載しておく。本文中では、各章の初出時に、日本語名称と原語略称と原語を記す。その後は原語の略称（例：UMNO）、あるいは日本語による簡略名称（例：国民戦線）で記す。

4．サマ語、マレー語をカタカナで表記する場合、二重子音の前以外には促音を付さず、また原則として母音には長音符号をくわえない。子音のng[ŋ]は、後に母音をともなって音節を作っている場合は「ガ」行、音節の区切りないし語尾に位置する場合は「ン」で記す（例:“pengajian”は「プガジアン」、“panglima”は「パンリマ」）。マレー語では語末の子音はしばしば発音されないが、その場合も当該の音を付す。原則として語末の“h”にはカタカナ表記をあてない。中舌・半狭のいわゆるあいまいな母音[ə]は「ウ」として扱う。サマ語では[ə]が語頭に来ることがあるが、その場合は表記しない（例:“əmboq”は「ンボ」。マレー語の原語表記は慣例によった。[ə]は一般的な表記どおり“e”で記す。上記にかかわらず、地名やカタカナ表記が日本語で一般化している語については慣例的な表記にしたがう（例:慣習を意味する「アダット（adat）」、マレーシアの通貨単位「リンギ（ringgit）」）。

5．サマ語の音素と本論文で用いる原語表記の原則は、以下のとおりである。
母音は6：i、e、a、u、o、ə（中舌・半狭の母音）
子音は17（ないし19）:p、b、m、s、l、w、t、d、(r)、n、k、j、ŋ、h、y、q、g、ñ、(z)
（1）[r]は母音間にあらわれる[d]の異音と考えられるが、語彙によってはかなり明瞭にあらわれている。音素としては確定しえないが、そうした場合には“r”で記す（例：“nakuraq”）。[z]はイスラームに関する外来語彙のなかでのみあらわれる。[j]

島嶼部東南アジアと調査地

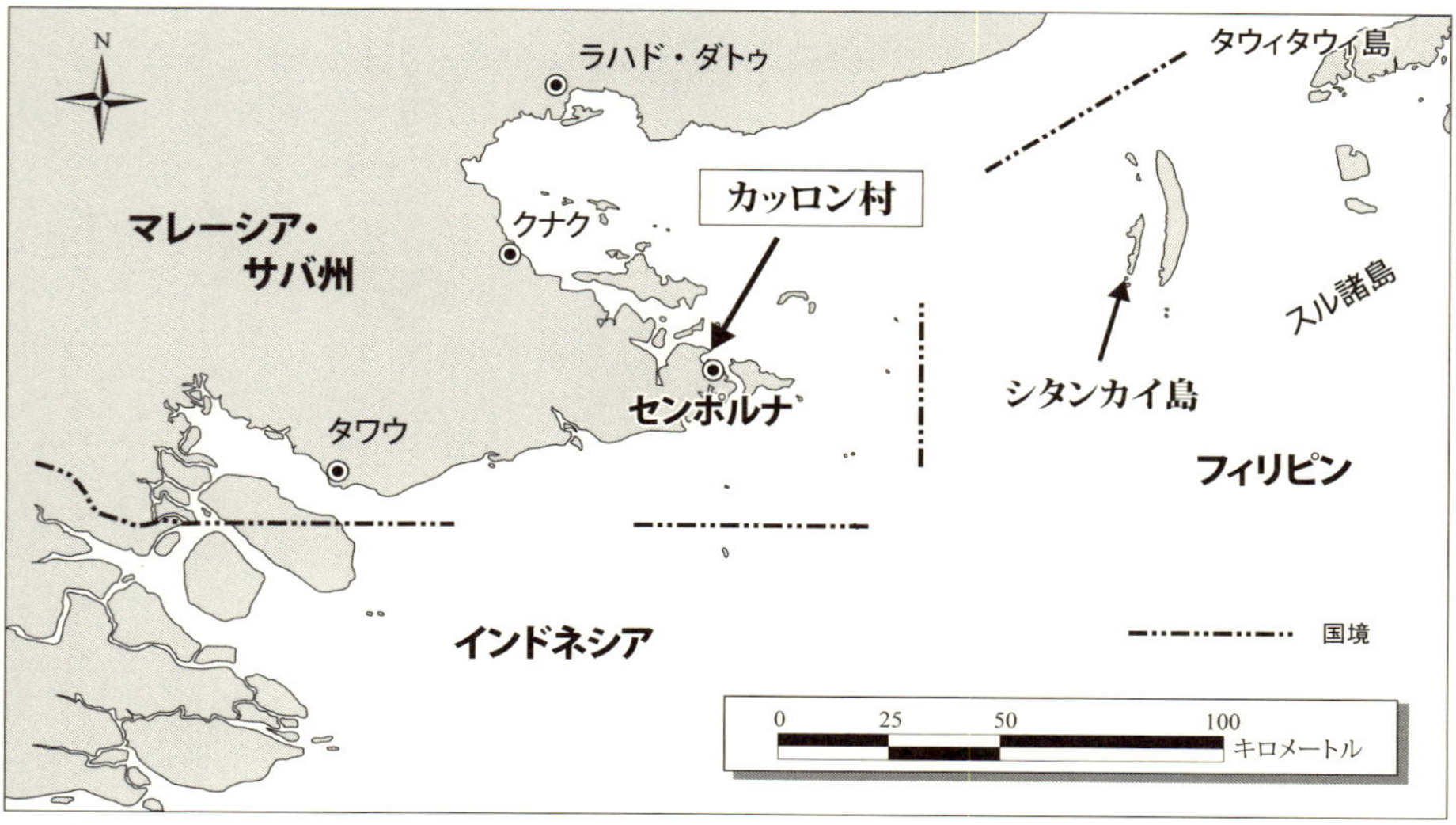

調査地

序

海サマと国家・国境という課題

1　国境社会と国家の関係をどうみるか

この本は、マレーシア・サバ州のフィリピンに接する国境海域に住む海サマ（Sama Dilaut）を主な対象とする民族誌である。典型的な国境をまたぐ社会であった海サマ社会は、マレーシア国家に組み込まれた後、その制度や政策とのかかわりでいかに変容してきたのか、国境は海サマにとってどのような意味を持つのか——これがこの民族誌に通底する問いである。具体的には、主に開発と宗教の領域における変化を手がかりに、そうしたかれらの国家経験を探っていこうとする。

「はじめに」で記したように、この本では国境と密接に関係しながら人びとが日々の生活を紡いでいる社会を国境社会と呼ぶ。国境社会とは、国家の最周縁部かつ国境地帯という地理的空間を指すと同時に、国家と社会、多数派民族とマイノリティ、国籍保有者と非国籍保有者など、複数の異なるシステム、アクターが日常的に接し、交渉し、ときに拮抗する社会空間を指している[*1]。

この導入にあたる部分では、こうした国境社会を対象とする民族誌を書くにあたっての、わたしの研究上の認識と立場をまず示しておきたい。

一九八〇年代末の社会主義体制の崩壊と東西冷戦の終結は、それ以前から萌芽していたグローバル化を世界中で急速に進展させた。ここでのグローバル化は、大量の人・モノ・カネ・情報が地球規模で流動し、社会や文化が国境や他の空間的境界を越えて相互に関係・交流・交渉しあうような状態と、そうした状態が拡大する過程を指す[*2]。こうした時代背景のもと、文化／社会人類学（以下、人類学）を含む人文社会科学全体で、グローバル化を分析枠組みとして重視する傾向、あるいはグローバル化そのものを考察対象とする傾向が広まった。

人類学では、社会や文化や民族の動態をグローバル化と関連づけ、それらの対象を流動的、多元的、さらには脱領域的なものとして理解するアプローチが常識化した。具体的な課題としては、移民や難民、開発、国際協力、環境の政治、イスラーム復興のような、国境を越え複数の国や地域にまたがって展開する問題群が注目を集めるようになった。これらの課題を扱う人類学研究は、国家の周縁に位置する人びとがグローバル化と接触する過程で、自らの社会や文化をいかに再編してきたのかを積極的に論じる。それゆえその試みは、グローバル化を周縁の側から捉え直し、その過程やメカニズムにおける周縁社会の行為主体性、すなわちエージェンシーを（再）評価することを可能にする［清水 2013: 15］。

こうした方向性は、現代の人文社会科学にとって望ましいであろう。しかし、グローバル化を前景化するあまりに、新自由主義派経済学の極端な国家衰退論に従って、社会や文化の動態の考察においてまで国民国家の枠組みを等閑視するような一部の研究者の視点は、現代世界のあり方をあまりにも単純化した見方であるといわざるをえない［中谷 2007; 佐藤 2009］。

一九八〇年代末以降のグローバル化の時代に、逆に国民国家は世界全体を覆うようになり、地球上のすべての空間で「正統な」政治単位としての地位を確立するに至っている。伊豫谷登士翁が的確に指摘しているように、現代のグローバル化は国民国家体制を否定し、その解体を促すような政治経済的な潮流にはなっていない。それは多くの面で、国民国家の基本要件、すなわち国家主権、国民、領域を前提として展開してきたし、いまも展開している［佐藤 2009; ブルーベイカー 2016］。

国境を越える人の移動、越境移動をみてみよう。現代のグローバル化は、かつてない規模の旅行者、労働者、資本家、移民・難民等の越境移動を生じさせている。しかしながらそれらの移動の大半は、国民国家システムを揺るがしたり無効化したりするような自由な人の動きにはなっていない。一部の無国籍者や難民を例外として、大半の移動者は、国籍を持ち、それを証明するパスポートを携行し、イミグレーションで帰属の審査を受け、税関で所持品の検査を受けなければならない。移動の経路と手段も国家間の取り決めによって規定されている。現代の越境移動の多くは、具体のレベルでは国民国家の明らかな干渉を受けている。

人の移動に対する国民国家の関与は、グローバル化に連動してより強化されることもある。調査地の例をあげる。一九九四年以来、マレーシア・サバ州とその周辺では、ブルネイ・インドネシア・マレーシア・フィリピン四カ国の中央・地方政府が協力して「東アセアン成長地域（EAGA＝East ASEAN Growth Area）」開発計画を実施している。同計画は、四カ国の国境周辺地域における国境を越えるさまざまな経済連携を進展させてきた［竹川 2006］。一九九〇年代の半ばから後半にかけては、計画の一環として、国境地帯の主要都市間を結ぶ船便、航空便の航路が各地に開設された。その基点にはイミグレーションと税関がおかれ、国境を越える人の移動のための便宜が図られた。[*3]

しかしその一方で、植民地期以前から続く在地の海民（海を生活の基盤として生きる人びと）らの、自前の船で自前の航路をたどる越境移動は、逆に厳しく取り締まられるようになった。一九九〇年代末、サバ州にいたわたしは、スル諸島出身の「不法移民」が逮捕されトラックで運ばれていく姿を頻繁に目にした。かれらは、もともとはこの海域を生活の場としていた人たちである。ここでは国境の開放は、同時に越境移動に対する国家の管理システムの強化を意味したのである。[*4]

国境社会に対する国家の関与が維持され、あるいは強化されているのは、人の移動の領域に限らない。石川登［2008: 9］が指摘するように、国境は「単一の国家システムへの社会的、経済的、文化的、政治的な包摂と排除」を人びとのあいだに顕在化させる国家の装置である。国民国家は、国境管理の維持・強化を通じて、国境社会のさまざまな面での包摂と排除をいまも実体化させ続けている。[*5]

以上にみたように、現在の国境社会を考えるときわたしたちは、グローバル化を視野に入れる一方で、国民国家が社会と文化の生成や再編と密接にかかわるシステムであり続けていることをあらためて確認しておく必要がある。そうした現状を看過すると、現代の国民国家が国境の開放や国境を越える経済協力等の言葉でグローバル化を喧伝しつつ、同時に国境地帯の住民に対する管理、監視、統制を強化していることがみえなくなってしまうからである。

2　国境社会の描き方

本書が対象とするマレーシアのサバ州と隣接するフィリピンのスル諸島を含むスル海域は、現代のグローバル化が顕在化する以前から、住民の移動性が高い地域、とりわけ国境を越える移動が盛んな地域であった。これまで多くの研究者がこの点に着目し、スル海域の移動を論じてきた。

そのひとり鶴見良行は、この海域に「国境なきがごとき世界」をみいだし、その歴史叙述を通じて、長らく人文社会科学の思考枠組みを規定してきた国民国家を相対化する可能性を探った［鶴見 1984, 1987］。現場の知見を組み込んだ鶴見の壮大な歴史ルポルタージュは、国民国家の枠組みを自明視し、国民を単一民族と結びつけるいびつな言説の発生を許してしまうほど「国家過剰」だった一九八〇年代の日本人［鶴見 1987: 10］に対し、国民国家を相対視するための斬新な視座を提供した[*6]。

ただし、鶴見によるスル海域の描写では、日本社会との違いをきわだたせるために、越境移動が国家なき海の民の自由な移動であるかのように、いささかロマン化されてしまっている。近代国家成立後のスル海域における越境移動には、国境の内外でのモノの価格差を利益化する密貿易や、内戦・治安悪化を避けるための隣国への逃亡、経済発展を遂げた隣国での就業機会の確保等を目的とする移動が多く含まれる［床呂 1999; 長津 2004c］。それらの越境移動は、国境があるからこそ生じたのであって、国家と無関係に展開してきたわけではけっしてない。

人類学者の床呂郁哉は、一九九〇年代前半におこなった長期のフィールドワークと歴史資料に基づいて、フィリピン・スル諸島の住民、主にサマの生活実践としての越境を論じた［床呂 1999］。床呂は、サマを国家なき自由な海の民とみなす視点や、逆にかれらを近代国家の支配に馴化された人びととみなす視点からは距離をおき、そうした単純な構図的理解ではみえてこない越境の多面性とそれらの文脈を、歴史化の視点を取り入れて描きだす。その結論では、「海域世界に設定されたボーダーをむしろ人びとが逆手にとって利用し、乗り越えていくようなある種の実践や態度」としてサマらの越境を解釈する［床呂 1999: 166-167］。

床呂は具体的には、密貿易、海賊、ポップ民族音楽、イスラーム・ネットワークといった国家や民族の境界を越え出ていく運動を対象化し記述することにより、生活実践としての越境のリアリティを提示する。その記述は、越境をサマの国境を逆手にとった生活実践として捉える議論に確かな説得力を与えている。

しかし、ここで注意しなければならないのは、同じスル海域に生きる人びとであっても、国境の反対側、つまりマレーシア・サバ州の海サマに視点を移すと、いまあげた事例群が、かれらの日常的な生活実践としてのリアリティをかなりの程度、失ってしまうことである。

わたしが調査をおこなった一九九〇年代末、マレーシア・サバ州の海サマのあいだでも国境をまたぐさまざまな関係が維持されてはいた。しかし、調査村の「主流派」（後述）をなす海サマについていえば、積極的に越境を実践する人はもはや少数にすぎなかった。かれらの多くは生活基盤をマレーシア国内に確立していた。日々の暮らしはマレーシアの政治、経済、文化の文脈に深く組み込まれていた。二〇代以下の若い世代のあいだでは、マレーシアの国語マレー語を第一言語とし、マレーシア半島部に就労先をみいだす傾向が顕著になっていた。イスラームの実践についていえば、スル諸島との関係が希薄化する一方で、マレーシア半島部との結びつきがより強まっていた。

これらのことから分かるのは、国境社会についての理解が、国境をはさんで向き合う国のどちらに視点をおくかで大きく異なるという、ごく当たり前であるが見落としがちな命題である。同じ国境を生きる人びとであっても、サバ州側では多くの人が「国家の内側」を生活実践の場としているのである。

とはいえそのことは、サバ州側の海サマが、ただ受動的にマレーシア国民として囲い込まれ、マレーシア国家のイデオロギーや制度・政策に馴化されてしまっていることを意味するわけではもちろんない。かれらもまた、生活圏が国境で区切られていることを意識しながら、国家の制度・政策をさまざまに取り込み、読み替え、あるいは回避し、自らの社会や文化を再編しようとしてきた。ただしその一方で国境は、かれらの社会を分断し、そこに包摂と排除の論理も浸透させていた。

本書では、このようにいわば国家の内側で、海サマがいかに国境を生きてきたのかに目を向けたい。「はじめに」で記したように、わたしは、松田素二がいう「戦術的リアリズム」［松田 1996］に立脚しながら、海サマがマレーシア国家とその内側で対峙しつついかに国境を生きてきたのか、その微視的な歴史過程を民族誌のなかで描こうとするのである。

3　三つの課題と研究の視座

この本が論じる具体的な課題は、①民族の生成と再編、②開発過程と社会の再編、③イスラーム化と宗教実践の変容の三つに分けられる。三つの課題のうち①の目的は、海サマと隣接集団との関係を歴史化の視点を組み込んで整理しておくことにある。全体の議論で中心をなすのは、②の開発と③のイスラーム化に関する考察である。以下では、この二つの課題を念頭に本書の研究の視座を記す。

マレーシアの開発と周縁世界[*7]

（一）開発の時代

東南アジアの各国は、一九五〇年代までの政治的独立と経済の脱植民地化の時代を経て、一九六〇年代から九〇年代まで続く「開発の時代」を経験した。マレーシアでは、この時代を通じて、社会現象としての開発が政党政治を介して地理的、社会的縁辺にまで浸透した。マレーシアは、国家主導の開発が社会のあり方を根本から変えてきた代表的な国のひとつといえる。

本書の開発過程に関する議論では、このように半世紀にわたって続き、現在もかたちを変えて進行している開発と社会の相互作用のダイナミクスを、為政者や国家の中心、あるいは国際的な開発援助体系の中心からではなく、「開発される」側におかれてきた海サマの視点から検討しようとする。

一九六九年、マレーシアの半島部では、政治支配層にあるマレー人と経済的に優位にたつ華人とのさまざまな面での軋轢が、連邦下院議員選挙をきっかけに武力衝突にまで発展した。マレーシア史ではこの武力衝突は「人種暴動（racial riots）」と呼ばれる。この国家的な危機をきっかけに、マレーシアでは開発主義を前景化した国家体制が確立されていく。末廣昭に従えば、開発主義とは、「国家や民族の利害を最優先させ、国の特定目標、具体的には工業化を通じた経済成長による国力の強化を実現するために、物的・人的資源の集中的動員と管理を行う」国家イデオロギーであり、国家主導の工業化と経済設計、国家による強力な危機管理体制の構築を基本的な特徴とする［末廣 2002］。

一九七一年には、その後の開発政策の骨子となる「新経済政策（NEP = New Economic Policy）」が実施される。NEPは、貧困世帯の撲滅と社会の再編の二点を軸としていた。うち後者は、実質的には、経済的に優位な位置を占める華人の存在を念頭に、政治的主流派のマレー人の経済的地位の向上を促すことを意味していた［鳥居 2010］。NEPは一九九〇年まで続けられた。

民族間の武力衝突を基点とするNEPの開発は、社会的領域と地理的空間の両面でより包括的な「秩序の回復」や「国民統合」を達成することを明確に意識して設計された。こうした政治過程を背景としていたため、海サマ社会を含む周縁世界もしだいにその開発にとり込まれていく［cf. Duncan ed. 2004］。

(二) 開発過程と周縁世界

ただしマレーシアの開発政策は、一九五七年の独立から七〇年代までは、主に国家の指導者層が属する多数派民族、すなわちマレー半島のマレー人を対象として実施されていた。オラン・アスリ（Orang Asli）などのマレー半島のマイノリティやサバ・サラワク両州の住民が、開発政策の射程におかれるようになるのは、マハティール（Mahathir Mohamad）政権下の一九八〇年代半ば以降のことである［鳥居 2010］。

マハティール政権は、国家の安定、とくに民族間関係の調和を脅かす運動や組織の拡大を阻止するという言説のもとに権威主義的な国家体制を確立し、経済発展の成果の配分を国民に約束することで、自らの体制と支配を正当化した。

マレーシアの開発政策を通じた国家の社会への干渉は、物質的、経済的な領域のみならず、宗教や慣習、芸能、教育といった文化的領域にも直接的に及び、さらには家族観や民族アイデンティティのあり方にまで深い影響を与えた。インドネシアの開発言説における宗教の中心性を論じるなかで永渕康之は、同国の文化・心理領域に介入する開発のあり方を「精神の開発」と呼んだ［永渕 2010］。マレーシアの開発も同様に、「精神の開発」としての性格を強く帯びていた。

マハティール政権下の一九八〇年代から九〇年代には、イスラームが開発計画の基本方針に明示的に組み込まれた。同政権は、個々の具体的な経済開発政策もイスラーム的価値に結びつけつつ実施した［鳥居 2003］[*8]。同時に、イスラームに直接かかわる制度・政策も整備した。たとえば連邦政府は、上記の期間にイスラーム銀行と国際イスラーム大学を設立し、またシャリーア（イスラーム法）裁判所の権限を強化した［多和田 2005: 106］。なお、マレーシアの憲法は、イスラームを「連邦の宗教（the religion of the Federation）」に定めている。

もとより国民国家を枠組みとする開発は、理念的には領土内全住民の国民としての社会文化的平準化＝国民統合を目標とするものであり、実質的にはすべての住民を国家のメインストリーム集団に社会的、文化的に包摂することを目指す政治プロジェクトであるともいえる。この点をふまえていえば、マレーシアの開発が「精神の開発」としての性格を備えていることは、とくに驚くべきことではない。

このように包括的かつ多義的な開発に巻き込まれていく過程で、海サマをはじめとする周縁世界は、国家の「中心」、すなわち多数派民族のマレー人や行政的中核地域の住民以上に急激な社会文化変容を経験した。なぜなら、物質・経済面での開発であれ、いま述べたような精神・文化の開発であれ、到達目標のモデルは、国際社会や国家の「中心」に属する集団の価値基準に基づいて設定されており、周縁世界はそのモデルからもっとも離れたところに位置していたからである。

しかしながら、周縁世界はかならずしも受動的に開発過程に巻き込まれてきたわけではない。本書では、ブミプトラ（Bumiputra「土地の子」、七章参照）優遇を骨子とするマレーシアの「新経済政策」のもとに展開した海サマ社会における開発過程を、かれらが開発との動態的なかかわりのなかで構想、構築、再編してきたさまざまな実践に着目して具体的に論じていく。また、サバ州におけるイスラームの制度化と密接に関係した海サマのイスラーム化と、その過程に生じた宗教実践の変容に関する考察は、マレーシアにおける精神・文化の開発の一端を具体的に示すことになるだろう。

開発はいかに生活の諸領域に介入してきたのか、開発現象はどのように実体化され、人びとはその過程で自らの社会的・文化的実践をどうつくり変えてきたのか。これらの問いは、「開発の時代」を生きてきた海サマの生のアクチュアリティ、主観的な現実にかかわる問題群でもある。本書の開発に関する議論の課題は、わたしたちと同時代の国境を生きるマイノリティの現実を、かれらにとっての開発に焦点をおいて探っていくことにある。

イスラームと社会の動態

（一）クリフォード・ギアツとイスラームの位相

広く知られているように、イスラームと社会変動に関する民族誌研究のパイオニアになったのは、人類学者クリフォード・ギアツ（Clifford Geertz）の研究である。ギアツは、一九五〇年代前半にインドネシア・東ジャワ州でおこなったフィールドワークをもとに『ジャワの宗教』を公表した。同書は、ジャワ人を三つの「文化類型（cultural types）」、すなわち在地のアニミズムを基盤とする混淆的な信仰を維持するアバンガン（abangan）、啓典主義的なイスラームを志向するサントリ（santri）、旧王宮のヒンドゥー・ジャワ的な神秘主義に従うプリヤイ（priyayi）に分け、それぞれの宗教生活を詳細に記述分析した［Geertz 1960］。

この「文化類型」は、社会階級と宗教的実践の親和性を論じたマックス・ウェーバー（Max Weber）の議論をふまえて設定されたものであり、三つの類型はそれぞれ農民層、商人層、貴族・官吏層といった社会階層に合致するものであった［福島 2002: 3］。

これら三類型はまた、政治的指向の違いによっても分断されており、それぞれの類型を基盤にイデオロギーを共有する「アリラン」(aliran) が構成されるとギアツは主張する。アリランとは、ギアツが提唱した概念で、「職業、宗教志向、居住地域などをマトリックスとして、独立後のジャワ社会を三つの下位社会構造核に分類」するものである［加藤 1990: 240］。ギアツの研究、とくにその「文化類型」は、その後のインドネシア（ジャワ）のイスラームに関する人類学モデルに位置づけられていく。

しかし一九八〇年代になると、イスラーム学の薫陶を受けた人類学者らが、ギアツがイスラームの知的伝統にほとんど関心を向けていないことなどを批判するようになる。[*9] なかでも問題視されたのは、ジャワにおけるイスラームの位置と役割を「矮小化 (diminution)」してしまうようなギアツの志向性であった。そうした志向性は、たとえばフィールドの話者がイスラームに基づく価値をあらわすために用いている語彙を、ジャワに固有で非イスラーム的な語彙とみなしてしまう彼の解釈の仕方に典型的にあらわれていた［中村 1987: 126; Roff 1985: 7］。

(二) 薄いベニヤ板論への批判

こうして一九八〇年代以降の東南アジアのイスラームに関する人類学研究は、従来の東洋学や東南アジア学が東南アジアのイスラームを固有の文化の表面を覆う「薄いベニヤ板 (thin veneer)」にすぎないとみなしてきたことや、在地の信仰とイスラームとの混淆を東南アジアのイスラーム地域における文化・宗教の本質的な特徴として描いてきたことを批判的に捉えなおしていく。同時にそれらの研究は、「薄いベニヤ板」論の認識がこの地域のムスリムの宗教実践を反映したものでなく、伝統文化を強調しようとする研究者の視点の偏りや先入観に根ざすものであったことも指摘する［e.g. Roff 1985; 中村 1987; Shaw and Stewart 1994］。

また、こうした新しいイスラームの人類学は、いま述べたような知の枠組みが、イスラームを政治的脅威とみなしたオランダ領東インド政庁が、イスラームやムスリム社会に対する自らの抑圧行為を正当化するために創りあげた言説、つまり「原住民にとっては土着のアダット（adat、慣習）こそが意味を持つのであって、イスラームは二次的なものすぎない」とする言説に起源することも明らかにした［Roff 1985; Hefner 1997: 11］。

（三）海サマ研究のなかのイスラーム

一九九〇年代はじめまでの海サマの宗教生活に関する研究もまた、イスラームに隠された純粋な宗教体系を探ろうとする傾向が強く、その記述考察は少なからず「薄いベニヤ板」論に立脚していた。それらの研究は、精霊信仰を基軸とするかれらの、より「純粋な」宗教体系を描きだすことに力点をおいた［e.g. Ducommun 1962; Nimmo 1990a, 1990b; Yap 1993; Bottignolo 1995］。基本的な視座は、かつての船上居住という生活様式ゆえに、かれらは独自の文化を維持している、とする研究上の前提に由来するものであった。

フィリピン南部のスル諸島の海サマに関する民族誌研究の第一人者、アーロ・ニンモ（Arlo Nimmo）は、かれらの信仰に関する研究の意義を次のように説明する。

> スル諸島に存在する多数のコミュニティは、イスラームへの同化の度合いがもっとも低い人びとから、その度合いがもっとも高い人びとまでの連鎖とみることができる。しかしすべてのコミュニティは、程度は異なるが、基層（substratum）の部分では土着の信仰を共有している。それゆえにタウィタウィのバジャウ〔海サマ〕の宗教は重要なのである。なぜならそれは、フィリピンにイスラームが到来する以前の、スルにおける土着宗教のあり方を探るための手がかりになるからである［Nimmo 1990b: 198］。

ニンモがフィールドワークをおこなった一九六〇年代、海サマを含むスル諸島民に関する民族誌研究は端緒についたばかりであり、海サマの「土着の信仰体系」を抽出すること、およびスル諸島民の信仰の基層を探ることは、確かに学術的に意義のある研究課題であった。海サマの信仰と宗教実践に関する論考［Nimmo 1990a, 1990b］は、パイオニア的な研究として高く評価されるべきである。

そうした功績を認めつつも、上記の説明には、海サマにとってのイスラーム、さらにはスル諸島の住民すべてにとってのイスラームを「薄いベニヤ板」とみなす認識が根底にあるといわざるをえない。同時に、そうした視点で描かれた海サマの宗教生活が、静態的で均質化された像を結んでいたことも否定できない。もちろん、わたしがこの指摘をイスラームに関する人類学研究が大きな進展をとげた現在のアカデミアからおこなっていることは、急いで註記しておく必要がある。

マレーシア・サバ州のセンポルナからスル諸島にかけての海域に住む海サマのイスラーム化の程度は、地域によってさまざまである。しかしこの海域では、イスラームを受容した海サマのみならず、イスラーム化していない（あるいはムスリムとして認められていない）海サマのあいだでも、イスラームは日常の生活世界を拘束する、あるいは成立させる社会的現実として存在してきた。

本書では、イスラームをかれらの社会的・宗教的生活の表層をかすかに覆う「ベニヤ板」とみる視点を退けて、むしろ一九五〇～六〇年代からマレーシア・サバ州のカッロン村の海サマのあいだに進行したイスラーム化の過程を主題とし、イスラーム化とのかかわりにおいてかれらの社会生活、宗教生活の変動の相を捉える立場をとる。

㈣　イスラーム化について

ここで、イスラーム化という用語について簡潔に説明しておく。一般にイスラーム化は、①非ムスリムがイスラームを受容してムスリムになる過程、②ムスリムがイスラームの教義により厳格に従うことを希求するようになる過程の二つの意味で用いられる。この本で「海サマのイスラーム化」というとき、そのイスラーム化は一義的には前者の過程を指す。もう少し厳密にいえば、かれらがムスリムであることを自認するようになり、かつ地域社会でそのように認められていく過程を指示している。*10

ところでイスラームの人類学的研究では、イスラーム化をむしろ②の意味で用いることが多い。マレー・ムスリムの人類学研究者である多和田裕司は、イスラーム化を「〔預言者ムハンマドの時代のように〕ふたたびイスラームの理念に基づいた行動や世界の構築に向かおうとする動きであり、あるいは、自らの日常に対する自省のなかで、より強くイスラームの規範にもとづくような実践への希求である」と定義する［多和田 2005: 5］。

上に述べた海サマが地域社会でムスリムと認められていく過程は、かれらがマレーシア国家の文脈においてより「正しい」ムスリムであることを希求し、それにふさわしい行いを実践するようになる過程でもあった。それは、いま引用した意味のイスラーム化と同様のムスリム社会の変化を示しているといってよい。本書の一一章で取りあげる宗教実践の変容は、そうしたイスラーム化の過程で生じた現象にほかならない。

こうした点をふまえていえば、本書の海サマのイスラーム化は、かれらがイスラームを受容し、地域社会でムスリムとしての認知を獲得し、さらに「より強くイスラームの規範にもとづくような実践」を希求する過程が絡み合って進行した、複合的な宗教変容の過程を指すことにもなる。

国家とイスラーム——本書の特徴をなす視点

(一) 宗教と公共性と国民国家

第二次世界大戦後のアメリカを中心とするアカデミアでは、近代化にともなって市民生活は世俗化し、宗教は公的領域における影響力を失うと予見する近代化論が、社会分析のパラダイムとしての地位を獲得した。こうした近代化論が、一九八〇年代以降、世界各地で宗教復興現象が展開するという現実によって否定されたことは、もはや周知のことに属する。この時代以降、東南アジアのほか、中東、南米、アフリカ、さらにはアメリカ合衆国など世界の多くの地域において、宗教は、公共の場でますます積極的な役割を果たすようになり、現在に至っている。

ホセ・カサノヴァ（José Casanova）は、公共領域における宗教の復興を、宗教の脱私事化（deprivatization）、すなわち「個人の宗教的領域および道徳的領域の再政治化と、公共の経済的および政治的領域の再規範化」として捉える。いまや宗教と公共性の関係は、人文社会科学の主要な課題群のひとつを構成するまでになっているのである［カサノヴァ 1997: 13-14］。

こうした宗教と公共性との関係が人びとの生活世界で前景化するとき、世界的な宗教共同体と対面的な共同体を介在してその中間枠組みを提供してきたのは、多くの場合、やはり国民国家であったし、いまもそうである［永渕 2007: 16-22］[*11]。

かつての近代化論は、近代国家への帰属心の高まりに従って人びとの宗教への執着は薄まると予測した。そもそも近代化論は、国家と宗教を切り離すのが「近代国家」であるとする欧米の経験に由来する価値意識をその前提としていた［小林 1999］。東南アジアに関していえば、これらの予測、前提も、一九八〇年代以降の歴史的現実によって否定されることになる。先にみたように、東南アジアのいくつかの国では近代国家の政策として、宗教に密接にかかわる「精神の開発」が進められたのである。

こうして一九九〇年代まで東南アジア研究の分野では、国民国家の制度・政策とのかかわりで宗教の変容——実践のみならず、信仰のあり方の変化までを含む——とそのダイナミクスを論じる必要性が、人類学や隣接アカデミアのなかで確認されていく。国民国家とのかかわりで宗教の変容を問おうとする傾向は、「精神の開発」が国家の政策にとくに深く組み込まれていたインドネシア研究とマレーシア研究においてより顕著にみられる［Hefner 1997, 2000; 永渕 2007］[*12]。

（二）一九八〇年代以降の東南アジア・イスラーム研究

一九七〇年代にはじまり、同年代末のイラン革命を契機により顕在化した世界的なイスラーム復興を時代的な背景として、一九七〇年代末以降、島嶼部東南アジアのイスラームに関する人類学的研究では、マクロな政治的、社会的文脈を視野に入れて、ムスリム社会を動態的に把握しようとする試みが増えていく。[*13] そうしたムスリム社会の動態的理解を志向する研究は、イスラームの実践と信仰の動態に着目するものと、イスラームをめぐる社会関係、社会秩序の動態に焦点をおいたものとに大きく分けられる。

前者の例としては、インドネシア・スマトラ島北部の山地民、ガヨ（Gayo）における宗教儀礼の多声的な構成について、近代的イスラーム知識人と伝統的なイスラーム指導者のあいだの拮抗や並存、妥協の構図に焦点をあてて考察したジョン・ボーウェン（John Bowen）［Bowen 1993］や、ジャワ島東端バニュワンギの農村社会におけるイスラーム、精霊信仰、聖者信仰、ジャワ神秘主義、ヒンドゥ教の相互作用と併存を、儀礼の場における宗教アクターや信徒のあいだの対立、妥協、和解に留意して民族誌的に描きだしたアンドリュー・ビーティ（Andrew Beatty）［Beatty 1996, 1999］の研究などがあげられる。

後者には、マレーシア・クランタン州のイスラームをめぐる政党間のイデオロギー対立との関係で、村落レベルのイスラーム意識の覚醒、強化とそれにともなう政治有力者概念の変動を論じたクライブ・ケスラー（Clive Kessler）［Kessler 1978］や多和田裕司［1993、2005: 第5章］の研究、ヌグリ・スンビラン州のマレー人が、一九七〇年代以降のイスラーム行政の精緻化の過程で、アダット概念や伝統的儀礼の位置づけをめぐって動揺、分裂する一方、微細なレベルでそうしたゆらぎや対立を調整してきたことを論じたマイケル・ペレッツ（Michael Peletz）の研究［Peletz 1988］などがある。

これらの研究はいずれも、世界的なイスラーム復興の東南アジアへの波及、あるいはそれと同時に強められた国家の政策的なイスラームへの関与という、イスラームをめぐるマクロな歴史的文脈に連繋させてイスラームの動態を論じている。

ロバート・ヘフナー（Robert Hefner）とパトリシア・ホルヴァティフ（Patricia Horvatich）が編集した『国民国家時代のイスラーム――ムスリム東南アジアにおける政治と宗教再生』［Hefner and Horvatich (eds.) 1997］は、島嶼部東南アジア全体を対象に、同地域内部のムスリム社会の多様性をふまえたうえで、ムスリム社会と国家との相互作用のダイナミクスを包括的に論じた画期的な作品である。所収論文の多くは、復興運動や国民国家の関与の過程に展開したマクロなイスラームの潮流、あるいは国家ごとのイスラーム状況の差異を視野に入れながらも、復興運動の活動家や政党政治のイデオローグではない一般のムスリムがいかにマクロなイスラーム状況を経験し、自らの宗教生活を再編してきたのかを民族誌調査に基づいて論じている。

本書の海サマのイスラーム化をめぐる一連の議論は、一九八〇年代以降になされたこれらの研究と問題関心ならびに接近法を共有するものである。マレーシアにおいてイスラームは、国家の正統性にもかかわる中心的な社会領域を構成しており、そのため国家の介入によって精緻に制度化されている。本書では、マレーシアにおけるこうしたイスラームのあり方をふまえて、海サマのイスラーム化とそれにともなう宗教実践の変容を考察していく。

(三)「ふつうのムスリム」――イスラームの民族誌における主要アクターとして

『国民国家時代のイスラーム』所収の論文においてペレッツは、一九七〇年代から九〇年代にかけてのマレーシアのイスラームに関する社会学的研究が、イスラーム復興運動の組織や活動の形態、運動を担うマレー人の文化的アイデンティティ、かれらの開発政策や宗教政策に対するイデオロギー的な立場を明らかにしてきたことを評価しつつも、その多くが「ふつうのムスリム（マレー人）」の経験については限定的な情報しか提示してこなかったことを指摘する［Peletz 1997］。

ペレッは「現代の宗教や政治情勢の展開において最前線に位置するわけではない、そして多くの場合、復興運動についてわたしたちが信じ込まされてきたのよりもよりあいまいで、浮動的な態度をとっている」ムスリムを指して「ふつうのムスリム（ordinary Muslims）」と呼ぶ［Peletz 1997: 231］。従来の研究は、これら「ふつうのムスリム」ではなく、イスラーム復興運動の主導者やかれらと密接に連携した都市中間層を主な対象としてきたというわけである［e.g. Nagata 1984; Chandra Muzaffar 1987; Zainah Anwar 1987; Hussin Mutalib 1993］。

島嶼部東南アジアの「ふつうのムスリム」に焦点をおいて、ムスリム社会とイスラームの制度・政策との相互作用を論じる民族誌研究は、ペレッやこれまでに述べた研究者らによってようやく端緒が開かれた段階にある。マレーシアについていえば、多くの人類学研究が「イスラームと政治」をテーマとしてきた。しかし、多和田が指摘するように、それらの研究が「ムスリムが実際にイスラームをどのように解釈し、実践しているのか」を問いの正面におくことはほとんどなかった［多和田 2005: 30］。

こうした研究動向をふまえて本書では、マレーシア・サバ州におけるイスラームの制度化との関係にとくに注目して、海サマのイスラーム化と宗教変容の歴史過程を描き、その構図とメカニズムを明らかにしていく。マレーシア国家を枠組みとするイスラームの制度化と、海サマのイスラーム化と宗教実践の変容というふたつの歴史過程を相関的に考察することを通じて本書は、島嶼部東南アジアにおける「ふつうのムスリム」の社会動態を理解するための新たな視座を付けくわえることになる。

（四）国境とイスラーム

マレーシアのムスリムを対象とする従来の民族誌研究に対するこの本のオリジナリティは、それが同国の地理的な周縁に位置し、隣接国とのあいだの人口の流動性（越境性）がとりわけ高いサバ州の国境社会を準拠枠として、イスラーム化の社会史を描こうとする点にある。*14

一九七〇年代以降、マレーシアの各州政府は、イスラームの制度化をより幅広い領域でより体系的に施行していった。*15 それは、国家が措定する「正しいイスラーム」をムスリム村落の末端に至るまで浸透させるための、国家プロジェクトと呼びうる宗教の政治過程であった。こうした「イスラーム化」政策は、一九八〇年代には、先述したマハティール政権下の開発政策と連動することによって、より徹底的に進められていく。

マレーシアのイスラーム化政策は、あくまでイスラームの純化を目指すものであり、それゆえ理念としては超地域的なイスラーム法シャリーアを土台とする。しかし同政策は、現実のレベルでは、人定法である憲法を最高法規とする立憲国家であり、多民族国家であり、非ムスリムに対し信仰の自由を認めるマレーシアの現実にシャリーアを適合させるかたちで制定・実施されてきた［多和田 2005: 第5章］。*16

そうしたイスラーム化政策とそれが具現化するイスラームの諸制度は、国境社会では、しばしば国境の外側におけるイスラームのあり方を客体化することにつながる。国家によるイスラームの制度化は、部分的には、イスラームの「国家化（nationalization）」でもあった。

イスラームの制度化／国家化が浸透するに従って、サバ州の国境社会では、マレーシアの制度を生きてきたムスリムと、そうではないスル諸島等出身のムスリムが、それぞれ異なるかたちでイスラームの規範を解釈し、その解釈に基づいて宗教的「正しさ」を構築するようになる。そこに生じる軋轢や葛藤や妥協こそが、海サマにおける儀礼の破棄や再編といった宗教変容のダイナミクスを展開させていく。

この本では、国境を生きる海サマとイスラームとのこうした動態的かかわりを、後述のフィールドワークによりながらできるだけ「厚く」描くことを試みる。その記述と考察は、この民族誌のなかでもっとも中心的な位置を占めることになるだろう。

4 調査の概要

調査地のカッロン村は、マレーシア・サバ州南東端のセンポルナ郡に位置する杭上（海上）集落で、カンポン（kampong）と称される慣習的な行政の単位をなす。この本ではカンポンを「村」と訳している。カンポンは、サバ州の条例で定められた行政単位ではないが、郡レベルの行政では実質的にその最小単位として機能している。[*17] 村のすべての家屋はサンゴ礁の浅瀬に建てられている。調査時、一九九七年の推定人口は約六五〇〇人、海サマがその多数を占めていた（六章参照）。

この本の記述と考察は、①このカッロン村を拠点にセンポルナ郡でおこなったフィールドワークと、②サバ州コタキナバルの文書館等における資料調査に基づいている。①の調査時期は一九九七年二月から一九九九年三月までであるが、この期間のうち七カ月ほどはマレーシア半島部やインドネシアに居住する海サマに関する調査や、②の資料調査に時間を割いた。そのため村を基点とするフィールドワークの期間は約一年七カ月になる。海サマとの聞き取りには、原則としてサマ語を用いた。ただし、聞き取りの相手がマレー語を中心に話し始めた場合はマレー語を使用した。フィールドワークについては、次の章でもう少し詳しく説明する。

カッロン村では二〇〇〇年八月、二〇〇五年十月から十一月、二〇〇六年三月、二〇一〇年四月、二〇一四年五月、二〇一四年三月、二〇一五年一月にも短期の補足調査もおこなった。ほかに、一九九三年から九四年にかけては、修士論文の執筆を目的として、断続的にフィリピン・スル諸島のシタンカイ島で調査を実施した［長津 1995b］。期間は延べ五カ月半であった。シタンカイ島に関する基礎的な情報はこの調査の際に得ている。また一九九五年十二月から現在まで、インドネシア各地のサマ集落でも短期的な訪問調査をおこなっている。[*18]

②はサバ州立文書館、マレーシア国立文書館、サバ州立図書館、シンガポール国立図書館、マレーシア国民大

学図書館、マラヤ大学図書館、シンガポール大学図書館などでの調査である。これらにおける調査は、主にマレーシアないしサバ州における民族、開発、イスラームそれぞれの制度・政策に関連する史資料の閲覧を目的とした。調査は前記の調査期間中のほか、二〇〇〇年から二〇一七年のあいだにも実施した。

本書の民族誌的記述における「現在」は、主にはカッロン村におけるフィールドワークをおこなった一九九七年から九九年までの期間を指す。その「現在」の事象を描写する際には、しばしば現在時制を用いる。この記述のスタイルは、便宜性すなわちわたしの修辞技法の限界に由来するものであり、海サマ社会を非歴史的かつ静的に描こうとする意図に基づくわけではもちろんない。その「現在」時点からみた過去の事象については、原則として過去時制をあてる。ほかに、儀礼や信仰の記述・説明については別途、時制を工夫している。これについては当該の章（一〇章と一一章）で註記する。

村人の名前は原則としてすべて仮名、年齢は一九九八年時のものである。ただし、在地の研究者と寄宿先の人は例外的に実名とした。また、必要に応じて、記述が対象とする時間軸での年齢を註記する。年齢は推定によるものも含む。

5　国家という用語と地名

本論に入る前に、本書の鍵をなす「国家」という用語ならびに地名の表記について短く説明しておきたい。

近代国家とマレーシア国家*19

この本では、植民地国家と独立国民国家を総称して近代国家と呼んでいる。その制度的枠組みの特徴は、支配領域が国境によって明確に定義される点と、領域の内部では主権を有する政府が独自の行政機構によって均質な統治をおこない、住民を総体的に管理する点、つまり領域の明確さと統治の総体性にある。*20

これより後に続く本文のなかで、こうした抽象的な意味で近代国家という用語を使うことは多くないが、国境をキーワードにする本書では、マレーシアや、隣接するフィリピンやインドネシアといった国民国家、あるいはそれに先行する植民地政体に言及するとき、常にこうした近代国家の定義を念頭においていることを確認しておく。とはいえ実際の民族誌的記述とその歴史背景に関する記述のなかでは、ほとんどの場合、「国家」は調査地を取り巻く権力の体系としてのマレーシア国家を指すことになる。

マレーシアは立憲君主制の連邦国家であり、連邦を構成する各州の自治権は強い。なかでもボルネオ島に位置するサバ州とサラワク州は、同じ旧英領ではあってもマレーシア加盟までの歴史過程がマレー半島の諸州とは著しく異なるため、より高度な自治権を保持している［山本 1996］。半島部と両州では、民族や宗教の構成にも顕著な違いがある。そのため政治学や経済学では、マレーシアの「国家」というとき、それが指示する政治システムないし政治的枠組みが連邦であるのか、特定の州であるのかが、きわめて重要な意味を持つ。

本書でも必要に応じて、対象とする出来事や歴史の準拠枠ないし背景がマレーシアなのかサバ州なのかを明記するように努めている。しかしながらこの本の主題は、マレーシア・サバ州の国境社会を生きる海サマの生活世界のゆらぎと再編を民族誌的に描くことである。その記述では、かれら自身があいまいかつ抽象的に認識している権力体系としての国家を、単に「国家」と言及することにも意味があるとわたしは考えている。かれらが「政府（kerajaan）」「役所（jabatan）」「権威（kuasa）」等の言葉で想定し、「開発プロジェクト（peruntukan、元の意味は「予算」）」「身分証明書（IC）」「（「不法移民」の）取り締まり（checking）」等の語によって含意しているのは、州政府、連邦政府のいずれかに限定されることのない、マレーシア国家を枠組みとして形成された自らの生活世界に外在する権力体系としての「国家」にほかならないからである。

地名表記

マレーシアは、地理的には大きく西マレーシアと東マレーシアとに分けられる。西マレーシアにはマレー半島に位置する一一の州と二つの連邦領が含まれる。本書では、西マレーシアの地理範囲をマレーシア半島部と呼ぶ。東マレーシアはサバ州とサラワク州、および連邦領のラブアン島からなる。

現在のサバ州がイギリスの植民地支配下にあったとき、その領域は「北ボルネオ（North Borneo）」と称されていた。本書では、植民地期およびそれ以前の時代については、現在のサバ州におおよそ相当する地理的範囲も「北ボルネオ」と呼ぶ。

一九五七年、マレーシア半島部の諸州はマラヤ連邦を構成してイギリスから独立した。一九六三年には、マラヤ連邦と英領直轄植民地だった北ボルネオ、サラワク、シンガポールが統合してマレーシアが成立した。サバ州はこのとき以来、マレーシア半島部とサラワクとともにひとつの国民国家に括られるようになる。なお、シンガポールは一九六五年にマレーシアを脱退し、独立した国家を建設した。

隣接地域では、とくに区別する必要がない限り、現在のインドネシア共和国およびかつてのオランダ領東インドの地理的範囲は「インドネシア諸島」、現在のフィリピン共和国およびかつての米領フィリピンの地理範囲は「フィリピン諸島」と記す。

本書で扱う国境海域は、フィリピン・スル諸島南部とマレーシア・サバ州南東岸、インドネシア・北・東カリマンタン州にまたがっている。この海域は国家空間のはざまであり、かつ国家権力の中心からみた最周縁に位置する。こうしたロケーションゆえに、この海域には、公的、一般的な地名が付与されることはなかった。

歴史学者のジェームス・ウォレン（James Warren）は、一八世紀半ばから一九世紀後半にかけて、スル諸島を中心に港市国家スルー王国が発展し、その一帯に政治的経済的な影響が連鎖・往還する「スルー圏（Sulu Zone）」

が形成されたことを論じた［Warren 1981］。その範囲はミンダナオ島南西部からパラワン島、ボルネオ島北部に及んだ。現代の視点でみればそれは、近代国家の国境をまたぐ在地の社会・文化圏と呼ぶにふさわしい。ウォレンにならって本書では、この海域を「スル海域」と呼び、この地名でセンポルナ郡とその沖合からスル諸島の南西部に至る国境海域も指しあらわすことにしたい。

註

＊1——わたしはかつて、「境域社会」に対してこの定義を適用したことがある［長津 2010］。この本では、国民国家の国境を生きる社会を対象としていることを強調するために、「境域社会」にかえて「国境社会」の語を採用した。なお、境域社会については林［2009: 3-4］の定義が参考になる。

＊2——人・モノ・カネ・情報の越地域的かつ世界規模の流動という意味でグローバル化を捉えるならば、その現象の端緒は現代のみならず、より古い時代、たとえば大航海時代とそれに続く奴隷交易時代に遡ることができるのかもしれない［清水 2013: 13-14］。ここでは、一九八〇年代末に始まった東西冷戦体制の崩壊、一九九〇年代末のインターネット等の情報技術革命を通じて量質ともに急速に拡大したグローバル化を「現代のグローバル化」と呼ぶ。

＊3——たとえば一九九四年には、マレーシア・サバ州のサンダカンとフィリピン・ミンダナオ島のサンボアンガを結ぶ定期航路が開設された［Quiambao 1995］。なお、EAGA開発計画は、一九九七〜九八年のアジア通貨危機の影響を受けて停滞する。その前後に、国境をまたぐ船便、航空便の多くも停止された。ただし、サンダカン—サンボアンガ便は維持された。

＊4——国境の開放にともなって政府が従来関心を持たなかった国境地帯への関与を強めるパターンは、「はじめに」でも参照したように、中国、ベトナム、ラオス等の社会主義国が国境を開放していった一九九〇年代前

半の大陸部東南アジアにおいてもみられた［Evans, Hutton: and Kuah eds. 2000］。

＊5――現代のグローバル化状況において国境が包摂と排除の装置としてどの程度、機能しているのかは、地域によって大きく異なるだろう。本書が対象とするマレーシアを含む東南アジアでは、その程度は――フィリピンをおそらく例外として――きわめて顕著である。これに対して、シェンゲン協定（一九九五年発効）以降の欧州では、国境のそうした機能はかなり後退した。ただし二〇〇〇年代末頃から、欧州でも国境が再び包摂と排除の装置として顕在化していることには留意すべきである［佐藤 2009］。

＊6――わたしがスル諸島とサバ州を調査地としたのも、鶴見の著作の影響を受けてのことである。なお、「歴史ルポルタージュ」は、鶴見自らが自身の作品を範疇化するために使った用語である。

＊7――この項は長津［2010］をもとに大幅な修正を加えたものである。

＊8――マハティールは、日本や韓国の労働倫理に学ぶことをうたったいわゆる「ルック・イースト」政策についても、その政策で学ぼうとしているのは、もともとイスラーム世界に存在した価値であり、それを求めることはイスラームの教えに沿っていると主張していた［鳥居 2003: 30］。

＊9――インドネシア・イスラーム近現代史研究者の小林寧子は、ギアツの研究がインドネシアのイスラーム研究に残した問題として、①ジャワにおいてイスラームは表層的にしか定着していないという印象を与えたこと、②後続の研究者がジャワ文化主義的なアプローチを重視するようになる一方で、「イスラーム学」のアプローチを見捨てたこと、③イスラーム運動・組織に関する研究がムハマディヤ（Muhammadiyah）に代表される「近代派」に偏り、他方で前者以上の支持者を抱えるナフダトゥル・ウラマ（Nahdlatul Ulama）のような「伝統派」を等閑視したことの三点をあげる。他方で小林は、ギアツのアプローチが一九五〇年にアメリカで隆盛をきわめた「近代化論」の強い影響を受けており、そのことが彼のイスラームに対する見方を規定していたことも指摘する［小林 1999］。ギアツといえども、その知的営為が当時の人文社会科学パラダイムの制約下にあったことはいうまでもない（関本［1974］も参照）。

＊10――ここでいうイスラーム化より前の時代に、かれらはムスリムでなかったのか、という問いに対しては明確な答えはないとわたしは考えている。公的地位にあるイスラーム指導者らは、「その時代、かれらはムスリムではなかった」と答えるであろう。しかし、当時、かれらが自らをムスリムとみなしていたのか、いなかった

のかを知ることは不可能である。

＊11——ただし二〇〇〇年代以降、イスラーム系ＮＧＯの活動やムスリム住民運動等が、イスラーム的価値観を土台に国境をまたいで連携し、脱領域的な公共領域を形成することが増えていることは指摘しておく必要があるだろう［e.g. Hefner et al. eds. 2013］。

＊12——インドネシア研究では、マイノリティ集団の「伝統的信仰」と国家が規定する宗教との相互交渉のダイナミクスが独自の研究領域をなすまでになっている。それらの論考は、同国における国家の宗教領域への介入が、国民の末端のきわめて深いレベルにまで及ぶことを示してきた［Kipp and Rodgers eds. 1987; 福島 1991; Tsing 1993; 永渕 2007］。

＊13——その傾向を的確に整理したものとして福田［1997］がある。

＊14——マレーシアの少数民族が、いかにマレーシアのイスラーム主義政策を経験してきたのかについての民族誌的考察はきわめて少なく、マレー半島のオラン・アスリのイスラーム化を扱ったコリン・ニコラス（Colin Nicholas）［Nicholas 2000］や信田敏宏［2004］などの研究に限られる。サバ州のマイノリティにおけるイスラーム化とイスラームの制度化との相互作用を扱った民族誌研究は、管見の限り存在しない。

＊15——マレーシアのイスラーム法制はムスリムのみに適用される。なお、同国のイスラームに関する法令とは、原則として「州条例（ordinance）」を指し、州政府によって制定・管轄される（八章参照）。

＊16——マレーシアの政治言説では、独立から一九八〇年代までは、自国を「世俗国家」と位置づけることが一般的であった。同国の最高裁判所もそうした憲法解釈を示してきた。しかし一九九〇年代に政治領域でのイスラーム主義が拡大した結果、二〇〇一年には、マハティール首相がマレーシアを「イスラーム国家」と規定するに至った。国民戦線（ＢＮ＝Barisan Nasional）を構成する非ムスリムの政党もその規定を認めた［多和田 2010］。その後も同国は立憲主義体制を堅持しているが、一九九〇年代以降のマレーシアを狭義の世俗国家とみなすことはできないだろう。

＊17——マレーシア半島部の各州における最小行政単位「ムキム（mukim）」およびその長「プンフル（penghulu）」はサバ州には存在しない。

＊18——調査地は、インドネシア・スラウェシ島の全州、東・南カリマンタン州、東ジャワ州、西・東ヌサ・トゥ

ンガラ州、北マルク州、マルク州の沿岸・島嶼に及ぶ。二週間以上の中期調査は、中スラウェシ州トリトリ、南東スラウェシ州ワンギワンギ島、東カリマンタン州ブラウ沖合のマラトゥア島、東ジャワ州カンゲアン諸島のサプカン島でおこなった。

＊19――この項は、わたしの何度かの口頭発表に対する、マレーシア地域・政治研究者の山本博之氏（京都大学東南アジア地域研究研究所・准教授）の『「国家」とは連邦を指すのか、それとも州を指すのか」との質問をふまえて記している。この質問を受けた最初の機会は、おそらく二〇〇一年七月に上智大学（東京都千代田区）でおこなわれたセミナー「東南アジアのイスラームと政治」（イスラーム地域研究プロジェクト1・2班、東南アジア史学会関東例会共催）であった。同セミナーでわたしは、「『正しさ』の諸相 ――マレーシア・サバ州、海サマ人のイスラーム化と儀礼再編」と題する報告をおこなった（セミナーについては、左右田［2001］を参照）。山本氏の質問がなければ、本書では「国家」の用語は曖昧なままに用いられていたであろう。

＊20――これらの点で近代国家は、植民地化以前の自生的な東南アジアの王権国家と明白に異なる。後者は、王と他の有力者との政治的あるいは象徴的な支配・服従関係の連鎖がおよぶ範囲を支配「領域」としていた。つまりその領域は、国境ではなく王という中心によって定義されており、それゆえ王の政治的、象徴的な力の強弱によって伸縮する可塑的なものであった［Wolters 1982; 白石 1999: 262-267］。この王権国家の特徴は、後に触れるスル諸島のイスラーム国家、スル王国についてもあてはまる。

一　フィールドワーク

国境社会をいかに捉えるか

1　フィールドワークへ

わたしは、一九九六年三月から文部省（当時）の「アジア諸国等留学生制度」により、マレーシア・スランゴル州にあるマレーシア国民大学の人文社会科学研究科に留学した。マレー語の学習等で一年を費やした後、同大学の留学生としてサバ州でのフィールドワークを開始した。文部省の留学生制度の期間は二年であったが、調査継続のため留学を一年間延長した。[*1] 既述のように、フィールドワークは一九九七年三月から九九年三月までで、そのうち約一年七カ月を海サマの村を基点とする調査に充てた。

サバ州での調査地は、あらかじめセンポルナ郡のカッロン村に決めていた。修士課程で調査をおこなったフィリピン・スル諸島の調査村、シタンカイ島の調査協力者であり友人でもある海サマのハジ・ムサ氏（Hadji Musa S. Malabong、男性、五五歳、実名）が、カッロン村に住む彼の親族を紹介してくれたからである。

カッロン村を調査地に定めていたのは、きわめて近い社会関係にありながら、異なる国家に属することになった二つの集落を、テーマは何であれ比較してみたいという気持ちもあった。カッロン村では、ハジ・ムサ氏の親族の家に寄宿することになった。なお、ハジ・ムサ氏は初等学校の教員で、一九八〇年代からシタンカイ島を訪れる日本人や他の外国人の調査研究を支援していた在地の知識人である。[*2]

調査開始直後に直面した「問題」のひとつに村長への挨拶があった。人びとの生活世界をまるごと対象とする民族誌調査では、わたしたちが「村」という言葉で想定するような最小の行政単位がもっとも重要になることが多い。調査にさいして研究者は、たいていその行政単位の長に挨拶に出向き、必要な書類があればそれを提出する。マレーシア・サバ州ではカンポン（kampong）が最小の行政単位に相当する。本書ではこのカンポンを村、その長（ketua kampong）を村長と呼ぶ。

カッロン村で調査を開始するにあたり、わたしは調査助手に案内されて「村長」への挨拶に出向き、大学からの紹介状等の書類のコピーを彼に手渡した。彼は、他の村人と同様の態度で、わたしをもてなし、挨拶に応じてくれた。これで村での行政的な挨拶は済んだと思い、その後は寄宿先周辺の家々に挨拶をしてまわっていた。[*3]しかし一〇日ほど過ぎた後、寄宿先周辺の村人の話から、調査助手が村長としてわたしに紹介した人は、実は村落治安開発委員会（ＪＫＫ＝Jawatankuasa Kemajuan dan Keselamatan Kampong）の委員長であったことが判明した。かれらの指示に従って、慌てて実際の村長（四一歳）に挨拶しに行った。本書では仮名でアブドゥと呼ぶ。彼はわたしの勘違いをとがめることなく、あっさりと調査の実施を許可してくれた。なお、ＪＫＫ委員長は村の開発行政の代表者である。カッロン村にはＪＫＫ長が三人いた（七章を参照）。

のちに分かったことであるが、村長は村の社会関係のなかでは周辺に位置していた。彼が村長に選ばれたのは、州政府の与党である統一マレー人国民組織（UMNO＝United Malays National Organization）の地方支部によるやや特別な決定のためであり、[*4]村人の多くはその詳細に関知していなかった。

そもそも村人が日常生活において重要視していたのは、社会的に身近な人物のなかの、連邦・州政府の与党と深くつながる開発予算のブローカーであった。その人が村長であるか、JKKK委員長であるか、あるいは他の公職であるかは、たいした問題ではなかった。調査助手の間違いは、こうした村の政治状況を反映していたのである。なお、当時のカッロン村には、村全体を統括する慣習的な長と呼べるような人は存在しなかった。このように調査のまさに入口で、わたしはこの村の社会生活とマクロな政治とが複雑に入り組んだ関係にあることを実感することになった。[*5]

2　流動する「家族」とともに

調査開始から二週間後、わたしはいくつかの事情を考慮して、そのときまでに親しくなっていたアリパダ・エキ氏（Alipada bin Ekih、男性、四二歳、実名）の家族のもとに寄宿先を移すことにした。理由のひとつは言語習得の便宜であった。アリパダ氏の次女、スニタ氏（Sunita、二六歳、実名）は言語感覚に優れ、実にわかりやすくマレー語でサマ語を教えてくれていた。ほかに、わたしは、アリパダ氏とその妻の人柄や記憶力の良さにも惹かれていた。なにより、家族全体との相性の良さを感じていた。多くの人類学者同様に、わたしはそこで擬似的な家族の一員として迎えられ、約一年半の生活をかれらとともに過ごすことになる。[*6]

寄宿先の家族や近隣の人との付き合いで、精神的な疲れを感じることはほとんどなかった。もちろんそれは、かれらが鷹揚にわたしに接してくれたからにほかならない。

寄宿先には、わたしにとっては初見の「親族」が頻繁に出入りし、しばしば居候になった。多くはスル諸島からの来訪者であった。他方、アリパダ氏の子どもや隣家の親族らは、就労のためにつぎつぎとマレーシア半島部に移住していった。調査開始から約半年後には、スニタ氏がスランゴル州に移住した。優秀なサマ語の教師を失ったことは、言語習得面での痛手であった（その後、サマ語の教師は固定しなかった）。

世帯成員の流動は、海サマのあいだではとくにめずらしいことではない。しかし、クアラルンプルをはじめとするマレーシア半島部の諸都市への就労移住は、一九九〇年代半ば頃にはじまった新しい移動のパターンである。調査時、その事例が眼前で展開していたのである。

アリパダ氏の家族でいえば、長男と長女は、一九九三年に、それぞれクアラルンプルとスランゴル州にすでに移住していた。スニタ氏の後、二〇〇五年までには、次男、三女、四女、五女がスランゴル州に移住した。アリパダ氏の子ども七人すべてが、マレーシア半島部に移住したのである(四女はのちにカッロン村に戻った)。マレーシア半島部への就労移住の急増は、カッロン村の経済生活が、マレーシア国家の枠組みのなかでドラスティックに再編成されていることを象徴的に示す現象でもあった。[*7]

他方で、国境を越える移動による世帯成員の流動も、同じ程度に頻繁に生じていた。その流れは、常にフィリピン・シタンカイ島からカッロン村へと向かうベクトルで展開していた。カッロン村の海サマの多くは、シタンカイ島の海サマと密な親族関係で結ばれている。それらの親族が、魚を捕り、売るために、儀礼に参加するために、また仕事を探すために、カッロン村を訪問した。

アリパダ氏も妻のスリラン氏（Surilan、四〇歳、実名）も、遡ればシタンカイ島に出自を持つ。両者の親族の一部は、いまもそこに住む。そのうちスリランのイトコ、イブラヒム（男性、四五歳）は、マレーシアの永住権（ただし国籍は持たない）を有しているため、妻、息子、娘とともにたびたびアリパダ家を訪れ、ここに寝泊まりしていた。妻と子どもは滞在許可を持たないため、二、三週間ほど滞在した後は、シタンカイ島に戻っていった。しかしイブラヒムは、カッロン村の知人を頼って、マレーシア半島部に出稼ぎに向かった。[*8]ただ就労移住ではなく、三、四カ月でカッロン村に戻り、さらにシタンカイ島に帰っていった。彼の場合、あくまでシタンカイ島が居住地だった。

寄宿先および村の生活では、物理的な面でもとくに不便を感じることはなかった。食事の基本は米（ときどきキャッサバ）と魚であり、わたしには馴染みやすかった。海サマの集落ではしばしば野菜と水の入手に苦労する。[*9] しかしカッロン村では、サバ州内で生産される野菜が村内でも安く入手できた。そのため、食事の栄養バランスに悩む必要はなかった。

水も水道事業局の浄化水が供給されていた。もっとも、断水は頻繁に起こった。そのたびに小船で大きな水槽がある隣村まで行き、水を買う必要があった。人手がないときはわたしも手伝いに駆り出された。それでも、雨水を煮沸して飲まなければならない状況にまでは至らなかった。また、公共の電気が村でも利用可能であった。ただ、家屋の過密、下水設備とゴミ処理施設の欠如等のため、衛生状態はけっして良くなかった。雨水やゴミがあちこちに貯まり、そこにハマダラ蚊のボウフラがわいていた。村ではたびたび皮膚病が流行した。こうした環境で疲労が重なったため、調査を始めて四カ月後、三日熱マラリアに罹患した。それでもセンポルナでは医療機関が機能していたため、病状をこじらせるようなことはなかった（下痢や皮膚のただれなどの後遺症は残ったが）。このマラリア罹患を除けば、身体面の健康はほぼ維持することができた。わたしに限らず、センポルナでは、治療可能な病気で人が死に至ることはほとんどなかった。もっともこれも、マレーシア国籍か正規の滞在許可を持つことが条件ではあるが。

3　フィールドワークの三つの段階

フィールドワークは、段階で区分するならば、①導入、②試行、③能動の三つの段階に分けられた〔山下［1988: 22-38］を参照〕。これらの段階は、あらかじめ計画的に設定されていたのではもちろんなく、試行錯誤で進めていった調査のプロセスを、後から振り返って区分したものである。

導入段階の調査――地図を作る

導入段階の調査の期間は最初の三カ月ほどで、サマ語の学習、地図づくり、それらを通じた社会関係の構築、村の経済活動と政治状況の概要の把握、主要人物の系譜関係の採録などに時間を費やした。いずれもフィールドワークの出発点となる重要な作業であるが、ここではとくに地図づくりについて説明しておきたい。その作業は、村の空間的把握を可能にするものであっただけでなく、一定の信頼関係のもとで村人と対面し、質的な調査をおこなっていくうえで、特別な意味を持つことになったからである。

海上のカッロン村を空間的に把握できるような地図は、当時、存在しなかった（いまはグーグル・アースでみることができる）。そのため、調査の開始後、まずは地図を自作する必要があった。しかし、村は過密した低層家屋群で構成されており、さらにそのすべてがサンゴ礁の上に建てられていた。外側からの三角測量によって建物や通路を計測することは不可能であった。

そのためわたしは、調査助手のリクソン（男性、三八歳）とともに、長さ一〇メートルのメジャーと高性能な方位磁針で距離と方角を測り、それを百分の一に縮小して方眼紙に落とすという、おそろしく原始的なやり方で村の地図を描くことにした。[*10] こうした原始的な手法をとったため、また村の規模が想像をはるかに越えて大きかったため、村の全六四四世帯を含む地図を完成させるまでに、約一カ月半もの時間を要した（六章の**図6-1**）。当初、予定していた時間は二週間であった。

しかし、このように、まさに地を這うように地図づくりを進めたことにより、結果的にわたしは、フィールドワークで重要な意味を持つひとつの果実を得た――すなわち大半の村人に顔を憶えてもらうことができたのである。

先に書いたように、カッロン村には、すべての住民に通用するような確立された権威は存在しない。村長や

ＪＫＫＫ委員長を通じて、わたしの存在が住民に伝えられることはまったく期待できなかった。また、村にはマレーシア国籍を持たない人（以下、非国籍保有者）やいっさいの滞在許可を持たない人（以下、非正規滞在者）が多数住んでいた。かれらの一部は外部者、とくに調査らしきことをする人間をかなり警戒していた。非正規滞在者にとっては、村長やＪＫＫＫ委員長でさえ警戒の対象であった。

こうした状況にあってわたしは、測量作業のかたわら、村人に怪しまれては自己紹介をする、そうした毎日を繰り返した。そのときの雑談、菓子、タバコのやり取りで、わたしが大学（院）生として海サマの歴史と文化を勉強していること、なにより警察や入国管理局とは何ら関係がないことをかれらに理解してもらうべく努めた。

こうした過程を経たおかげで一カ月半後には、村長らが知らない非正規滞在者を含むほとんどの村人のあいだで、わたしは顔を知られるようになり、どの地区でも、少なくとも相手が不安を覚えない程度には、話を聞くことができるようになっていた。このときになってわたしは、ようやく「村入り」を許されたと感じることができた。

試行段階の調査——一九三世帯を訪ねる

導入段階の調査を経た後、六カ月ほどは、調査票を用いた一定区画の悉皆《しっかい》聞き取り調査をおこなった。同時に、聞き取り調査で得た情報を手がかりに個別の問いを考え、その問いにかかわる参与観察や試行的な聞き取りを繰り返した。この時期には観察も聞き取りもまだ粗く、親族関係の把握も不十分であった。それでも、この作業を繰り返すなかで、序章に記した三つの具体的な課題が形づくられていくことになる。[*11]

全世帯を対象とする悉皆調査は時間的におよそ不可能であるため、わたしは陸地部に接する村の入口から村の中心とみなされていた一画までを悉皆調査の対象に定めた。世帯の数は一九三世帯で、海サマ以外の世帯も含まれた。悉皆調査では、世帯主夫婦を対象者として、家族構成や経済状況等の基本情報を聞き、そのうえで本人・

家族成員・親族の地理的な分布や移動の経歴を尋ねることに重点をおいた。かれらの生活と社会関係がどこまで国境をまたいでいるのか、あるいは国境の内側に閉じているのかを量的かつ質的に把握しようとしたのである。

地図づくりの過程で、国籍や出身地にかかわる情報が村の一部の人にとってセンシティヴなものであることはすでに理解するようになっていた。そのため、悉皆調査ではかならず相手の家を訪問して、調査の暫定的な目的を、必要な場合にはシタンカイ島での調査からの経緯やそこでの人間関係を含めて説明することから始めた。シタンカイ島の有力者であったハジ・ムサ氏との友人関係は、このとき大きな意味を持った。時間にも余裕をもって進めることにした。こうした手順を踏むことにより、悉皆調査では、たいていの世帯で実直に対応してもらうことができたと思っている。

この悉皆調査は、量的データの収集にとどまらず、カッロン村の海サマ社会がけっして一枚岩的にではなく、多元的・多層的に構成されていることを具体的に把握するうえでもきわめて有意であった。

悉皆調査を通じて理解したことのひとつは、同じ村に住む海サマであっても、政治経済面での位相や、さらには宗教実践へのかかわり方にかなりの偏差があることであった。村には、「主流派」と呼びうるような人たち、すなわち村の設立初期（一九五〇～六〇年代）からカッロン村に住み、政治、経済、文化の面での主要なアクターとみなされ、また実際にそれに相当する役割を果たすような人たちがいた。政治やイスラームの役職者、主要な公務員、仲買人、企業家たちのほとんどは、この主流派に含まれる。

近代国家の制度・政策と対峙する人びとという本書が準拠する海サマ表象は、かれらの存在を前提にわたしが設定した調査のための表象にほかならない。現実には、「国家と積極的にかかわらない」、あるいは「国家によって周縁化された」と形容しうる人たちも村に少なからずいた。かれらの多くは、マレーシア国籍を持たない非国籍保有者か、あるいはスル諸島出身で移住歴の短い国籍保有者であった。

村長らを介して聞き取りの対象者を探していたならば、これらの人たちは視野に入らなかったに違いない。

悉皆調査を経ることによってはじめて、村の主流派のみならず、国家の周縁や外側に位置する人たちをも考察の射程に入れて、海サマと国家の制度・政策とのかかわりを検討することが可能になったのである。

村にはさらに「国家に無視された」と形容しうる人たちもいた。近年、スル諸島から「不法に」移住してきた人たちである。多くは貧困の度合いがひどく、センポルナで生きていくための経済手段も社会関係資本も欠いていた。かれらの居住区は治安が悪いと噂され、「主流派」の人たちからは忌避されていた。実際、そこでは小中学生くらいの子どもがシンナーを吸いながらあたりを徘徊し、成人男子はフィリピン製の安価なアルコール飲料で酔っ払っていた。調査期間中に「不法移民」として逮捕され、スル諸島に強制送還された人も少なくない。

この人たちの世帯は、悉皆調査の対象にはならなかったが、地図づくりの対象には当然、含まれた。本書では、この「国家に無視された」人びとに直接言及することはない。それでも、かれらの存在が調査地の現実の一部をかたちづくっていたことは、個々の考察において常に留意されている。

能動段階の調査——モスクに通う

能動的と形容できるような調査の段階に入ったのは、上記の悉皆調査が終わりに近づいた頃、調査を始めて一〇カ月目くらいからであった。この頃までには、具体的な研究課題を一応見通せるようになっており、サマ語の会話能力も身につき、村の社会関係、政治的背景もかなりの程度把握し、課題に関する参与観察と聞き取りに積極的に取り組むことができるようになっていた。調査終了までの期間は八カ月ほどであった。

この段階からとくに重点をおいたのは、開発過程と社会の再編と、イスラーム化と宗教実践の変容の双方の課題を、聞き取りや在地の文字資料によりながら歴史化することと、それらの歴史過程を外部社会との関係で捉えることであった。文字資料には、個人の手紙や政党支部あてのさまざまな申請書、イスラーム指導者の教育や講習の証書、宗教教育の教科書、在地のイスラーム・テクストなどが含まれる。

手書き文書を含む在地の宗教テクストは、イスラーム指導者の説明を受けながら解釈・分析した。これらの宗教テクストは、海サマのイスラーム化を現地の人びとの視点から歴史的に再構築するうえで貴重なテクストになると思われたため、この作業にはかなりの時間を費やした（九章参照）。

外部社会とは、具体的にはセンポルナの郡役所、郡レベルの政党支部、州のイスラーム機関（サバ州イスラーム局、JHEAINS＝Jabatan Hal Ehwal Agama Islam Sabah）の郡支局、それが管理する宗教学校、連邦教育省が管轄する国民初等学校、国民中等学校等を指す。開発過程を国家（とくに州政府）の制度・政策とのかかわりで理解しなければならないことは、とくに説明を要しないだろう。カッロン村を含むマレーシアに特異なことは、イスラームという宗教の領域も、国家の制度・政策と深くかかわっていることである。

海サマのイスラーム化とそれにともなう宗教実践の変容は、いずれもマレーシア連邦とサバ州のイスラームにかかわる制度・政策の影響を無視しては理解できない。能動調査の段階では、村のイスラーム知識人からの聞き取りでも、こうした制度・政策とのかかわりに重点をおくようになった。同時に、州政府のイスラーム機関、それが管轄するイスラーム学校、郡役所でも聞き取りをおこない、またイスラーム行政に関する文書資料の収集と分析にも時間を費やした。

聞き取り対象者の幅も広がった。試行調査時のイスラームに関する調査では、イマムと呼ばれる五〇代以上の年長のイスラーム指導者に情報収集のほとんどすべてを頼っていた。しかし能動調査の段階からは、ハティブやウスタズと呼ばれる四〇代以下の若いイスラーム指導者とも積極的に交流するようになった（イスラームの役職については九章で説明する）。

この頃から村にいるかぎり（海に出ることもあった）、毎日、マグリブ（日没後）とイシャー（夜）の礼拝時に村のモスクに通った。そのあいだの時間には、年長と若手双方の指導者の話を聞き、周囲に座る他のムスリムと語りあった。かれらの家を訪問して、聞き取りをおこなう機会も増えた。

宗教実践に関する調査では、個人の家での儀礼への参与観察も大きな位置を占めた。試行調査の段階でもわたしは、儀礼があればとにかく参加するようにしていた。そうした儀礼のうち、本書で「伝統的」と形容した儀礼（一〇章参照）は、主に年長イマムによって実施されていた。若手のハティブやウスタズは、「伝統的」儀礼にほとんど参加していなかった。かれらはその一部をイスラームに反する行為とみなしてさえいた。

能動調査が進むと、このように儀礼をめぐって異なる立場が村内に併存していることに加えて、誰がなぜどの立場でその宗教実践にかかわっているのかいないのかをある程度、理解できるようになった。その鍵は、国家が管理する「公的」イスラームと各アクターとのかかわり方であった。

こうした理解に至るなかでわたしは、イスラーム的儀礼、「伝統的」儀礼のいずれの参与観察においても、その実践が多くの場合、多元的・多声的な構成をとっていることに関心を向けるようになった。この多元性・多声性への着目こそが、宗教実践の変容のダイナミクスとそこに刻まれた社会的な分断についての考察を導くことになる。

4　フィールドにおける経験と生《せい》の文脈

民族誌の描き手は、フィールドでの経験をクリフォード・ギアツがいう「厚い記述（thick description）」として作品化することを試みる。ギアツは文化を「解釈できる記号の互いに絡みあった〔意味の〕体系」とみなし、その文脈のなかで社会事象や行動や制度などを理解できるように文化を描くときの、その記述を厚い記述と呼んだ。そうした厚い記述は、なによりフィールドにおける経験と文化の文脈を弁証法的に往還するなかで実践されるものである［ギアーツ 1987a］。

この本が目指すのは、国境を生きる海サマの社会史を、文化体系の文脈に位置づけるというよりは、かれらの生を作りまた取り巻く具体的な三つの文脈、すなわち①村落レベルの具体的な個人がかかわりあう社会関係の文脈、②マレーシア国家、その一部をなすサバ州、国境をまたぐ地域社会それぞれの、あるいはそれらが相関しあった歴史の文脈、③マレーシア国家を枠組みとする開発とイスラームの制度・政策の文脈それぞれに定位して、できるだけ「厚く」描くことである。

過去の海サマに関する民族誌研究は、かれらが船上生活から家屋居住に移行する過程や、精霊信仰から離れてイスラームを受容する過程を、陸地居住民への同化ないし伝統文化の消失の歴史とみなし、同化し、消失する以前の伝統文化を抽出、再構成しようとする、あるいはサルベージ（救出・すくいあげ）しようとする立場から記されることが少なくなかった［e.g. Arong 1962; Nimmo 1972, 1990a, 1990b; Salbalvaro and Mashur 1978; Bottignolo 1995］。

この本では、マレーシア・サバ州の海サマが「船上居住の精霊信仰者」から「家屋居住のムスリム」に移行し、さらに開発やイスラーム化を生きてきた過程を、文化の消失や多数派集団への同化としてではなく、マクロな政治経済や宗教状況と海サマとの一連の相互作用――適応から部分的取り込み、読み替え、回避までを含む――の歴史過程として捉えようとする。

この章で説明したフィールドワークは、こうした動態的な歴史過程を、現場での経験と先に述べた三つの文脈とのあいだを弁証法的に往還しながら「厚く」描いていくための基盤であり、それゆえその説明もまた「厚い」記述の一部を構成することになる。

註

＊1――このときの身分は日本学術振興会の特別研究員（DC2）であった。同身分による調査に際しては科学研究費の支援を受けた。

＊2――一九四三年、シタンカイに生まれる。アラン・マルティノ（Alain, Martenot）[Martenot 1981]、門田修 [1986]、鶴見良行 [1987]、村井吉敬 [1987]、寺田勇文 [1996]、床呂郁哉 [1999] らの調査協力者を務めた。二〇一六年に逝去。

＊3――センポルナの郡役場の長である郡官吏（pegawai daerah）への挨拶は、最初の「村長」への挨拶の翌日に済ませていた。

＊4――特別な決定とは、一九九四年の州議会議員選挙の際、センポルナの選挙区でカッロン村の人たちが政党に属さない独立候補を擁立したことに関連する。アブドゥは、その動きに参加せず、選挙後に与党になる政党の地区支部長を務めた。その「功績」をふまえ、与党地方支部は彼を村長に選んだのである。詳しくは七章を参照。

＊5――村に相当する行政単位の制度的位置付けは国によってやや異なるが、わたしが調査をおこなったことのあるフィリピンの村バランガイ（barangay）とインドネシアの村デサ（desa）では、どこであれ、その長が誰であるのかは明白であった。

＊6――住み込むにあたっては当然、家主に相応の家賃を月々払っていた。なお、アリパダ氏は州政府の開発予算の配分を受けて、食用海産魚の養殖をはじめようとしていたが、あまりうまくいっていなかった。一家を経済的に支えていたのは、マレーシア半島部で働く子どもたちの仕送りだった。

＊7――アリパダ氏の子どもたちは皆マレーシア国籍を持ち、マレーシアでの一定の学歴を有する。こうした海サマが、常に労働力不足状態にあるマレーシア半島部で就労することはきわめて容易である。アリパダ氏の子どもの場合の就労先は、ホテルのセールス部門、空港の免税品店、航空会社の整備部門、スーパーマーケット販売部門などである。

＊8――イブラヒムのようにマレーシアの国籍を持たない海サマの就労先は、アリパダ氏の子どもの場合と異なり、いささか限定的である。かれらの多くは、建築現場における有期雇用の労働者として働くか、あるいは偽ブランド時計の行商に従事している。

＊9――フィリピン・シタンカイ島では安価な野菜が流通していなかった。水は個人が持つ天水の貯水槽からの購入に依存していた。

＊10――リクソンは、シタンカイ島で調査をおこなっていたときからの知りあいで、先述したハジ・ムサ氏の甥である。シタンカイ島で初等学校を修了しており、ローマ字アルファベットの読み書きができる。漁業と行商で生計をたてている。シタンカイ島とカッロン村双方の社会関係を知る彼の手伝いは大いに役立った。他方で、村の有力者たちが「移民／難民」である彼を見くだしている様子もみてとれた。彼はサバ州での滞在資格を有するが、マレーシア国籍は持たない（そのため仮名とした）。

＊11――ほかに、この段階から最後まで、特定の漁民に同行する、あるいはかれらから操業内容を定期的に聞き取るかたちで漁業活動の調査もおこなった。この調査の成果は結局、本書に組み入れることはできなかった。

I 部

民族の生成と再編

▲ 海サマの追い込み漁

二　海サマとはどのような人びとなのか
国境をまたぐ民族の概要と先行研究

1　海サマとサマ

サマ語とその類型

海サマはサマの一集団である。サマとは、サマ語を話し、サマを一般的な自称とする人びとを指している。各国の二〇〇〇年センサスによれば、フィリピン、マレーシア（ただしサバ州のみ）、インドネシアの三カ国全体でのサマの人口は一〇七万七〇二〇人で、国別ではフィリピンが五七万八五七人、サバ州が三四万七一九三人、インドネシアが一五万八九七〇人になる（文献の「センサス」を参照）。図2–1は、同センサスにしたがって、島嶼部東南アジア全体におけるサマの分布を図示したものである。

図が示すように、サマの人口は、スル諸島からサバ州の南東岸にかけての島嶼・沿岸地域にある程度、集中している。ただし俯瞰するとわかるように、サマの居住地は、全体的にはきわめて広域に拡散している。サマの集落は、南北ではインドネシアのロティ島からフィリピンのミンダナオ島の南西端までの約二〇〇〇キロメートルのあいだに、東西では東ジャワ州沖合のカンゲアン諸島からマルク諸島までの約一三〇〇キロメートルのあいだに点在している。人口約一〇〇万人程度の民族の集落がこれほど広域に拡散している例は、島嶼部東南アジアではほかにない。

各地域で話されるサマ語にはかなりの偏差がみられるが、それらのあいだには音韻、語彙、意味構造、統語法などの面で系統的な近接関係がみいだされる［Pallesen 1985: 43］。サバ州の西海岸のコタブルドやスル諸島北部のバシラン島内陸に居住する稲作農耕民のサマを除くと、ほとんどのサマは沿岸・島嶼部に住んでいる。沿岸・島嶼部に住むサマは、漁業、ココヤシ栽培、商業、海上交易などを主な生業としている。

言語学者のケンプ・パレセン（Kemp Pallesen）の分析によれば、サマ語の祖語（Proto-Sama-Bajau）は、八世紀頃までにフィリピン・ミンダナオ島南西端のサンボアンガ周辺域で話されるようになっていた。その話者であるサマはここから各地に分散し、他の言語との接触を通じて方言的差異を示す言語を持つに至ったとされる。パレセンの研究をもとにしたバーバラ・グライム（Barbara Grimes）の言語分類によれば、サマ語は九つの主要方言に分けられる［Grimes ed. 2000］。表2-1はその分類と各方言の系統、主な使用地域を示している。

グライムの分類でいう「ボルネオ西岸バジャウ（Bajau）語」は、ボルネオ島の西岸ではなく、サバ州の西岸に分布している。また「インドネシア・バジャウ語」は、スラウェシ島沿岸を中心に分布している。ここではその地理的分布にしたがって、またバジャウをかれらの自称であるサマにおきかえて、それぞれを「サバ西岸系サマ語」、「スラウェシ系サマ語」と呼びかえる。またアバクノン（Abaknon）・サマ語も表記をそろえて、アバクノン系サマ語とする。

グライムの分類は主に語彙の共有率に基づくものであるが、社会学的な観点からは詳細にすぎる［Akamine

行政単位別のサマ・バジャウ人口一覧(1,000人以上)

フィリピン

No.	州(province)	サマ・バジャウ人口	総人口	比率
01	Northern Samar	10,670	500,639	2.13%
02	Capiz	1,496	654,156	0.23%
03	Palawan	22,336	755,412	2.96%
04	Basilan	177,638	332,579	53.41%
05	Zamboanga Del Norte	10,226	823,130	1.24%
06	Zamboanga Del Sur	15,518	1,333,456	1.16%
07	Zamboanga City	57914	599,792	9.66%
08	Davao (Davao Del Norte)	3,221	743,811	0.43%
09	Davao Del Sur	1,250	758,801	0.16%
10	Sulu	62,525	619,550	10.09%
11	Tawi-Tawi	191,844	322,066	59.57%
12	National Capital Region (Manila)	6764	9,932,560	0.07%
Total, The Philippines		**570,857**	**76,462,268**	**0.75%**

マレーシア

No.	郡(daerah)	サマ・バジャウ人口	総人口	比率
01	Beaufort	1,873	61,698	3.04%
02	Kuala Penyu	1,675	16,511	10.14%
03	Keningau	3,903	145,762	2.68%
04	Kota Kinabalu	60,857	354,153	17.18%
05	Kota Belud	26,054	72,337	36.02%
06	Tuaran	25,238	82,212	30.70%
07	Penampang	11,810	130,809	9.03%
08	Papar	14,274	86,649	16.47%
09	Kudat	7,266	68,242	10.65%
10	Kota Marudu	8,425	58,841	14.32%
11	Pitas	3,391	30,854	10.99%
12	Sandakan	37,705	347,334	10.86%
13	Kinabatangan	1,228	86,783	1.42%
14	Beluran	3,654	70,900	5.15%
15	Tawau	27,984	304,888	9.18%
16	Lahad Datu	31,589	156,059	20.24%
17	Semporna	63,008	108,236	58.21%
18	Kunak	10,254	48,571	21.11%
19	Labuan	4,015	76,067	5.28%
Total, Sabah		**347,193**	**2,525,456**	**13.75%**

インドネシア

No.	県(kabupaten)	サマ・バジャウ人口	総人口	比率
01	Sumenep	13,832	985,981	1.40%
02	Lombok Timur	2,634	973,296	0.27%
03	Sumbawa	4,809	444,277	1.08%
04	Manggarai	3,097	603,206	0.51%
05	Sikka	3,521	263,284	1.34%
06	Kupang	1,604	237,271	0.68%
07	Berau	6,930	117,769	5.88%
08	Pasir	6,381	268,761	2.37%
09	Kota Baru	4,573	412,399	1.11%
10	Minahasa	4,091	769,296	0.53%
11	Boalemo	3,179	695,253	0.46%
12	Toli-Toli	3,275	173,270	1.89%
13	Donggala	3,977	726,085	0.55%
14	Poso	5,659	186,414	3.04%
15	Banggai	6,331	270,728	2.34%
16	Banggai Kepulauan	13,259	139,234	9.52%
17	Morowali	10,137	154,851	6.55%
18	Kendari	11,076	444,912	2.49%
19	Kolaka	1,846	323,329	0.57%
20	Buton	13,173	533,417	2.47%
21	Muna	11,445	274,160	4.17%
22	Selayar	1,288	103,596	1.24%
23	Maluku Utara	12,750	374,437	3.41%
Total, Indonesia		**158,970**	**206,264,595**	**0.08%**

出典：各国の2000年センサスおよびインドネシア中央統計局における電子版センサス、海図等の調査により筆者作成

図2－1　島嶼部東南アジアにおけるサマ人の人口分布（2000年）

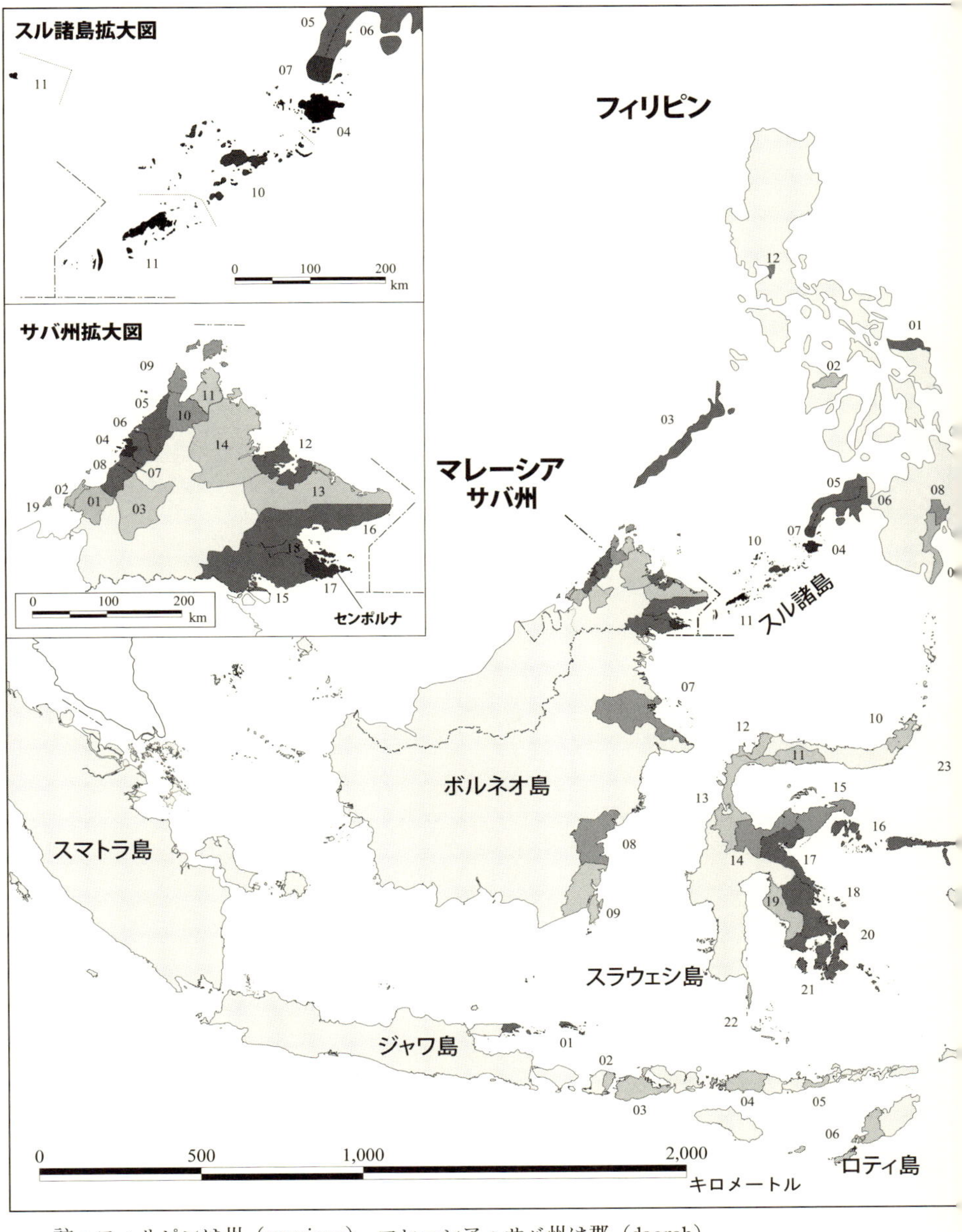

註：フィリピンは州（province）、マレーシア・サバ州は郡（daerah）、
インドネシアは県（kabupaten）を単位とする

表2-1　グライムによるサマ語の分類

系統1	系統2	言語分類名	地域
アバクノン系 Abaknon		アバクノン・サマ語 Sama, Abaknon	カプル Capul 島（フィリピン中部サマル Samar 島北西）
ヤカン系 Yakan		ヤカン語 Yakan	バシラン島、ミンダナオ島西部
スル・ボルネオ系 Sulu Borneo	中スル・サマ系 Inner Sulu Sama	バラギギ・サマ語 Sama, Balangingi	スル諸島北東部（ホロ Jolo 島北東、バシラン Basilan 島、サンボアンガ沿岸など）、サバ東岸
		中部サマ語 Sama, Central	スル諸島中部（シアシ Siasi 島など）、スル諸島各地、サバ東岸
		南部サマ語 Sama, Southern	スル諸島南西部（タウィタウィ Tawi-Tawi 島、シムヌル Simunul 島、シブトゥ Sibutu 島など）、サバ東岸
	西スル・サマ系 Western Sulu Sama	パグタラン・サマ語 Sama, Pangutaran	スル諸島中西部（パグタラン Pangutaran 島）、パラワン Palawan 島南部、サバ東岸
	ボルネオ海岸バジャウ系 Borneo Coast Bajau	マプン語 Mapun	カガヤン・デ・スル Cagayan de Sulu 島、パラワン島南部、サバ北東岸
		西岸バジャウ語* Bajau, West Coast	サバ州西岸（クアラ・プニュ Kuala Punyu からクダト Kuadat までの沿岸、コタ・ブルド、バンギ Banggi 島）、サンダカン Sandakan
		インドネシア・バジャウ語** Bajau, Indonesia	スラウェシ島沿岸、ハルマヘラ Halmahera 島南西、フローレス島 Flores 沿岸などに点在

* 本書ではサバ西岸系サマ語とした

** 本書ではスラウェシ系サマ語とした

出典：Grimes (ed.)［2000］により筆者作成

図 2-2　サマ語の下位分類とその分布

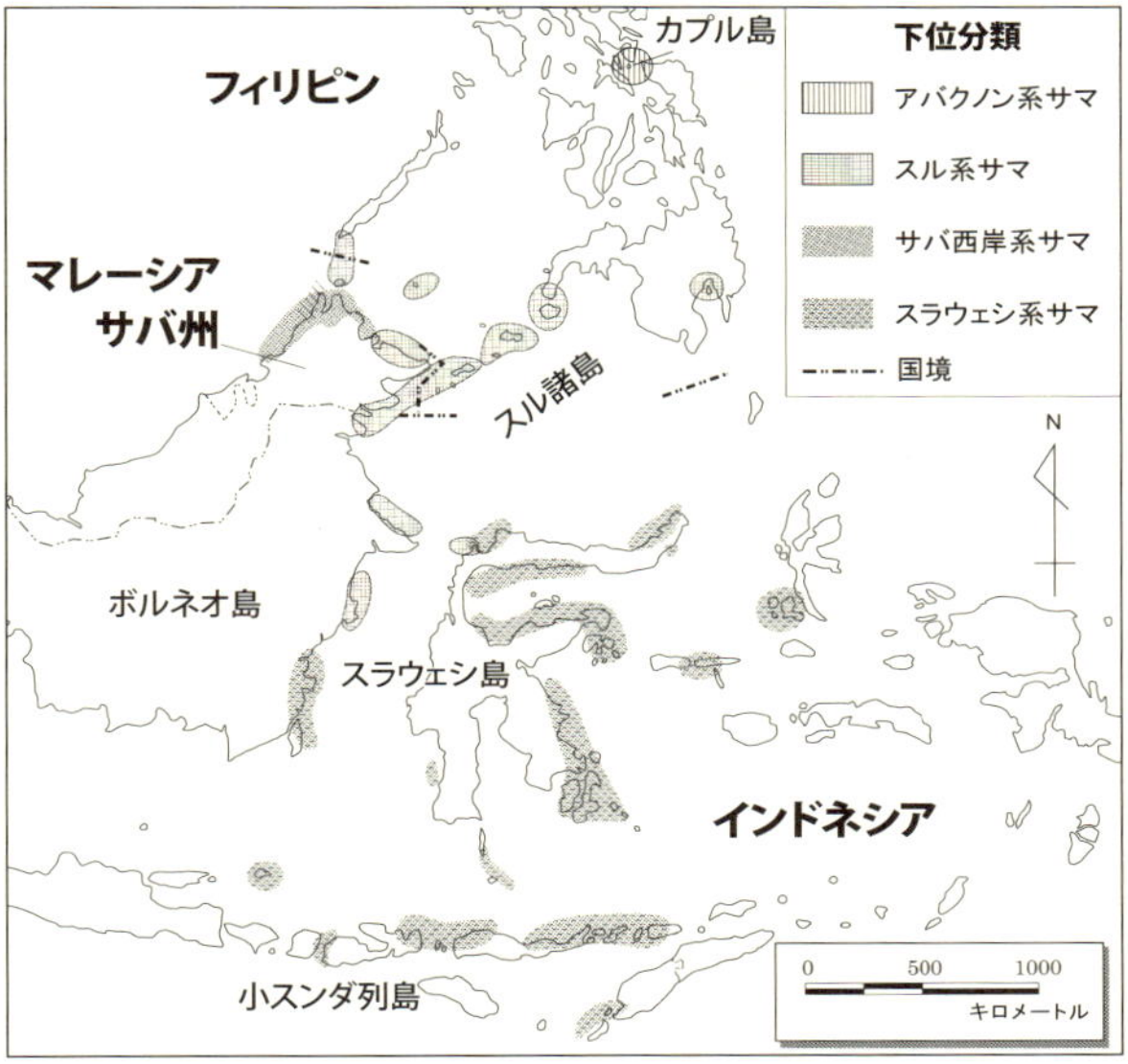

出典：Grimes ed. [2000] とフィールドワークを基に筆者作成

2004]。わたしの観察によれば、ヤカン（Yakan）語、バラギギ（Balangingi）・サマ語、スル中部サマ語、スル南部サマ語、パグタラン（Pangutaran）・サマ語、マプン（Mapun）語の話者間では言語的な相互理解性（mutual intelligibility）が高く、かれらが互いに会話をする際には、通常いずれかのサマ語方言を用いている。六つの方言は、少なくとも社会言語学的には近い系統のサマ語と考えてよい [Akamine 2004]。ここでは六つの方言を合わせて、「スル系サマ語」と呼ぶことにする。

スル系サマ語、アバクノン系サマ語、サバ西岸系サマ語、スラウェシ系サマ語はそれぞれ語彙的に顕著に異なっている。[*1] これらの言語の話者間の言語的相互理解性は、かなり低い [Smith 1984; Pallesen 1985]。

この点をふまえてサマ語の下位分類を簡略化し、それにしたがってサマを分類すると、サマはアバクノン系サマ、スル系サマ、サバ西岸系サマ、スラウェシ系サマの四つの系統に大きく分けられる。それぞれのサマの分布を示したのが図2-2である。この分類は言語学的な分類というよりも、言語的相互理解性、および歴史的な移動や交流圏を念頭においた社会言語学的な分類であることに留意されたい。

海サマ、陸サマ、タウスグ

この本が関係するのは、スル諸島南西部からサバ州南東岸にかけての地域に居住するスル系サマ語を話すサマである。このサマのうち、二〇世紀半ば頃までもっぱら船上生活を営んでいたサマとその子孫が海サマで、一九世紀中にすでに定住化していたサマの子孫が陸サマである。本書で用いる「陸サマ」という名称は、前者から後者に対する呼称「サマ・デヤ（Sama Deyaq）」、「陸のサマ」にしたがった便宜的な呼称である。陸サマは通常、自らを単に「サマ」と呼ぶ。微細な言語の差異や出身・居住地の違いにより、自分たちを他のサマと弁別する場合には、たとえば「サマ・シムヌル」のようにサマの後に出身地名をくわえる。シムヌルはスル諸島南西部の島の名である。

本書で用いる「海サマ」という名称は、陸サマと対照させて自己を表象するときに前者が用いる「サマ・ディラウト（Sama Dilaut）」、「海のサマ」という呼称によっている。海サマが陸サマ同様に、サマに出身地名をくわえて自らを他のサマと区別することもある。なお、以下で両者を包括的に扱うときには、単に「サマ」と呼ぶ。

フィリピンのスル諸島を対象とする従来の民族誌では、海サマは「バジャウ」という呼称で、陸サマは「サマル（Samal）」というタウスグ（Tausug）からの他称で記されてきた。他方、マレーシアのサバ州では、民族誌や公文書などで、海サマ、陸サマを区別せず、両者を一括して「バジャウ」と呼ぶことが一般化しており、また「バジャウ」は海サマ、陸サマ双方の自称としても用いられるようになっている（四章参照）。

バジャウないしバジョ（Bajo, Badjo）は、もともとボルネオ沿岸に住むマレー人や他のマレー語話者の、あるいはスラウェシ島のブギス（Bugis）のサマに対する呼称であったと考えられている［Evans 1952; Sather 1997: 5-6］。

この本では、四章で植民地政府やマレーシア政府の「バジャウ」という呼称による民族表象を考察対象とするが、その他の箇所では、原則として「バジャウ」は使わず、「海サマ」「陸サマ」「サマ」を呼称として用いる。

スル諸島南西部からサバ州南東岸にかけての地域に居住するもうひとつの主要な言語集団がタウスグである。タウスグはスル諸島中部のホロ島を本拠地とする人びとで、海上交易や商業、果樹、陸稲、ココヤシの栽培などを主な生業としている。サマに比べると、陸を基盤とする生業に対する志向性が強い。

「タウスグ」はかれらの自称で、もともとは「潮流の人（people of the current）」を意味するという［Orosa 1923: 60］。マレーシアでは、「スル（Sulu）」ないし「スルク（Suluk）」という呼称が一般に使われ、また公的文書でもいずれかの呼称が採用されているが、以下では「タウスグ」で統一する。かれらはサマ語とは明らかに異なる系統の言語、タウスグ語を話す。タウスグ語はフィリピン諸語に属し、フィリピン北中部の主要言語であるビサヤ（Bisaya）語に類似する。サマとタウスグは、互いをはっきりと異なる社会・文化集団であると認識している［Stone 1962］。

二〇〇〇年のセンサスによれば、センポルナ郡の総人口は約一一万人で、サマがその八割弱を占めていると推計される。センサスでは陸サマと海サマは区別されていないが、聞き取りによればサマの一割ほどが海サマである。タウスグは総人口の一割弱の少数派である［DOSM 2001］。

フィリピンのスル州とタウィタウィ州を合わせたスル諸島の総人口は、二〇〇〇年のセンサスによれば約九四万人で、タウスグがその約七割を占める［NSO-RP 2002-2006］。サマは総人口の二七％で、サマのうち八％が海サマである。ただし南部のタウィタウィ州に限れば、サマが総人口約三二万のうちの約六割を占め、多数派になっている。サマのうち四％が海サマである。タウスグは総人口の三六％である。

民族間の呼称

スル諸島には、タウスグを支配層、陸サマを中間層、海サマを最下層とするスル王国の政治秩序に由来する階層的な民族間関係が残っている。階層的な民族間関係およびそれに基づく集団認識は、他集団に対する呼称に反映されている。

スル諸島のタウスグは陸サマを「サマル」、海サマを「ルワアン（Luwaan）」と呼ぶ。サマルはタウスグ語で「汚い人」を意味するという［Muhammad Kurais II 1979］。先にフィリピンの民族誌において陸サマが「サマル」と呼ばれてきたことを記したが、それはタウスグからの蔑称と理解すべきである。ルワアンはタウスグ語で「唾棄すべき人」を意味する［Stone 1962: 91; Nimmo 1968: 35］。海サマによれば、もっとも強い嫌悪感を覚える蔑称だという。陸サマや海サマは、タウスグを「スクの人（aa Suk）」と後者の自称にしたがって呼ぶ。

陸サマは海サマを「パラウ（Palau）」と呼び、自らと差異化している［Stone 1962; Nimmo 1968］。パラウはサマ語でもともとは「海に浮かぶもの」を意味する、あるいは海サマの「家舟」または「その居室」を指すといわれる［門田 1986: 46; Nimmo 1968: 35］。いずれにせよそれが陸サマの海サマに対する蔑称として用いられていることは確かである。ここでは陸サマは、海サマを自分たちとは異なる「民族（bangsa）」とみなすことが多い。

他方、センポルナでは、そうした階層的な民族間関係は、現在ではほとんど消滅している。詳細は後に述べるが、ここでは陸サマが政治的権威の担い手になっており、タウスグの支配層としての地位は失われている。海サマは、一九七〇年代頃まではスル諸島における場合と同様に周縁化されていたが、現在では一定の社会的地位を確立している。

センポルナでもかつて海サマは、陸サマから、またタウスグからも「パラウ」と呼ばれていた。一九五〇年代頃まではセンポルナの陸サマも、海サマを自分たちとは異なる起源を持つ集団であると考えていた［e.g. NBNST

June 1, 1958; Sather 1997: 17-20]。しかし現在では、陸サマが海サマを指して公然と「パラウ」と呼ぶことはまれである。[*2] 陸サマは海サマがサマ(ないしバジャウ)の一集団であることを認めている。タウスグは陸サマ、海サマの双方を「サマ」ないし「バジャウ」と呼ぶようになっており、かれらに対して「サマル」、「ルワアン」、「パラウ」という蔑称を少なくとも直接的に用いることはない。

2　サマ研究の系譜

植民地言説にみるサマ——海賊および海のジプシーとして

サマと措定できるような海と密接にかかわって生きる人びとについての報告は、ヨーロッパによる東南アジアの植民地化が始まった初期、一六〜一七世紀にはすでにスペイン人やオランダ人によって記されている。一六世紀末から一八世紀のスペインの史料には、フィリピン諸島に攻撃を繰り返す「カムコン(Camcon)」や「ルタオ(Lutao)」と呼ばれる集団についての記録が残されている。かれらは船上居住と沿岸の一時的な家屋での居住とを状況に応じて選択する、半船上・半家屋居住の海賊ないし漁民として描かれている[e.g. Blair and Robertson 1903-1909, Vol. 29: 97-98]。

ミンダナオ島南西部のサンボアンガに駐在していたスペイン人司教フランシスコ・コンベ(Francisco Combes)は、一六六七年に、ルタオが在地の有力者と随意に契約して海軍の兵士を務め、海辺の居住地を転々と移動している様子を記している。ルタオは現地の言葉で「海上を漂い泳ぎながら進む人(英訳では"he who swims and goes floating")」を意味するとされている[Blair and Robertson 1903-1909, Vol. 40: 104-109]。

一七世紀後半から一八世紀にかけてのオランダ東インド会社(Verenigde Oost-Indische Compagne)の史料は、

スラウェシ島北部のマナドや南部のマカッサル周辺で、船上に住み、またときには海辺の一時的な家屋にも住みながら移動的な生活を営む「バジョ（Bajo）」ないし「ワジョ（Wajo）」と呼ばれる人びとについてたびたび報告している。かれらはゴアやボネなど、スラウェシ南部のイスラーム王国の支配層と契約・同盟関係を結んでおり、あるときにはナマコやシロチョウ貝などの海産物をその支配層に貢納し、別のときには海軍の漕ぎ手などとして支配層の兵力になっていた［Sopher 1977(1965): 300-307; Laarhoven 1990; Villiers 1990］。

一九世紀になるとスル諸島を拠点とするサマは、人間の収奪を目的とする海賊として、東南アジアの各地に遠征航海を繰り返すようになった。かれらの襲撃は、オランダ領東インドやスペイン領フィリピンの各地に及んだ［Warren 1981］。

海賊としてのサマと植民地勢力との対立が顕在化するようになると、植民地行政官やヨーロッパ人旅行者のサマに対する関心は従来に増して高まり、その結果、主に海賊と船上居住者という二つの側面を強調したサマに関する報告が多数記されるようになった［Forrest 1969(1780); Earl 1971(1837); Hunt 1837a; Dewall 1855; Verschuer 1883; cf. Warren 1981］。*3 またこの時代には、海賊、船上居住者あるいは移動漁民のサマを「バジャウ」または「バジョ」と呼ぶことが一般化した。バジャウの名は、一方では海賊の、他方では「海のジプシー（Sea Gypsies）」の代名詞として東南アジアの植民地官僚らのあいだに定着した。

一九世紀末から二〇世紀初頭にかけて、かれらの居住地は、オランダ領東インド（インドネシア）、フィリピンを植民地化したアメリカ、ボルネオ北部を植民地化したイギリス北ボルネオ会社いずれかの統治下におかれるようになった。これ以降サマは、植民地国家のセンサスや行政文書のなかで統治の対象として記されるようになる。植民地行政官や民族誌家は、基本的には従来のイメージに基づきながらも、より具体的に、あるいは「学術的」にサマを表象した（四章を参照）。

とはいえ、それらの表象においても、サマは「奇妙で放浪的な無責任な類の人種（a curious wandering

irresponsible sort of race)」［Pryer 1887: 230］、「放浪の民（zwervende bevolking）」［Encyclopædie van Nederlandsch-Indië 1917: 100-101］、「一大海賊人種」［BNBC 1921: 43］等として描かれており、かれらを「海のジプシー」と「海賊」としてステレオタイプ化する表象の根幹部分が変わることはなかった。

二〇世紀後半までの人類学的研究は、海サマを「放浪的で孤立した海のジプシー」として描く傾向が強かった。この海サマのイメージは、こうした一九世紀末以降の植民地行政官や民族誌家の表象を通じて確立され、そして同時により専門的な職業人類学者の手による民族誌的記述のなかで固定されていったのである［e.g. Barrows 1905; Beyer 1920-21; Evans 1923］。

民族分類の起源——植民地期のサマ・バジャウ表象

この時代のサマに関する民族分類で特記しておきたいのは、アメリカ領フィリピンの公文書（センサス）が、より定住性の高いイスラーム化したサマをサマル（Samal）、船上居住で移動性の高いイスラーム化していないサマをバジャウ（バジャオ、Bajao）と名づけ、明確に区別したことである［Barrow 1905; Beyer 1920-21］。既述のように、前者のサマルは、タウスグからのイスラーム化したサマに対する呼称であり、本書でいう陸サマに相当する。後者のバジャウは本書でいう海サマである。

アメリカ領フィリピンの公文書の民族にかかわる項目は、訓練された文化人類学者によって執筆されることが一般的であった。[*4] かれらは、スペインやイギリスの植民地官僚、旅行者らが残したスル諸島の住民に関する詳細な情報［e.g Hunt 1837b; Saleeby 1963 (1908)］をふまえて、上記のような区分を設けたと推測される。つまり、この分類は、陸サマやタウスグの海サマに対する差別的な見方を「的確に」反映していたともいえる。

この民族分類は、独立後のフィリピンの民族学やセンサスにおいても引き継がれていく。その結果、フィリピンでは、センサス等の公的文書や学術書、一般の民族認識において、バジャウ＝海サマとサマル＝陸サマを異なる「民族」とする見方が定着していくことになる［青山 2006: 第1章］。

他方、イギリス北ボルネオ会社の公文書（年次報告書）も同様に、海サマを他のバジャウ=陸サマとは異なる民族とみなし、バジャウではなく「プラフ（Pelahu）」やそれに類する呼称で記すことがあった。プラフなどの呼称は、先述した陸サマの海サマに対する蔑称パラウを誤って転写したものであろう。この表象も、陸サマらの海サマに対する差別的な民族認識を反映したものであったと考えてよい（六章を参照）。

しかし、植民地期を通じてプラフという民族範疇がセンサスの民族分類のなかに定着することはなく、海サマと陸サマは常にバジャウの名称でひとつの範疇に括られた。既述のように、マレーシア加盟後のサバ州でも、その名称と範疇が引き継がれ、一般にも定着している。

付記すると、インドネシアには、海サマと陸サマを明確に区分するようなローカルな民族認識がもともと存在しない。それゆえオランダ領東インドにおいてそうした民族分類が導入されることはなかった。センサスでは、サマはバジョ（Badjo）の名称で括られた［Department van Economische Zaken, Nederlandch-Indies 1936］。独立後のインドネシアでも、バジョ（Bajo）の名称と範疇が引き継がれている。

第二次世界大戦後の研究

サマを対象とする実証的な研究がおこなわれるようになるのは、一九六〇年代以降のことである。従来のサマに関する研究は、主に次の三つのテーマとのかかわりで論じられてきた。すなわち、（一）歴史的起源と移動の経緯、（二）親族組織および社会経済状況の持続と変化、（三）「伝統的」信仰と儀礼である。

（一）歴史的起源と移動の経緯

サマの歴史的起源と移動についての研究は、歴史地理学と言語学において主題とされ、人類学者が臨地調査のデータをもとにそれらの研究に検討をくわえるかたちで展開した。その先駆となったのは、歴史地理学者デイヴィド・ソーファー（David Sopher）の『海の放浪者』である［Sopher 1977(1965)］。ソーファーが研究の主題としたのは、文献調査によりながら、東南アジアにおける船上居住者の歴史的起源を明らかにすることであった。同時にこの業績は、サマを含む東南アジアの船上居住者を対象とするはじめての包括的な歴史研究でもあった。

東南アジアの各地に、陸地に拠点を持たず船を生活の場とする人びとが住むことは古くから知られていた。スル諸島やスラウェシ島沿岸部に住むサマの一部や、マレー半島南西部沖合のオラン・ラウト（Orang Laut、「海の人」の意）[*5]、ビルマ南西沖のメルギー（メイク）諸島のモウケン（Moken）などである。

ソーファーは、これらの船上居住者に関する一七世紀から一九六〇年代までの植民地史料と民族誌資料を包括的に検討し、かれらのあいだには、船上居住という生活様式のほか、人口の少なさと拡散的分布、オーストラロイド系の身体的特徴、言語、優れた航海や造船の技術、単純かつ原始的な漁撈技術、アニミズム的信仰など、多くの共通点がみいだされることを指摘した［Sopher 1977 (1965): 288-294］。

そのうえでソーファーは、かれらの身体的特徴、言語、アニミズム的信仰が、マレー半島南部沖合のリアウ・リンガ諸島に住む狩猟採集民のものに類似すること、また各地のサマやオラン・ラウトがリアウ・リンガ諸島に近いジョホルを自らの起源の地とする起源神話を持つことから、東南アジアの船上居住者はもともとは単一の狩猟採集民であり、その起源はリアウ・リンガ諸島にあるとする仮説を提示した［Sopher 1977 (1965): 352-359］[*6]。

スル諸島へのサマの移動については、一四世紀から一五世紀頃にリアウ・リンガ諸島またはジョホルの沖合から、ボルネオ西岸を経由してスル諸島に至ったパターンと、ジャワ海からスラウェシ島の東岸を経由してスル諸島に至ったパターンの二つがあったと推論した［Sopher 1977 (1965): 345-386］。

章のはじめに触れたパレセンは語彙統計学的な分析に基づいてソーファー説を否定し、かれらの起源に関する異なる仮説を提示している。すでにみたようにパレセンは、サマ語の祖語は八世紀頃までにミンダナオ島南西部のサンボアンガ周辺域で話されるようになり、その話者であるサマはそこから各地に分散したと結論した。そして確定はできないが、かれらの起源はインドネシアの東部にあるのではないかと推論を述べている［Pallesen 1985］。

ほかに、考古学者のアレクサンダー・スポエル（Alexander Spoehr）も、サマの陶器や鉄器具などの物質文化の比較分析により、一〇世紀以前にミンダナオ南西部でサマとミンダナオの他民族との交易関係が存在したことや、この地域からスル諸島へのサマの拡散的な移動が生じたことを推測している［Spoehr 1973］。

文化人類学者のニンモは、自身がおこなった民族誌的調査（後述）をもとに、またパレセンやスポエルの成果をふまえて、リアウ・リンガ諸島とスル諸島のあいだには物質文化や言語の面での伝播の経路を確認できないこと、リアウ・リンガ諸島からの小規模な人口を端緒とするには、現在のスル諸島におけるサマの人口が大きすぎること、社会組織や信仰の面で海サマと他の船上居住者は共通性を持たないことなどを指摘し、ソーファーの説を否定した［Nimmo 1968, 1986］。

ニンモは、海サマの船上居住は生態的適応の結果であると結論している。サマのジョホル起源神話については、それがサマの歴史的想像力に訴えかける魅力的な物語であったために、かれらが（スル諸島に拡散した後に?）従来の自分たちについての歴史の語りに付けくわえた、比較的新しい伝承であろうと述べている［Nimmo 1968: 41］[*7]。

パレセンの言語学的分析は、海サマの歴史表象をめぐる人類学者の議論にも影響を与えた。タルシラ（tarsila）と呼ばれるスル王国の王統記では、スル諸島の先住者はタウスグで、その有力者が人びとを統合してスル王国の基盤を築いたとされる。他方でサマは、その後に移民としてスル諸島に到来した外来者として描かれている［Saleeby 1963(1908)］。

人類学者の床呂やセイザーは、パレセンの分析に基づいて、またサマ側からの歴史表象をふまえてこの王統記を再検討し、サマを外来者とする歴史的記述が、タウスグを支配層とするスル王国の政治秩序を正統化するために創られたタウスグの歴史表象であることを指摘するとともに、スル諸島やサバ州南東岸における民族の起源をめぐる言説の政治性と歴史性を明らかにしている［床呂 1992; Sather 1997: Chap. 1］。

（二）親族組織および社会経済状況の持続と変化

サマの親族組織を扱った民族誌的研究は、ニンモ［Nimmo 1972］とセイザー［Sather 1976, 1978］の業績に代表される。ニンモは一九六五〜六七年にフィリピン・スル諸島南西のタウィタウィ島の海サマのあいだで、セイザーは一九六四〜六五年にマレーシア・サバ州センポルナの海サマ集落において、それぞれインテンシヴな人類学的フィールドワークをおこなった。セイザーは一九七四年と七九年にも、それぞれ三週間と二カ月の期間、再調査を実施している。セイザーが調査した村は、本書でいうカッロン村である。

ニンモ、セイザー双方の主な関心は船上居住という生活様式に関連させて、海サマの社会組織を考察することにあった。一九六〇年代前半、タウィタウィ、センポルナいずれにおいても、海サマは急速に船上居住から家屋居住に移行しつつあった。こうした定住化の過程にあった海サマを対象としていたため、両者ともに定住化を契機とする社会関係の変化と持続を論じている。

両者の結論の基本的内容は、次のようなものである。つまり、海サマは船上居住の時代は、夫婦と未婚の子どもからなる核家族を基本的な生活単位とし、共同で漁業をおこなうために他の核家族と共働関係を構築していた。かれらは家屋居住に移行した後、複数の核家族からなる世帯（household）を構成するようになった。しかし、形態的な面ではこうした変化が生じているものの、船上居住時代の基本的な社会関係形成のパターン――妻方居住やキョウダイの紐帯で結びつく関係の卓越など――は維持されている。

センポルナの海サマの社会経済状況の変化については、セイザーが一九八四年の論文で詳しく論じている

[Sather 1984]。同論文は、陸サマ首長やタウスグ貴族とのパトロン・クライアント関係に規定された海サマの従来の従属的な地位が、一九三〇年代以降のかれらの現金経済への参入と一九五〇年代の家屋居住への移行を通じて、自立した地位に変化していった過程を跡づけている。

セイザーによれば、二〇世紀初頭まで海サマは、陸サマ首長やタウスグ貴族に政治経済的に従属していた。海サマはその従属的な関係において自らが得た海産物と、首長や貴族が提供するコメや水、衣類、建材などの生活物資を交換していた。海サマはその関係がある限り、陸サマ首長らによって政治的に庇護され、他集団からの暴力を逃れることができた。

しかし一九二〇年代までにセンポルナでは、華人商人が海産物仲買の主体になったため、海サマは華人に海産物を売るようになった。また、イギリス北ボルネオ会社が治安を維持するようになったため、海サマは安全の確保を陸サマやタウスグの有力者に依存する必要がなくなった。その結果海サマは、従来のタウスグや陸サマとの従属的な関係を解消していったとされる。こうして比較的、自立した地位を得るようになった海サマは第二次大戦後には家屋居住に移行し、一九五〇年代半ばにはカッロン村を設立した[*8]。

同論文の後半部でセイザーは、一九七〇年代以降の「難民」としての海サマの流入が国籍を持つサマと持たないサマという社会区分を生み出していること、その結果、漁業の操業において海サマのあいだにパトロン・クライアント関係が形成されるようになっていることも指摘している。ほかにセイザーは別の論文で、漁具やエンジンなどの技術革新によって生じた漁業の共働関係の歴史的変化も扱っている[Sather 1985]。

セイザーは、いま言及した一連の論文に修正と詳細な観察事例をくわえて、一九九七年にひとつの民族誌『バジャウ・ラウト——南東部サバの海洋漁民社会における適応と歴史と運命』にまとめた[Sather 1997]。この業績ではセンポルナ郡の政治経済史や、カッロン村の形成史についての記述がくわえられている。

『バジャウ・ラウト』の議論の中核をなしているのは、一九六〇年代の調査事例をもとにした親族組織や社会関係の持続と変化、および「伝統的」な信仰と儀礼についての分析である。一九六〇年代以降のカッロン村の社会変化や宗教変容の歴史を再構成するうえで、本書はこの業績に多くを負っている。

ニンモもまた、二〇世紀初頭から始まったスル諸島の海サマの現金経済への参入過程を跡づけ、かれらの定住化をその過程に生じた居住様式の変化として論じている［Nimmo 1968］。彼によれば、一九〇〇年前後に北ボルネオ出身の華人商人が本書でいうシタンカイ島に拠点をおき、塩干魚の仲買を始めた。海サマはそれまで広域に分散し、船上生活を営んでいたが、この華人商人との取引関係を求めてシタンカイ島沖合を恒常的な停泊地とするようになり、一九三〇年頃には定住化し始めたという。彼は華人との商取引の利便性、それを契機として海サマにもたらされた現金収入が海サマの定住化の主要因であったとしているが、同時に家屋居住を一種の社会的威信（social prestige）とみなす意識が、華人との商取引関係の有無にかかわらず、スル諸島南部の海サマ全体に広まったことも指摘している。

（三）「伝統的」信仰と儀礼

サマの宗教生活にかかわる民族誌的研究は、かれらの宗教をイスラームと土着の精霊信仰との混淆とみなし、主に後者に重点をおいてその混淆的な信仰や儀礼の形態を記述してきた。多くは「ジン（jin）」、「ドゥワタ（duwata）」などと呼ばれる霊媒や、「ジン（精霊もこの名称で呼ばれる）」、「サイタン（saitan）」、「ウンマッゲド（ummagged）」などの諸精霊の種類を列挙し、儀礼に関する記述とあわせて、これらの霊媒の機能や超自然的存在の意味を象徴人類学的な観点から分析している［e.g. Ducommun 1962; Casino 1974: Chap. 6; Nimmo 1990a, 1990b; Yap 1993; Bottignolo 1995］。

サマの宗教体系の「伝統的」な側面に焦点をおくこれらの研究は、フィリピンのカトリックをローカルな解釈と実践に根ざしたものとして捉えるフォーク・カトリシズム（folk Catholicism）論の分析枠組みを導入して、この地域のイスラームをフォーク・イスラーム（folk Islam）とみなす立場から記されている。

ただしセイザーは、「伝統的」な信仰とそれに基づく儀礼にくわえて、人生儀礼を中心とするイスラームの儀礼についても詳細に記述し、同儀礼の象徴的意味について包括的に検討している［Sather 1997: Chap. 9］。

一九九〇年代からは、床呂やホルヴァティフが、世界的なイスラーム復興運動のフィリピンへの波及をふまえて、スル諸島の陸サマのイスラーム実践の変化や、それにともなう社会関係の再編などを論じるようになる。

床呂は、一九七〇年代半ば以降に広まったイスラーム復興運動の影響を視野に入れて、サマ社会における信仰形態や宗教的権威をめぐっての対立や葛藤、それを契機として生じたかれらの宗教実践の変動について考察している［床呂 1996, 1999］。

ホルヴァティフは、他の東南アジアや中東では異端とされるアフマディヤ（Ahmadiyya）のイスラーム改革思想が一九九〇年代に入って一部のサマのあいだに浸透したことに着目し、その現象を世俗の高等教育を受けたサマのエリートの宗教領域における台頭というローカルな状況と関連づけて分析している［Horvatich 1997］。

動態的サマ研究に向けて

一九六〇年代に始まったサマに関する研究、とくにいまあげた三つの領域にかかわるサマの研究には一定の蓄積がある。しかしながら、セイザー［Sather 1997］や床呂［1992, 1996］、ホルヴァティフ［Horvatich 1997］の研究を除くと、これまでの研究の多くは、サマの生活世界を静態的に描こうとする立場にとどまっており、植民地国家を含む近代国家成立後の具体的な歴史の相における変化や、国家の統治制度、開発政策、イスラームに関する制度的枠組み、一九七〇年代以降のイスラーム復興といった、外部世界とのかかわりの議論にはほとんど目を向けていない。そのことは、従来の研究におけるサマについての理解が、「孤立した海のジプシー」イメージに少なからず影響されていたことを示しているといえるだろう。

一九八〇年代までのサマの歴史的起源や移動にかかわる研究［Sopher 1977(1965); Nimmo 1968; Spoehr 1973; Pallesen 1985］は、サマの移動を周囲の具体的な政治状況とはあまり関係せずに、独立的に生じた現象であるかのように扱ってきた。くわえて指摘すれば、それらの研究はいずれも、他民族との通婚や同化、民族の生成あるいは分化といった集団編成の流動性、可変性にはほとんど関心を向けていない。サマの歴史に関する研究分野でのソーファー［Sopher 1977(1965)］の貢献、および言語に関する研究分野でのパレセン［Pallesen 1985］の貢献は、いずれも高く評価されるべきである。しかし、ウォレン［Warren 1978, 1981］が詳細な史料分析に基づいて、一八世紀から一九世紀までのスル海域における民族生成のダイナミズムを明らかにしたいまでは、ソーファーらが仮定したサマの歴史的起源という概念自体の有効性が再考されなければならないだろう。

ニンモとセイザーの親族組織を扱った研究［Nimmo 1972; Sather 1978］は、定住化による変化を視野に入れつつも、基本的には海サマの社会編成のあり方を船上生活時代のそれとの連続性のもとで理解しようとするものであった。社会経済状況の変化にかかわる研究［Nimmo 1968; Sather 1984, 1985］は、二〇世紀初頭からの市場経済への参入と定住化、それにともなう民族間関係の変化といった、海サマと外部社会とのかかわりを歴史的に論じたものとして評価できる。しかしそれらの論考は、一般論的な市場経済との関係において海サマの社会変動を捉えることには成功しているものの、植民地国家ないし独立国民国家の具体的な政治経済状況にそれを位置づける作業はおこなっていない。

マクロな政治的文脈とのかかわりについての議論が少ないことは、いずれの論文においても政治と行政の枠組みとしてのフィリピンやスル州、あるいはマレーシアやサバ州についての言及がほとんどないことに象徴的に示されている。

セイザーは『バジャウ・ラウト』［Sather 1997］においては、サバ州とセンポルナ郡の政治状況の変化や、行政制度の変遷についての記述をくわえている。ただし、村レベルの社会関係に関する記述は、一九六〇年代の調査時の観察事例を中心としているため、その変化とマレーシア独立後の地方政治の変動との連動性については検討されていない。

床呂［1996］やホルヴァティフ［Horvatich 1997］の業績があらわされる以前の、サマの宗教領域に関する研究は、かれらの信仰や宗教実践、宗教をめぐる社会関係、あるいはそれらの変化を、より広い政治的文脈に連繋させて捉えようとする視点を明らかに欠いていた。海サマのイスラーム化についても同様に、その歴史過程を具体的な政治的、社会的文脈において考察する試みはこれまでなされていない。たとえばニンモは、スル南西部の海サマのイスラーム化は、二〇世紀半ば以降、かれらが周囲のムスリムと頻繁に接触するようになった結果生じた文化変容であると述べているのみである［Nimmo 1972: 50-51, 96］。

先述のようにセイザーは海サマのイスラームの信仰と儀礼実践についても詳しく論じている。彼の研究では、一九六〇年代に海サマが実践していたほぼすべての儀礼が取りあげられ、そのすべてが詳細に描写され、具体的な儀礼の過程や、実践者による説明や語りも示されている。これらに基づいてセイザーは、海サマの信仰と儀礼に関する自らの象徴人類学的分析を加えている。第一一章でみるように、同研究ではすでに消失した海サマの儀礼も取りあげられており、その描写・記述はきわめての貴重な歴史的価値も持つ［Sather 1997: Chap. 10］。

セイザーは、一九六〇年代半ばまでの海サマのイスラーム化についても短くまとめており、またイスラーム化がかれらの社会的上昇の背景となっていたことも指摘している［Sather 1997: 76-79］。その記述は、この本における海サマのイスラーム化に関する議論に重要な示唆を与えている。

このようにセイザーの研究は、海サマの信仰と儀礼実践に関する包括的で完成度の高いものである。しかしながら、一九六〇年代と一九八〇年代の約二〇年間の時間軸で生じたであろう変化、あるいは儀礼実践の動態に関しては、解釈の論理的一貫性を確保するために議論のなかで捨象されている。とくにイスラーム化にともなって生じた儀礼実践の変化、その変化をめぐる宗教知識人、一般の村人、宗教制度とのあいだの相互作用や、それらのあいだの対立といった動態的な側面には、セイザーは目を向けていない［Sather 1997: Chap. 9-10］。この動態に関する議論こそが、本書における記述考察の中心を占めることになる。

現在の人類学的研究では、臨地調査の対象となる人びとや社会を、かれらをとりまく具体的な政治と経済の文脈に定位し、また歴史の相において理解することが、常識になりつつある。しかし、これまでにみたようにサマを対象とする研究の多くは、かれらの生活世界の変化をマクロな政治的文脈との関係において理解しようとする作業は、近年まで積極的におこなわれてこなかったといってよい。[*9]

人類学研究に動態的アプローチを導入した先駆者のひとりである山下晋司は、従来の静的で機能主義的な民族誌とは異なり、「時間的にも空間的にもマクロなシステムを射程に入れ、そのなかで社会と文化の動態を検討」しようとする自らの民族誌を「動態的民族誌」と呼んだ［山下 1988: 6］。

この本は、そうした動態的民族誌の試みとして、マレーシア・サバ州という近代国家の枠組みと、スル海域という地域の枠組み双方の政治的・歴史的文脈に定位して、海サマの社会文化面でのダイナミクス、とくに開発過程における社会関係の再編と、イスラーム化にともなう宗教実践の変容のダイナミクスを検討していく。

註

*1――――インドネシアにおけるフィールド調査の一部は、言語人類学者の赤嶺淳氏（一橋大学社会学部教授）とともにおこなった。この調査では、スル系サマ語とスラウェシ系サマ語それぞれの話者の居住地は、東カリマンタン州のブラウ沖合や中スラウェシ州のトリトリ沖合で隣接していることが確認された。これらの地域でスル系サマ語とスラウェシ系サマ語の話者は、インドネシア語を使って会話をしていた。なお、語彙調査のデータの

一部は、長津［1997］、Nagatsu and Akamine［2004］、長津［2008］に公表されているが、分析結果については未発表である。

＊2――ただし、これはカッロン村などの社会的地位を確立している海サマに対してのことであって、フィリピンから移住してきた、あるいはフィリピンとのあいだを往来している船上居住の海サマに対しては、陸サマはいまも直接に「パラウ」と呼びかけている。

＊3――海賊のサマに対しては、サマルないしサマル・バラギギ（Samal Balangingi）という名称も普及した。

＊4――一九〇三年版フィリピン・センサスの民族にかかわる項目「人口の歴史（History of Population）」を執筆したのは、非キリスト教徒部族局（Bureau of Non-Christian Tribes）の局長、デイヴィド・バロウ（David Barrows, 1873-1954）である。バロウは、一八九七年にシカゴ大学から人類学の学位を受けている［Blake 1954］。一九一八年版同センサスの「フィリピンの非キリスト教徒（The Non-Christian People of the Philippines）」の著者、オトリー・ベイヤー（Otley Beyer, 1883-1966）は、フィリピン大学に人類学部を設立し、学部長として人類学・民族学を教えた人類学者である［Zamora 1974］。

＊5――オラン・ラウトは複数の言語文化集団に対する総称である。

＊6――サマのジョホル起源神話については、Sopher［1977 (1965): 352-359］、Nimmo［1968: 39-42］、床呂［1992］、および本書の**付録3**を参照。

＊7――ニンモは、なぜサマがジョホル起源神話を魅力的と考えたのかについては記していない。東南アジアでは一般にジョホルは、正統イスラームの中心地のひとつと考えられている。そのことが、サマが自らの出自を語るうえで魅力的だったということであろうか。

＊8――わたしが参照した史料では、センポルナの海サマは一九三〇年代に家屋居住に移行し始めていた（六章参照）。

＊9――ただしスル諸島に関しては、一九七〇年代のはじめにムスリム分離独立派とフィリピン政府軍とのあいだに生じたミンダナオ内戦のために治安が悪化し、長らくフィールドワークをおこなうことが困難であったという事情を考慮する必要がある。

三　スル海域とサバ州の歴史過程
民族の生成を中心に

1　港市《こうし》国家《こっか》としてのスル王国

先述したように、言語学的な分析によればサマは八世紀頃までにはミンダナオ南西部に住むようになり、海産物の採集や交易、海賊など、海を基盤とする生活を営みながら徐々にスル諸島に拡散していったと推測されている。かれらは小規模集団で移動分散を繰り返し、政治的に統合されることはなかった。他方、タウスグは、サマより後にフィリピン中部からスル諸島に移住したと考えられているが、肥沃な土地を有するホロ島に住みつき、一四世紀頃までには農耕を基盤とする比較的まとまりのある社会集団を構築するようになった［Palleson 1985］。

一四世紀頃、アラブ人、スマトラ島やマレー半島のマレー人、ミナンカバウ（Minangkabau）などの商人がスル諸島に到来し、イスラームを伝えた。ここには自然集落を超える首長連合がいくつか形成されるようになっていたが、それらがイスラーム化を契機として連携し、より大きな政体を構成するようになった。こうして一六世紀前半までには、スル諸島中部にイスラームの守護者であるスルタン（Sultan）を最高権威者とするイスラーム国家、スル王国が成立したとされる。王国の中心はホロ島で、スルタンはここに王居を構えた。ホロ島を拠点とする対外交易は王国の主要な経済基盤であった。スルタンや、ダトゥ（datu）などの称号を持つ世襲貴族は主にタウスグによって占められた［Majul 1973: Cap. 2］。

歴史学者のウォレンは、スル王国に関連する欧米の植民地史料および民族誌資料を包括的に調査し、『スル圏一七六八～一八九八――東南アジア海洋国家の変容過程における域外交易と奴隷制とエスニシティのダイナミクス』［Warren 1981］を発表した。『スル圏』においてウォレンは、スル王国が一八世紀半ばから一九世紀半ばにかけて隆盛をきわめ、スル諸島からボルネオ島の北岸、東岸に至る広い海域に、スルタンの政治的威信と交易を通じてゆるやかにつながる社会経済的な圏域、「スル圏」が生成したことを詳細に論じ、この時代のスル王国発展の過程で、現在につながるスル社会の原型が形成されたことを明らかにした。以下、ウォレンの研究を参照しながら、一八世紀から一九世紀にかけてのスル王国の発展とスル社会の変貌の過程を簡潔に跡づけておこう。

一五世紀から一七世紀にかけて、スル諸島からマカッサル海峡に至る海域には、スル王国のほか、ミンダナオ島のマギンダナオ王国やボルネオ島西岸のブルネイ王国、スラウェシ島南部のゴア王国などのイスラーム国家が成立しており、それぞれ対外交易によって繁栄していた。このなかでは、スル王国は弱小勢力にすぎなかった。一七七〇年代に、イギリス東インド会社（British East India Company）がボルネオ島北西沖のバランバガン島に商館をおき、交易の拠点とした［Warren 1981: Chap. 2］。

この商館を通じて大量の武器、弾薬がスル諸島に流通するようになった。スル王国はそれらを入手することにより、他のイスラーム王国に対して軍事的に優位に立つようになった。また一八世紀半ばをすぎると、一七世紀以来この海域で交易の主導権を握ってきたオランダが衰退し、かわってイギリス東インド会社の承認を得たイギリス人私商人が台頭するようになった。これらの私商人が対中国交易の中継点としてホロ島を利用したことを契機として、スル王国は交易拠点としても急速に発展した。こうしてスル王国は、一九世紀の半ばまで続く繁栄の時代を迎えた［Warren 1981: Chap. 2］。

スル王国の繁栄を支えたのは、アジア各地の西洋植民地や中国に向けた対外交易と、スル圏での域内交易とが王国の中心地であるホロ島を結節点として結びつく複合的な交易であった。ナマコやツバメノス、ベッコウ、真珠母貝、蜜蠟、樟脳などの海産・林産物が域内交易を通じてホロ島に集められ、対外交易の主要な輸出品になった。これらの物産と引き換えに、銃火器、アヘン、綿布などの海外製品やコメなどの周辺地域の食料品がホロ島にもたらされ、域内交易によってスル圏の各地に流通していった。交易を通じてもたらされた武器や物産、交易活動から徴収された税金は、スルタンやダトゥの富と力の源泉になった［Warren 1981: Chap. 3-4］。

港市における森と海の天然資源や外来の産物の交易、そのルート、ネットワークの支配を基盤に生成した東南アジアの前近代国家を港市国家（port states, port polities）と呼ぶ［Kathirithamby-Wells 1990］。スル王国はその典型であった。

スル王国の繁栄を支えたもうひとつの「経済」活動に、人間の略奪を目的とする海賊があった。一八世紀半ばまでスル諸島の人口はきわめて希薄であり、調達できる労働力は限られていた。そのためスルタンやダトゥは、優れた航海技術を持つサマに船や武器、食料を与えて、人間の略奪を目的とする海賊船団を組織させた。海賊行為はスル諸島周辺のみならず、フィリピン北中部からマレー半島東岸、ボルネオ島南岸、インドネシア諸島に至る広い海域に及び、かつてない規模で人狩りがおこなわれた。海賊は略奪した人間を「奴隷」としてホロ島に連れ帰り、スルタンやダトゥに売り渡した。

スルタンやダトゥは、奴隷を自らの労働力とすると同時に、交易用の「商品」として市場にも売り出した。域内の他のダトゥや地方首長、あるいはイギリスやオランダの商人がその奴隷を購入した。スル諸島からボルネオ北岸にかけての地域では、ほとんどすべてのダトゥや地方首長が奴隷を所有するようになり、かれらを動員して海産物や森林物産を採集させた。所有する奴隷の多さはまた、スルタンやダトゥ、地方首長の権威の象徴でもあった［Warren 1981: Chap. 8-9］。

なおスル王国における奴隷は、社会的、経済的自由を剥奪され売買や相続の対象になる所有者の財産といった、欧米で一般に定義される奴隷とは、かならずしも同じではなかったことには注意しておきたい。

ウォレンによれば、スル王国における奴隷所有者と奴隷との関係は、しばしばヨーロッパにおける封建領主と領民との関係に類似するものであった。スルタンやダトゥ、地方首長は、奴隷に衣類や食料、住居を与え、海賊などの外敵からの安全を保障し、奴隷はその見返りに漁業や農耕、船の漕ぎ手などの労働力を提供する、こうした関係が少なくなかった。奴隷が所有者に対して忠誠心を示している場合もあった。奴隷が家族を持つこと、財産を所有・蓄積することは珍しくなかった。域外から略奪されてきた奴隷が数世代のうちに自由民の地位を獲得し、スル諸島の住民に同化していくことも少なくなかった［Warren 1981: Chap. 10］[*1]。

2　民族の生成——祖型としてのナマコ漁民と海賊

いまみた一八世紀半ば以降の時代は、スル社会が大きく変貌した時代でもあった。

まず奴隷の流入によって、著しい人口増加が生じた。ウォレンの推計によれば、一七七〇年から一八七〇年までのあいだ、スル諸島には毎年一二〇〇ないし四〇〇〇人の奴隷が連行されており、その総人数は少なくとも二〇万人を超えていた。スル王国の中心地であるホロ島の人口は一七七〇年には四万人ほどにすぎなかったが、一八七〇年には二〇万ないし三〇万人に達するまでになった。一九世紀半ば頃には、奴隷および奴隷の子孫がスル諸島の人口の半分、あるいはそれ以上を占めていた［Warren 1981: 208-209］。

交易の発展と王国の拡張は、言語や生業、居住形態、宗教などを準拠枠とする社会集団としての民族が顕在化ないし生成する契機となった。タウスグのスルタンや有力ダトゥは、交易がもたらす富と銃火器を基盤として勢力を強め、支配者としての地位を固めていった。かれらの権威は、スル王国の勢力拡大にともなってボルネオ島北岸やパラワン島を含むスル海域の広い範囲で承認されるようになった［Warren 1981: Chap. 4］。

また、海賊によって捕えられスル諸島に連行された奴隷のうちムスリムやイスラームに改宗した人は、しばしば奴隷の身分から解放された。かれらは数世代のうちにタウスグの言語と習慣を取り入れ、タウスグに同化していった。上記の人口増加のかなりの部分は、タウスグの増加を意味したと思われる。こうしてタウスグは、スル諸島における多数派集団になっていった［Warren 1981: 182-183, 208-209］*2。

一七世紀頃までサマは、船上居住、家屋居住のいずれにも特化しておらず、海産物採集や小規模な交易、略奪航海、造船などの生業を状況に応じて選択しながら、スル諸島やミンダナオ島南西岸で移動的な生活を営んでいたと考えられている。この時代までかれらは、かならずしもスル王国の支配下におかれていたわけではなかった［床呂 1992］。

しかし、一八世紀後半以降にスル王国の交易が拡大し、主要な中国向け輸出品であるナマコ等の海産物の需要が急増すると、タウスグ支配層はサマをその採捕のために動員し、またさらなる労働力の獲得を目的としてサマに略奪航海を組織させた。こうしてサマはかつてない規模でスル王国の支配秩序に組み込まれていった。タウスグとサマとの社会的な境界は以前より明確になり、前者の後者に対する政治的優勢が固定化していった［Warren 1981: 182-183］。

海産物採集のために動員されたサマは、居住形態の面では船上居住に、生業の面では海産物採集に特化していった。武器の携行を禁じられたかれらは、タウスグ支配層によって政治的に庇護され、庇護を受けることと引き換えにかれらに交易用の海産・林産物を貢納するという従属的な地位におかれるようになった［Warren 1981: 68-69］。

他方、略奪航海に動員されたサマは、ホロ島の東に位置するバラギギ島に定着するようになった。また、略奪航海者によってバラギギ島に連行された奴隷は、数世代のうちに同島に住むサマの言語や習慣にしたがうようになり、サマに同化していったと考えられている。海賊活動に特化したバラギギ島のサマは、一九世紀前半の植民地史料において「サマル・バラギギ（Samal Balangingi）」として知られるようになるが、ウォレンはサマル・バラギギは、奴隷人口を吸収することによって生成した「出現社会（emergent society）」であったと指摘している［Warren 1981:182-184, 255］。

一八三〇年代頃からサマル・バラギギや他のサマの一部は、スルタンやダトゥから独立して、独自に交易活動や略奪航海をおこなうようになった。これらのサマのなかには、バラギギ島やホロ島周辺の島々で政治的支配を確立し、スルタンからパンリマ（panglima）などの称号を得た人もいた。一九世紀半ば以降、かれらはスペインのホロ島への攻撃（後述）を逃れ、スル諸島南部のタウィタウィ島やボルネオ島東岸などに分散した［Warren 1981: 183, 189-197］。

以上のような過程でサマは、サマル・バラギギのように定住生活に移行して海賊活動に特化し、徐々に政治的に独立していったサマと、船上生活を営みながら海産物採集に特化し、タウスグ支配層に政治的に従属するサマとに分化していったと推測される［Warren 1971: 16-22, 1981: 255; 床呂 1992］。

サマのイスラーム化の過程についてはっきりとしたことはわかっていない。サマル・バラギギのように海賊活動に特化したサマは、一九世紀はじめまでにすでにイスラームを受容していたようである。奴隷として連行された人びとは、イスラーム化することによってサマル・バラギギになったとされる。これに対し海産物の採集に特化した船上居住のサマは、イスラームを受け入れていなかった［Warren 1971: 21, 1981: 68, 184］。

こうした歴史的状況から推論していえば、一八世紀のサマのあいだにはすでに、イスラーム化していた集団としていなかった集団が存在しており、前者がタウスグ支配層によって略奪航海に動員され、後者が海産物採集に動員されたのかもしれない［cf. Warren 1971: 21-23］。しかしこの点については、これまでの研究では明らかにされていない。

一九世紀末から二〇世紀初頭にかけて、アメリカとイギリス北ボルネオ会社がそれぞれスル諸島、ボルネオ島北岸を植民地統治下においた。そのときこの海域には、タウスグ、タウスグが「サマル」と呼ぶ沿岸部に定着したムスリムのサマ、タウスグが「ルワアン」と呼ぶ船上に居住する非ムスリムのサマが存在し、またタウスグを政治経済的、文化的な支配層、沿岸部に定着したムスリムのサマを中間層、船上に居住する非ムスリムのサマを従属的な被支配層とする階層的な民族間関係が顕在化するようになっていた［Saleeby 1963 (1908); Warren 1971; Kiefer 1972a］。

しかし、上にみたように、こうした民族状況や社会秩序はけっして非歴史的に固定されていたわけではなかった。それらは、一八世紀半ば以降のスル王国発展の歴史過程において徐々に形成された。本書でいう海サマと陸サマという区別もまた、その歴史過程において生じたと考えるべきである。

3　スル王国の政治システム――海のマンダラ国家

一八世紀半ばから一九世紀にかけての時期には、スル王国の政治体制も整えられた。次項でみるように、スルタン国においてスルタンは「現世におけるアッラーの代理人」とみなされ、その権威はイスラームの擁護者としての役割を果たすことによって保障されていた。同時にスルタンは、交易、外交、軍事遠征、徴税などあらゆる面にかかわる権限を有していた［Majul 1973: 319-320］。

トーマス・キーファー（Thomas Kiefer）によれば、一九世紀のスル王国は次のような特徴を持った政体であった［Kiefer 1972a］。まずこの王国では、①領土支配の観念は希薄で、土地の支配よりも人の支配のほうが重要であった。臣民や奴隷の多さは、スルタンやダトゥ、地方首長の権力の象徴であった。かれらにとって奴隷の獲得は、労働力確保のためだけでなく、自らの権威を高めるためにも重要だったのである。

②スルタンは最高権威者であったが、その権威は中央、つまり王宮のあるホロ島を離れるにしたがって弱まった。スル王国の勢力はボルネオ島の北岸やパラワン島にまで及んだ。そうした周辺域の首長たちは、スルタンの象徴的な権威は認めていたが、実質的にはほとんど独立的な政治支配を確立していた。王国の地理的境界は、常にあいまいかつ流動的であった。

③王国の支配制度は分節的（segmentary）であり、ダトゥや地方首長は、スルタンがその直轄領（ホロ島の王宮周辺域）において行使するのと同様の権限を、自らの支配領域において保持していた。スルタンは、ダトゥや地方首長の支配権に干渉することはできなかった。

前近代の東南アジアに遍在した王権国家の特徴を捉えるために、オリヴァー・ウォルタース（Oliver Wolters）は「マンダラ国家（mandala states）」概念を提唱した［Wolters 1982］。マンダラ国家の政治システムは、中心たる「武勇の人（man of prowess）」すなわちカリスマ的支配者によって規定された。それは、支配者と従者のあいだの忠誠と報酬のネットワークの連鎖であり、政治的支配の広がりは支配者と従者との関係の強弱によって伸縮した。スル王国は、典型的なマンダラ国家であったといえる。ただし、同王国のスルタンが「現世におけるアッラーの代理人」でもあったこと、つまり彼のカリスマ性がイスラームによって担保されていた点には留意しておきたい。

五章で述べる植民地初期のセンポルナにおける政治状況との関連で、③の特徴に補足説明をくわえておく。スルタンに次ぐ王国の支配層はダトゥであった。ダトゥ称号は原則として世襲であり、保持者のほとんどはタウスグであった。他方、ホロ島から離れた地域では、ダトゥ称号を持たないタウスグや陸サマの首長がローカルな政治的支配を確立していた。スルタンはかれらに対してパンリマ、マハラジャ（maharaja）、ウラン・カヤ（ulang kaya）などの非世襲称号を与えた［Kiefer 1972a: 30-33］。

称号は特定の役割を示すわけではなく、またその違いは実質的には地位の上下も意味しなかった。[*3] にもかかわらず、称号の付与はスル王国の分節的な支配秩序を支える枢要な制度として機能した。地方首長はスルタンから称号を得ることで自らの支配の正統性を誇示し、社会的威信をさらに強化することができた。他方、称号を名乗ることはすなわちスルタンの権威の承認を意味したため、スルタンはそれを付与することによって地方首長を王国の政治秩序に組み入れることができたのである［Kiefer 1972a: 30-33］。

4　スルタンとイスラーム——地上におけるアッラーの影

スル王国のスルタンは、政治面での長であると同時にイスラームの最高権威者であり、イスラーム指導者により「地上におけるアッラーの影」、つまり「現世におけるアッラーの代理人」と位置づけられていた。スル諸島のムスリムは、一般にスルタンをムハンマドの男系子孫であるとみなし、その存在をイスラーム的威信の源と考えていた［Majul 1973: 320-321］。

スルタンは「サラ（sara）」と呼ばれる法の執行者でもあった。サラはアラビア語のシャリーア（sharī'a）を語源とする。ただしその内容は、現地の慣習を多く含んでいた。それはスル王国のスルタンから地方首長に至る階層秩序を説明すると同時に、窃盗や殺人などの犯罪に対する罰則、奴隷の扱いなどの一般的な規則を定めていた。スルタンはこれにしたがって臣民の紛争や訴訟に関する裁判を司り、調停・裁定をおこなった［Kiefer 1972b: 43-46］。

スルタンはまた、宗教指導者を統括する権限を有していた。理念的にはすべてのイスラーム指導者はスルタンにより任命され、そのことによりイスラーム指導者としての正統性を得るとされていた。実際スルタンは、ホロ島や周辺のモスクに所属するイスラーム指導者を任命した。ただしスルタンの直轄領を離れた地方のイスラーム指導者は、現実にはダトゥやパンリマなどの地方首長によって任命されていた。ダトゥは、スルタンとともに「現世におけるアッラーの代理人」とみなされていた［Saleeby 1913: 18］。地方では、現地のタウスグやサマ（陸サマ）がイスラーム指導者を務めていたと考えられる［Majul 1973: 323; Kiefer 1972b: 53］。

スル諸島では「パンディタ（pandita[<skr]）」や「パキル（pakil <fakir[my/ar]）」と呼ばれるイスラーム知識人が、有力者の家やモスクで子どもたちにクルアーン読誦や初歩的なアラビア語、イスラームの基礎的知識を教えた。こうしたクルアーン読誦塾は、集落ごとにあった。ただし既存の研究をみる限り、一九世紀のスル諸島では、クルアーン読誦、イスラームの基礎知識以上のイスラーム知識を体系的に教えるイスラーム教育機関は発達しなかった［Majul 1973; Sherfan 1976: 54-56, 62; Casino 1976: 98-99］。

一九世紀末から二〇世紀はじめにかけてマレー半島やスマトラ島では、中東のイスラーム改革思想の影響を受けた知識人がイスラーム復興、生活のイスラーム的純化などを目的とするイスラーム団体を組織するようになり、その活動のなかから改革主義的なイスラーム知識人層が生成した。一九〇〇年代から二〇年代には、マレー半島でもスマトラ島でも、近代的な学校教育制度の影響を受け体系的なカリキュラムを備えた近代的なイスラーム学校が建てられ、イスラーム改革運動の基盤となった［ザマフシャリ 1985; Roff 1994 (1967)］。こうしたイスラーム改革運動の潮流は、しかしながら、スル諸島にはほとんど及ばなかった。

一八八九年、フィリピンの統治権はスペインからアメリカに移譲された。一九一〇年代までにアメリカは、武力行使と軍政の施行により植民地統治をスル諸島の末端にまで浸透させた。一九一五年には、スル王国のスルタンとカーペンター・キラム協定（Carpenter-Kiram Agreement）を締結した。これにより、スルタンは宗教面以外の世俗の権限すべてを破棄させられた。こうしてスル王国は実質的に消滅した。以後、アメリカ植民地政府は、アメリカ式学校教育の徹底を通じてスル諸島のムスリム社会の世俗化を強硬に進めていった［Gowing 1979: 34-

40］。

こうした状況下にあったスル諸島では、中東の改革主義的なイスラーム思想を持ち帰る層が生まれず、イスラーム改革運動が社会的潮流になることもなかった。イスラーム団体の形成や、体系的なイスラーム教育機関の設立などの動きが、スル諸島においてあらわれるようになるのは、ようやく第二次大戦後になってからのことである［川島 1993］。

5　植民地期北ボルネオの政治史——会社による統治

一八七七年から七八年にかけて、イギリス人商人らが、ブルネイ、スル両王国のスルタンからボルネオ島北部の領有権を購入し、イギリス北ボルネオ会社（以下、北ボルネオ会社）を設立した。一八八一年にはイギリス本国の勅許（charter）を得てボルネオ島北部における植民地統治を正式に開始した。北ボルネオ会社は、その支配領域を北ボルネオと名づけた。一九一五年までには、アメリカ領フィリピンとの境界、すなわち国境がほぼ確定し、北ボルネオとスル諸島はそれぞれ異なる政治空間として分割される。その北ボルネオの版図が、のちにマレーシア・サバ州の領土として引き継がれることになる。

北ボルネオ会社は、イギリス本国に経営役員会をおく植民地経営と貿易のための会社組織であった。最初、首都はクダトにおかれたが、一八八三年には東岸のサンダカンに移された［Tregonning 1965: Chap. 1］。

北ボルネオ会社政府は、領域内の港湾施設や道路をはじめとする経済インフラストラクチュアを整備し、欧米や日本の資本家を誘致した。資本家たちは、タバコやゴム、アバカなどの輸出用作物のプランテーションを拓き、あるいは森林伐採、木材加工をおこなった。プランテーション作物や木材は海外に輸出された。これらの経済活動から徴収する税金、関税、土地賃貸料、ライセンス料などが北ボルネオ会社の主な収入であった。会社政府はまた、華人やインドネシア人、スル諸島民などを移民として積極的に受け入れ、かれらの農業や商業への参入を促した［Tregonning 1965: Chap. 5］。

北ボルネオ会社は、欧米人や華人などの移民と「北ボルネオの元来の住民」と想定した人びとを区分し、後者を「原住民（native）」と範疇化した。*4 そのうえで、原住民の有力者を有給の原住民首長（native chief）に任命し、ヨーロッパ人郡長のもと、原住民を管理させる間接的な統治システムを整備した［Ranjit Singh 2000: Chap. 10］。

第二次世界大戦中の日本軍占領期を経て、一九四六年から北ボルネオはイギリスの直轄植民地（Crown Colony、以下「英領北ボルネオ」）になったが、統治形態は北ボルネオ会社政府のそれと大きくは変わらなかった。戦後も北ボルネオの経済は、ゴムのプランテーションや森林伐採、対外交易を基盤として成長し続けた［Tregonning 1965: Chap. 13］。

6 マレーシア加盟後のサバ州の政治史——与党政党の変遷

一九五七年、マレー半島の英領マラヤがマラヤ連邦として独立した。続く一九六三年には、マラヤ連邦と英領直轄植民地だった北ボルネオ、サラワクおよびシンガポールが統合してマレーシアが成立した（シンガポールは一九六五年にマレーシアを脱退して独立国家になった）。北ボルネオはこのとき以来、サバ州としてマレーシアのひとつの州を構成することになった。

マレーシア加盟にともないサバ州では立法議会が設立され、また州首席大臣（ketua menteri）のもとに内閣が組織された。州都はコタキナバルにおかれた［Kitingan and William 1989］。

マレーシア加盟時のサバ州には、統一国民カダザン組織（ＵＮＫＯ＝United National Kadazan Organisation）と、統一サバ国民組織（ＵＳＮＯ＝United Sabah National Organisation）の二つの有力政党が存在していた。前者は非ムスリムの原住民を主体とする政党、後者はムスリムの原住民を中心とする政党であった（原住民については後述）［Ongkili 1989: 62］。独立直後はＵＮＫＯが州政治の主導権を握ったが、一九六五年前後からはＵＳＮＯが優勢を確保するようになった。

一九六七年にはサバ州で最初の直接選挙である州議会議員選挙がおこなわれた。選挙ではＵＳＮＯが第一党の座を獲得した。同党の党首は州首席大臣に就任し、ＵＳＮＯは州政治の主導権を握った［Ongkili 1989: 70-71］。

一九七三年頃からＵＳＮＯ政権は、石油の利権などをめぐって連邦政府と対立するようになり、ほどなくして勢力を失った。その後、一九七六年から八四年まではサバ大衆団結党（通称ブルジャヤ党、Berjaya = Parti Bersatu Rakyat Jelata Sabah）が、一九八五年から九四年まではサバ統一党（ＰＢＳ＝Parti Bersatu Sabah）が州政権を担った。ブルジャヤ党の党首はムスリム、ＰＢＳの党首はキリスト教徒であったが、両党ともに多民族・多宗教政党であることを宣言し、実際にムスリム、非ムスリムいずれの集団からも支持を集めた［Ongkili 1989: 73-74］。

一九八〇年代末、州の権利をめぐってサバ州政府と連邦政府の関係が悪化した。一九九一年には州与党のＰＢＳが連邦の与党連合である国民戦線を脱退し、連邦レベルでは野党に転じた［山本 1999］。ＰＢＳが国民戦線から脱退したことを契機として、国民戦線を率いるマレーシア半島部の政党ＵＭＮＯ（統一マレー人国民組織）がサバ州に進出、ＵＳＮＯを吸収合併してサバ州における勢力を急速に拡大した。一九九四年には国民戦線が州政権を奪取した。以後、二〇一〇年代に至るまでＵＭＮＯ率いる国民戦線が州政権の座を保持し続けた。

7　二〇〇〇年センサスにみるサバ州の民族構成

わたしが調査をおこなった時期にもっとも近いサバ州の人口センサスは、二〇〇〇年に実施されている。そのセンサスによれば、サバ州の総人口は約二六〇万人である［DOSM 2001］。表３-１は、その民族別内訳を示して

表 3－1　サバ州の民族別人口（2000 年）

民族	国籍保有者								非国籍保有者	総計
	原住民 / ブミプトラ						非原住民 / 非ブミプトラ			
	マレー人	カダザン（ドゥスン）	バジャウ（サマ）	ムルト	その他	（小計）	華人	その他		
人口	303,497	479,944	343,178	84,679	390,058	(1,601,356)	262,115	125,190	614,824	2,603,485
比率（対総人口）	11.7%	18.4%	13.2%	3.3%	15.0%	(61.5%)	10.1%	4.8%	23.6%	
比率（対国籍保有者）	15.2%	24.1%	17.3%	4.2%	19.6%	(76.4%)	13.2%	6.3%		
比率（対原住民 / ブミプトラ）	19.0%	30.0%	21.4%	5.3%	24.4%					

註：端数処理のため比率の合計はかならずしも 100% にならない
出典：DOSM［2001：35］より筆者作成

表 3－2　マレーシア半島部の民族別人口（2000 年）

民族	国籍保有者					非国籍保有者	総計
	原住民 / ブミプトラ			非原住民 / 非ブミプトラ			
	マレー人	その他	（小計）	華人	その他		
人口	10,885,680	250,014	(11,135,694)	4,883,079	1,813,797	691,062	18,523,632
比率（対総人口）	58.8%	1.3%	(60.1%)	26.4%	9.8%	3.7%	
比率（対原住民 / ブミプトラ）	97.8%	2.2%					

註：マレーシア全体の人口からサバ州、サラワク州、連邦領ラブアン島の人口を除いた。端数処理のため比率の合計はかならずしも 100%にならない
出典：DOSM［2001: 5, 35, 38, 49］より筆者作成

いる。総人口のうち国籍保有者についてみると、原住民（センサスではブミプトラ）が八割強、非原住民が二割弱になっている。表3−2は、マレーシア半島部の総人口の民族別内訳である。二つの表を比較すれば明らかなように、マレーシア半島部とサバ州は、人口に占めるマレー人の割合において顕著に異なっている。マレーシア半島部ではマレー人が多数派であるが、サバ州ではマレー人は国籍保有者の一五・三％と少数派になる。[*5]

原住民人口では、カダザン（Kadazan、ドゥスン Dusun を含む）が二四・一％、サマ（バジャウ）が一七・三％を占め多数派になっている。[*6] ムルト（Murut）は、植民地期以来のセンサスや民族誌において、カダザン、サマ（バジャウ）とならぶサバ州に土着の三大民族のひとつとして言及されてきた。しかし二〇〇〇年のムルトの人口は、原住民人口の四・三％を占めるのみになっている。

マレーシアのマレー人は、法律上の定義により、またセンサス上すべてがムスリムとされている。サバ州においても、マレー人はイスラームを中心的な属性とすると考えられている。そのため、従来「マレー（ムラユ）」を自称していなかった人が、イスラームへの改宗を経て「マレー」を名乗るようになることがしばしばある［Regis 1989 417］。上記のセンサスにおけるマレー人にも、かつては「ドゥスン」「カダザン」「ムルト」などと自称していたが、精霊信仰あるいはキリスト教からイスラームに改宗したことを契機に、「マレー」を名乗るようになった原住民が少なからず含まれていると考えてよい。

非原住民の多数派は華人である。[*7] 華人は国籍保有者の一三・二％を占めている。マレーシアの他地域同様に、サバ州でも華人は経済活動の中軸を担っている［Pugh-Kitingan 1989: 367］。

マレーシアの他州と比べると、サバ州ではインドネシアとフィリピンからの移住者がきわだって多い。両国からの移民人口の多さは、サバ州の人口構成におけるもっとも顕著な特徴である。

インドネシアとフィリピンからの移民のうち、比較的近年、おそらく一九八〇年代以降に国籍を取得した人は、二〇〇〇年のセンサスにおいては非原住民（非ブミプトラ）に分類されている。非原住民のインドネシア人とフィリピン人を合わせた人口は国籍保有者の六・三%を占めている。また、サバ州の総人口の二三・六%が非国籍保有者になっているが、その多くは明らかに一九七〇年代半ば以降にサバ州に移住した人びとである（センサスでは非国籍保有者には下位分類が設けられていない）[Regis 1989: 421-423]。サバ州には、これらに加えて、さらに数十万人もの非正規滞在者が住むといわれる。[*8] こうした人口構成のあり方が、州レベルから村落レベルまでの政治や社会の再編の大きな背景になっている。

註

＊1――とはいえ奴隷はあくまで所有「物」であり、所有者の都合で売買、交換された。逃亡を試みた奴隷が所有者から拷問されたり、殺されたりすることもあった［Warren 1981: 218-219］。

＊2――イスラームに改宗しなかった奴隷がどのような社会集団を形成していったのかについては、ウォレンの研究では明らかにされていない［cf. Warren 1981: Chap. 10］。

＊3――異なる称号の付与は、隣接する首長どうしが同じ称号を持たないように調整するための手段にすぎなかった［Kiefer 1972b: 32］。

＊4――植民地期の北ボルネオおよびマレーシア加盟後のサバ州における原住民の定義については、四章で述べる。

＊5――それでもその割合は年々増加してきた。マレー人の人口増加は、一九九一年から二〇〇〇年にかけてとくに顕著で、その数は一〇万六〇四九人（国籍保有者の八・一%）から三〇万三四九七人（同一五・三%）、約三倍に急増した。この増加率は、他のすべての民族と比して突出している［DOSM 1995a, 2001］。マレー人口の増加については、次章を参照のこと。

＊6――本章ではとくに必要がない限り、カダザンとドゥスン両者を合わせて「カダザン」と呼ぶ。

＊7――マレーシア半島部のように植民地政府がインド人を労働者として移住させることがなかったため、インド人の人口はごくわずかでしかない。

＊8――非正規滞在者の人数についてはさまざまな説がある。公的な報告としては、二〇一三年一月に「不法移民」取り締まりを担当する連邦政府の特殊任務部隊（The Federal Special Task Force、マレーシア国家安全保障会議 Malaysian National Security Council に所属）が、一九九〇年から二〇一二年までに、サバ州で四四万六一七三人の「不法移民」を国外退去措置にしたと発表している［Borneo Post Online: January 16, 2013］。

四

民族表象の変容
海賊、漂海民、イスラームの守護者

1 民族をめぐる問い

この章では、マレーシア・サバ州におけるバジャウについての語り、すなわち表象の変容とそのダイナミクスをマクロな政治的文脈に定位しながら考察する。ここでのバジャウは、サマに対する外部社会からの呼称であり、そのなかには海サマも含まれることをあらかじめ註記しておく。

この本では、民族をめぐる日本語のさまざま語彙、すなわち民族、民族集団、種族、エトニー等から「民族」を採用している。その民族は、英語のエスニック・グループ（ethnic group）とほぼ同じ意味を構成すると考えている。[*1] 人類学では、「エスニック・グループ」というカタカナ表記を用いる研究者もいるが、用語の煩雑さを避けるため、このやり方はとらない。単に「民族」と記し「集団」をつけないのは、「民族集団」や「エスニック集団」といった表記は、英語表現に引きずられただけのことであり、日本語では民族の指示対象が集団であることは自明、つまりそれだけで十分に意味をなすので、不要と考えるからである（内堀［1997］も参照）。

マレーシアとインドネシアの民族概念を論じた加藤剛の定義（ただし、加藤は「エスニック・グループ」の表記を採用している）にならい、本書では民族を「他のエスニックな集団〔民族〕あるいは『全体社会』との政治的・経済的関係において差異化され、意識化された社会的カテゴリーないし集団」と定義しておこう［加藤 1990: 216］。ここでの「全体社会」は、主に国民国家によって代表される。また、民族を構成する成員の共属意識は「特定の形質的特性（皮膚の色など）、言語、出身地域、宗教、歴史、文化などに基づく紐帯の共有」によって支えられると理解する［加藤 1990: 216］。民族のあり方や人びとの民族への共属意識が、歴史的に生成・再編・消失し、また変容するとみる構築主義的な立場をとっていることはいうまでもない。

いま述べた加藤の定義は、民族定義に関して言語等の文化要素への紐帯に重点をおく「文化現象派／原初的アプローチ」と、政治的・経済的資源をめぐる競合に重点をおく「政治利益派／動員主義的アプローチ」双方の立場を取り入れている。島嶼部東南アジアの民族をめぐる政治過程は、多くの場合、文化要素の強調と政治的・経済的資源の誘導が交錯する地平に展開されてきた。加藤の定義は、そうした政治過程の論理とダイナミクスを把握するうえで有用である。

一九九〇年代まで文化人類学の領域で盛んに論じられた民族論では、民族やエスニシティ（民族性、ある民族を民族たらしめると想定された諸要素や条件）とは「何か」を問う民族の様態論から、「いかに」民族やエスニシティが生成するのか、「どのような過程で」民族やエスニシティが実体化するのかを問う民族の過程論に焦点が移った［西井 2001］。

「民族の過程」とは、加藤の民族定義にひきつけていえば、他の民族や「全体社会」との相互作用の過程と読み替えることができる。この相互作用のなかで、ある集団は、特定の名と文化要素を強調し、民族として実体化するようになる［内堀 1989］。その過程は通常、民族についての語りをとおして顕在化する。石川登が指摘するように、民族のコード（構成要素とその組み合わせ）は「所与のものではなく、能動的な民族の『語り』によって通時的に矯正されていく」［石川 1997: 138］。そこでは、ある文化要素や歴史経験は、当該民族の指標として取り込まれるが、他方で別の文化要素や歴史経験は排除され、忘却されることもある。

この章で試みるのは、民族の語りを中心とするバジャウ表象の変容とそのダイナミクスを、マレーシア・サバ州を準拠枠にサマないし海サマがバジャウとして生成してきた民族の過程論として読み解くことである。

2　二つの表象——民族をめぐる公的な語りと日常の語り

既述のようにサマの居住地は、フィリピン、マレーシア、インドネシアの三カ国にまたがる。他の民族同様、かれらもそれぞれの国の国民統合や民族管理にかかわるさまざまな政策の影響を受けて、自らに関する民族の語りを構築・再構築してきた。

植民地と独立国家のさまざまな制度や機関が、その支配下にある人びとの民族編成に干渉してきたことが明らかにされて久しい。ベネディクト・アンダーソン（Benedict Anderson）が、英領マラヤの民族生成を論じたチャールズ・ハーシュマン（Charles Hirshman）の研究［Hirschman 1987］に依拠しつつ指摘するように、人口センサスはそうした制度のひとつであり、それを実施する国家権力の支配下にある人びとが、自らの民族属性を想像するための「人口の地誌学（demographic topography）」の基盤ないしモデルを提供してきた［Anderson 1991: 163-170］。

政治人類学者のシャムスル・バハルディン（Shamsul Baharuddin）は、マレーシアにおける民族生成のダイナミクスを理解するためには、二つの社会的現実（social realities）のなかに立ち現れる民族表象にアプローチする必要があることを強調する［Shamsul 1996］。二つの社会的現実とは、権力が規定する社会的現実と日常生活が規定する社会的現実を指す。ここではこれらの二つの社会的現実に現れる民族表象を、より簡潔に、公的な表象と日常の表象と言い換えよう。両者は多くの場合、隣り合わせで、また相関的に立ち現れる。

民族に関する公的な表象は、典型的には、上記のセンサスをはじめとする公文書や学術出版物、博物館の説明文等に記録され、歴史のなかで固定化されていく。他方、民族に関する日常の表象は、日々の生活のなかで断片的に口頭で語られる。それは、「ほとんどの場合、個人的経験のつぎはぎであり、より大きな特定の目的のために体系化されたり、整理されたりすることは意図されていない。それゆえ、将来、参照されるためにテクスト化されることもない」[Shamsul 1996: 478]。

これまで多くの民族誌研究が、サマに関する民族アイデンティティやエスニシティの問題を取りあげてきた[Stone 1962; Nimmo 1968; Warren C. 1983; Sather 1984,1999]。これらの研究は、人びとの日常の語りにおける自己表象や、在地の民族間関係にみられる他者からのサマに対する表象や、サマの自己表象を詳細に描いてきた。しかしその一方で、サマを取り巻くマクロな権力が築いてきた民族表象や、そうした公的な表象との相互作用のなかで再編成されてきたかれら自身による民族表象、あるいはサマ自身による公的な民族表象の消費といった動態的な側面には、ほとんど目を向けてこなかった。*2 また、バジャウに関する民族表象を歴史化して捉えようとする視点にも欠けていた。

こうした点をふまえて以下では、サバ州のサマを対象として、植民地期から現在までのバジャウの名称による民族表象の変容とそのダイナミクスを、民族に関する公的な語りと日常の語りの双方を取りあげて検討していく。

3　植民地北ボルネオによるバジャウ表象

イギリス北ボルネオ会社の民族分類

一八八一年、ボルネオ島北部を植民地としたイギリス北ボルネオ会社は、先行するイギリスの植民地である英領インドや英領マラヤにならって、領域境界線を区切り、その内部の住民をなんらかの基準で水平的に分類し、どの集団が支配下の「原住民（native）」であるのかを明らかにする必要があった。

イギリス北ボルネオ会社政府（以下、会社政府）にとって住民の分類は、何より植民地行政をより安価で効率的な間接統治によって進めるための手段のひとつであった。同時にそれは、原住民を華人に代表される外来住民から区別して、前者の政治的・経済的権利を「保護」するための準備作業と位置づけられてもいた。家父長的な支配者として原住民を「保護」することは、競合する欧米の植民地勢力に向けて、自らの植民地運営を正当化するための政治的アピールの中核をなしていたのである（一九世紀後半の英領マラヤの民族分類に関するハーシュマンの指摘［Hirshman 1987：570］を参照）。

こうした背景のもと会社政府は、年次報告書や人口センサスにおいて、住民を言語、慣習、生活様式、宗教などの恣意的な組み合わせを基準に、部族（tribe）や人種（race）、ナショナリティ（nationality）などの言葉で表された項目のなかの個別範疇に分類していった。*3

個別範疇の名称には、ある集団に対する他集団からの他称、かれらの自称、居住地の名称、複数の集団に対する総称などが不統一に採用された。植民地統治が拡大する過程でそれらの名の一部は、そのように名づけられた人びとのあいだにも流通するようになり、第二次大戦後までにかれら自身の自己同定の名として定着していくことになる［e.g. 山本 1993］。ここではまず、北ボルネオ会社の公的文書に描かれたバジャウ・イメージ、バジャウを含む民族分類、および原住民に関する記述を取りあげよう。

植民地文書のなかのバジャウ表象

サマやタウスグのような北ボルネオの沿岸住民は、一九世紀の終わりまでにヨーロッパの植民地官僚や探検家、商人のあいだで広く知られるようになっていた。一八世紀から一九世紀にかけて、これら沿岸住民は、東南アジア各地の海でヨーロッパの植民地勢力と激しく戦い、また後者の支配領域をたびたび武力で脅かしていたからである［Warren 1981］。

そのため、サマやタウスグについては、ヨーロッパの交易者、冒険家、博物学者らが多くの記録を残してきた。北ボルネオ会社は、それらの記録を参照することにより、比較的、容易にこれら沿岸住民を分類・範疇化し、それぞれの集団の特徴をまとめることができた（たとえば［Pryer 1887］）。

ヨーロッパ人の交易者らの記録では、サマはバジャウ（またはバジョ）と記された。バジャウは、ボルネオ島沿岸で流通していたマレー人らによるサマに対する呼称であった。この他称が、北ボルネオ会社の官僚らのあいだでもサマの呼び名として採用された［Evans 1952; Sather 1997: 5-6］。

北ボルネオの公文書における沿岸住民の分類・範疇・説明が安定的であったことは、一九世紀の終わりまではとんどヨーロッパ人に知られておらず、情報の乏しかった内陸住民の分類・範疇・説明が、第二次世界大戦後の植民地期まで不安定で混乱をきわめていたのと対照的である。

分類と範疇についていえば、サマに対する民族名称としてのバジャウは、一八九一年の最初のセンサスですでに独立した民族（項目名は「ナショナリティ nationality」）範疇のひとつとして登場する。イギリス人（British）から始まる同センサスの民族範疇の数は二〇であった［BNBH Feb. 1, 1892: 33］[*4]。以後、植民地北ボルネオのセンサスでバジャウは、若干の表記の変更が加えられることはあっても、常に独立した主要な民族範疇のひとつとして記載され続ける。*5 この扱いは、マレーシア加盟後のサバ州のセンサスにも引き継がれていく。

バジャウ表象については、同センサスに先だって、北ボルネオ会社の初代総督プライヤ（William Pryer）が、イギリスの人類学雑誌に掲載された論文「イギリス北ボルネオの原住民について（On the Natives of British North Borneo）」のなかでバジャウを次のように描いている。

バジャウあるいは海のジプシーは、奇妙で放浪的で無責任な類いの人種である（a curious wandering irresponsible sort of race）。人間性の程度はかなり低い。ほとんどの生活を家族とともに船ですごす。間違いなくマレー起源であるが、通常のマレー人よりも体躯が大きく、また頑強で肌の色はより濃い。財産を蓄えることに関心を持たず、来週の食事がどうなるのか悩むこともない、成り行きまかせの生き方を選んでいる。……かれらは太陽の下、何事にも煩わされることなく、明日のことなど考えず、野性的で、自由奔放な生活を営む。／〔海賊として〕有名なバリギニ（Balingini）〔バラギギ（Balangingi）〕は大バジャウ族の下位集団である。かれらはかつて専門的な誘拐者として、南はマカッサル、バタヴィア、シンガポールから北はマニラまで、海を荒らしまくった。かれらは原則として人殺しはしない。そうする必要がないと、かれらが考える限りにおいてのことではあるが［Pryer 1887: 230］。

こうしたバジャウに関する初期の植民地官僚の記述は、以後の植民地期を通じて、公的文書におけるバジャウ表象の雛形を提供することになる。一八九〇年版の『北ボルネオ・ハンドブック（Handbook of British North Borneo）』では、上記のバジャウに関する記述が、「首狩り族」のそれを含む若干の挿絵が加えられたうえで、ほとんどそのまま採録されている［BNBC 1890: 34-43］。

いま引用した論文のなかでプライヤは、バジャウを含む原住民に対して繰り返し、「海賊」「誘拐犯」「奴隷交易者」「殺戮実行者」「首狩り族」といったステレオタイプな表象を与えている［BNBC 1890］。これらの表象は、欧米における「野蛮」と同じ意味で使われていた。植民地統治を開始した後の約三〇年間、北ボルネオ会社は、奴隷を収奪するための海賊、奴隷制、首狩りを中止させ、それらの行為に携わる「野蛮な無法者たち」を自らの統治下におかなければならなかった。

ただし、逆説的ではあるが、バジャウが「無法な誘拐者で、海賊行為を好む人種」として存在していること、あるいはドゥスンやムルトが「野蛮な首狩り族」として存在していることは、北ボルネオ会社にとってつごうの良いことでもあった。なぜなら北ボルネオ会社は、そうした「野蛮人」を管理し、さらには「良き市民」として馴化することに、北ボルネオで植民地統治をおこなう自らの「人道」にそった存在証明を見いだすことができたからである。

白人による統治によってのみ、「無法な部族」を「法に従う英国臣民」に生まれ変わらせることができる。また、それゆえ他の民族の利益ならびに自由な貿易を守ることができる――これが北ボルネオ会社の主張する存在証明であった［Crocker 1890; BNBH Feb. 1, 1902: 32-33］。

プライヤは、先の記述に続けて次のように加えるのを忘れていない。

北ボルネオ会社政府の影響が及んだところでは、［ドゥスンの］わずかな殺人志向性さえも失われつつある。強固な政府の支配のもと、かれらは繁栄を享受し、人口を増やすあらゆる傾向をみせている。白人と接触した他の多くの人種がそうであったように、かれらは滅亡と消滅の恐怖から解き放たれている。ほとんど同様のことが沿岸に住む人種についてもいえよう……バジャウはいくつかの地区では確実に最高の生活を営むようになっており……［船上生活をやめて］家屋を建てるまでにもなっている［Pryer 1887: 230］。

バジャウや他の原住民に関する記述は、このように北ボルネオ会社が原住民の庇護者としての役割を果たしていることの証拠を示すための言説であり、また植民地支配を正当化するための言説でもあった。その言説は、バジャウはかつて「無法な放浪の海賊集団」であったが、会社政府の監視と指導のもとで法に従い、定住し、平和に暮らすようになったことを、イギリスや他の欧米諸国の読者に繰り返し訴える。一九二一年版の『北ボルネオ・ハンドブック』では次のように記されている。

バジャウは、かつて北ボルネオおよび周辺の島々に広がる大海賊人種のひとつ（one of the great pirate races）であった……。無法者かつ傲慢なかれらは、東洋のこの地域で、周辺住民のみならず、遠く離れた土地の人びとのあいだでも襲撃者として大いに恐れられていた……。〔しかし〕現在、かれらは問題を引き起こすこともなく、多くの場合、農業を営むために定着するようになっている［BNBC 1921: 43］。

いま引用した文章は、後の一九二九年版と一九三四年版の『北ボルネオ・ハンドブック』でもほぼそのまま掲載されている。

原住民とは誰か

北ボルネオ会社の統治が及ぶ以前、ボルネオ島北部は、スル王国とブルネイ王国双方の支配が交錯する地域であった。ここでは、フィリピン諸島やインドネシア諸島、ボルネオ島の各地を故地とするさまざまな出自の人びとが往来を繰り返し、一部の人はそこで「移民」として定着した。

原住民とは、欧米人や華人など移民であることが明らかな人びとと、元来の住民と想定される人びとを区分するために北ボルネオ会社政府が、おそらく他の英領植民地にならって導入した人間分類の範疇である。ただし、いまみたような歴史的背景のため、北ボルネオでは、誰が「元来の住民」であるのか不明瞭であり、植民地政府は、周辺地域からの「移民」も原住民に含めざるをえなかった。

法令では原住民は、「北ボルネオとマレー諸島（Malay Archipelago）の土着住民（aboriginal inhabitant）、かれらの子ども、およびかれらと外国人（alien）のあいだの子ども」というようにきわめて緩やかに定義された。マレー諸島とは、ブルネイ、サラワク、英領マラヤ、オランダ領東インド、スル諸島を指した。*6

このようにあいまいな定義に基づく概念であったが、原住民は、間接統治を制度化するための村落行政法や、原住民保留地（native reserve）を定める土地法などにおいて法的範疇として使用された。そうした法令が運用される過程で、原住民と非原住民という人間分類が北ボルネオでも流通するようになった［Ranjit Singh 2000］。

第二次世界大戦後、イギリス・北ボルネオ政府は、一九五二年に「条文解釈（原住民の定義）条例（Interpretation (Definition of Native) Ordinance, 一九五二）」（同年第九号条例）を制定し、一九五八年にはこの条例をより詳細なものに改訂した。その骨子は表4-1に記したとおりである。これにより、北ボルネオではじめて原住民に関する具体的な定義が定められた［Hooker 1980(1993)］。

一九五二年の条例では「北ボルネオの土着民族（a people indigenous to North Borneo）」はすべて原住民とされた。土着民族が指す具体的な民族名は記されていないが、北ボルネオ会社のセンサスで「ボルネオの原住民（Native of Borneo）」（後述）とされた民族がこれに相当すると考えられる。周辺地域からの移民とその子どもも従来どおり原住民の有資格者とされたが、居住期間などの条件が設けられ土着の住民とは差異化された。この条例と原住民の定義は、マレーシア加盟後のサバ州に引き継がれ、現在まで適用されている。

表4－1 「1952年条文解釈（原住民の定義）条例」（1995年までの改訂を含む）**の骨子**

第2条

1 「原住民」とは下記のいずれかを指す。

a 両親がともにサバの土着民族（a people indigenous to Sabah）の一員である人。

b サバに日常的に居住する住民で、ひとつの原住民コミュニティの一員として居住し、かつ両親ないし祖先のうち少なくとも一方がaに定められた原住民である人。

c サバに日常的に居住する住民で、スルク（Suluk）、カガヤン（Kagayan）、シモノル（Simonol）、シブトゥ（Sibutu）あるいはウビアン（Ubian）民族（people）の一員*、またはサラワク州あるいはブルネイの土着民族の一員で、同人の原住民申請の日以前の3年間、継続してひとつの原住民コミュニティの一員として居住し、その期間中、善良なる性格を保持し続け、かつ同人のサバにおける滞在が連邦移民法のいかなる条項によっても制限されていない人。ただしこの項cに該当する人の両親のうち一方が、この項cに記された民族の一員であり、かつサバに居住している場合、上で必要とされる期間は2年に減じられる。この項に該当する人の両親のいずれかがこの項cに記された民族の一員であり、かつサバで埋葬された、あるいは埋葬されたと一般に認められている場合も、上で必要とされている期間は2年に減じられる。

d サバに日常的に居住する住民で、インドネシア共和国、フィリピンのスル諸島あるいはシンガポールの土着民族の一員で、同人の原住民申請の日直前までの5年間、継続してひとつの原住民コミュニティの一員として居住し、その期間中、善良なる性格を保持し続け、かつ同人のサバにおける滞在が連邦移民法のいかなる条項によっても制限されていない人。

2 用語の定義は以下のとおり。

a 「祖先」は、両親以外の直系の生物学的な祖先を意味する。

b 「原住民コミュニティ」は、第一項aで定義された原住民が多数を占め、かつ地方政府条例のもとに設立された地方当局（郡評議会など）、あるいは原住民裁判所条例のもとに任命された原住民首長または村長の管轄下に居住する人びとの集団を意味する。

c 「両親」は、原住民の法または慣習のもとで両親と認められた人を含む。

3 1のb、c、dいずれかの項による原住民申請は、原住民裁判所から適切な告知（declaration）を受けない限り有効とされない。

* スルクは本論でいうタウスグを指す。カガヤンはカガヤン・デ・スルを指すと思われる。カガヤン・デ・スル、シモノル（シムヌル）、シブトゥ、ウビアンはいずれもフィリピン・スル諸島の島の名であるが、ここではその島出身のサマを指している。センサスにはそうした下位分類はなく、いずれもバジャウと範疇化されている

出典：State of Sabah［1995］

「主要な原住民集団」としてのバジャウ

植民地期、サマは、北ボルネオとスペイン領ないしアメリカ領のフィリピン、オランダ領東インドとのあいだを往来して生活を営む跨境《こきょう》民族の典型であった。しかし、バジャウの名で括られたサマの原住民としての地位は、北ボルネオではほとんど自明視された。その理由のひとつは、北ボルネオにおけるサマの定着人口が総人口の一定の割合――一八九一年の最初のセンサスで一七％――を占めていたことによる。ただ、より中心的な理由は、以下にみるように、植民地政府がセンサスをはじめとする公文書でバジャウを「主要な原住民」と位置づけたことに求められるだろう。

タウスグ（スルないしスルク suluk の名で括られた）やブギスも、バジャウと同様の跨境民族で、北ボルネオ会社の統治が始まったときには、バジャウに比べて少ないとはいえすでにある程度の定着人口があった［BNBH Feb. 1, 1892: 33］。しかしかれらの原住民としての地位は不安定で、しばしば否定された。先に述べたように北ボルネオにおける原住民の定義は緩やかなものであったが、にもかかわらず植民地政府がかれらを移民と位置づけたからである。

植民地時代のセンサスでは、ブギスは常に「オランダ領東インドの原住民」ないし「インドネシア人」の範疇に入れられた。タウスグは、一九三一年のセンサスから「ボルネオの原住民」に含まれるようになった（後述）が、それ以前は同範疇から排除され、「スル諸島の原住民」等の範疇に括られていた（各年のセンサスを参照）[*7]。

北ボルネオでは、一八九一年に最初の人口センサスが実施された［BNBH Feb. 1, 1892: 33］。すでに述べたように、このセンサスには二〇の民族（ナショナリティ）が掲載されているが、どの集団が原住民であるのかは掲載順序からも明確ではない。

「ボルネオの原住民」という包括的な見出しがはじめて現れるのは、一九〇一年のセンサスにおいてである。

その下には一三の民族（ナショナリティ）名が記載されている。ただし、その順序は、まだ単なるアルファベット順にすぎない［BNBH Oct. 1, 1901: 307-308 (Supplement i-iv)］。この記載スタイルは、一九一一年のセンサスでも同様である。同年のセンサスでは「ボルネオの原住民」に含まれる「民族」（集団範疇に相当する用語は確認できなかった）の数は一四になっている［British North Borneo Official Gazette Jan. 2, 1912: 20］。

一九二一年のセンサスは、はじめて冊子体で出版された。そこには、北ボルネオの住民に関する情報が、従来とは比べものにならないほど網羅的かつ詳細に記載されている。民族を示す項目には「人種（race）」の語があてられた。同センサスは、「人種別人口」「ボルネオ原住民の人口」「各省および地区の多数派人種」「宗教」「職業」等の二一章からなる［Maxwell 1921］。

このセンサスで、北ボルネオの三大集団をドゥスン、ムルト、バジャウとする認識がはじめて明示された。他の多くの原住民集団は、「言語学的」にこれらの三つの集団のいずれかの下位集団として分類されると考えられた。

〔北ボルネオには〕実用的な目的に鑑みれば次の三つの大集団が居住する。①ドゥスン。イダハン、クイジャウ、スンガイ、タンブンワを含む。②ムルト。ベサヤ、タガルを含む。③バジャウ。海バジャウ、陸バジャウ、イラヌンを含む。このほかには五つの人種、すなわちブルネイ、ケダヤン、ディヤク、ティドン、トゥトンが住む。これらの人種の人口比率はわずかであり、すべてを「その他」の範疇にまとめてよいだろう。三大集団それぞれに含まれる下位集団の方言的差異は大きい。……しかし、〔それぞれの内部では〕含まれる下位集団の言語の根源（roots）は同じである［Maxwell 1921: 18］[*8]。

一九三一年版のセンサスでも、「ボルネオの原住民」の見出しが一九二一年版と同じように使われた。ただし次のような微修正は加えられた。①サラワクからの移民とみなされたディヤクが「ボルネオの原住民」から除外された。②スル（タウスグ）が「ボルネオの原住民」に加えられた。③ブルネイとスルは、ドゥスン、ムルト、バジャウと同様の「ボルネオの原住民」を構成する包括的な民族（項目名はふたたび「ナショナリティ」になった）の範疇とみなされた[*9]。結果、「ボルネオの原住民」の包括的な民族範疇の数は五になった［Garry 1931］。

一九五一年版のセンサスでは、原住民のリストに大きな変更が加えられた。つまり、ドゥスン、ムルト、バジャウが「主要な原住民」を構成する民族（項目名は「コミュニティ community」）として明示され、それ以外の民族は「他の先住民（Other Indigenous）」として一括された［Jones 1953］。一九六〇年版のセンサスでは、民族の範疇や分類に関して大きな変更は加えられていない［Jones 1962］。

一九五一年版センサスで用いられた民族分類は、その後のセンサスにおける民族分類の雛形になり、北ボルネオ、さらにはマレーシア加盟後のサバ州における一般的な民族認識の骨子になった。その民族認識では、ドゥスン、ムルト、バジャウがサバ州の主要な原住民集団を構成するとみなされることになる。

これらの三集団が北ボルネオ／サバ州の主要な原住民集団であるとする言説は、移民が人口の多くを占めるサバ州の政治の文脈では、各集団の成員が疑いなくマレーシア国民であることを主張する際の根拠になりうる。また、マレーシア全体の民族をめぐる政治の文脈では、成員が「真正なるブミプトラ（Bumiputera、「土地の子」）」であることの根拠にもなる。ブミプトラは、マレー人と、マレー半島の先住民、サバ州とサラワク州の原住民を総称する擬似的な民族の名・範疇である。マレーシアではブミプトラは、華人やインド人ら移民に対して、生まれながらの特権を持つ「先住民」という政治的・経済的含意を持つ［加藤 1990: 237］[*10]。

サバ州に住むサマのうち、少なからぬ人がフィリピンを出身地とする。そのため、いま述べたような含意を持つ原住民に関する言説は、かれらにとってきわめて大きな政治的意味を持つことになる。

4 バジャウの再定義――独立後のマレーシアにおける民族定位とその文脈

学校教科書におけるバジャウ表象

一九六三年、北ボルネオはサバ州としてマレーシアに加盟した。マレーシア加盟後のサバ州では、『ハンドブック』は定期的に発行されていない。『センサス』には民族分類とその分類に応じた人口数は示されるが、個別民族に関する具体的な説明は記されなくなった。そのためここでは、マレーシア学校教育で使われる公民や歴史の教科書を手がかりに、サバ州がマレーシアに加盟した後のマレーシアにおける公的なバジャウ表象とその変化を探ることにしたい。

マレーシアでは、もっとも標準的な教科書は国立のマレーシア言語文芸局（Dewan Bahasa dan Pustaka: DBP）によって出版される。わたしが参照したDBPの教科書のなかでは、まず一九七六年に出版された教科書『中学二年・公民教育（Pendidikan Tatarakyat Baru）』が、マレーシア全体の民族構成を紹介するなかで、バジャウにも言及している［Abdul Rahman; Asraf; dan Hanafi 1976: 4］[*11]。

この教科書は、マレーシア半島部における三大民族（kaum-kaum yang besar）がマレー人、中国人（Tionghua）、インド人で構成されることなどを記したうえで、サラワク州とサバ州の民族として、カダザン、ダヤク、イバン、ビダユ、クニャ、ムラナウ、ムルト、ドゥスン、プナン、バジャウを挙げる[*12]。続けてマレーシアの各民族を、大きくブミプトラ集団と移民集団に分け、それぞれについて説明を加える。ブミプトラ集団には、マレー人とサラワク州とサバ州のいま記した一一民族が含まれるとし、これらの民族は「確かにマレー諸島全域の原住民（penduduk asal di seluruh Kepulauan Melayu）である。それゆえにブミプトラ集団とみなされるのである」と述べる［Abdul Rahman; Asraf; dan Hanafi 1976: 4］。

この教科書では、カダザン、ムルト、ドゥスンとならんで、バジャウがサバ州のブミプトラを構成していることがあらためて確認されている。ただし、ここでのブミプトラは、マレーシアの元来の住民としてではなく、インドネシア諸島を含む「マレー諸島全域の元来の住民」とあいまいに定義されていることには注意しておきたい。少し後、一九八一年出版のＤＢＰの教科書『中学一年・マレーシアの歴史（Sejarah Malaysia）』には、バジャウについてより詳しい説明が加えられている。

サバ州のブミプトラ集団の三番目の民族（kaum）はバジャウである。バジャウはムスリムであり、サバ州の移民民族（bangsa mendatang）である。かれらはブルネイ王国の時代にジョホルからやって来た。かれらはブルネイ・マレーがそうであるように、〔サバ州では〕ブミプトラとみなされている……。わたしたちはここでの研究を、カダザンとムルトの現在の慣習に限定する。ブルネイとバジャウは、マレー半島のマレー人と同じ種類の人びとと思われるからである（Orang Berunai dan Bajau adalah seakan-akan sejenis dengan orang Melayu Semenanjung）。かれらの文化はマレー人のイスラーム文化とほとんど変わらない［Khoo 1981: 75］。

また、一九九六年出版の別のＤＢＰの教科書『中学一年・歴史』は次のように記している。

バジャウという民族集団（kumpulan etnik）は、かれらが海民や漁民として知られていることからわかるように、沿岸に居住している。かつてバジャウの一部は船上に暮らし、「サマル」として知られていた。バジャウの家族の絆はとても強い。そうした紐帯に根ざした相互扶助の習慣はよく知られている。かつてかれらは、イスラームを守った（mempertahankan agama Islam）勇敢かつ強大な英雄としても知られていた［Kementerian

Pendidikan Malaysia 1996: 121-123]。

これら二つ教科書の記述をみると、サバ州のマレーシア加盟後に、バジャウに対する公的な表象が著しく変化したことがよく理解できる。かつての植民地支配者の表象とは異なり、かれらが「無法な海賊人種」であったことは、もはやひと言も記されない。代わりに、バジャウがムスリムであること、そしてかつてはイスラームの守護者でさえあったことが強調される。「イスラームの守護」がどのような歴史を指しているのかは定かではないが、おそらくはかつての植民地勢力との戦いや、植民地の支配領域に対する海賊行為がそう読み替えられているものと思われる。*13

また、一九九六年出版の教科書がバジャウを「移民民族」としていることも興味深い。注目すべきは、同教科書がかれらをフィリピンからの移民ではなく、マレー半島のジョホルからの移民であると説明していることである。この説明は、のちにみる「バジャウはマレー人の一集団である」とする、現在のバジャウのあいだで一般的に語られる民族語りの源泉をなしている。

マレーを名乗る人びと

すでにみたように、イギリス北ボルネオ会社と英領北ボルネオ政府は、サマに対する公的な民族名としてバジャウを採用した。こうして名づけられた側のサマ自身が、いつ頃から他民族に対して、あるいは公の場で、バジャウを名乗るようになったのかは明らかではないが、識字エリートのあいだでは、遅くとも一九五〇年代から六〇年代はじめ頃には、自らをバジャウと名乗ろうとする意識が生まれていた［山本 2006: 七章］。

ただし、そうしたバジャウのあいだでも、第二次世界大戦以前まで近代学校教育の面で劣っていたことなどから、バジャウはカダザンなどの他の原住民から「蔑視されている（dipandang hina）」と考える傾向がみられた。当時バジャウは、すでに十分な教育を受けるようになっており、また公務員職に就く人も増えていたにもかかわらず、である。こうした状況を記したうえで、リンバ（A. Rimba）を筆名とする（おそらく北ボルネオ西海岸の）バジャウは、北ボルネオの新聞『北ボルネオ・ニュース&サバ・タイムズ』のマレー語コーナーで、北ボルネオのバジャウに向けて、覚醒し、団結せよ、と呼びかけている［NBNST September 13, 1960］。

しかし、いまみたような民族認識を背景に、一部のサマは、あえて自らをバジャウと名乗らず、人前ではサマ語を話さないようにしていた。そうしたサマのなかには、自らをマレーと名乗る人も少なくなかった［NBNST September 13, 1960; 山本 2006: 197-198］。

バジャウを蔑視の対象とみなすような意識は、サバ州のマレーシア加盟後には少なくなっていったと考えられる。少なくともわたしの調査時に、そうした民族認識を聞くような機会はほとんどなかった。

ただし、サマがマレーを名乗る傾向は、調査時のセンポルナやカッロン村でもみられた。ここでは、先の公定教科書に示されたようなバジャウ表象に従って、自らを「マレー人の一種（semacam Melayu）」と位置づける語りや、「マレー語が日常語（bahasa harian）になっているし、ムスリムだから」自分はマレー人であるとする語りを聞くことが多かった。

もともとの民族属性にかかわらず、マレーを名乗ろうとする傾向は、バジャウのみならず、サバ州の他のムスリム原住民や、イスラームに改宗した原住民、あるいはムスリムの移民のあいだにも広くみられることであった。こうした民族定位の傾向は、マレー半島からボルネオ北部に至る広い地域での、マレー人の位置づけや定義と密接に関係している。

古くからこの地域では、マレー人は「正統なるムスリム」の同意語として流通してきた［立本 1996: 150］。それゆえマレーの名・範疇は、北ボルネオ／サバ州のムスリムにとっても魅力的であったと考えてよいだろう。マレーの名の魅力は、サバ州がマレーシアに加盟した後、より増大したとみるべきかもしれない。このときには、

表4-2　サバ州各民族の人口増加率（1960-2000年）

	1960年/人	2000年/人	増加率/%
全人口*	454,421	1,988,661	437.6
カダザン（ドゥスン）	145,229	479,944	330.5
バジャウ（サマ）	55,779	343,178	615.2
ムルト	22,138	84,679	382.5
マレー人	25,095	303,497	1209.4
（うちマレー人）	(1,645)		
（うちブルネイ・マレー人）	(23,450)		
華人	104,542	262,115	250.7

* 2000年は国籍保有者のみ
出典：Jones［1962: 134］およびDOSM［2001: 35］より筆者作成

マレー人は国全体の政治的主流派にもなっていたからである。

よく知られているようにマレーシアの憲法は、マレー人を「イスラームを信仰し、慣習的にマレー語を話し、マレーの慣習に従う人びと」と定義している［Sheridan and Groves 1987: 421］。この定義の要点は、出自がマレー人であることを決定するわけではないという点にある。こうした定義は、植民地以前からのマレーシア半島部におけるマレー人のあり方を反映したものであった。古くからマレーシア半島部では、ムスリムの移民やイスラームに改宗した移民がマレーを名乗ってきた。そうした民族状況が、憲法によってあらためて確認されたとみることもできる［立本 1996: 150-151］。

マレーはこのように理解されてきた名・範疇であったため、サバ州がマレーシアに加盟する以前であれ以後であれ、北ボルネオ／サバ州の原住民がマレーを名乗ることは、とくに困難ではなかったのである。

とはいえ、北ボルネオの原住民のあいだで、もともとの民族属性とは別に自らをマレーと名乗るような民族定位の傾向が顕著になるのは、センサスをみる限り、サバ州がマレーシアに加盟してからのことである。

サバ州のすべての原住民人口のうち、自らをマレーと名乗った人は、サバ州がマレーシアに加盟する直前の一九六〇年では一六四五人、全体の〇・五％にすぎなかった［Jones 1962: 134］。しかしマレーシア加盟後の一九七〇年には、その数は一万八二四四人、実に一一倍になり、国籍保有者の二・八％を占めるようになった［DOSM 1976: 69］。なお、両年のセンサスでは、「ブルネイ・マレー」を名乗っていた人たちは、「ブルネイ Brunei」の名で範疇化されている。かれらの人口は、マレーシア加盟前後で大きくは変化していない（増加率は一・二倍）。

その後、一九九一年のセンサスでは、「ブルネイ」範疇がなくなり、その人口は「マレー」範疇に含まれるようになったと考えられる。[*14] そうした変化もあって、同年、マレー人の人口は一〇万六〇四九人に増加し、一〇年後の二〇〇〇年には、その数はさらに三〇万三四九七人に膨れあがった［DOSM 1995b: 89-93, 2001］。いまやマレー人は、サバ州の国籍保有者人口の一五・三％を占めるまでになっている。

サバ州がマレーシアに加盟してから二〇〇〇年までのマレー人口の増加倍率は、一九六〇年のマレー人とブルネイ人を合わせた人口を基点としてみても九・二倍に達する。その数字は、同年間の国籍保有者全体の増加率（四・四倍）や他の民族の増加率（三・三〜六・二倍）と比べて突出している（表4-2）。

サバ州におけるマレー人口の急激な増加は、上述したマレーシアにおけるマレー人の民族定位の様式を背景に、キリスト教からイスラームに改宗したカダザンらの原住民がマレーを名乗るようになったことのほか、サマの一部がマレーを名乗るようになったこと、そして一九八〇年代以降は、サマを含むフィリピンやインドネシアからの移民が国籍を取得してマレーを名乗るようになったことによると考えられる。

サバ版マレーとしてのバジャウ

植民地行政上の民族分類では、カダザンとムルトとバジャウが、北ボルネオに土着の三大民族として位置づけられていた。サバ州のマレーシア加盟後もこの民族分類が引き継がれ、センサスなどの公的文書でもそのように記載された。さらに公定教科書では、バジャウはイスラームの庇護者としても描かれた。

前項でみたように、一部のサマは、サバ州のマレーシア加盟後、バジャウではなくマレーを名乗るようになった。しかし、別のサマは、マレーシアにおけるこうしたバジャウの民族定位を背景に、植民地による他称であったバジャウを他者向けの、あるいは公的な場における自らの民族名として用いるようになる。*15

バジャウを名乗るようになったサマ人のなかには、サバ州ではバジャウがマレーシア半島部におけるマレーと同じ政治的意味を持つこと、いわば「サバ版マレー」と呼びうる範疇になりうることに気づく人も現れた。調査地のセンポルナでわたしは、サマが次のような説明をするのをたびたび耳にした。「バジャウはサバ州のすべてのムスリム原住民とイスラーム化した原住民すべてを含む範疇である。だからバジャウには、タウスグやイラヌンやブギスも含まれる」、と。

こうした拡張的な民族範疇としてのバジャウは、キリスト教や他の宗教からイスラームに改宗したムスリムにも適用された。そのことは、「マスク・バジャウ（masuk Bajau）」、すなわち「バジャウに入る」という表現に象徴されていた。

マレーシア半島部では、「マスク・ムラユ」すなわち「マレー（ムラユ）に入る」という表現は、イスラームに改宗することを意味する。センポルナでの「マスク・バジャウ」は、その類似表現で、やはりイスラームへの改宗を意味する。つまりバジャウは単なる民族の一範疇ではなく、サバ州の在地性とイスラームとが強く結びついた独特の民族範疇、マレーシア半島部におけるマレーと同じ政治的・社会的意味を備えた民族範疇を構成するようになっているのである。

こうした民族の名をめぐる状況のもと、サバ州ではフィリピンから移住してきた陸サマさえも、自らをバジャウの名で同定するようになっている。フィリピンの陸サマは、出身地のスル諸島では自らをサマと称する。バジャウを名乗ることはけっしてない。フィリピンでは、バジャウはカフィール（kafir、異教徒）か、近年に改宗した「正統ならざるムスリム」である海サマを指す、否定的な意味を帯びた民族名称でしかないからである。

さらに首都マニラをはじめとするフィリピン中北部の都市では、バジャウは「物乞い」を意味する言葉に転化してさえいる。一九七〇年代のスル・ミンダナオ内戦のとき、多くの海サマが国内「難民」としてスル諸島からフィリピン中北部に移住した。かれらの一部はきわめて劣悪な経済状況にあったため、移住先では専業的に物乞いを行うようになった。そこでは、かれらがバジャウの典型とみなされた。その結果、バジャウの名は、「物乞い」と象徴的に結びつけられるようになったのである（たとえば Toohey［1998］）。

しかし、これまでにみたようにサバ州では、バジャウの名は、フィリピンとはまったく異なる政治的・社会的意味を持つ。そのため、出身地のフィリピンではバジャウという呼称を嫌っていた陸サマも、サバ州では自らバジャウを名乗るのである。それは陸サマに限ったことではない。フィリピン出身のタウスグや他のムスリムもまた、あえてバジャウを名乗ることが少なくない。その理由は、サバ州においてバジャウが原住民とイスラームという、マレーシアの民族をめぐる政治の鍵となる二つの属性を包摂する、象徴的な民族名称に転成しているからにほかならない。

5　民族語りの日常的実践

公的表象の取り込み

これからは、本書が対象とするカッロン村の海サマの民族表象に目を向ける。あらためて情報を短く記すと、この村では、海サマが人口の多数を占め、また政治経済の主流に位置している。総人口は約六五〇〇人である。

ここで取りあげるのは、周囲の陸サマや公的機関の役人と何らかの交渉をおこなうさいに、海サマが語る自己表象である。かれら自身によるこの民族の語りは、かならずしもサバ州のサマに典型的な自己表象ではないかもしれない。しかしそれは、マレーシアとフィリピンのあいだに引かれた国境を生き、かつ地域社会で長らく周縁化されてきた、バジャウであり海サマでもある人びとのあいだでは、かなり一般的に流通している。その自己表象のあり方は、マレーシアとサバ州の民族をめぐる政治の文脈をふまえて、海サマが自らをいかに定位しようとしているのか、いわばかれらの視点からみた「他の民族や『全体社会』との相互作用」を可視的に示しているといえるだろう。

カッロン村の海サマの多くは、一九五〇年代前後まで船上生活者であり、センポルナとフィリピンのスル諸島を往来しながら、主に漁業によって暮らしてきた。このように移動的な船上生活を営んでいたため、またかつてはイスラームを信仰していなかった（あるいは、信仰していないとみなされていた）ため、海サマは、より早い時代に定住化し、イスラームを受容していた周囲の陸サマから見下され、差別的な扱いをされてきた。

一九六〇年代以降、かれらはサンゴ礁の浅瀬に杭上家屋を建てて定住的な生活を営むようになった。現在、漁業従事者の数は三割程度に過ぎず、多数は公務員や賃金労働者として働く。四〇代以下の世代はイスラームの実践にきわめて熱心である。一部の村人は、マレー語を第一言語、サマ語を第二言語とするようになっている。こうした状況のもと、自らを「マレー人の一種」とみなす先述のバジャウ表象は、カッロン村でも顕著にみられるようになっている。

そうした海サマの自己表象のあり方には、前節でみたマレーシアの政治空間で再構築された公的なバジャウ表象がしばしば直接的に反映されている。三〇歳代くらいまでの若い海サマの場合は、ムスリムとしての敬虔さを自己表象のなかで強調することが多い。

【事例1】

二四歳のカシムは、村でのイスラーム諸実践に熱心にかかわる海サマ青年である。一九九八年六月二九日、夜の礼拝（イシャー礼拝）の後、モスクの青年部（gerakan pemuda）のメンバー一二人は、村のモスクで、マウリドゥル・ラスール、すなわち預言者ムハンマドの聖誕祭時に実施される「村対抗・横断幕コンテスト（pertandingan

横断幕コンテストに参加する海サマ

sepanduk kampong)」に関する話し合いをおこなった。「横断幕コンテスト」は、センポルナ郡役場が主催する。コンテストでは、郡内の全ての村が五メートル×一メートルほどの図版とメッセージを添えた横断幕を作成し、郡の中央競技場で、その美しさや独自性、インパクトを競い合う。横断幕にはたいていクルアーンの一節がアラビア語で記される。図版はイスラームにかかわるデザインが多いが、マレーシアの「開発」を象徴するモティーフが使われることもある。

　青年部のメンバーが横断幕の図案とメッセージに関する意見交換をしているとき、カシムは次のように提案した。「わたしたち純粋なバジャウ（Bajau toongan [Sm]）は、ジョホル王家に起源するという系譜（salsila [Sm<Ar.]）を持つ。横断幕ではわたしたちがイスラームをサバ州に伝えたジョホル王家の子孫であること

を強調してはどうだろうか。図柄は、マレーシアの地図をベースにして、そのうちジョホル州とセンポルナ郡を目立たせる。その前には二隻の船をおき、海上で聖クルアーンを交換しあうシーンとする。どうだろうか」。

彼の提案は多くの賛意をえた。しかし、話し合いの結果、最終的にはクアラルンプル・シティ・センターのトゥイン・タワーと、当時マハティール首相が提唱していたマルティ・メディア・スーパー・コリドーの想像図を横断幕の図案とすることが決められた。ともに、当時のマレーシアにおける、最新の開発行政のアイコンであった。

会議の後の聞き取りでカシムは、次のように述べた。「バジャウの起源がジョホル王家にあることは高校の歴史の授業で学んだ。先生〔男性〕はセンポルナ生まれの陸サマ。先生は『その話はたぶん本当ですよ。なぜなら歴史の教科書に書いてあるし、なによりわたしの親族が実際にジョホルで、センポルナのバジャウが使っていた船とよく似た形の船をみたことがあるからです』と言っていた」。

サマがジョホルに起源を持つとする神話（「ジョホル起源神話」と呼ぶ）は、古くから、島嶼部東南アジア各地の植民地官僚の記録や民族学研究において記録されてきた。既述のように歴史地理学者のソーファーは、ジョホル起源神話は歴史的な事実を反映していると主張した［Sopher 1977 (1965)］。他方、文化人類学や言語学の研究は、フィールドワークに基づく詳細な分析を通じてジョホル起源神話が史実であることを否定した［Pallesen 1985; Nimmo 1986］。

ところが、いまではサバ州のサマ自身が、在地の口頭伝承を通じてではなく、学校教育や教科書を通じて、ジョホル起源神話を事実とみなすようになり、それを語り、また再生産しているのである。

その物語は、確かにセンポルナのサマにとっては魅力的であるに違いない。なぜなら、第一に、ジョホルはマレーシアのムスリムにとって由緒あるイスラームの故郷であり、物語はそのジョホルをサマの故地としているからである。第二に、物語はサマが古代からマレーシアの「国民」であることをも保証しているからである。

他者が構築したイメージの流用

いまみたように、さまざまな場面で海サマは、公的な表象に従って自らをバジャウとして同定する。その一方でかれらは、日常生活のなかでは、自らをあえて「海サマ」と同定することも多い。

【事例2】

パダニは四二歳の海サマ男性である。彼は、親族が連邦政府の国民登録庁（Jabatan Pendaftaran Negara Malaysia）でマレーシアの身分証明書（ＩＣ）を取得する際の代理人を務め、その謝礼金を収入源のひとつとしている。国民登録庁の受付窓口は、たいてい新規の身分証明書申請に対して疑いを抱いている。そのため、パダニはしばしば憤りをこめて、窓口の役人に次のように伝えるという。

「あなたは、わたしたちが海サマ民族（bangsa Sama Dilaut）だってことを知らないのか。わたしたち海サマは、数年前まで船に住み、海を移動しながら魚を捕っていた。だから、親たちは読み書きができない。仲間には、いまも革靴を履いた人〔役人を意味する〕を恐れるヤツがいる。そんなかれらが、どうやってこうした役場での申請をすることができると思うのか。どうやって『住民登録条例』を読むことができるのか。バジャウやタウスグのなかに、違法に身分証明書を得ようとする人がいることは、もちろん知っている。しかし、カッロン村の海サマに限っていえば、そのほとんどは移民ではなく、本当の先住民、ブミプトラ集団である（kaum asli, kaum bumiputera [My]）。わたしたちは、イギリスの時代よりもずっと前から、センポルナの海で船に乗って生活してきたのだ。」

【事例3】

サヤプは四五歳の海サマ男性である。半年ほど前に彼は、より良い漁獲を求めて、インドネシア領東カリマンタン州ブラウ県のある島に移住した。といっても彼は、その後も家族や親族を訪ねるために、あるいはフカヒレを売るために、頻繁にカッロン村に戻り、またブラウ県に帰っていった。他の多くの海サマと同様、サヤプは「違法に」国境を越えていた。彼はフィリピン、マレーシア、インドネシアそれぞれの領海で、何度か国境警備隊に拿捕されたことがある。その経験を通じて、いまや彼は国境警備隊との駆け引きをしっかり理解している、と語る。「昨年、わたしはフィリピンのパラワン島近海にサメを獲るために出漁した。インドネシア・スラウェシ島出身のブギス二人と一緒だった。わたしはかれらに、こう何度も忠告した。『国境警備隊のパトロールに出くわしたら、自分がブギスであると言っちゃだめだ。海サマだと言え。フィリピンではブギスは紛れもない外国人とみなされて、すぐに逮捕されるからな。だけど、海サマだといえば、たいていそれ以上の尋問はされない。国境警備隊は、海サマが麻薬の密輸のような深刻な犯罪には関与しないこと、海サマが無知ゆえに国境を越えてしまっていることを知っているんだ』、と。(しかし同行者は、尋問の際、自らがブギスであることを正直に告白してしまい、結果、サヤプともども逮捕されてしまった。)

これらの語りでは、海サマたちが、かつて自分たちに対して与えられていたステレオタイプ化されたイメージを意図的に復活させていることがわかる。【事例2】のように、古くからの住民である自分たちと、他の陸サマやタウスグの新規移民とを差異化するために、あるいは【事例3】のように犯罪にかかわる傾向が強いとされる他の民族とそうした犯罪とは縁のない自分たちとを差異化するために、かれらはあえて海サマを名乗るのである。いずれの事例においてもかれらは、周囲の多数派民族や権力が、放浪的で無知な船上生活者というステレオタイプ化された民族イメージを海サマに付与してきたことをよく知っている。パダニが話す住民登録の場や、サヤプが話す国境警備の場のような国境という社会空間では、役人がそうした民族イメージを露骨に語り、しばしばそのイメージに従って権力を行使してきた。そうした外部者の民族表象に関する海サマたちの知識は、国境を生きるなかで、かれらが自ずと習得してきた実践知にほかならない。

いま述べたような海サマのイメージは、かならずしも現在のかれらには適合しない。しかし国家が海を囲い込み、住民を国籍保有者と非国籍保有者に、あるいは原住民と非原住民に分けて管理しようとする、現在の国境社会の政治状況に対処するために、海サマは、表面的にはネガティヴな民族イメージを自己表象として復活させ、利用しようとしていたのである。フィールドでの経験に基づいていえば、その語りこそが、マレーシアとサバ州の政治的・社会的文脈に定位された、もっともリアルなかれらの民族表象の実践であるように思われた。

6　国境社会における民族表象のダイナミクス

植民地時代の北ボルネオでは、権力が規定する民族表象は、表象される側によって消費されたり、あるいは自己表象に組み入れられたりすることはなかった。民族は、権力の必要に応じて名づけられ、編成され、利用された。バジャウに関する表象は、北ボルネオ会社が自らの植民地支配を正当化するために生産され、固定化された。

これに対し独立後のマレーシア国家は、少なくともマレー人や他の原住民にとっては、より納得しうる民族の分類や表象を創出することに成功した。各民族は、この独立国家のなかでの望ましい位置づけを、そうした分類や表象のなかに見いだし、そこにさまざまな語りを加えるようになった。

マレーシア国家は、バジャウに関するかつてのネガティヴな表象も大きく作り変えた。結果、いまではバジャウの名は、ムスリムであることと先住民であることの双方と等号で結ばれるようになった。その名称は陸サマ、海サマ、双方のあいだで広く受容された。

しかし、民族をめぐる日常の語りでは、サマは権力が規定する民族表象に、ただ受動的に従っているわけではなかった。海サマの場合は、かつて植民地や地域社会がかれらに与えていたネガティヴな表象を自己表象として復活させ、強調する。それは、先住性に結びつけられた自らの地位を、国境社会を生き抜くために主張しようとする政治的な実践であり、日常のポリティクスでもあった。

クリフォード・ギアツは、第二次世界大戦後に独立した新興国の多くは、国民統合を進めていく過程で、多様な民族のそれぞれの「本源的」紐帯に根ざした欲求を調整する困難に直面することになるだろうと指摘したうえで、それらの新興国がなすべきことは「その〔本源的〕紐帯を軽視したり時にはその実体を否定すらしてそれらをないものとしてしまうことではなく、そのような紐帯を飼い馴らすことである」〔ギアーツ 1987b(1973b): 145〕と述べる。

マレーシア独立後の公的な民族表象の設定は、国家が――マレー人の優位性を揺るがさないことを前提に――国内の各民族に公定の地位と共属意識（アイデンティティ）を与えようとするものであり、ギアツが述べるような意味で民族を飼い馴らすための政治の一部を構成していたといえる。

しかしそうして表象された側は、かならずしもその分類や表象に受動的に従ってきたわけではない。表象された側は、そうした分類や表象を、国境をまたぐ地域社会の文脈に応じた政治的な意図、社会的な目的、あるいは日常生活の便宜のために操作し、改変しようとする。海サマを含むバジャウの「民族の過程」は、こうした表象する側と表象される側との相互作用のなかに定位したとき、はじめてそのダイナミクスを理解することができる。

註

＊1――アメリカの文化人類学では ethnic group を、国民国家の枠内における文化的・言語的少数者（マイノリティ）の意味で使うことが多い［内堀 1989］。「ほぼ」と記したのは、ここでの民族がそうしたアメリカ型の用法とは明確に異なるためである。定義のとおり、本書の民族はマイノリティのみを指すわけではない。なお、民族はもともとネイション（nation）の翻訳語として成立したといわれる［内堀 1997: 5］。しかし、この本では分析用語としてのネイションは、国民国家を枠組みとして政治統合された、あるいは将来的に政治統合されると想定された集団を指すと考える。ネイションおよび派生語ナショナリティ（nationality）の定義・用法、日本語における言語・文化的人間集団としての民族（ethnic group）との意味のズレについては、内堀［1989, 1997］を参照。

＊2――政治史研究の視点からは山本博之が、脱植民地化の過程における北ボルネオ／サバ州でのバジャウ・アイデンティティの生成を、主に北ボルネオ／サバ州の西岸を活動拠点とする政治エリートの言説に着目して、新聞資料を基に詳細に論じている［山本 2006: 第七章］。本章後半の民族誌的考察が対象とするのは、そうした政治エリートたちが構築してきた民族の語りを部分的に参照しつつ、政治運動に直接かかわらない「ふつうの」サマたちが日常生活のなかで実践してきた民族の語りである。

＊3――イギリス北ボルネオ会社は、一八九一年から一九三一年まで、ほぼ一〇年おきに計五回の人口センサスを実施した。それらのセンサスでは、一九一一年と一九二一年を除いて、「ナショナリティ（nationality）」が本書でいう民族に相当する項目の名称として使用された。一九一一年には民族に相当する項目が明示されず、一九二一年には「人種」が用いられた。戦後の植民地期の一九五一年と一九六〇年のセンサスでは、「コミュニティ（community）」が民族項目の名称として使われた。独立後の一九七〇年のセンサスでは、引き続き英語のコミュニティが使用された。マレー語の訳はなく、マレー語式のローマ字転写で"komuniti"と記された。一九八〇年のセンサスでは、「エスニック・グループ（ethnic group）」が民族項目の名称として採用され、以後のセンサスにも引き継がれていく。マレー語では、一九八〇年には「出自」を意味する"keturunan"が、一九九一年以降には、"ethnic"をマレー語式にローマ字転写し、それと"group"のマレー語訳を組み合わせた「エスニック集団(kumpulan etnik)」が、民族項目の名称として用いられた（各年のセンサスを参照）。

＊4———同センサスの民族範疇のうちボルネオ島北部とその周辺を故地とする民族としては、バジャウのほか、ブルネイ・マレー（Brunei Malay）、ドゥスンとムルト（Dusun, Murut）、ブギスとティドン（Bugis and Tidong Men）、ディヤク（Dyak）、カダヤンとビサヤ（Kadayan, Bisayah）、スル（Sulu）の七集団が記載されている［BNBH Feb. 1, 1892: 33］。

＊5———センサスにおける表記は、一八九一年がBajow、一九〇一年がBajau、一九一一年がBajaw、一九二一年がBajauであり、以後、現在までBajauが用いられている（各年のセンサスを参照）。

＊6———ここで引用した定義は、「一九三〇年土地条例（Land Ordinance, 1930）」（同年第九号条例）のものである［GSNB n.d.: 419］。

＊7———ブギスは一八九一年のセンサスにおいてのみ「ブギスとティドン人（Bugis and Tidong Men）」の範疇名で示された。タウスグは、一九二一年のセンサスでは「スル」という個別の名称で記載されたが、「ボルネオの原住民」からは除外されていた。北ボルネオ会社がタウスグを原住民から排除したのは、会社政府が、敵対関係にあったスル王国と北ボルネオに住むタウスグとの結びつきを疑い、タウスグをスル王国の臣民とみなしていたためであるとも考えられる［BNBC 1921: 43; Warren 1971: 92-97］。

＊8———ここに記した民族名称の原語表記は次のとおり（既出のものを除く）。イダハンIdahan、クイジャウKuijau、オラン・スンゲイOrang Sungei、タンブンワTambunwa、ベサヤBesaya、タガルTagal、海バジャウSea Bajau、陸バジャウLand Bajau、イラヌンIllanun、ブルネイBrunei、クダヤンKedayan、ディヤクDyak、ティドンTidong、トゥトンTutong。なおDyakは、ダヤクDayakの誤記と思われる。

＊9———ただしブルネイ範疇に下位集団はない。タウスグ範疇の下位集団はタウスグとティドンの二つである。

＊10———加藤剛は、マレーシア半島部における「ブミプトラ」概念の政治性を次のようにまとめる。「『ブミプトゥラ』概念が堅持される限り、エスニック・グループ〔民族〕としてマレー人が有する特別な地位が、少なくとも概念的には、将来ともに脅かされる可能性は少ない。……「ブミプトゥラ」は、彼ら〔中国人やインド人〕がマレー人達に示さなければならない譲歩の、半永久的な督促状に等しい」［加藤 1990: 237］。

＊11———わたしは、DBPの教科書を網羅的に調べたわけではないので、より早い時期の教科書にもバジャウについての記述はあるかもしれない。

＊12――ここに記した民族名称の原語表記は次のとおり（既出のものを除く）。イバン Iban、ビダユ Bidayuh、クニャ Kenyah、ムラナウ Melanau、プナン Punan。

＊13――のちに参照する北ボルネオの新聞の寄稿文で、あるバジャウは、一八七八年から一九〇〇年のあいだ、バジャウは北ボルネオ会社の支配に抵抗し、その根拠地を襲撃したと記し、その行為を外国民族（bangsa asing）の侵略からサバを守ろうとする行為として理解した［NBNST September 13, 1960］。サバ州のマレーシア加盟前後から、バジャウの北ボルネオ会社に対する抵抗を、反植民地抵抗運動と位置づけようとする歴史認識が、北ボルネオ／サバ州では広がっていたのかもしれない。

＊14――一九八〇年のサバ州のセンサスには、民族別人口は掲載されなかった。

＊15――マレーシア加盟前後、バジャウの政治エリートの一部は、サマがマレーを名乗ることは、マレーシア半島部出身のマレーがサバ州の政治やイスラームにおいて優位に立つことを認めることになると考え、積極的にバジャウを名乗った。かれらにとってバジャウは、サバ州のムスリム原住民でその多数派を占める人びとを象徴する民族の名であった［山本 2007: 228］。

II部
開発過程と社会

▲ 支線の杭上通路

五 地域社会の分断と政治的権威の再編成

国境の町センポルナ

1 センポルナの概観——国境がつくるモザイク型の分断社会

国境の海

この本の地域的な舞台をなすセンポルナ郡は、サバ州の南東部に突き出たセンポルナ半島とその周辺を主な地理的領域とする。センポルナ半島には標高五〇〇メートル程度の山も点在するが、全体としてはゆるやかな丘陵地帯になっている。かつて半島一帯は熱帯林に覆われていた。しかし、森林の大部分は伐採され、現在ではその跡地にアブラヤシやカカオのプランテーションが拓かれている。サバ州西岸にあるような水田はここにはまったくみられない。沿岸部は市街地の周辺を除いて、マングローブの湿地で縁取られている。

センポルナ半島の先端から東に三〇～五〇キロメートルまでは、水深一〇〇メートル以下の大陸棚で、大部分

図5-1　センポルナ沖合

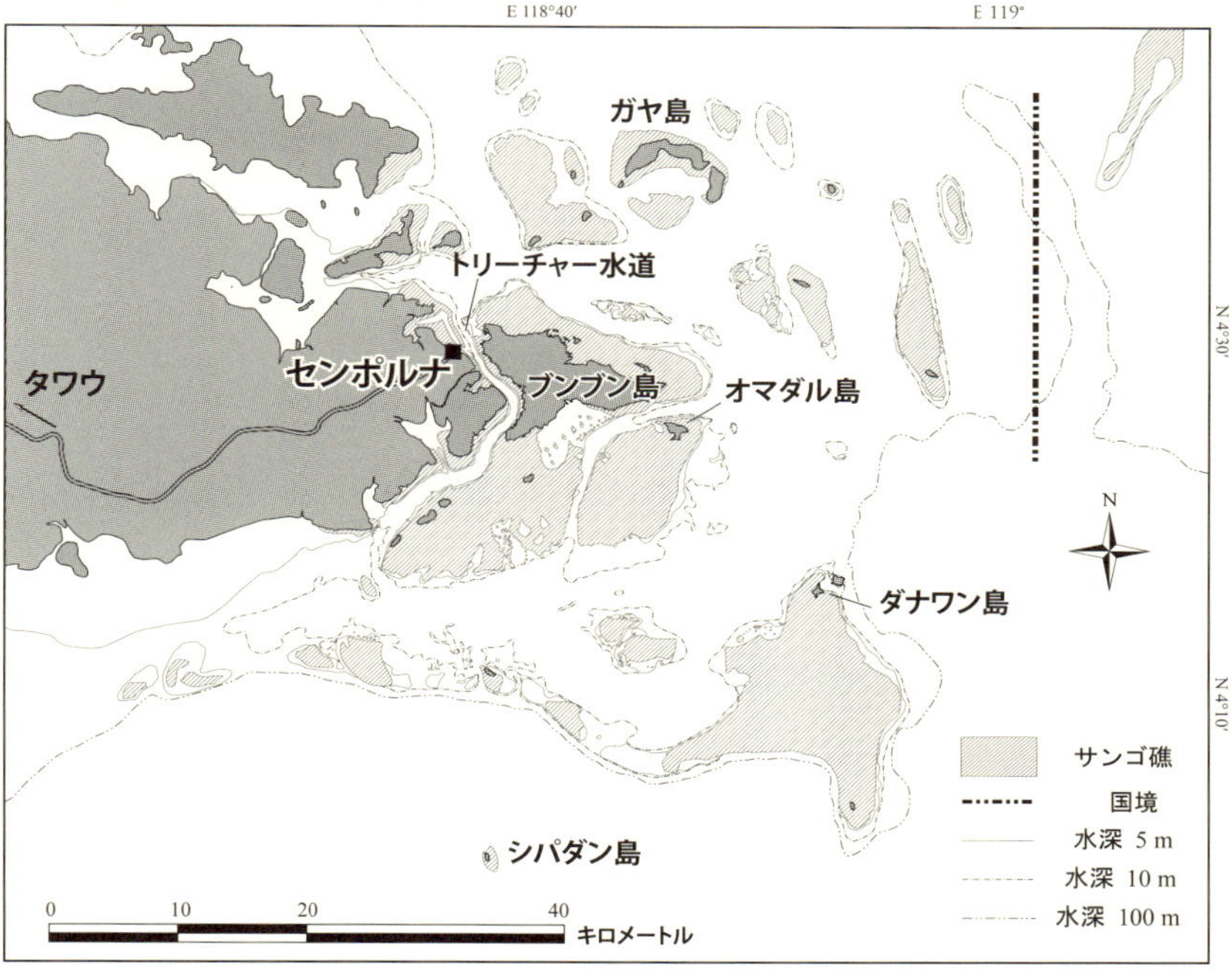

出典：British Admiralty. 1934. Sulu Archipelago and the North East Coast of Borneo, 1: 725,600 (Nautical Chart 2576). London: United Kingdom Hydrographic Office. (First published in 1882)（海図）をもとに筆者作成

は水深三〇メートル以下の比較的浅い海になっている。この海域を「センポルナ沖合」と呼ぶ（**図5-1**）。

センポルナ沖合には、五〇前後の島々が点在する。島には、標高三〇〇メートルの急峻な山からなるガヤ島などの火山島と、高いところでも標高五～六メートルに満たないブンブン島などの離水サンゴ礁の低い島がある。島の周囲には、水深一～三メートル、幅数キロメートルから一〇キロメートル強に及ぶ広大なサンゴ礁が点在する。

センポルナ沖合は、これらの島々とサンゴ礁が入り組んだ複雑な海洋地形になっている。この入り組んだ海洋地形が、ここに住むサマたちに良好な漁場を提供してきた。二〇世紀初頭までセンポルナ沖合を拠点としていた海賊は、この複雑な海洋地形を利用して西欧植民地勢力の砲艦による追撃を逃れ、略奪航海や奴隷交易を繰り返していた［Warren 1971, 1981］。

センポルナの沖合の浅海を越えると公海である外洋に至る。センポルナ郡は、公海に引かれた国境を挟んで、東はフィリピン、南はインドネシアに接している。フィリピンとのあいだの外洋は狭く、国境にもっとも近い島からは、一〇数キロメートルでフィリピン領のサンゴ礁に到達する。その先にはセンポルナ沖合同様の浅海が広がり、東北にはスル諸島が連なる。センポルナからスル諸島南西端のシタンカイ島までは約九〇キロメートルの距離で、大型船外機付きのスピードボートを使えば二時間ほどで達することができる。

とはいえ、センポルナ、スル諸島、双方に住む漁民の大半は、五〜一〇馬力の安価な焼き玉エンジンしか持たない。かれらは、テンペル（tempel）と呼ばれる六〜八メートルほどの木造構造船に焼き玉エンジンを据えつけて海に出る。この船だと両地域間の航行には一二時間以上かかる。漁民たちはたいてい、センポルナとシタンカイのあいだに点在する島々をめぐりながら、この国境の海を往来している。

密貿易を営む人は、零細でも二五〜四〇馬力の船外機を持つ。そうした密貿易船であれば、センポルナからシタンカイ島までは早くて四、五時間で到達することができる。密貿易者はしばしば人も運ぶ。船の形態はさまざまであるが、人を運ぶ場合には上記のテンペルを使うことが多い。テンペルであれば、四〜六人ほどの「客」を運ぶことができる。[*1] カッロン村の海サマがシタンカイの親族を訪問するときには、この密貿易船を使うことが多い。

町の景観——交錯する「住民」と非正規滞在者

センポルナ郡の中心部は、センポルナ半島東端の「プカン（pekan）」と呼ばれる市街地である。以下ではプカンまたは「町」と呼ぶ。**図5-2**はセンポルナの市街地を概略的に示している。プカンには、広場、商店街、公会堂、

図５－２　センポルナ市街概略

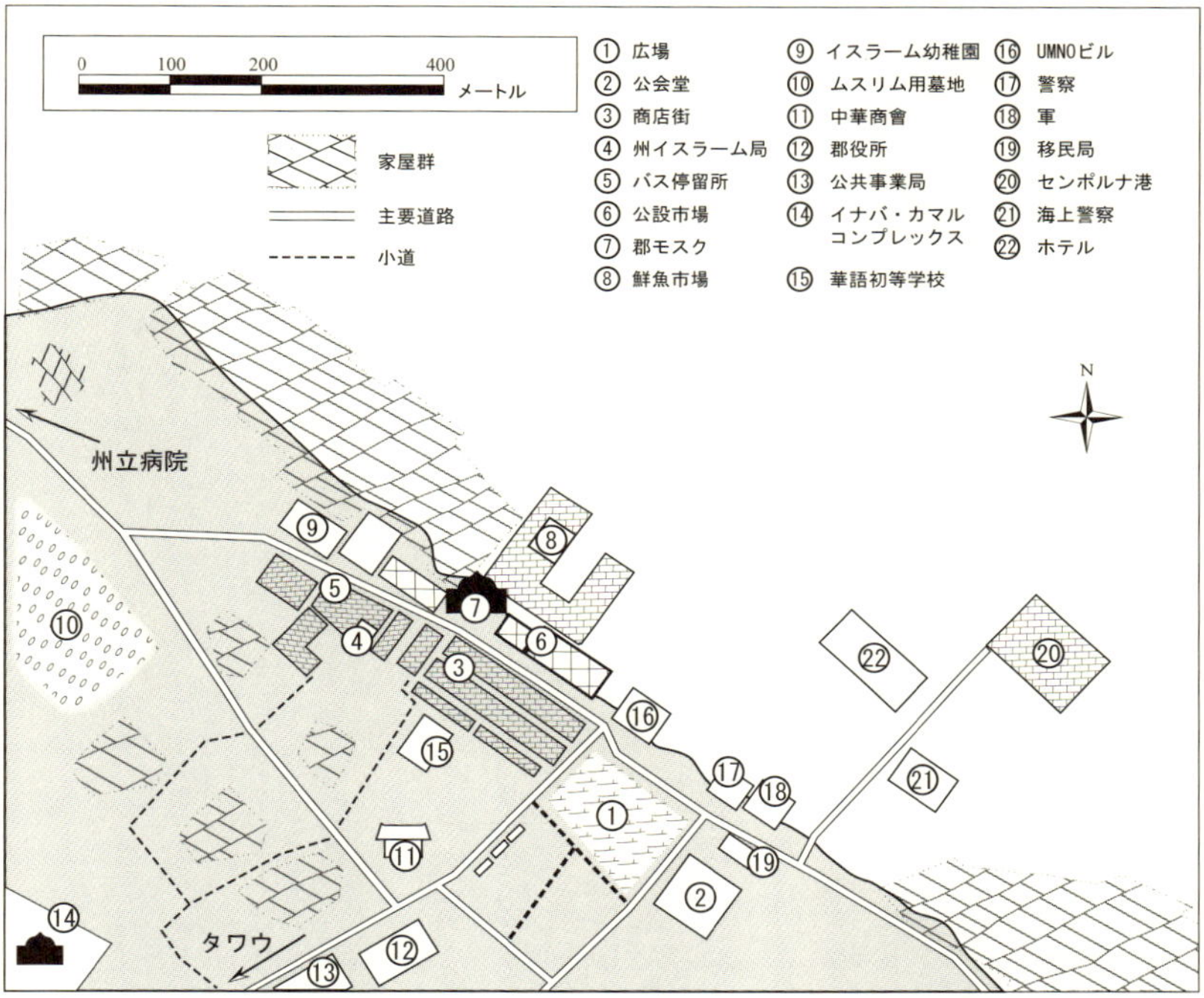

出典：Director of Mapping, Malaysia. 1978. Semporna, 1: 500,000 (*Sheet 4/118/11, Edition 5PPNM*). Kuala Lumpur: Directorate of Mapping, Malaysia.（地形図）およびフィールドワークにより筆者作成

郡役場、与党UMNO（統一マレー人国民組織）の事務所、公設市場、郡モスクなどがある。

商店街や市場は、昼間はマレーシアの他の町と変わらぬ賑わいをみせる。しかし、夜間になると、強盗を恐れて、すべての商店のシャッターが閉まる。調査時、センポルナは、マレーシアのなかではかなり治安の悪い町だといわれていた。わたしも、強盗、傷害、殺人事件の話をたびたび耳にした。知人が被害に遭ったこともある。そのため、商店街の要所には自動小銃を抱えた軍人が立つ。なお、商店街にある商店のほとんどすべては、華人が所有・経営している。

昼の商店街では、カッロン村の海サマを含む「住民」たち――国籍か他の合法的な滞在許可を持つ人びと――が喫茶店に集い、賑やかに情報交換をおこなう。多くは男である。小ぎれいな襟付きシャツを着て、さまざまなデザインのイスラーム帽を被るか、あるいはターバンを頭に巻いている。

対照的にみすぼらしい身なりの女が、その前の歩道を通り過ぎていく。たいていは子連れで、親子ともにサンダル履きか裸足である。肌の色はひときわ濃い赤銅色。子どもの髪には金色が混じる。海水と日光にさらされてきたためだ。女は鮮魚や干魚を手にかかげ、すれ違う人たちにそれを売ろうとする。滞在許可を持たない彼女たちは、市場で販売スペースを得ることができない。仲買人は、夫の漁獲を安値で買い叩こうとする。だから、こうして行商をする。ビニール袋に詰められた一五センチメートルほどの干したアイゴが三匹で二リンギ（当時一リンギは約三〇円）。半日かけて一〇袋を売れば良いほうらしい。女のなかには、単に小銭をねだる物乞いもいる。これらの女たちは、マレーシアでの滞在許可を持たない非正規滞在者で、スル諸島のシアシかサンボアンガ出身の海サマである。多くは船を住処としている。

商店街の路上では、モノ売りの女がフィリピンから持ち込んだタバコや薬品、香水をところ狭しと並べている。その合間には、ぽつりぽつりと両替商が立つ。手さげ鞄にはマレーシア・リンギとフィリピン・ペソの札束がつまっている。こちらはすべて男である。モノ売りや両替商は、取り締まりの役人があらわれると、たちまちどこかに逃げ去っていく。かれらの多くもスル諸島から来た非正規滞在者であるが、海サマは少なく、たいてい陸サマかタウスグである。かれらは船ではなく、沿岸部の杭上集落に暮らす。いくつかの杭上集落は、人口の大半が非正規滞在者であると噂されていた。

このようにセンポルナの町では、合法的な身分を持つ住民と非正規滞在者がきわめて可視的に、つまり互いの法的立場がひと目で分かるような姿で混在している。両者は、それぞれがまったく異なる立場でこの町に住んでいることを、日々、視覚的に確認しあっているともいえるだろう。

かれらの親密圏が重なることはほとんどない。この社会空間では、歴史的につくられた民族の境界と、近代国家がもたらした国籍の境界とが交錯しながら、言語文化的にきわめて近い人びとを、あたかも絶対的に異なる集団であるかのようにモザイク型に分断しているのである。

一九九〇年代末の国境社会

調査時、センポルナとシタンカイのいずれの側にも、出入国管理局の審査部門は設置されていなかった。[*2] 両地域間の海を渡る往来は、マレーシア、フィリピンのいずれにおいても違法であった。とはいえフィリピン側では、国境警備がほとんど機能していない。そのため、人びとはほぼ自由にシタンカイに出入りすることができた。他方のセンポルナ側では、国境警備は比較的、厳格におこなわれていた。ただし、海サマのような零細漁民の国境を越える移動は黙認されていた。

密貿易や人の密輸は、もちろん取り締まりの対象とされた。しかし、テンペル程度の規模の密貿易や人の密輸が拿捕される確率は、後述する海上警備の厳格化以前は、二割程度にとどまると推測された。漁民や密貿易者は、国境警備よりもむしろ海上での強盗、つまり海賊（mundu[sm]）を強く警戒していた。[*3]

こうした国境管理状況のため、センポルナとシタンカイのあいだの人のフロー、国家の視点からは密航、密貿易、人の密輸と定義される人のフローは、スル海域ではごく日常の風景の一部をなしていた。

ただし、海上を離れて市街地や幹線道路に入ると、そこでは日々、「不法移民（PTI、Pendatang Tanpa Izin の略）」の摘発がおこなわれていた。さらに調査時の一九九七年の中頃からは、センポルナの越境移動をめぐる状況が目にみえて変化した。同年の三月から八月にかけて、連邦政府は「正常化プログラム（Regularisation Programme）」と称する移民政策をサバ州で実施した。「正常化プログラム」は、出入国管理局に出頭した非正規滞在者に、所定の手続き後、サバ州での正規の滞在許可を与えようとするものであった。[*4] しかし、このプログラム実施と同時に連邦政府は「不法移民」の取り締まりに特化した特殊任務部隊（Federal Special Task Force）

を増強し、海上と陸上の双方で、それまで以上に厳しく「不法移民」を摘発するようになったのである［Azizah Kassim 2005］。

センポルナの町では、非正規滞在者がトラック後部の金網で囲まれた荷台に乗せられ、タワウやサンダカンの収容施設に運ばれていくのをたびたび目にするようになった。カッロン村でも数度にわたり、特殊任務部隊による「不法移民」の摘発がおこなわれた。

【事例1】連邦政府の特殊任務部隊による「不法移民」の取り締まり

一九九七年七月一二日の午後二時過ぎ、わたしの寄宿先に住み込んでいたシタンカイ出身の女性（四二歳）が、町から大慌てで戻ってくる。「チェッキング〔「不法移民」取り締まり〕だ」と小声で言い、荷物をまとめ、子ども二人と別の家にいた五人とともに家主のテンペルに乗り込み、沖合に逃げていく。ほどなくして、深緑色の制服を着て自動小銃を抱えた特殊任務部隊の男たち一五人が村に入り込み、子ども以外の人の身分証明書を検査していく。身なりや顔つきで検査の対象者を決めているようだ。様子を見ていたわたしも尋問された。非正規滞在者たちはパニック状態に陥って逃げ惑い、とにかく手近にある船を借りて沖合に逃げていく。海に飛び込み、泳いで逃げる人もいる。特殊任務部隊はかれらを追うことまではしない。それでも三〇人を越す人が逮捕され、村の入口に停めていたトラックの荷台に乗せられ、タワウに連行されていった。部隊長によれば、センポルナではこの日すでに一〇〇〇人近い「不法移民」が逮捕されたという。部隊長はクランタン出身のマレー人、他のメンバーもすべてマレーシア半島部出身のマレー人である。村人によれば、特殊任務部隊は常駐の警官と違って賄賂が効かず、取り締まりにも容赦がないという。

この頃から村の密貿易者、とくに人を運ぶ密貿易者が逮捕される事例も急増した。[*5] こうした過程で、カッロン村でも密貿易を営む人は徐々に減っていった。零細漁民は越境移動を続けていたが、漁民以外の海サマがシタンカイとのあいだを往来することも、かつてほど容易ではなくなった。シタンカイから来る人も、非正規滞在者の場合は、町に出るのを避け、村内だけで過ごす傾向が強くなった。

センポルナの杭上集落群

センポルナの住民の多くは、半島の陸地に近接する海岸沿いと沖合の島々に集中している。プカンのすぐ北西の海上には、アイル村（kampong Air）の家々が広がる。アイル村はセンポルナでもっとも古い村のひとつであり、住民の多くはセンポルナの主流派をなす陸サマ、すなわちクバン系サマ人（Sama Kubang）で占められる。

同村の入口の陸地部分には、センポルナを代表する政治家、サカラン・ダンダイ（Sakaran Dandai）の瀟洒な二階建ての家屋が建つ。サカランについてはこの章の後半で説明する。そのすぐ横には金色のドーム屋根を冠した郡モスク（mesjid daerah）がそびえる。郡モスクは、センポルナのイスラーム実践の中心地である。サカランの家と郡モスクが並ぶこの配置は、サカランとその祖先がセンポルナのイスラームを支え、発展させてきたことを空間的に象徴している。

アイル村は、センポルナの杭上集落のなかではきわだって整然としている。海上の通路は比較的まっすぐに走り、家屋の多くは二階建てで、周囲に広がる露台も広い。[*6] ただし、同村の富裕層は、陸地部により大きな家屋を建て、そこに移り住むようになっている。町の南東部と北西部にも、多数の杭上集落が広がる。カッロン村を含むそれらの集落内の通路は入り組んでおり、家屋の多くは平屋で露台も狭い。[*7] アイル村と他の杭上集落とのあいだには、このように明白な経済力の非対称性をみてとることができる。

カッロン村は、アイル村のすぐ北西に位置している。カッロン村の海サマは、村に接するカッロン島の小学校が六学年分のクラスを持つようになる一九九二年まで、アイル村の脇を通ってプカンにある小学校に通わなければならなかった。[*8] 一九七〇年代に小学校に通った村人は、アイル村の陸サマから「パラウ（海サマに対する蔑称、二章参照）」とからかわれ、ときには石まで投げられたという。アイル村の陸サマによるこうした差別行為は、一九八〇年代の半ば頃まで続いていたようである。[*9]

センポルナ半島の内陸の人口は希薄で、ココヤシ林などに囲まれた家屋が郊外に点在するほかは、アブラヤシやカカオのプランテーションが広がるのみである。就労者人口の多数を占めるのは漁業従事者で、その数は全体の五割を超える。大半は、一トン未満から大きくても三トン程度の小船を用いて個人的に操業する小規模漁民である。

センポルナの町から、南東岸の中心都市であり、かつサバ州第三の都市でもあるタワウまでは直線距離で約八〇キロメートル。センポルナとタワウのあいだには、「ミニ・バス（bas mini）」と呼ばれる六〜八人乗りのワゴンが頻繁に往来している。

2 センポルナの人口――サマ、ブミプトラ、非国籍保有者

二〇〇〇年のセンサスによれば、センポルナの人口一一万四九八九人のうち、民族別統計が明らかな国籍保有者七万四四五四人についてみると、サマ（センサス項目はバジャウ Bajau）が八五パーセントを占め圧倒的な多数派になっている。人口に占めるサマの割合は、サバ州の二三郡のなかでもっとも高い。国籍保有者のうちサマに次ぐ人口を有するのは「その他のブミプトラ」で七二三七人。この範疇に含まれるのは、ほとんどがタウスグである。タウスグはスル諸島では人口の多数を占めるが、ここでは少数派に転じている。ほかにブミプトラではマレー人が三五六二人住む。カダザンやムルトの人口はごくわずかである［DOSM 2001］。

非ブミプトラ人口は三七七四人で、そのうち華人は一〇四九人、その他が二七二五人になっている［DOSM

2001]。後者の多数を占めるのは、インドネシア人とパキスタン人であると思われる。

華人を除く住民は、ブミプトラ、非ブミプトラ、国籍保有者、非国籍保有者のいずれであっても、ほとんどすべてがムスリムであり、センポルナはサバ州でもっともムスリム人口の割合が高い郡になっている。郡の総人口に占めるムスリムの割合は九五パーセントを超えると推計される。[*10]

センポルナの人口は、一九七〇年から二〇〇〇年までに、二万四六一〇人から一一万四九八九人、つまり約四・七倍に増加した［DOSM 1976, 2001］。この数字は、同年間のサバ州における人口増加率（四倍）をかなり上回っている。センポルナにおける著しい人口増加は、次にみるように一九七〇年代以降にスル諸島から大量の移民が流入したことによっている。

人口構成の面におけるセンポルナの特徴は、非国籍保有者の多さにある。非国籍保有者は三万六七六一人で、総人口の三割強を占める［DOSM 2001］。[*11] センサスでは非国籍保有者の民族別割合は記載されていないが、その多くは、一九七〇年代以降にスル諸島からセンポルナに移住したサマとタウスグであると考えてよい。また国籍を持つサマや「その他のブミプトラ」であっても、一九七〇年代以降にスル諸島からセンポルナに移住した人びとが少なくない。

一九七〇年から二〇〇〇年までにサマの人口は、一万八一八八人から六万三〇〇八人、つまり約三・五倍に増加した［DOSM 1976, 2001］。移民による人口増がほとんどないと思われるカダザン（ドゥスン）の場合、同年間のサバ州全体における人口の増加率は約二・六倍である。センポルナ郡におけるサマ人口の増加率がいかに大きいかがわかる。

一九七〇年代前半、スル諸島を含むフィリピン南部でムスリム分離独立勢力とフィリピン政府軍とのあいだに内戦（ミンダナオ内戦）が生じた。内戦は一九七六年には終結したが、それ以降もスル諸島の治安や経済は回復しなかった。一九七〇年代以降のスル諸島からの移民は、内戦や悪化した治安を避けて、あるいはサバ州での就業機会を得るためにセンポルナに流入した人びとである。

一九七〇年代半ばから一九八〇年代半ばにかけて、州議会の与党だったブルジャヤ党政権は、支持基盤を拡大するために移民に国籍を付与していたといわれる。一九七〇年代以降にセンポルナに流入した移民で、現在、国籍保有者になっているのは、多くの場合、この時代に国籍を取得した人びとである。

3　サマと集団範疇

前の章で述べたように、現在、サマは、植民地政府がかれらを呼ぶときの他称であったバジャウを、自分たちから他者に向けての、あるいは公的な場における自らの民族名とするようになっている。ただし日常生活では、センポルナのサマは、現地語によるより詳細な人間分類を意識し、それにしたがって日々の社会関係を紡いでいる。

サマ語では、「アア（aa）」ないし「バンサ（bangsa）」が言語や習慣、生活様式、出身地などによって差異化された人間分類の集団範疇を指す語として使用される。[*12] アアないしバンサが指す集団にはいくつかのレベルがある。主なものは以下の三つである。

① 出身国または国籍を基準とし、国名によって差異化される集団。具体的にはマレーシア人、フィリピン人、インドネシア人が指示対象になる。

② 主に言語（alling）を基準とし、固有の集団名によって差異化される集団。出自（katubuhan[sm<my]）、慣習ないし生活様式（addat[sm<my]）についても異なると考えられている。ただし細かい差異は意識されない。具体的には、サマ、タウスグ、ブギス人などが指示対象になる。

③ 言語、慣習ないし生活様式の細かな差異を基準とし、通常、出身地名によって差異化されるサマの下位

集団。後述のクバン系サマや海サマなどが指示対象になる。

①がとくに意識されるのは、上記のようにセンポルナにマレーシア国籍を持たない移民が多数住み、国籍保有者とこれらの非国籍保有者とが社会的に意味のある区別になっているからである。

②は、サマ語の文脈では、主にスル諸島からセンポルナにかけての地域を全体社会と想定したうえでの中間的な人間分類範疇に相当する。四章で民族を「国家に代表される全体社会のなかの中間的な社会的範疇ないし集団」と定義したが、国境をまたぐかれらの従来からの生活圏を全体社会とするこの人間分類範疇もまた、民族と呼ぶことができるだろう。

③は、サマが自らを②の意味での民族と想定し、そのうえでサマを細分化する範疇である。この範疇を指すときには、バンサよりもアアが用いられることのほうが多い。以下では「小集団」と呼ぶ。サマは、「言語としては同じであるが発音が違う（daluwaq alling, boq saddi tiyup）」という表現でサマ語をより細かく分類する。このように分類される言語を方言としよう。サマが小集団について説明するとき、もっとも具体的な基準として語られるのは、この方言の違いである。サマは小集団は慣習や生活様式の面でも異なると主張するが、その内容としてかれらが言及するのは、往々にして怠惰さや気性の激しさ、商売における狡猾さといったステレオタイプ化された特徴である。

小集団の名は、自称、他称いずれの場合であっても地名であることが多い。海サマの場合は、出身地名ではなく、「海の（dilaut）」という生活空間の特徴を自らの小集団名としている。二章でみたように、タウスグや陸サマは、かつて海サマをそれぞれの独自の蔑称で呼んでいたが、現在ではそうした蔑称が公に語られることはなくなっている。かれらは、海サマを単に「サマ・カッロン（あるいはバジャウ・カッロン）」のように村の名を付して呼ぶようになっている。

サマの小集団のうちセンポルナで多数派になっているのは、「サマ・クバン（Sama Kubang）」と自称する陸サマである。ほかにサマ・ウビアン（Sama Ubian）やサマ・シムヌル（Sama Simunul）など、スル諸島南西部の出身地を小集団の名とするサマも多く住む。いま言及したサマ集団は、いずれも本書でいう陸サマに含まれる。以下ではこれらの小集団を、クバン系サマというように「系」を付けて呼ぶ。

クバン系サマは、この海域にもっとも古くから住むと考えられている。セイザーによれば、スル王国のスルタンが、スル諸島のタウィタウィ島に住んでいたサマにセンポルナ沖合、ブンブン島の東に位置するオマダル島を与えた。以来かれらは、オマダル島を中心としてセンポルナ沖合の島々に住むようになった。三〇〇年ほど前のことであったといわれる。かれらは自らの居住地であるブンブン島の南の一角をクバンと名づけた。それがかれらの集団名の由来になったのである。ウビアン系サマなど、他のスル諸島南西部のサマのセンポルナ周辺への移住は、主に一九世紀初頭に始まったとされる［Sather 1997: 31］。

サマの下位集団別の人口統計は存在しない。そのため、サマの人口に占めるクバン系サマの比率はわからない。わたしの印象では、おそらくセンポルナのサマのうち三〜四割が自らをクバン系サマとみなしている。ただしそのすべてが、スル王国時代にタウィタウィ島から移住した移民の子孫であるわけではない。そうした狭義のクバン系サマと何らかの親族関係を持つサマも、しばしば自らを「サマ・クバン」を名乗る。*13 センポルナでクバン系サマについで多いのは、ウビアン系サマとシムヌル系サマである。

後にみるようにセンポルナの政治有力者の多くはクバン系サマであり、クバン系サマはセンポルナにおける政治的・経済的な面での優位を確立している。とはいっても、クバン系サマと他のサマとの通婚はきわめて頻繁であり、両者のあいだに厳密な社会的境界が存在するわけではない。また、行政や政治の公的な文脈においては、サマは「バジャウ」を名乗り、自らをひとつの民族（bangsa）とみなす。非サマも同様の見方をする。そのときには、方言や文化的差異を基準とするサマの下位集団分類がとくに問題になることはない。

4　人間分類の基準としての国籍と先住性

先住のサマと移民／難民のサマ

現在、センポルナの行政や政治において重要な意味を持ち、かつ多くのサマが日常的にも意識しているのは、国籍ないし先住性を基準とするサマの下位分類とその範疇である。先述のようにセンポルナのサマには非国籍保有者と、国籍保有者ではあるが一九七〇年代以降にセンポルナに移住し、国籍を取得した人が多数含まれている。センポルナ生まれのサマ、あるいは一九七〇年代より早い時期からセンポルナに居住していたサマは、これらのサマを「難民のサマ（Sama palarian <pelarian[my]>）」あるいは「移民のサマ（Sama pendatang[my]）」と範疇化して自分たちと区別する。

ここでいう「難民」とは、かならずしも本来の意味の難民、つまり政治経済的な圧迫や困窮、差別を逃れてきた人のみを指すのではない。それは、一九七〇年代以降の移民全般を、それ以前の先住者——しばしばかれら自身も移民である——が差異化するためのローカルな社会的範疇にほかならない。センポルナ生まれのサマや、一九七〇年代より早い時期からセンポルナに居住していたサマ自身は、「移民／難民のサマ」との対比で自らを「先住のサマ（Sama penduduk[<my]）」と呼ぶ。「はじめに」に記したように、〝penbduduk〟はマレー語で「住民」を意味するが、かれらはこの語を「元来（asli）の住民＝先住民」の意味で用いていた。

「先住のサマ」と「移民／難民」のサマを分類する語りは、基本的に、前者が後者に対して自らの政治的優位を主張するための言説にすぎない。先住のサマである自分たちは、政治や行政のポスト、開発予算などの国家資源を享受する当然の権利を持つが、「移民／難民」のサマはそうした国家資源にあずかる権利を持たない、あるいはその権利を制限されるべきである、というのがその主張である。

こうした政治意識を背景に、「先住のサマ」は「移民／難民のサマ」をネガティヴなイメージで特徴づけて自らと差異化する語りを創出し、そのイメージを後者の所与の属性とみなすようになっている。わたしがセンポルナの変化について聞くと、先住のサマであることを自認するサマは、ほぼ例外なく「移民／難民のサマ」の流入によって治安が悪化したことを指摘した。その語りは、たとえば次のような半ばパターン化されたものであった。

イギリスの時代（waktu British〔植民地期を指す〕）やUSNO（統一サバ国民組織、一い九六七〜七六年の州与党）の時代のセンポルナは、いまよりははるかに安全だった。確かに海賊事件は昔からあった。でも、そうした犯罪がしょっちゅう起こっていたわけじゃない。悪い奴ら（penjahat[my]）はフィリピンに追い返されていたからね。治安が悪くなったのは、ブルジャヤ党時代、難民のサマが来てからのことだ。犯罪者はいまでは堂々とセンポルナに住みついているじゃないか。センポルナで覚醒剤（syabu）中毒になっているのはシバウド（Sibaud）ばかりだ。

シバウドはスル諸島中部の島の名で、ここでのシバウドは同島出身の海サマを指す。このように語った後、先住のサマは、「移民／難民のサマ」は「そもそも自分たちとは慣習（addat）が異なり、振る舞いは粗野で、抵抗なく人を騙す」というように付けくわえていた。[*14]

カッロン村の海サマが語る生活史から判断する限り、一九六〇〜七〇年代以前のセンポルナの治安がいまよりよかったとは、かならずしも思われない。「移民／難民」の流入による治安の悪化というイメージは、センポルナの住民の生活実感としてもあるのかもしれない。が、それがかれらのあいだに定着したのは、むしろ一九八〇年代以降のサバ統一党（PBS）や他の野党勢力による反ブルジャヤ党キャンペーンなどの、政治的プロパガンダによるところが大きい［e.g. Luping 1994: 342-376］[*15]。

政党政治が村レベルにまで浸透しているマレーシアでは、一般住民にも開発予算というかたちの国家資源にアクセスする可能性が開かれている（七章を参照）。センポルナのサマのあいだでは、こうした政治状況と、一九七〇年代以降に流入した移民のきわだった多さを背景として、「先住者」と「移民／難民」という国籍ないし先住性を基準とする二項対立的な人間分類が創られ、社会的に実体化するようになっているのである。こうした分類範疇の流通は、村レベルの社会関係や文化的な面での志向性にも影響を与えている。具体的な例は、六章のカッロン村における集団分類の説明のなかで述べることにする。

タウスグの位相

国籍、先住性を人間分類の基準とする意識は、サマのサマ以外の民族をめぐる語りのなかにも埋め込まれている。この場合、主にはタウスグが差異化の対象になる。センポルナのサマのあいだでは、タウスグをフィリピンと結びつけ、移民、それも「不法移民（pendatang haram）」であることをその属性とする認識が一般化している。次にみるように、センポルナ郡内の村の村長のほとんどすべてはサマであり、人口が少ないとはいえタウスグの村長は皆無である。郡役所に務める陸サマ公務員はこのことについて、「センポルナの住民のあいだでは、不法移民［つまりタウスグ］を村長にすることは許されないという意識が強い」と説明した。

タウスグも自分たちに関するそうした語りを意識しており、それゆえしばしば自らをサマ（バジャウ）と名乗ったり、あるいは両親や祖先のいずれかが――事実であるか、そうでないかにかかわらず――サマの出自を持つことを述べて、「自分はサマでもある」と説明したりする。センポルナの住民にとっては、サマとタウスグという対比は、単なる言語文化集団の区分ではなく、合法な住民と非合法な「移民」との差異を含意する分類にもなっているのである[*16]。

三章でみたように、スル諸島では一九世紀までに、タウスグを支配層、サマを被支配層とする階層的な民族間関係が顕在化するようになった。そこでは現在もこの階層的な民族関係が残る。タウスグは一般にサマに対して政治経済的に優位にあり、自らもそのことを誇っている。スル諸島ではタウスグ語がリンガ・フランカであり、タウスグはサマと話すときでも当然のようにタウスグ語を使う。政治および公のイスラームの場ではタウスグ語が正統な言語とされ、サマもしばしばタウスグ語を用いる。タウスグは、文化面でもヘゲモニーを握っているのである。こうした状況ゆえにスル諸島では、サマが自己の帰属をタウスグに変更しようとすることはあっても、タウスグがサマないしバジャウ（スル諸島ではバジャウは海サマのみを指す）を名乗ることはありえない［e.g. Stone 1962; Kiefer 1972a］。

しかしのちにみるように、センポルナでは植民地期以降、スル王国に起源する政治的権威は失われ、代わって在地のクバン系サマが新たな政治的権威の担い手になった。そして現在では、サマが完全に政治経済的な優位を確立している。ここではタウスグであることは、スル諸島に起源する人、つまりフィリピン人であることを意味するのみであり、その名が何らかの権威性を帯びるようなことはなくなっている。地域的なリンガ・フランカの地位は、マレー語に取って代わられている。サマとタウスグの会話では、マレー語かあるいはサマ語が使われ、タウスグ語が用いられることはない。[*17] タウスグがサマを名乗ろうとする民族状況は、こうした政治的力関係の逆転を反映したものでもある。

5　センポルナの形成と権威の変遷

町の形成

植民地化以前、サマやタウスグは、センポルナ沖合の島々に数十人から数百人単位で住んでいた。センポルナの本島部は森林で覆われた無人の地で、サマは現在センポルナの町になっている場所を単に「森の端（Tong Talun）」と呼んでいた［Warren 1971: 25-30］。

一八八七年、北ボルネオ会社政府は、スル諸島のホロ島からサンダカンに移住してきたトーナ（Toonah）という名の華人をセンポルナの本島部、サマが「森の端」と呼んでいた土地に入植させ、この地を海産物取引の拠点とするよう要請した。政府は彼を華人首長（kapitan Cina）に任命し、北ボルネオ会社の旗の掲揚、住民どうしの紛争の調停、徴税などの特権を与えた［Warren 1981: 63-64］。同時に政府は、この土地をセンポルナと命名した。会社政府によれば、センポルナとはマレー語で「休息の地（place of rest）」を意味した［BNBH June 1, 1887: 120-121］[*18]。

センポルナの設立時、沖合には三〇〇〇人前後のサマやタウスグが住んでいたとされる［BNBH June 1, 1887: 119］。これらの沖合に住む人びとのほか、トーナがホロ島に住んでいたときに商売関係を結んでいたスル諸島各地のサマらが、彼との取引を求めてセンポルナを訪れ、やがて周囲に住み始めた。こうしてセンポルナの町が誕生した［BNBH August 1, 1887: 186］。

北ボルネオ会社が植民地統治を開始した当初、センポルナ沖合では海賊による略奪行為や奴隷交易が横行していた。しかし一九一〇年代以降、会社政府の武装警官隊によってセンポルナの治安は維持されるようになった［GSNB 1912: 1, 1920: 475］。

治安の確保と海産物交易の発展は、スル諸島のサマをさらにセンポルナにひきつけた。また一九一〇年代以降のアメリカの強硬な植民地統治は、とくに陸サマのムスリムのセンポルナへの移住を加速させた［長津 2004c］。

センサスによれば、一八九一年のセンポルナとラハド・ダトゥ、タワウを含む南東岸の人口は四五八三人［BNBH February 1, 1892: 24］。既述のように、そのうち三〇〇〇人前後がセンポルナ周辺の人口であったと考えられる。

植民地末期、一九六〇年のセンポルナの人口は一万六八九五人にまで増加した［Jones 1962: 125］。

一八九一年の人口のうちサマは二二三二人、タウスグは七四二人であった［BNBH February 1, 1892: 24］。一九六〇年の人口のうちサマは一万四〇四五人、タウスグが多数と思われる「その他」は一七七〇人であった［Jones 1962: 128-129］[*19]。

なお、センポルナは、一九六〇年に独立した郡になるまではラハド・ダトゥ郡に含まれる副郡（sub-district）であった。センポルナ郡の人口は、同年のセンサスではじめて独立して記載された。ただし本書全体では、一九六〇年以前についても、便宜的にセンポルナを「郡」と記している[*20]。

センポルナでは、一九一〇年代までに、税関や植民地官吏らの駐在所が設置され、人頭税や関税の徴収、住民登録、船舶登録の義務化など、植民地統治の象徴的制度が整えられた。さらに一九二〇年代までには、町の区画、道路、公共広場、政府の役所などを備えた行政空間がセンポルナに構築された。この空間が現在の町の中心部分になっている［NBCA 542, 643］。ほかに、一九一九年には後述の原住民首長ウダン（Udang）の主導で私設の学校も設立された。この学校は一九三六年には、官立現地語学校として再編された［NBCA 789］。

政治的権威の系譜（1）——ウダンとアブドゥッラ

植民地化される以前、センポルナ周辺域はスル王国の間接的な支配を受けていた。タウスグや陸サマの首長たちは独立性が高かったが、スル王国のスルタンの権威は認めていた。首長たちは、ダトゥやパンリマ、マハラジャ、ナキブなどのスル王国起源の称号を持っていた（三章を参照）。かれらは、三章で述べたスル王国の分節的な支配制度の末端に位置していたのである。首長の数では陸サマがタウスグをやや上回っていたが、タウスグを政治的な権威とみなす意識はここにも浸透していた［Warren 1971: 11-12, 92］。

センポルナ周辺域は、一九世紀末に北ボルネオ会社政府の統治下におかれた。しかしその後もタウスグや陸サマの首長は、北ボルネオ会社の統治に抵抗し続けた［Warren 1971］。会社政府は、スル王国につながる貴族や首長が反抗的な活動を組織していると考え、王国との関係がより希薄な、在地の一般有力者を間接的な統治制度のなかで重用し、政治面でセンポルナをスル王国から切り離すことを試みた。一九〇二年にクバン系陸サマのウダンを主要な原住民首長に登用したのは、このためであった。

ウダンはスル起源の貴族的称号を持たず、他の首長からは奴隷の子どもと卑下されていた［Cook 1991(1924): 52］。植民地政府はウダンにパンリマの称号を与え、スル起源の称号を持つ首長たちに対抗させた。植民地政府の政策は成功し、ウダンは政治指導者として台頭した。その影響力は、伝統的な首長たちのそれをしのぐまでになった。先述のように、植民地政府は一九〇九年に沖合の住民をトリーチャー水道沿いに移住させた。この強制移住策が成功したのは、ウダンがその対象とされたサマやタウスグを説得することができたからであった。このときまでにウダンの権威は、沖合の住民のあいだでも広く承認されるようになっていたのである［Warren 1971: 93-97］。

一九一〇年代以降、ウダンは郡の原住民裁判所も司るようになった。裁判所では彼の言葉が絶対的な法とされた。ウダンには首席（第一級）原住民首長の地位と、ＯＫＫ（オラン・カヤ・カヤ Orang Kaya Kaya）の称号が政府から与えられた[*21]。オラン・カヤ・カヤはマレー語で「大いに富める人」を意味する。こうした過程でウダンの政治的権威はますます強化され、センポルナの住民の多数が彼にしたがうようになった。住民たちは、ウダンはあらゆる武器をはねかえす不死身の人間（kobol）であると信じ、畏れるまでになった。他方で、スル王国起源の称号を持つ首長たちはウダンの支配を受け入れるか、そうでなければ没落の道をたどっていった［Cook 1991(1924): 57-69; Warren 1971: 92-97］。

ウダンは一九二一年に逝去した。一九二七年にはウダンの息子のアブドゥッラ（Abdulla）が原住民首長を引き継いだ（この時点では第二級原住民首長）。アブドゥッラは、一九二一年から一九二四年まで「原住民首長の子弟のための官立訓練学校（Government Training School for Sons of Native Chiefs）」（一九一五年開校）で学び、卒業後から一九二七年までは会社政府の原住民官吏（native clerk）を務めていた。彼は当時の北ボルネオの原住民の水準では、最高のエリートに属していたといえる。

アブドゥッラは、一九三七年には首席原住民首長に昇格し、OKKの称号を得た。その前年からは、会社政府の原住民首長諮問評議会（NCAC＝Native Chiefs' Advisory Council、一九三五年発足）にもメンバーのひとりとして参加していた。彼は北ボルネオ・レベルでも原住民の有力指導者として認められたのである［Ranjit Singh 2000: 271］。

第二次大戦後もアブドゥッラは首席原住民首長を務めた。一九六一年にはムスリムを主体とする政党USNOが結成されたが、アブドゥッラは結成当初から同党に参加し、センポルナ郡の党支部長に就任した［Ismail et al. 1996］。戦後になってからアブドゥッラは、センポルナ内陸部の森林伐採権を獲得した。これが彼の財政的基盤になった［Sather 1997: 27］。

こうして二〇世紀初頭以降のセンポルナでは、ウダンとその後を継いだ息子のアブドゥッラが、スル王国起源の権威を持つ首長たちに代わって、政治指導者としての地位を確立した。植民地支配の文脈において構築された権威が、スル王国に起源する権威に取って代わったのである。[*22] 同時にかれらに率いられたクバン系陸サマは、センポルナの政治的・経済的有力集団になった。

政治的権威の系譜（2）――サカラン

独立前後からは、ウダンの親族（キョウダイの孫）で、アブドゥッラの娘婿でもあるサカラン・ダンダイ（Sakaran Dandai）が政治的な中心人物となった。サカランは一九三〇年にクバン系サマの父と、タウスグとティドン人を両親とする母とのあいだに生まれた。一九三六年からセンポルナの官立現地語学校で学び、第二次大戦中の避難生活をはさんで一九四七年に第五学年を修了した。一九四九年にはアブドゥッラの娘と結婚した［Ismail et al. 1996］。*23

サカランは、一九四八年からセンポルナの郡役所などで原住民官吏を務めた後、一九六〇年にはアブドゥッラの後任者として首席（第一級）原住民首長に選ばれた。またアブドゥッラとともに結成時からUSNOに参加し、同党支部の青年部長（ketua pemuda）を務めた。サバ州がマレーシアに加盟した後の一九六六年には、アブドゥッラを引き継いでUSNOのセンポルナ支部長に就任した。USNO党首のムスタファ・ハルン（Mustapha bin Harun、八章を参照）はアブドゥッラの古くからの友人であり、サカランはその関係も受け継いだ［Ismail et al. 1996］。

サカランは、ムスタファとの親密な関係と、一九六〇年代から一九七〇年代にかけてのムスリム原住民を重用するUSNOのイスラーム主義的な政治方針とを背景に、サバ州の政界における地位を著しく上昇させたといわれる。

サカランは、一九六七年におこなわれた州議会議員選挙で圧勝した。以後、一九九四年まで州議会議員に選ばれ続けた。一九七八年から一九八六年までと、一九九〇年から一九九四年までは連邦下院議員も務めた。*24 一九九一年にUSNOがUMNOに吸収されたことにともない、サカランは党籍をUMNOに移した。彼はUSNOやUMNOの要職のほか、一九七〇年代前半には州政府の、一九九〇年代には連邦政府の大臣職も務めた。*25 そして先述のように一九九四年には、州首席大臣に、一九九五年には州元首に選ばれている［Ismail et al. 1996］。

ウダンに発する政治的権威は、息子のアブドゥッラの時代に北ボルネオ／サバ州レベルでも認められるようになり、孫の世代、サカランの時代には州政府の中枢、さらに連邦レベルでも確立され、ついには州政府の頂点にまで達したのである。

八章で詳述するように、サカランはセンポルナのイスラームの組織化に関しても中心的な役割を果たした。彼はイスラームへの貢献を通じて、センポルナのムスリム住民の支持を集めてきた。経済的な面では、サカランはアブドゥッラの森林伐採権を継承し、一九八〇年代以降は森林伐採の跡地にアブラヤシとカカオのプランテーションを拓いた（プランテーションは親族が経営）。森林伐採とプランテーションは、彼の主要な財政基盤になった［Sather 1997: 27］。これらの経済活動と、彼が州ないし連邦政府から資金を得て実施した公共事業は、多数の雇用機会を創出した。それを分配することによって、彼は自らの支持基盤をさらに拡大していった。

サバ州では一九七六〜八五年にはブルジャヤ党が、一九八五〜九四年にはPBSがそれぞれ州政権を掌握していた。この時代にはサカランは野党の議員で、郡レベルでの実質的な政治的権限はそのときの与党の支部が持っていた。しかしこれらの時期にもサカランは、州議会議員選挙では常に過半数以上の票を得て当時の与党候補者に圧勝しており、センポルナの住民の支持を失うことはなかったようである。

6　スル王国からの政治的分離と権威の再編

本章では、国境社会としてのセンポルナを基本情報を含めて描いたうえで、植民地化以後のセンポルナにおける政治的権威の推移と生成の過程を跡づけた。スル王国では、タウスグがスルタンをはじめとする貴族層を独占し、政治経済的な有力集団を構成していた。王国の中心であるホロ島から離れた地方では、スルタンから称号を付与された首長がローカルな政治的支配を確立していた。スル諸島ではタウスグ貴族やスル王国起源の称号を得た陸サマの子孫が、現在に至るまで政治的優位を保ち続けている。

これに対してセンポルナは、植民地初期にスル王国の政治秩序から切り離されていた。ここではスル王国との関係が希薄なクバン系サマが、原住民首長として新たな政治的権威を確立した。権威の正統性はスル王国ではなく、植民地支配に由来するものであった。その政治的権威は、原住民首長を原住民統治のブローカーとする北ボルネオ会社の間接的な植民地支配を通じて強められていった。独立後はそうした政治的権威の系譜に連なるサカランが、サバ州の政治的文脈のなかで傑出した地位を獲得した。

このようにセンポルナでは、植民地国家が行政と政治の枠組みとして実体化し、その枠組みがマレーシア国家、サバ州に継承されていく歴史過程において、スル王国に起源する社会秩序は国境の向こう側に退けられ、クバン系サマを支配層とする新たな社会秩序が生成し、現在に至っているのである。

註

＊1――寄宿先の近隣に住んでいた密貿易者（男性、二七歳）の例を記しておこう（一九九八年時）。四〇馬力の中古エンジンを含むテンペルの造船コストは四〇〇〇リンギ（当時一リンギは約三〇円）。人を運ぶときは、客が一隻を借りあげる方式で、料金は八〇〇～一〇〇〇リンギ。値段は付き合いの距離による。四人まで乗ることができる。ガソリン代は男性が持つ。当該区間で二〇〇リンギほど。マレーシアの海上警備に捕まると、五〇〇リンギほどの賄賂を払う必要がある。捕まると利益は消える。密貿易では、フィリピンからはタバコ、ウィスキー、ビール、薬品を、マレーシアからは米、砂糖、食用アブラ、菓子類などを運ぶ。人を運ぶときの利益のほうが大きい。

＊2――センポルナには、出入国管理局の支局はおかれている。しかし、同支局は出入国の審査はおこなわない。なお、二〇一二年には、センポルナとスル諸島のボンガオ島のあいだに定期航路が開設され、それにともないセンポルナには出入国管理局の審査場が設置された。ただし、その航路以外を通っての国境越えは、いまも違法行為として扱われている。

＊3――カッロン村の人びとによれば、海賊はフィリピン側の島々を拠点に、ピストルやライフル銃で武装し、スピードボートを使って国境海域に現れ、密貿易者や漁民を襲う。カッロン村にいるときわたしは、ほぼ毎週の

ように、村人の親族や知人が海賊の犠牲になったという話を耳にした（ただ、死者が出るほどの事件は稀であった）。

＊4――この正常化プログラムには、四一万三八三二人の非正規滞在者が登録した。内訳は、インドネシア人が二九万四七〇四人、フィリピン人が一一万九一二八であった［Parlimen Malaysia 1999: 7-8］。

＊5――その後、二〇〇〇年には、スル諸島を拠点とするイスラーム過激派組織アブ・サヤフ（Abu Sayyaf）がセンポルナ沖合の観光地シパダン島を襲い、欧米等の観光客を拉致してスル諸島に逃げ去った。この事件を契機に、マレーシア連邦政府は、軍と警察による国境海域の警備をいっそう厳格化した。しかし、二〇一三年にはスル王国軍（Sulu Royal Army）を名乗る武装集団がサバ州東岸に上陸し、センポルナ等で警官らを殺害する事件が生じた。この事件をうけて連邦政府は、サバ州の東岸全域を「東サバ特別警戒圏（Eastern Sabah Security Zone: ESSZONE）に指定し、海上警備をさらに強化した。翌年からは、同警戒圏の海に夜間航行禁止令が出され、現在に至っている［Ramli et. al. 2016］。こうした状況のもと、カッロン村の密貿易者の多くは廃業した。漁民の越境移動さえも従来ほど頻繁ではなくなっている。

＊6――目安としていえば、家屋を含む「敷地」面積は平均一〇〇平方メートル以上に及ぶ。敷地にカギ括弧を付けたのは、杭上集落の家屋はすべてサンゴ礁の上の板床の上に立てられているからである。

＊7――家屋を含む「敷地」面積で平均五〇平方メートル以下。

＊8――カッロン島の小学校は一九八二年に設立された。ただし、当初は一年生用のクラスしか設けられなかった。

＊9――わたしのサマ語教師だったスニタ氏は、一九八〇年代前半の小学生時代にこうした経験を受けたと語り、同村の陸サマの態度を繰り返し非難していた。

＊10――サバ州の人口センサスには、民族別の宗教人口統計は記載されているが、郡ごとのそれは記されていない。ここでの推計は、州議会議員選挙区ごとのムスリム人口比を示したルピンの研究［Luping 1994: 476］に基づいている。

＊11――この割合は、サバ州にある二四の郡のなかで六番目に高い。もっともその割合が高いのは、サンダカンに隣接するキナバタン郡で七四・五パーセント、次がセンポルナの西に隣接するクナク郡で五三・九パーセント

である［DOSM 2001］。

＊12——アアは一般的な「人」の意味でも用いられる。たとえばアア・ダヤハン（aa dayahan）は「金持ち」を意味する。バンサは社会文化的な基準による人間範疇の意味で使用されることが多いが、人間以外、たとえば魚などの「種類」の意味で用いられることもある。

＊13——センポルナではクバン系サマであることは、「もともとの住民（penduduk asli[my]）」であることを意味する。そのため、クバン系サマとの親族関係がなくともセンポルナに一定の期間住むサマは、しばしば好んで「サマ・クバン」と自称する。本書でいうクバン系サマは、植民地期からセンポルナに住んでいた人ないしその子孫で、他のサマもサマ・クバンと認めている人びとを主に念頭においている。

＊14——引用はカッロン村の海サマの発言。

＊15——ただし、一九七〇年代以降の「難民」流入による治安の悪化は、国境から離れたサバ州西岸の住民にとっては単なる政治的プロパガンダではなく、それまでに経験したことのない実質的な日常生活上の困難であったかもしれない。

＊16——センポルナに住むタウスグに「非正規滞在者」が多いことは事実である。一九九四年にセンポルナの郡役所が町の公共広場近くのスクウォッター（kampong setinggan）でおこなった調査の報告書には、その住民二五六人のうち約九八パーセントが移民であり、住民の約八三パーセントがタウスグであると記されている［Pejabat Daerah Semporna 1994］。しかしながら、タウスグのすべてが「非正規滞在者」であるわけではもちろんないし、またサマの「非正規滞在者」もけっして少なくない。

＊17——センポルナでは、タウスグ語を話すことは、その人がフィリピン出身者であることの記号とみなされることが少なくない。そのため公の場では、サマはもとより、タウスグ自身もタウスグ語で話すことを避ける傾向にある。またカッロン村では、フィリピンから密入国してまもないタウスグが海サマにタウスグ語で横柄に話しかけ、それに対してその海サマが「ここはフィリピンではなくマレーシアだ。サマ語［あるいはマレー語］を話しなさい」とサマ語で言い返すような場面を何度か目にした。

＊18——初期の表記は“Simporna”。マレー語の“Simporna”とは“sempurna”のことであろう（語源はサンスクリット）。“sempurna”は字義的には「完全な」という意味である。休息の地という意味はない。BNBH［August

16, 1918: 149〕には、センポルナの地名の起源についての次のような説明がある。会社政府は最初この地を“Labuan Semporna”、「完全な停泊地」と名づけた。やがて人びとはこの地を単に“Semporna”と呼ぶようになった、と。この説明と合わせてみれば、“Simporna”が休息の地を意味するという会社政府の説明は、完全な停泊地はすなわち休息の地である、という解釈に基づいていたと類推することもできる。

＊19――「その他」からは、華人、カダザン、ムルト、サマ（バジャウ）、ヨーロッパ人が除外されている。

＊20――センポルナが副郡であった時期にも、町のモスクやその第一イマム、首席原住民首長は、それぞれ「郡モスク（district mosque）」、「郡イマム（district imam）」、「郡の首長（district chief）」と呼ばれていた。

＊21――マレー半島やブルネイ、スルなど近隣のイスラーム王国では、「オラン・カヤ」の称号が有力者に与えられていた。北ボルネオ会社が、なぜ「カヤ」を反復させて称号としていたのか、確認できなかった。隣接するブルネイ王国やスル王国から称号を得ていた従来の有力者と、会社政府が承認する有力者を差異化するための統治上の操作のためだったのかもしれない。

＊22――先述のように第二次大戦前までの大半の期間、センポルナには華人の官吏しか常駐していなかった。華人官吏のみでセンポルナの植民地行政を管理することができたのは、政府と原住民社会とのあいだの媒介役を任じたウダンおよびアブドゥラの貢献によるところが大きかった。センポルナの原住民に対する植民地支配は、かれらを通じて確立されたと考えられる。

＊23――一九六四年に妻は死去したが、翌年その妹と再婚した。調査時、州議会議員だったナシルは、最初の妻とのあいだに生まれた三番目の子どもである。

＊24――一九七八年までは、アブドゥラの弟、モハマド・サレー（Mohamad Salleh bin Udang）がセンポルナの連邦下院議員であった。一九八六年の連邦下院議員選挙では、センポルナ沖合のダナワン島出身のクバン系サマで、ブルジャヤ党の支援を受けていた政治家アブディッラ（Abdillah bin Abd. Hamid）に敗れ、センポルナの議席を奪われた。一九九〇年の同選挙では再びアブディッラと争って勝利し、同議席を取り戻した。

＊25――州政府やＵＳＮＯ政権下の一九七〇年代には、州政府の文化・青年・スポーツ大臣（menteri kebudayaan, belia dan sukan）および農業・漁業大臣（menteri pertanian dan perikanan）を、一九九〇年から一九九四年までは連邦の土地・協同組合開発大臣（menteri tanah dan pembangunan koperasi）を歴任した。

六　海上集落の構成と歴史

調査地カッロン村の概況

1　村の景観と人口

海上集落としてのカッロン村

一九五〇年代半ば、センポルナ港を拠点とする海サマの船団を率いていたアタン（男性、調査時故人）とティンギ（男性、調査時七六歳、アタンより年少）が、町から二キロメートルほど離れたサンゴ礁の浅瀬に二軒の杭上家屋を建てた。ティンギとアタンの妻は姉妹である。アタンとティンギそれぞれのキョウダイ、姉妹である妻二人のキョウダイらも続いて周囲に家を建て、定住化した。これがカッロン村のはじまりである。シタンカイ島からの海サマの流入などにより、調査時のカッロン村は、人口約六五〇〇人を擁する巨大な杭上家屋群になっていた。

図6－1は調査時のカッロン村の鳥瞰図である。これを参照に以下、村の概観を説明していこう。

村は西側の端でボルネオ本島部に接している。村の入り口から町までは舗装道路でつながれており、村びとは徒歩か乗合タクシーでセンポルナの町に出かける。わずかな距離であるが、村びとの多くは五〇セントの料金を払って乗合タクシーを利用する。村の入り口手前の陸地は村びとが「ハマン（haman）」と呼ぶ空き地で、ここがタクシー乗り場になっている。脇には、ＰＢＳ（サバ統一党）時代の開発予算でつくられたバレーボールコートが二面あり、夕方にはバレーボールに興じる村びととそれを観る村びとの活気にあふれる。試合はたいてい賭け試合になっている。

ハマンの端から海上には、幅一・五メートル、高さ二メートルほどの木製の杭上通路（jambatan）が敷設されている。これが村のメインの通路である。以下、「メインの杭上通路」と呼ぶ。メインの杭上通路は三〇〇メートルほど東に伸び、そこで「く」の字に曲がり、北東に向きを変える。「くの字」に曲がる箇所までの通路の両側には小規模な雑貨店（sali-sali）や飲食店（panginuman）が三〇軒ほど立ち並んでいる。

東北に曲がる角から二〇〇メートルほど行くとカッロン島に至る。カッロン島は周囲三〇〇メートルほどの小島で、海サマの墓地と国民初等学校のみがある。この学校は一九八二

海から見たカッロン村（1990年）。奥にモスクの屋根が見える

図6－1　カッロン村鳥瞰図

註：作成方法については一章を参照。破線は悉皆調査の範囲を指す
出典：フィールドワークにもとづき筆者作成

年に建てられた［Sather 1997: 73］。島に人は住んでいない。島の周囲にはさらに杭上集落が広がっている。なお墓地は、カッロン村の設立以前から海サマが使用してきたものである。

島の東側の集落はカッロン村の海サマがシバウド人（アア・シバウド aa Sibaud）と呼ぶサマが住む。かれらの多くは、サバ州の滞在許可も、フィリピンの身分証明書も持たない社会的にもっとも周縁化された非正規滞在者である。集落には、ココヤシの葉を葺いた屋根と灌木を組んだ簡素な家屋が多い。集落と陸地を結ぶ橋はない。連邦政府や警察の「不法移民」捜査を逃れるためといわれる。

カッロン村に戻ろう。メインの杭上通路から南北の両側には、細い杭上通路（taitayan）が不均一に櫛の歯状に広がる。これを「支線の杭上通路」と呼ぶ。その一部はさらに分岐して、海上の家々を繋ぐ。この支線の杭上通路は、周囲の住民が個々に管理する。支線の杭上通路は、端材やココヤシの木や竹を材料とするため、短期間で朽ちるし、安定性も欠く。メインの杭上通路からより離れたところには、非正規滞在者の家屋、違法漁業や密輸、麻薬売買の拠点もある。不安定で入り組んだ支線の杭上通路は、非正規滞在者やそれらの違法活動を取り締まる役人や警察に対する防御壁の役割を果たしてもいる。

多数の家屋（lumaq）は、メインの杭上通路か支線の杭上通路に接して建てられている。メインの杭上通路沿いの家屋は、隙間のないほどに密集している。家屋は、サンゴ礁に杭を打ち立て、大潮時の最高潮位（二〜四メートル）より少し高い位置に木で床を組み、その上に建てる。一階建ての平屋型の木造家屋が一般的であるが、一部の裕福な海サマは二階建ての家を持つ。

カッロン村が位置する浅瀬には土地権は設定されていない。そのため村での居住を望む人は、村長あるいはJKKK（村落開発治安委員会、後述）の長の許可を得ることにより、空いた浅瀬に家屋を建てることができる。実際には家屋を建てた後に、事後承諾的に許可を求めることが多い。すでにある家に隣接した浅瀬を利用する場合には、その既住者の許可を得なければならないことになっている。とはいえ、そうした浅瀬には既住者の親族や

2018年のカッロン村。手前の杭上家屋群がカッロン村。同村は2003年と2016年に大火に見舞われた。そのため、陸地に接した箇所（ハマン）から先の一部家屋群は焼失したままになっている

友人が住むことが多く、それ以外の人が家屋を建てることは少ない。ただし家屋の売買はまれではないため、親族や友人関係にない人どうしが隣り合って住む例もしばしばみられる。

ほとんどの家屋の脇、あるいは家屋と家屋のあいだには露台（pantan）がある。露台はかつては漁獲物を干す場所として使われていたが、漁業従事者が少なくなった現在では洗濯や水浴びの場、子どもの遊び場などの雑多な目的の空間としてのみ機能することが多くなっている。比較的早い時期からの住民や、あるいは政治経済的な有力者の家の露台はより広く、結婚式などのさまざまな儀礼の際の祝宴（lami-lami）の場として有料で貸し出されている。[*1]

村には水道と電気が有料で供給されている。ただし一九九七年に陸地部で水道管が破裂してしまい、約一年半のあいだ水の供給は停止されていた。貯水タンクを持つ一部の村びと以外は、舟を使って町に行き水を買っていた。

村の社会空間

今度は、村の公的部門や社会階層の空間的配置から村をみてみよう。

ハマンからメインの杭上通路を一〇メートルほど進み、そこから北に分岐した小通路を入ったところには「クルアーンとイスラームの義務教室（ＫＡＦＡ＝Kelas Al-Quran dan Fardhu Ain）」の二階建ての建物がある。ＫＡＦＡは一九九一年に連邦首相府のイスラーム部門（ＢＡＨＥＩＳ＝Bahagian Hal Ehwal Islam）により建てられた。[*2] ＫＡＦＡへの分岐点からさらにメインの杭上通路を進んだ数メートル先の南側には、ＵＭＮＯ（統一マレー人国民組織）センポルナ支部によって建てられた集会場（balai raya[my]）がある。議員やＵＭＮＯ支部の有力者が村を来訪した際には、この集会場が使われる。普段は家を持たないシバウド人の居住の場になっている。

集会場を越えてメインの杭上通路のさらに先、ハマンと「曲がり角」の中間のあたりの北側には村のモスクがあり、その裏側には教区イマムのオフィス（pejabat imam kariah[my]）が設置されている。[*3] その反対の南側には公設の鮮魚市場（pasar daing[sm]または pasar ikan[my]）がある。鮮魚市場は、ＰＢＳ政権期に州政府の開発予算で建てられた。鮮魚市場の一画にも、集会場の場合と同じように「移民」が住みついている。メイン通路の曲がり角の先にはＰＢＳセンポルナ支部によって建てられた集会場があるが、一九九四年に国民戦線が州政権を掌握した後は使用されなくなり、調査時には朽ちかけていた。以上のＫＡＦＡ、集会場、モスク、教区イマムのオフィス、鮮魚市場が村の公的な施設である。

冒頭で述べたように、カッロン村はティンギとアタンによって設立された。これら二組の夫婦とかれらのキョウダイを「村の設立者キョウダイ」と呼ぼう。ティンギのキョウダイは自身を含めて一三人、アタンは同四人、姉妹である両者の妻のキョウダイは二人を含めて八人になる。さらにティンギの子どもが一三人、アタンの子どもが五人いる。かれらや妻のキョウダイも子どもが多い（すべては把握できなかった）。こうして調査時には、上記の「村の設立者キョウダイ」を基点とする子孫が村の主要人口を構成するようになっていた。政治、経済、宗教の有力者も、そのほとんどはかれらの子孫であった（七章と九章を参照）。

「村の設立者キョウダイ」とその子どもの家の多くは、ハマンから「曲がり角」周辺までのメインの杭上通路の間際かその周囲に並んでいる。比較的大きな家（面積で一〇〇平方メートル前後）が多い。建材には整形木材、窓にはガラス、屋根にはトタンが使われている。住民には、センポルナやタワウの商店で働く人や公務員が多く、漁業従事者は少ない。

メインの杭上通路の南側、入り組んだ支線の杭上通路を進むと、家屋は徐々に小さく、また簡素になっていく。このあたりでは、村の設立時からカッロン村に住む「先住者」と、シタンカイ島からの「移民」とが混在する。さらに先に行くと視界がひらけ、海がみえてくる。家屋が途切れた先の海は水深五メートルを越す。海際の住民には漁業従事者が多い。

落ち込んだ海に面する家屋群の一画には、まだ建てかけの家々が並んでいる。ここには、シタンカイ島から移住したばかりの海サマたちが住む。建材は切り出したマングローブの枝で、ベニヤ板が窓代わりに使われている。トタンの屋根よりも椰子の葉で葺いた屋根のほうが目立つ。この一帯には非正規滞在者も多く住む。

村の人口構成

村長によれば村の世帯数は四一五、人口は五二二五人（一世帯あたりの成員数は約一三人）で、うち二六〇〇人ほどが国籍保有者ないしその家族（半数！）であるという。この数字は口頭で伝えられたもので、何年のどのような調査を根拠としているのか確認できなかった。わたしの調査では、一九九七年の村の世帯数は六四四であった。次節で述べるように、わたしは村の一画の一九三世帯を対象に悉皆《しっかい》調査をおこなった。この調査と悉皆調査地区の外での観察によれば、村の一世帯あたりの成員数は一〇人程度と推定できた。この数字をわたしの調査による村の全世帯数六四四に乗じると、人口は約六五〇〇人ということになる[*4]。

村長が伝えた数字が実数を下回っていることは間違いないが、それはなんらかの政治的な意図によるものではなく、単に行政機関による世帯・人口調査が不徹底であることによると思われる。村の北側と南側の周辺部には、おそらく村長も把握していない非正規滞在者、政府のいう「不法移民」が多数居住している。これらの「移民」の存在により、カッロン村はひとりの村長が管轄する行政区としては、異常なほどに大きな規模になっているのである[*5]。

村人からの聞き取りを総合すれば、海サマが村の人口の約七割を占め、多数派になっている。政治経済的にもかれらが中心的な位置にある。残りの二割強はスル諸島出身の陸サマ、一割弱がタウスグ、インドネシアないしタワウ出身のブギス人、ブトン人などである。

一九六〇年代初頭まで海サマのほとんどは漁民であったが、サバ州の安定した経済成長を背景に、一九六〇年代以降はさまざまな就業機会を得るようになった。職業の構成については次章で詳しくみる。

2　親族と世帯

わたしは、カッロン村の一画において家族構成、職業、学歴等の基礎情報に関する悉皆調査をおこなった。対象とした一画は、メインの杭上通路両側の計一九三世帯（lumaq）を含む村の中心部で、主要な海サマの住居を含んでいる。[*6] この一画を「悉皆調査区」と呼ぶ。以下では、この悉皆調査区のデータに基づいて海サマの世帯と「ロオク（look）」と呼ばれる地縁的な親族群の構成を概観する。

親族関係

カッロン村の海サマのあいだには、出自原理に基づく明確な社会集団は形成されておらず、双方的（bilateral）なキンドレッドが親族関係において重要性を持っている。親族名称は、父方、母方を区別しないいわゆるエスキモー型［Murdock 1949］である。個別の親族名称については、**図6-2**の概念図を参照されたい。

「エゴ」の親、子、キョウダイについては、「タイ・アナカン（tai-anakan）」という範疇がある。字義的には「子どもによる結びつき」を意味する。タイ・アナカンは、「エゴ」ともっとも強い紐帯で結ばれた親族のセットである。またキョウダイどうしの紐帯は一般にきわめて強く、後述のようにキョウダイの数人、とくに姉妹は結婚後も同居することが多い。

後の宗教実践に関する考察のために一点、祖父母に対する名称かつ呼称の「ンボ（emboq）」について特記しておく。ンボは、祖父母の世代の他の親族（しばしば姻族も含む）や特定の祖先に対する呼称、祖父母の世代一般に対する尊称としても用いられる。ンボは「祖先一般」を意味する語彙でもある。海サマの「伝統的」宗教実践においては、霊的存在としての祖先、つまり祖先霊が中心的な位置を占める。この祖先霊もまたンボと呼ばれ

図 6-2　海サマの親族名称（示称）概念図

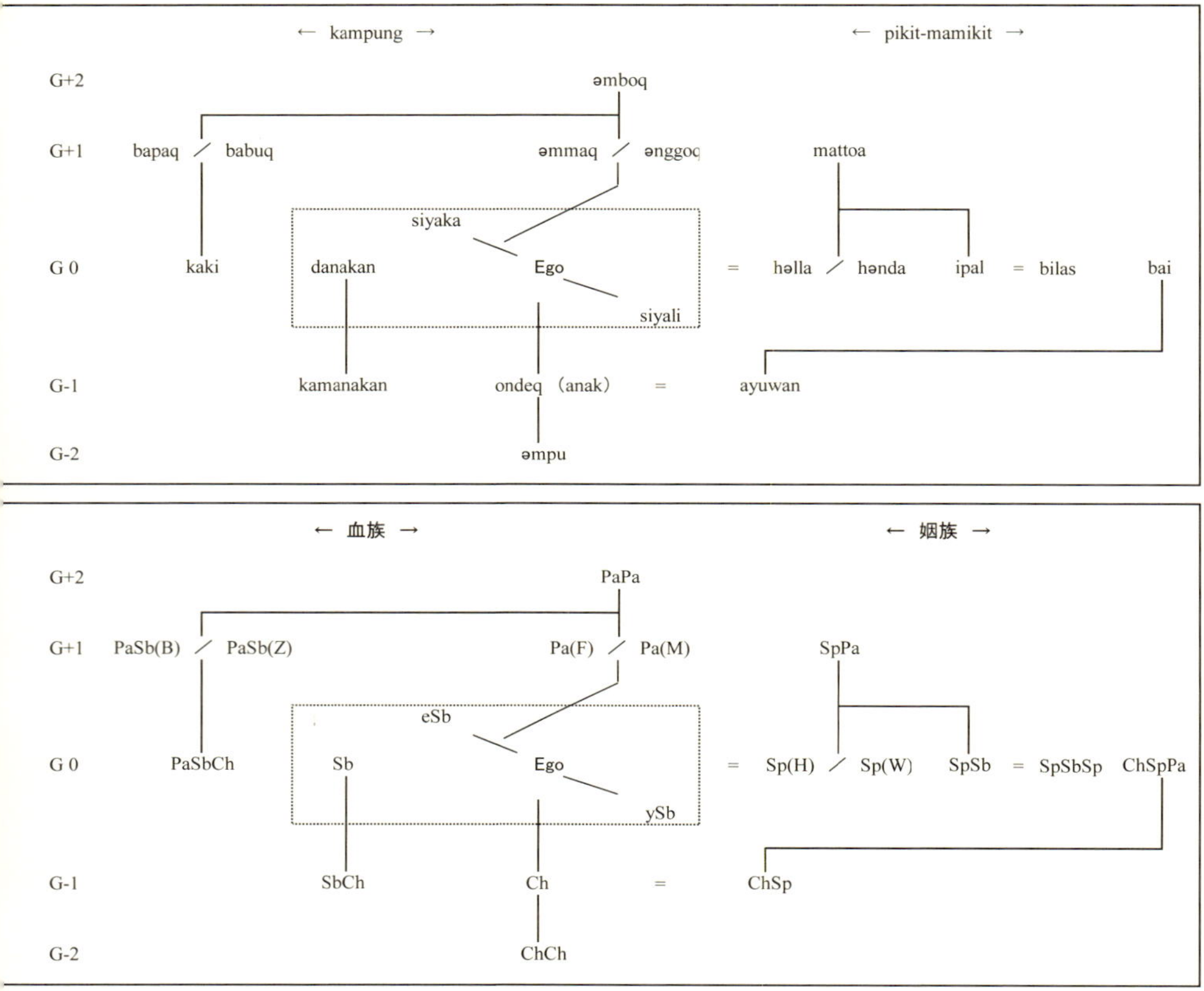

註：上の図は海サマの親族名称（示称）、下の図は対応する関係の説明図。下図の記号の意味は次のとおり。｜（縦線）：親子、—（横線）：キョウダイ、＝（等号）：婚姻、G: 世代、Pa：親、Ch: 子ども、Sb: キョウダイ、Sp: 配偶者、e: 年上、y: 年下、F: 父、M: 母、H: 夫、W: 妻、B: 兄弟、Z: 姉妹
出典：筆者作成

る（一〇章を参照）。

海サマは「エゴ」を中心とする血族を「カンプン（kampung）」という範疇で認識している。カンプンには、「エゴ」の父方と母方双方の血族、つまりキンドレッドにあたる人びとが含まれる（姻族は含まない）。ただし、カンプンの範囲は個人的な認知に基づいており、明確な境界があるわけではない。またある人を「わたしのカンプン（kampung ku）」と呼ぶときには、その人が具体的な親族名称で示すことのできない、遠い関係（magtaa）の親族であることを意味する［Sather 1997: 216-217］。

同じ祖先（ンボ amboq）を持つ人びと、つまり出自集団については、「ダンポオナン（dam-poonan）」という範疇がある。セイザーによれば、語幹の“poon”は字義的には「木」や「幹」「起源」を意味し、この場合は祖先のメタファーとして用いられている。つまりダンポオナンは、「祖先を共有する人びと（“da(m)-”は「ひとつの」を意味する接頭辞）」という意味になる［Sather 1997: 217］。ダンポオナンは、通常、社会経済的な中心となっている四〇～五〇代の人からみた祖父母ないし曾祖父母を起点とする。

海サマは社会的な意味において父系、母系の出自ラインを差異化しないため、ある個人は複数のダンポオナンに属することになる。ただし属すとはいっても、ダンポオナンは明確に規定された社会集団として存在しているわけではない。それは、共通の祖先を持つ子孫どうしの地縁や日常的なかかわりを通じて顕在化するゆるやかな社会範疇であり、メンバーどうしの日常的なつきあいの有無、頻度によってその範囲は変動するし、またあるダンポオナンが意識されなくなることもある。結婚式や葬儀などの主要な儀礼の際には、当事者とダンポオナン関係にある人は、しばしばその準備作業を手伝い、またそれに参加する。しかし、手伝いや参加が義務とみなされているわけではない［Sather 1997: 217-219］。

日常の会話では、英語のファミリーに起源する「パミリ（pamili）」やマレー語で「家族」を意味する「クルアルガ（keluarga）」が、ダンポオナンとほぼ同じ意味か、あるいはより広い出自関係で結びついた親族を指す範疇として使われる。この範疇は"pamili si A"ないし"keluarga si A"、つまりAのパミリないしAのクルアルガと表現される("si"は人間の名前のマーカー)。それらは、Aを共通の祖先とする子孫のほか、たとえばある祖先とそのキョウダイの子孫、さらに配偶者のキョウダイの子孫を含むこともある。日本語では「一族」がその語感に近い。パミリ、クルアルガいずれも、定住化が進んだ一九六〇年代以降に海サマが用いるようになった新しい概念であろう。

世帯

かつて海サマが船上生活を営んでいたとき、ひとつの船で生活をともにしていたのは、ふつう一組の夫婦とその未婚の子どもという核家族であり、これがもっとも基本的な生活の単位であった。核家族をサマ語では「マタアン(mataan)」といい、語幹のマタ(mata)は、身体部位の「眼」と同時に魚網の「網の目」を意味する。核家族を意味する語としてのマタアンは、後者の意味のマタから派生したとされる。ひとつの網の目は、他の網の目と結ばれてひとつの網になる。それは基本的な単位であるが、他の同種の単位と不可分に結びついて作られている全体の構成単位でもある。核家族はこうした関係論的なメタファーで捉えられている。マタアンを構成単位とみる際の「全体」が明示的に語られるわけではないが、船上居住の時代には次に述べる船団や、一定の親族群が想定されていた[Sather 1997: 134]。

船上生活時代に核家族に次いで重要な社会単位であったのは、停泊地や漁場における複数の船、つまり複数の核家族の結びつきによって構成される船団、パグムンダ(pagmundaq)であった。[*7] パグムンダは、字義的には「舳先(mundaq)の集まり」を意味する。パグムンダは「ナクラ(nakuraq)」と呼ばれるリーダーによって率いられていた。通常ナクラは男性で、船団はナクラの妻のキョウダイ、姉妹、母のキョウダイなど女性を通じた関係をもとにして形成される傾向が強かった。ただし船団を構成する家族(船)どうしの結びつきは流動的で、構成員が帰属する船団を変更することはまれではなかった［Sather 1985］。

杭上家屋に住むようになった現在では、核家族だけが生活の単位になるようなパターンは減少し、ひとつの家屋に住む複数の核家族が日常的な生活単位を形成するようになっている。サマ語で家屋は「ルマ（lumaq <rumah[my]）」で、その生活単位は「ダルマ（dalumaq）」、つまり「ひとつの家屋（の成員）」と呼ばれる。これを「世帯」と呼ぶことにする。

かつて停泊地において船団を形成していた複数の核家族は、ひとつの世帯を形成するか、あるいは近隣にかたまってロオクのような地縁的な親族群を形成して住むようになっている。ひとつの世帯では調理場（kusina）は共通で、食事にかかる費用は通常、構成員である核家族が経済力に応じて共同で負担する。ただしその他の家計は、それぞれの核家族が独自に管理する。

家屋の所有者が世帯の長、ナクラ・ルマである。以下では「世帯主」と呼ぶ。たいていは男性であるが、彼が死亡した場合には妻が世帯主になる。ナクラ・ルマは世帯を経済的に支え、世帯単位でおこなう小規模な儀礼についてはそれを主催する。成員どうし、また他の成員とのいさかいが生じた場合には、その仲裁役、あるいは村長等に問題を引き渡す仲介役を務める。

先に述べた悉皆調査区一九三世帯すべての世帯構成に関する情報は、**付録1**に示した。含まれている情報は、世帯主およびその配偶者の民族と年齢層、成員構成、ひとつの世帯に含まれる夫婦の居住パターン、ひとつの世帯に同居する夫婦の構成である。**表6-1**、**表6-2**は、それぞれ世帯主夫婦の民族構成と世帯主の年齢層を示している。**表6-1**に示したように、一九三世帯のうち世帯主ないしその配偶者のいずれかに海サマを含むのは一七二世帯である。以下、この一七二世帯を「悉皆調査区の海サマ世帯」とし、そのデータをもとにかれらの世帯にかかわる居住パターンの要点をまとめる。

世帯主をみると、夫と妻の双方がいる一五一世帯のうち一四九世帯で男性が世帯主になっており、妻が世帯主になっている世帯は三つのみである。[*8] 他は世帯主夫婦が離婚して、夫ないし妻が世帯主になっている世帯がそれぞれ一と二、世帯主夫婦のいずれかが死亡して、夫か妻が世帯主になっている世帯がそれぞれ六と一一である。世帯主の年齢層は三〇代から五〇代に集中している。

一世帯あたりの成員数は、六～一〇人と一一～一五人がそれぞれ全体の三七パーセント、二三パーセントで、合わせて六割を占めている（**表6－3**）。平均では一一・五人になる。[*9] マレーシア全体における世帯成員数の平均は四・八人、サバ州のそれは五・一人であり［DOSM 1995a: 149］、カッロン村の海サマにおける世帯あたりの成員数はきわだって多いことがわかる。世帯成員の世代深度は、二世代と三世代がもっとも多く、それぞれ全体の四一パーセント、四三パーセントを占めている（**表6－4**）。四ないし五世代の成員を含む世帯は一三パーセントである。なお、世帯主夫婦の養子（ondeq niipat）、継子（ondeq tiri）を含めた子どもの数の平均は五・三人である。

次にひとつの世帯に同居する夫婦の構成についてみる。**表6－5**は一世帯に含まれる夫婦の数を、**表6－6**は一世帯に含まれる夫婦の構成をそれぞれまとめたものである。**表6－5**に示したように複数の夫婦を含む複合家族の数は一一四世帯で、核家族の五六世帯を上回っている。[*10] 比率では前者が全体の六六パーセント、後者が三三パーセントになる。複合家族一一四世帯のうち、二ないし三組の夫婦からなる世帯が合わせて全体の約半数を占める。

表6－6では、複合家族を直系家族（stem family）と拡大家族（extended family）に分けている。前者は、各世代に含まれる夫婦が一組のみの形態を指し、後者は、それ以外の、各世代ないしいずれかの世代に含まれる夫婦が複数組の形態を指す。表が示すように、直系家族は全体の一八パーセント、拡大家族は四八パーセントである。後者のうちもっとも一般的なのは、両親と複数の子どもの夫婦（表では「キョウダイ夫婦、両親」というパターン）であり、またそのほとんどは複数のキョウダイ夫婦（夫婦のいずれかどうしがキョウダイ）を含んでいる。

付録1の「夫婦の居住パターン」欄は、夫婦が夫方、妻方いずれの世帯、地縁的な親族群（次にみるロオク）、または村に住んでいるのかを、夫方居住ないし妻方居住として示したものである。夫婦が独立的に家を建て

表６－１　悉皆調査区の世帯主夫婦の民族

夫	妻	夫婦数
海サマ	海サマ	142
陸サマ	海サマ	13
海サマ	陸サマ	6
ブトン	海サマ	2
海サマ	タウスグ	1
イバン	海サマ	1
マレー人	海サマ	1
ブギス	海サマ	1
イロカノ	海サマ	1
カダザン	海サマ	1
離婚	海サマ	2
海サマ	離婚	1
（海サマ世帯の小計）		（172）
陸サマ	陸サマ	11
陸サマ	タウスグ	3
陸サマ	ブギス	1
ビサヤ	陸サマ	1
タウスグ	陸サマ	1
タウスグ	ブギス	1
タウスグ	ブトン	1
ブギス	ブギス	1
陸サマ	離婚	1
総計		193

註：夫、妻いずれかが死亡している場合も含む
出典：フィールドワークにもとづき筆者作成

表６－２　悉皆調査区海サマ世帯の世帯主の年齢層

年齢層	全世帯	海サマを含む世帯
20 代	7	7
30 代	38	35
40 代	70	60
50 代	54	48
60 代	17	15
70 代以上	7	7
計	193	172

出典：フィールドワークにもとづき筆者作成

表 6-3　悉皆調査区海サマ世帯の構成——成員数

成員数	1-5 人	6-10 人	11-15 人	16-20 人	21-25 人	26-30 人	不明	計
世帯数	26	64	40	24	14	2	2	172
比率	15.1%	37.2%	23.3%	14.0%	8.1%	1.2%	1.2%	

表 6-4　悉皆調査区海サマ世帯の構成——世代深度

世代深度	1 世代	2 世代	3 世代	4 世代	5 世代	不明	計
世帯数	3	71	74	21	1	2	172
比率	1.7%	41.3%	43.0%	12.2%	0.6%	1.2%	

表 6-5　悉皆調査区海サマ世帯の構成——夫婦数

夫婦数	0 組	1 組	2 組	3 組	4 組	5 組	6 組	7 組	計
世帯数	2	56	42	43	18	6	4	1	172
比率	1.2%	32.6%	24.4%	25.0%	10.5%	3.5%	2.3%	0.6%	

註：**表 6-3** と**表 6-5** は端数処理のため比率の合計は 100% にならない
出典：すべてフィールドワークにもとづき筆者作成

表 6-6　悉皆調査区海サマ世帯の構成——1 世帯に含まれる夫婦の構成

構成		世帯数	比率
夫婦無		**2**	**1.2%**
核家族 nuclear family*		**56**	**32.6%**
直系家族 stem family			
2 世代	夫婦、両親	26	15.1%
	夫婦、母のキョウダイ夫婦 1 組	2	1.2%
3 世代	夫婦、両親、祖父母夫婦（1 組、以下すべて同）	1	0.6%
	夫婦、母のキョウダイ夫婦 1 組、祖父母夫婦	1	0.6%
	夫婦、父と継母、祖父母夫婦	1	0.6%
小計		**31**	**18.0%**
拡大家族（直系家族除く）extended family			
1 世代	キョウダイ夫婦（2 組以上）**	15	8.7%
	第一イトコどうしの夫婦（2 組）	1	0.6%
	キョウダイ夫婦と第一イトコどうしの夫婦	1	0.6%
	その他	2	1.2%
2 世代	夫婦、オヤのキョウダイ夫婦	14	8.1%
	夫婦、両親、母の第一イトコ夫婦	1	0.6%
	キョウダイ夫婦、両親 ***	31	18.0%
	キョウダイ夫婦、オヤのキョウダイ夫婦	4	2.3%
	第一イトコどうしの夫婦、そのひとりの両親	4	2.3%
	その他	3	1.7%
3 世代	夫婦、オヤのキョウダイ夫婦、祖父母夫婦	3	1.7%
	キョウダイ夫婦、両親、祖父母夫婦	1	0.6%
	その他	1	0.6%
4 世代	とくにパタンなし ****	2	1.2%
小計		**83**	**48.3%**
総計		**172**	

*　世帯主が配偶者と死別していて、その子ども夫婦が 1 組である世帯二つを含む。

**　世帯主が配偶者と死別していて、その子ども夫婦が 2 組である世帯、キョウダイ夫婦 3 組とキョウダイでない夫とその第二妻が同居している世帯それぞれひとつを含む。

***　キョウダイ夫婦 2 組とキョウダイでない夫とその第二妻が同居している世帯ひとつを含む。

****　2 つの世帯のうち 1 世帯はあいだの 1 世代が妻のみ。

註：端数処理のため比率の合計は 100% にならない
出典：フィールドワークにもとづき筆者作成

て、あるいは購入して住んでいる場合は独立居住とした。一七二の海サマ世帯に含まれる三九七組の夫婦のうち、五九パーセントが妻方居住、三六パーセントが夫方居住である。船上居住の時代、海サマの船団は妻方のつながりを通じて組織されることが理想とされ、実際にもそのパターンが多かった［Nimmo 1972: 57-58］。その「居住」パターンは家屋居住が一般化した現在も維持されている。

配偶者選択のパターンについて付記すると、一九六〇年代頃まではイトコどうしの結婚、および「エゴ」とイトコの子どもとの結婚が八割近くを占めていた。ほかは親族関係にない海サマどうしの結婚であり、海サマと海サマ以外との結婚はまれであった［Nimmo 1972: 60-61; Sather 1997: 171］。

悉皆調査区の海サマ世帯では、世帯主夫婦および世帯主夫婦の既婚の子どもと孫のうち、約四割強がイトコ（とかれらがみなす人、以下同）どうし、あるいはイトコとイトコの子どもとの結婚、つまり親族どうしの結婚であった。残りの約三割は遠い（magtaa）親族ないし非親族の海サマどうしの結婚、二割強は海サマと海サマ以外との結婚であった。親族どうしの結婚、海サマどうしの結婚は依然として多いが、他方で陸サマなど、海サマ以外との結婚が珍しくなくなっている。都市で就労する海サマのあいだでは、男女のいずれかにかかわらず、ブギス人やマレー人などのサマ以外のムスリムと結婚するパターンが増えている。

世帯構成の持続と変化

一章で述べたように、一九六四年から六五年にかけて人類学者のセイザーがカッロン村で民族誌的な調査をおこなった。彼は当時の村の全世帯、三六世帯を対象に世帯構成に関する調査をおこない、そのデータを『バジャウ・ラウト』で提示している［Sather 1997: Chap. 5］。そのデータをこれまでみてきた一九九七年から九八年の一七二世帯のデータと比較すると、次のような世帯構成に関する持続と変化をみてとれる。

（一）一世帯当たりの成員数は一九六四年から六五年には、平均で一二人強であった。世代深度は二世代の世帯と三世代の世帯が多く、合わせて全体の八九パーセントを占めていた［Sather 1997: 150-151］。これらの数字については、調査時も大きな変化はみられなかった。

（二）明確な差がみられるのは、ひとつの世帯における夫婦の構成に関してである。セイザーの調査では複数の夫婦を含む世帯は八二パーセント（うち直系家族が二二パーセント）、核家族の世帯は一九パーセントであった［Sather 1997: 150-151］。調査時のカッロン村では、複合家族が依然として多いものの、核家族の数が全体の三割を超えていた。つまり、核家族の割合が顕著に増加していたのである。

核家族の割合の増加は、後述のように一九七〇年代以降、漁業より安定した現金収入をもたらす賃金労働職への就業機会が増加し、比較的若い海サマが家屋を購入する、あるいは建てることが可能になったことによる。この居住形態の変化は、かれらの経済状況の変化を象徴的に示している。

核家族の割合については、前章に記した人間分類の範疇である「先住者」と「難民」とのあいだで明白な違いがみられる。カッロン村の海サマにおける人間分類については次の章で説明するが、簡単にいえば、一九七〇年代初頭までにカッロン村に住み始めた海サマないしその子どもが「先住者」として、それ以降にスル諸島から主にシタンカイ島からカッロン村に移住した海サマが「難民」として範疇化される。

悉皆調査区の海サマ世帯一七二のうち、世帯主夫婦の双方、あるいはいずれかが先住者である世帯――これを「先住者世帯」と呼ぶ――は一〇八であるが、そのうち四四世帯、つまり四一パーセントが核家族世帯である。他方、夫婦の双方が「難民」である残りの六二世帯では核家族世帯は一二世帯、つまり一九パーセントにとどまっている。核家族の割合は、先住の海サマの世帯でより高く、「難民」の海サマの世帯ではより低くなっているのである。後にみるように両者のあいだには前者を優位とし、後者を劣位とする社会経済状況の差異がみられるが、それが世帯の構成にも反映されているのである。

一九六〇年代半ばに比べて、調査時、核家族世帯の割合が明らかに増加していたにもかかわらず、世帯成員数の平均に目立った減少がみられなかったのは、一部世帯の成員数が「難民」の同居により著しく増えていたためである。「難民」の親族が同居する先住者世帯や、家屋を建て一定の経済的基盤を得た「難民」の世帯には、既住の「難民」との親族関係をたどって新たな「難民」が連鎖的に流入しつづけている。[*11]

ロオク

海サマ世帯のほとんどは、「ロオク（look）」と呼ばれる地縁的な親族群に属している。ロオクは「入り江」ないし「［小さな］湾」を意味する。ロオクに含まれる家屋どうしは、露台（パンタン）や細い杭上通路で結ばれ近接している。船上生活時代の船団がロオクの原型で、ロオクを構成する各世帯は、世帯主ないしその配偶者の近い親族関係で結ばれている。**図6-3**は**付録1**の悉皆調査区の家屋通番1～12で構成されているひとつのロオクを例に、家屋の配置と世帯主どうしの親族関係を例示したものである。

カッロン村の海サマにとって、ロオクは世帯に次ぐ主要な生活の単位である。世帯を超える日常的なつきあいはロオクの範囲でもっとも密であり、人手を要する作業はロオクの成員が共同でおこなう。漁業従事者が集団で漁をおこなうときのその船団は、いまもロオクの成員で構成されることが多い。ロオクは、主要な儀礼を共同で組織する単位でもある。

各ロオクには「ロオク長（nakuraq look）」と呼ばれる代表者が存在する。最初期の住民ないしその子どもで、社会的な影響力と経済力を持つ有力者が一般にロオク長と認められている。ただしロオク長はかならずしもそのときの有力者であるとは限らず、すでに一線を退いている場合もある。カッロン村は、船上生活の時代に船団の長（ナクラ）であったティンギとアタンの二人を設立者とし、かれらに近い親族、および姉妹である両者の妻に近い親族を村の中心メンバーとして発展してきた。悉皆調査区のロオク長の多くは、かれらに近い親族である。

各ロオクはロオク長の名前によって認識されている。たとえばロオク・シ・ティンギ（look si Tinggi）は、ティ

図6-3　ロオクの一例（概略図）

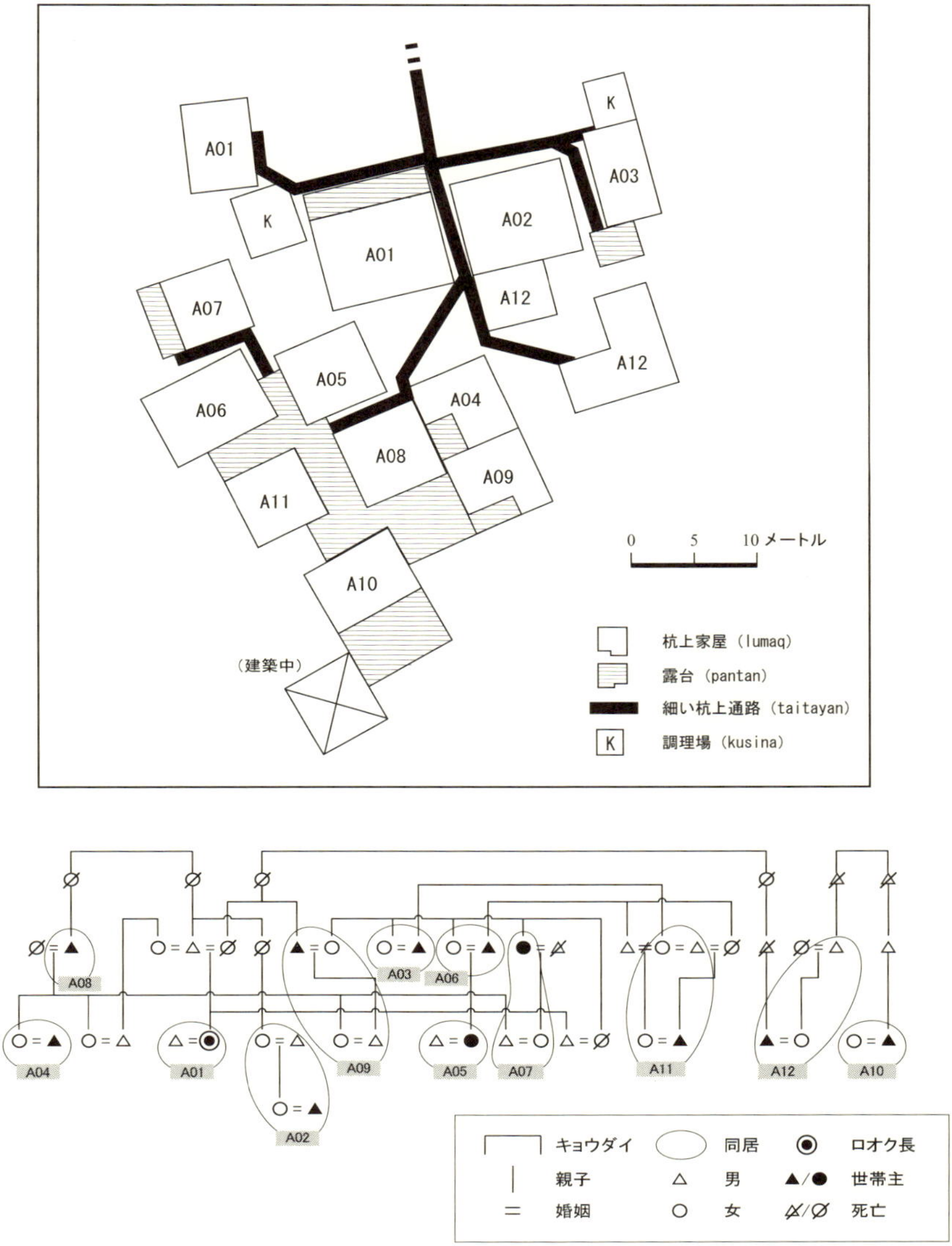

註：付録1の家屋通番1～12（ロオクA）に対応。上の図は家屋の配置、下の図は世帯主夫婦の親族関係を示す　出典：筆者作成

ンギを長とするロオクを指す。個人の居住地、および社会的位置は、このロオクを通じて同定される。「ティンギのロオクの人間（mandusiyaq man look si Tinggi）」といえば、その人がティンギのロオクに住んでおり、かつティンギと近い親族（姻族を含む）関係にあることが示されるのである。

付録1の「ロオク識別記号」の欄に示したAからWまでの記号は、ロオクの区別を示す。ＺＺは特定のロオクに含まれない世帯である。悉皆調査区の一九三世帯には二三のロオクがあり、一七六世帯がそのいずれかに属している。規模は三世帯から一二世帯までさまざまである。**図6－4**には、悉皆調査区に含まれるこれら二三のロオクの位置が図示されている。各ロオクの範囲を示す線は、あくまで便宜的なものである。また**付録2**には、各ロオクの基本情報、すなわち成員の身分証明書（ＩＣ）の所有状況、出身地、職業、学歴がまとめられている。

AからWまでのそれぞれのロオクを構成する世帯の世帯主夫婦の関係も**付録1**に示した。そこに示されているように、一組ないし複数のキョウダイの夫婦、またはキョウダイの夫婦とその夫婦から派生した親族の夫婦というのが一般的なロオクの構成である。キョウダイの紐帯が軸になっていることと、成員が何らかの親族関係で結びついているという大枠のパターンを除き、二三のロオク全体に共通するような組織原理はみいだせない。ロオク長夫婦からみて、夫方、妻方、あるいは父方、母方のいずれかの親族ラインが成員を規定しているわけではない。ただし男性のロオク長からみた場合、妻方ないし母方の親族がやや卓越してはいる。

一〇以上の世帯を含む大きな規模のロオクは構成が複雑であり、かつロオク長夫婦からみてかなり遠い親族が成員になっている例が少なくない。先に世帯構成について、移住した親族を頼って「難民」が連鎖的に流入するパターンで成員数が増加していることに触れた。こうした規模の大きいロオクでは、同様のパターン、つまり親族を頼って移住してきた「難民」が、その親族の住むロオクに新たな家屋を建てるというパターンで世帯の増加が生じている。こうして親族の連鎖が広がり、初期の住民であるロオク長およびその配偶者のいずれからみても関係の遠い、たとえば姻族の姻族である夫婦がロオクの成員になっているのである。このように拡大したロオク

図 6-4　カッロン村悉皆地区のロオク区画

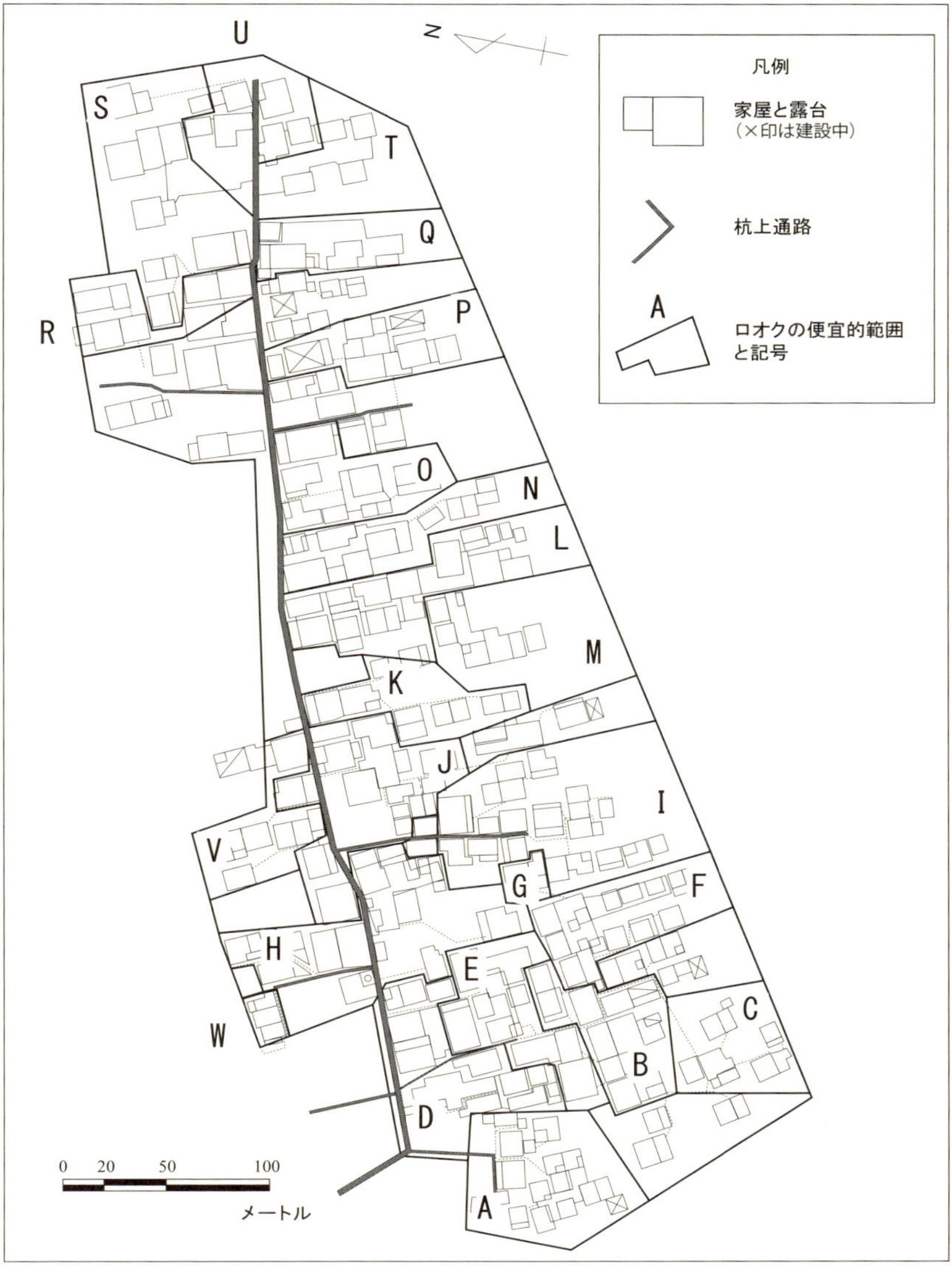

註：**図 6-1** に対応。
出典：フィールドワークにもとづき筆者作成

には、必然的に「難民」と範疇化される海サマが多数含まれることになる。この傾向は、ロオク長ないしその配偶者が「難民」であるロオクでより顕著である。

かつてロオク長は、成員の結婚や離婚、成員間のいさかいなど、日常的な問題全般に関する相談役、調停役を務めていた［Sather 1997: 196-197］。現在も有力なロオク長は、そうした役割を果たしている。

しかし、成員がイマムや行政役職者に直接そうした問題の解決を頼ることが一般化し、また成員の社会関係が村を超えることが増えた結果、その権威は相対的に低下している。ただ儀礼に関しては、いまもロオク長が主導的な役割を果たすことが多い。ロオク長は、複数の世帯でおこなう儀礼の組織者になり、また自分の家屋や露台を儀礼の場所として提供することが一般に期待されている。

調査時には、日常的な経済生活にかかわるロオク長の機能が重視されるようになっていた。具体的には、水、電気などの生活インフラの「中継者」としての役割である。村には水と電気が供給されているが、毎月の使用料を支払ってそれを正規に購入できる世帯は多くない。水や電気を正規に購入できない世帯は、正規に購入している世帯からそれらを「また買い」する。これらの世帯が購入を求める先は、多くの場合ロオク長である。水や電気の「小売」代金は毎月払われることになっているが、頻繁に滞納される。ロオク長は滞納された分の水道代や電気代を立てかえ、成員に経済的余裕ができるまでその支払いを待たなければならないのである。

調査時、以上の水道、電気などの生活インフラを持つことは、ロオク長のみならず、村の有力者一般の経済力を示す記号にもなっている。

3　国籍の意味——村の経済と社会的分節

生業を指標とした村の経済水準

上に記した一九三世帯を対象とする悉皆調査では、世帯主夫婦と同居者にくわえて、同居していない世帯主夫婦の子どもとその配偶者、世帯主夫婦の双方の両親、キョウダイの配偶者についても、身分証明書の有無ないし種類、出身地、民族、職業、学歴等に関する基礎的なデータの聞き取りをおこなった。データ処理の際、全体の約三割を占める〇歳から九歳までの子どもは除外した。こうして抽出した対象者（悉皆調査区全関係者）の総数は三二七七人で、その基礎データの概要は**表6-7**のとおりである。

三二七七人のうちマレーシア在住の海サマは二〇六六人。これを「悉皆調査区のマレーシア在住海サマ」と呼ぶことにする。**表6-8**はその概要を示したものである。以下、この表にしたがって、悉皆調査区のマレーシア在住海サマ二〇六六人の学歴と生業について述べる。マレーシア在住者を対象とするのは、カッロン村の海サマとその親族で、村外、たとえばサバ州の他都市やマレーシア半島部で就労している人のデータを含めるためである。なお二〇六六人のうち、カッロン村在住者は一五二五人である。表の身分証明書および出身地については次節で言及する。

（一）学歴

海サマの世俗の一般学校での学歴は全体的に低い。悉皆調査区のマレーシア在住海サマ二〇六六人のうち、就学経験者は四三％、就学経験のない人は五七％である。サバ全体（一九九一年）ではそれぞれの比率は七二％と二八％、サマに限っても七〇％と三〇％であり［DOSM 1995c: 218-226］、カッロン村の海サマの学歴の低さは明白である。年長者ほど非就学者が多く、四〇代以上（六一一人）ではその割合は八二％になる。就学経験者の場合でも、中途退学を含む初等科までの学歴が就学経験者の大半（七割弱）を占めており、初等科を修了した人

表6-7 悉皆調査区全関係者の基礎データ

性別・年齢層	男	女
10代	319	319
20代	333	341
30代	367	400
40代	326	323
50代	183	177
60代	68	82
70代以上	19	20
計	1,615	1,662
総計		3,277

出身地 *		
マレーシア	1,557	47.5%
うちセンポルナ	(1,456)	(93.5%)
うちサバ州その他	(84)	(5.4%)
フィリピン	1,629	49.7%
うちシタンカイ島	(1,235)	(75.8%)
うちスル諸島その他	(384)	(23.6%)
インドネシア	91	2.8%
パキスタン	1	---

生業		
漁業	543	35.2%
仲買・商売	177	11.5%
大工・修理工	42	2.7%
交易・密貿易	26	1.7%
タクシー等運転手	75	4.9%
賃金雇用	400	25.9%
漁業と一時雇用	28	1.8%
公務員	154	10.0%
その他	97	6.3%
生業総計		

身分証明書(IC)**		
青(国籍)	2,020	64.3%
赤(永住許可)	329	10.5%
その他	298	9.5%
無	493	15.7%
小計	3,140	
未取得	137	

現在の居住地 *		
マレーシア	2,716	82.9%
うちセンポルナ	(2,247)	(82.7%)
うちサバ州その他	(417)	(15.4%)
フィリピン	510	15.6%
うちシタンカイ島	(368)	(72.2%)
うちスル諸島その他	(136)	(26.7%)
インドネシア	44	1.3%
不明	7	0.2%

学歴 ***		
初等科	1,006	30.7%
中等科	579	17.7%
大学以上	37	1.1%
(初等科修了)	(1,111)	(33.9%)
(中等科5学年修了)	(138)	(4.2%)
就学経験無	1,655	50.5%

民族属性		
海サマ	2,429	74.1%
陸サマ	453	13.8%
タウスグ	79	2.4%
ブギス	62	1.9%
その他	254	7.8%

* カッコ内の数字・比率は項目にたいするもの。
** 身分証明書の比率は未取得者を除いた数値にたいするもの。
*** イスラーム学校等の宗教学校での学歴は除外。カッコ内の数字・比率は全体にたいするもの。
出典:フィールドワークにもとづき筆者作成

は全体の二五%、中等科以上の学歴を持つ人は全体の一四%にすぎない。

(二) 生業

悉皆調査区のマレーシア在住海サマのうち、職業(収入を得ている経済活動)を持つ人は九二一人である。そのうち専業および兼業の漁業従事者は三三三人、三六%で、非漁業従事者の数を下回っている。セイザーによれば、一九六〇年代の半ばまでカッロン村の海サマのほとんどは漁業従事者であったが、一九七九年には漁業に生計を依存する世帯の割合は二四%にまで減少していた[Sather 1997: 79]。一九七九年の数字と比較すれば、漁業従事者の割合は若干、増加したとみることもできる。ただし次節で述べるように、漁業従事者の多くが「難民」の海サマであることには留意しておく必要がある。

漁業従事者の収入は、従事者や季節によって大きな偏差があり一般化できない。漁獲の少ないときには月収で一〇〇~三〇〇リンギほどにしかな

表6-8　悉皆調査区・マレーシア在住海サマの基礎データ

性別・年齢層	男	女
10代	269	261
20代	222	240
30代	229	234
40代	164	168
50代	84	85
60代	38	45
70代以上	13	14
計	1,014	1,052
総計		2,066

出身地*		
マレーシア	1,226	59.3%
うちセンポルナ	1,217	(99.3%)
うちサバ州その他	8	(0.7%)
フィリピン	838	40.6%
うちシタンカイ島	798	(95.2%)
うちスル諸島その他	40	(4.8%)
インドネシア	2	0.1%

生業		
漁業	333	36.2%
仲買・商売	119	12.9%
大工・修理工	12	1.3%
交易・密貿易	10	1.1%
タクシー等運転手	53	5.8%
賃金雇用	256	27.8%
漁業と一時雇用	22	2.4%
公務員	85	9.2%
その他	31	3.4%
生業総計		921

身分証明書(IC)**		
青(国籍)	1,422	72.7%
赤(永住許可)	220	11.7%
その他	214	11.1%
無	88	4.5%
小計	1,944	
未取得	122	

現在の居住地*		
センポルナ	1,824	88.3%
サバ州その他	213	10.3%
マレーシア半島部	27	1.3%
サラワク	2	0.1%

学歴***		
初等科	595	28.8%
中等科	287	13.9%
大学以上	3	0.1%
(初等科修了)	(558)	(27.0%)
(中等科5学年修了)	(54)	(2.6%)
就学経験無	1,181	57.2%

*　カッコ内の数字・比率は項目にたいするもの。

**　身分証明書の比率は未取得者を除いた数値にたいするもの。

***　イスラーム学校等の宗教学校での学歴は除外。カッコ内の数字・比率は全体にたいするもの。

出典：フィールドワークにもとづき筆者作成

らないが、優れた技術を持つ漁民が多くの漁獲を得たときには月収で一〇〇〇～三〇〇〇リンギ、あるいはそれ以上の収入を得ることもある。

比較のために記すと、初等学校の教員の初任給は月収で約七〇〇リンギである。漁業以外の職業では、賃金労働が二五六人、二八％でもっとも多い。ついで仲買や商売の従事者が一一九人、一三％、公務員が八五人、九％になっている。仲買とは塩干魚ないし鮮魚の仲買を指す。商売は食料や雑貨の小売である。

これらの非漁業職の収入にはかなりの差があるが、一般に公務員がもっとも安定した高い収入を得ている（村長、JKKK委員長を除く）。その月収は五〇〇～一二〇〇リンギほどである。他の職の月収は三〇〇～六〇〇リンギ程度である。ただし塩干魚の仲買の一部や、賃金労働者のうちの熟練技術者は、季節によるが三〇〇〇～五〇〇〇リンギ以上の月収を得ることも少なくない。

経済格差とその背景

調査時の一九九〇年代末、センポルナの陸サマに比べると、カッロン村の海サマの経済状況（所得、住居、耐久消費財の所有）は、相対的に劣位にあった。ただし、全体がそうであったわけではなく、いままでみたように、村の海サマのあいだには明白な経済格差がみてとれた。経済格差は、主に国家を準拠枠とする属性、つまり国籍の有無ないしその内容と相関していた。

先述のようにセンポルナには、非国籍保有者と、国籍保有者ではあるが一九七〇年代以降に移住し、与党政党の「政策」により国籍を取得した人が多く住んでいる。こうした国籍保有状況を背景に、調査時のカッロン村（およびセンポルナ）では、次の三つの国籍を基準とする集団分類が意識されていた。

①国籍を持ち、かつ一九七〇年代はじめ頃までにセンポルナに居住していたサマとその子ども。移民も含まれる。

②国籍を持つが、一九七〇年代半ば以降にセンポルナに移住したサマとその子ども。多くの場合、国籍は「政策」を通じて入手されたものである。

③国籍を持たないサマ。多くは、過去一〇年以内にセンポルナに移住したサマで、合法的な在住許可を持たない人もいる。

悉皆調査によれば、マレーシア在住海サマのうち①は五五％、②は一八％、③は二七％であった。この分類にしたがい、生業形態に着目して経済状況の差をみてみよう。まず国籍の有無を基準にすると、国籍保有者（①と②）における漁業従事者の割合は二割ほどであるのに対し、非国籍保有者（③）におけるそれは七割を超えていた。さらに後者では、自己資本で操業する漁民よりも、仲買人等の他者の資本に依存して操業する漁民のほうがより多かった（三一％対六九％）。

次に国籍保有者を先住者（①）と一九七〇年代半ば以降の移民（②）に分けてみると、前者の漁業従事者の割合は二割弱、後者のそれは三割強であった。その差は、国籍の有無による違いほど顕著ではない。しかし、仔細にみると前者のほとんどは自己資本による操業であるのに対し、後者の半数近くは仲買人等の資本に依存していた（自己資本による操業者の比率は七八％対四六％）。その他、公務員の比率（一六％対六％）、タクシー等運転手の車の自己所有率（二一％対一三％）、賃金雇用者における熟練技術者の比率（二％対〇）が、先住者でより高いことも明らかであった。

社会カテゴリーとしての「先住者」と「移民」

上記の国籍を基準とする集団分類は、単なる経済格差を示すだけのものではない。

前章で、センポルナ生まれのサマや、一九七〇年代より早い時期からセンポルナに居住していたサマが、自らを「先住のサマ（Sama penduduk）」と呼ぶようになっていると記したが、この自己定位と自己表象は、上記①の海サマのあいだでも流通していた。その対比でかれらは、②や③の海サマを「プンダタン（pendatang）」、つまり「移民」と呼んでいた。「難民（palarian）」、「フィリピン人（aa Pilipin）」、「フィリピンのサマ（Sama Pilipin）」という呼び名も頻繁に使われた。先にみた一方の①と他方の②③の区分は、経済格差を示す分類であると同時に、「先住者」と「移民」の社会的な地位または階層の違いを含意する、「先住」の海サマによる主観的な分類にもなっていたのである。

他方、村の外の地域社会に向けた行政・政治の言語では、「在地のブミプトラ」など、「在地の（tempatan）」という形容詞を付した自己表象が同じ意味で使われた。

すでに述べたように、「先住性」をめぐる語りは、先住のサマが「難民」のサマに対して政治的優位を主張するための言説である。海サマの場合、その語りは、一九七〇年代以降にセンポルナに移住して国籍を得ている陸サマを「難民」のサマと呼ぶとき、より強い政治的主張になる。先住者である海サマにとって後者は、非合法な手段で国籍を得た人たちであり、開発政策において自分たちと同等に扱われてはならないのである。

たとえば「先住」の海サマは、開発プロジェクト申請書に「[当該地区の] 住民の多数はバジャウ民族であり、かつセンポルナの在地の子（anak tempatan）です」（一九九〇年の例）というように記し、しばしば自らの「先住性」を強調していた。こうした文章・語りは、上記の主張を開発をめぐる政治交渉の場で示したものといってよいだろう。これら開発政治の語彙と文法については次章で詳しくみる。

「保証人」から「先住者」へ——差異化の言説の変遷

一九七九年にカッロン村で短期調査をおこなったセイザーによれば、一九七〇年代半ば以降にセンポルナに流入した「難民」は、政府により身元保証人（jalmin/ penjamin）を付けることが義務づけられ、保証人なしには労働許可を得ることができなかった。保証人になったのは、森林伐採などでの賃雇用により経済資本を蓄積していた村の海サマたちであった。これらの海サマの多くは、保証人になると同時に、「難民」の海サマに船や漁具を貸し与えて操業させ、漁獲を独占的に買い取るかたちの企業的な仲買業を始めた。保証人と「難民」との政治的地位の非対称性、経済的格差が顕在化する過程で、村では（またセンポルナ全体でも）、「保証人-難民」関係は階層的な社会関係として認識されるようになったとされる [Sather 1997: 87-89]。

村での聞き取りによれば、「難民」の一部が主に一九八〇年代前半頃から国籍を取得していったことなどを背景に、「保証人-難民」関係による仲買業は一九八〇年代後半以降、徐々に衰退していった。しかしその過程は、社会的な意味での「保証人-難民」関係の解消を意味したわけではなかった。

従来の「保証人-難民」関係は、基本的に政治的地位の非対称性と経済的格差が顕在化する過程で、社会的な階層関係として認識されるようになったと考えられた。しかし、国籍を得た後の「保証人」と「難民」のあいだには、少なくとも法的には政治的地位の違いはなくなった。他方、一九八〇年代以降、カッロン村では本格的に開発プロジェクトが実施されるようになる（後述）。このとき、国籍を得た「難民」は、従来から村に住む海サマにとって、開発プロジェクトを獲得するうえでの潜在的な競合者として現れることになった。こうした政治状況の変化をひとつの背景として、「保証人」と「難民」は、一九八〇年代後半以降、「先住者」と「難民」という同種の社会的意味を帯びた、しかし住民すべてを二分するという意味でより包括的な自己・他者表象に転化していったと考えられる。

4　定住化までの歴史――植民地期の海サマ

最後に、次章につなげるため、植民地期までのセンポルナにおける海サマの歴史を、民族間関係を中心に短くみておこう。

カッロン村の海サマは、もともとはシタンカイ島からの移民である。海サマは、二〇世紀初頭までにシタンカイ島周辺を船上生活の停泊地とするようになっていた［Nimmo 1968］。センポルナ沖合への移動の時期は明らかではないが、カッロン村の海サマによれば、シタンカイ島からセンポルナまでの海域は、かれらがシタンカイ島を拠点としたとき以来の生活圏であったという。

植民地史料では、一九一〇年代の北ボルネオ会社の年次報告書が、スル諸島とセンポルナとのあいだを往来する船上生活の海サマについて伝えている。この時代まで海サマはタウスグのダトゥの支配を受けていたこと、かれらはスル諸島との往来を繰り返していたこと、この頃からかれらは現金収入を得るようになっていたことなどが断片的な記述のなかに示されている［GSNB 1916, 1917, 1918］。

年次報告書の記述のなかで注目されるのは、しばしば会社政府がかれらを他のバジャウ、つまり陸サマとは異なる民族（植民地政府の用語では「人種」）であるとみなしていたことである。その場合、海サマはバジャウではなく、

"Pelahu" "Pelaha" "Perahu" などの名で記され、たとえば会社政府によるバジャウの移住政策では、対象外とされていた。

政府は、すべての人は恒久的な家を持たなければならないという説得の努力を［バジャウに対して］続けている。ただし、センポルナとガヤ島の中間に位置するバガン・バガン（Bangan-Bangan）で船上生活を営んでいる移民のプラフ人（immigrant Pelahu people）たちは例外である［GSNB 1916: 27］。

年次報告は、原住民首長の報告や、現地の村長が随伴する会社政府官僚の定期巡回に基づいて記されていた。このことを考えれば、海サマを陸サマと異なる集団とする見方は、陸サマの海サマに対する一般的な理解を反映したものであったと考えてよい。"Pelahu" などの呼称は、明らかに陸サマの海サマに対する蔑称であるパラウから（おそらくはマレー語で「舟」を意味する "perahu" と混同されて）転写されたものである。のちの一九五〇年代のヨーロッパ人旅行者の報告でも、海サマは「パラウ（Palau）」の名で呼ばれ、陸サマ（バジャウ）とは別の集団として扱われている［NBNST June 1, 1958］。このことは、一九五〇年代頃まで陸サマが海サマを自分たちと同じ民族（bangsa）とはみなしていなかったことの傍証といえるだろう。

五章で述べたように、センポルナは一八八七年に設立され、華人の海産物交易の中心地として発展した。セイザーによれば、海サマは一九一〇年代から二〇年代にかけて急速に現金経済に参入していった。かれらは、タウスグのダトゥや陸サマの首長との物々交換ではなく、華人商人と直接的に海産物を取引するようになったのである。また、植民地政府によって治安が維持されたため、かれらは従来のようにタウスグのダトゥや陸サマの首長に政治的庇護を求める必要はなくなった。こうした政治経済的な変化を背景に、海サマはタウスグや陸サマに対する従属的な関係を解消していったと考えられている［Sather 1997: 60-63］。とはいえ、タウスグや陸サマの海サマに対する蔑視と差別がなくなったわけではなかった。

一九三〇年代までに海サマは、ブンブン島の南岸や他のいくつかの島の沖合を恒常的な停泊地にするようになり、さらに一九三八年までには、センポルナの港に家屋を築いて住み始めた。一九三八年の北ボルネオ・ヘラルド紙には、次のような政府官吏の観察が掲載されている。

センポルナの景観で最初に人びとの目を惹きつけるのは、遠方に見える埠頭である。それは一〇九〇フィートの北ボルネオでもっとも長い埠頭である。……埠頭の右側には、パラオ（Pala-o）、つまり「海の人（sea people）」と呼ばれる人びとの家屋が並んでいる。かつてこの部族は家屋に住んでいなかった。かれらは、屋根が自分たちの上に崩れ落ちてくることを恐れていたのである。またかれらは、陸に長くいると船酔い（sea-sick）［「海が恋しくなる」の意か？］してしまった。が、いまでは町と文明に馴れている。……かれらは、昼夜を問わずいつも幸せそうに太鼓や銅鑼を打ち鳴らしている。家が静かであれば、家主は遠くへ漁に出ているはずだ。きっと魚をいっぱい積んで戻ってくるだろう［BNBH June 1, 1938］。

この頃までに海サマは、センポルナ港内の家屋を拠点として出漁するようになっていたことがみてとれる。船上生活の時代に、かれらが家屋の屋根が崩れ落ちてくるのを恐れていたとする語りが、陸サマが創りあげた言説であるのか、あるいは事実であったのかはわからない（少なくともわたしは聞いたことはない）。いずれにせよ、第二次大戦後の報告にも同様のエピソードが記されていることから、植民地期のサバでは海サマに関するこうした語りが一般に流布していたと考えてよいだろう。

聞き取りによれば、第二次大戦中、海サマの多くは、日本軍の拠点から離れたセンポルナ沖合やスル諸島の島々に逃げたという。ただし賃金を得るためにタウィタウィ島のサンガ・サンガにまで行き、空港建設の作業員として日本軍に雇われたという海サマの男性もいた。

第二次世界大戦後、とくにサバ州がマレーシアに加盟した一九六三年以降、センポルナの海サマは、政治的に、また経済的にも、かつての従属的、周辺的な位置からは脱していくようになる。政治的な脱周縁化は、かれらのイスラーム化と、かれらのムスリムとしての地位が地域社会で認められていく過程と同時に進行していった。次章以降では、その歴史過程について詳しく論じていく。

註

＊1――海サマの諸儀礼については一〇章を参照。

＊2――BAHEISは一九九七年には、マレーシア・イスラーム開発局（JAKIM Jabatan Kemajuan Islam Malaysia）に改組された（八章参照）。調査時、KAFAはJAKIMの管轄であった。

＊3――教区イマムのオフィスは、調査期間中の一九九八年に建てられた。

＊4――次に述べる村の一画の一九三世帯を対象とする悉皆調査では、世帯あたりの平均成員数は約一一人であった。しかし悉皆調査の対象外の区画では、全般にこれより成員数が少なく、二〇世帯を抽出しておこなったサンプル調査では平均成員数は約九人であった。この調査結果を考慮して、一世帯あたりの平均成員数を一〇人とした。

＊5――こうした人口状況はカッロン村に限ったことではない。人口の把握されていない非正規滞在者は、センポルナの沿岸部および島嶼部のほとんどの村に居住している。

＊6――調査対象の世帯数が一九三になったのは、後に述べる地縁的な親族群（ロオク look）を空間的な区切りとしたためである。

＊7――ニンモやセイザーは、パグムンダを「家族連合単位（family alliance unit）」と呼んでいる［Nimmo

1972; Sather 1978]。

＊8――後者のうち二つは、比較的最近に妻が父から家屋を譲り受けた世帯、ひとつは夫がフィリピン北部出身で、村の社会関係のほとんどを妻に頼っている世帯である。

＊9――成員の詳細情報を得られなかった二世帯を除く。

＊10――核家族には、世帯主の配偶者が死亡しており、子どもなどの他の成員の夫婦が一つである場合も含む。

＊11――ただし「難民」の同居は長くても三、四年、短いときには数カ月ほどでしかない。「難民」の海サマは頻繁に同居する親族を変更し、あるいは近隣の地方都市に職業を得てそこに移り住む。カッロン村では先住者、「難民」いずれの世帯でも成員数は流動的であるが、後者を含む世帯では成員数の増減がより激しく、変動の時間幅がより短い。

七　開発と国境

「先住性」の政治と海サマ社会

1　マレーシアの開発と国境社会

この民族誌の地域的な舞台をなすセンポルナ郡は、マレーシアのなかでも国境をまたぐ社会関係がもっとも濃密な国境社会のひとつである。序章で述べたように、本書の国境社会とは、国家の最周縁部かつ国境地帯という地理的空間を指すと同時に、国家と社会、多数派民族とマイノリティ、国籍保有者と非国籍保有者など、複数の異なるシステム、アクターが日常的に接し、交渉し、ときに拮抗する社会空間を指している。

そうした国境社会の一部をなすカッロン村の海サマのあいだで、開発を軸とするマレーシア国家の政治過程はどのように展開してきたのだろうか。その過程で、海サマは自らの集団的アイデンティティをいかに再編し、また村や地域レベルでの社会関係をどう作りかえてきたのか。本章では、これらの問いを念頭に、カッロン村の海サマにおける開発の経験を描こうとする。時間軸としては、一九六〇年代はじめから九〇年代末までが主な対象になる。

マレーシアは、マレー半島ないしインドネシア諸島に起源を持つ在地住民と定義されるマレー人、移民に範疇化された華人やインド人、マレー半島の先住民（Orang Asli）、サバ州とサラワク州の原住民（anak negeri）を主な人口とする多民族国家である。マレー人、先住民、原住民は、いずれも法的に定義された民族カテゴリーないし民族に準ずる集団カテゴリーであり、ブミプトラ（Bumiputera「土地の子」）という政策的に設定された擬似民族的な上位カテゴリーを構成している。マレーシアにおける開発は、植民地期以来、こうした多民族性と分かちがたいものとして設計されてきた。

独立後のマレーシアで開発が政策の中心的位置を占めるようになるのは、一九七一年に「新経済政策（NEP＝New Economic Policy）」と名づけられた開発政策が実施されてからのことである。新経済政策は、第一に貧困の撲滅（eradication of poverty）を、第二にマレーシア社会の再編成（restructuring of Malaysian society）を優先課題として掲げた。後者は、具体的には第一次産業（とくに農業）に集中していたブミプトラ、実質的にはマレー人を都市部の製造業やサービス業等に就業させ、主に華人に対する経済面での劣位性を解消することを意味した。マレー人を主とするNEP立案者の考えでは、第一と第二の課題は連動するものであった。つまり貧困は、主として農村部の問題と理解されていたのである。

これら連動する二つの課題に対処するために政府は、高等教育機関への入学枠や政府事業請負の優先的割当てなど、ブミプトラに対するさまざまな優遇措置を拡大していった［鳥居 2003: 24-25］。新経済政策がブミプトラ政策とも呼ばれるのは、こうした内容のためである。同政策は一九九〇年に終了するが、ブミプトラ優遇を前提とする開発の基本方針はその後も維持された。こうした政策がもたらしたブミプトラの開発政策への依存性は、調査時の一九九〇年代には、マレーシアにおける深刻な社会問題のひとつになっていた。この社会問題は、二〇一〇年代のいまに至るまで解決されていない。

いまみたようにマレーシアの開発は、民族という社会カテゴリーを前景化し、それにしたがった資源配分の非対称性を前提とすることを理念面での特徴としてきた（もっとも開発政策の名称はあくまで「新経済政策」であり、民族を含意するブミプトラを付した「ブミプトラ政策」は俗称にすぎない）。他方、実際の開発資源の分配は、行政機構ではなく、政党政治のメカニズムを通じて実施されてきた。つまりここでは開発は、きわめて政治化された領域を構成してきた。こうした政治性はマレーシアの開発の実践面での特徴といえる［Shamsul 1986: Chap. 5, 1998］。

マレーシア周縁社会の開発過程に関しては、オラン・アスリをはじめとするマイノリティ社会と開発とのかかわりをテーマとする文化人類学的研究の蓄積がある。オラン・アスリ社会の開発過程を国家によるイスラーム化政策との連動性に着目して論じた信田［2004］の業績は、その代表のひとつである。[*1] 他方、国境地帯を典型とするインターフェイスの社会空間、国境社会における具体的な開発過程については、これまでの民族誌的研究はあまり関心を払ってこなかった。

この章では、センポルナ郡という国境社会と周縁民族としての海サマに着目し、先にみたような特徴を備えてきたマレーシアの開発がそこでどのように展開し、かれらの社会編成やアイデンティティのあり方にいかなる影響を及ぼしてきたのかを考察していく。それは、もともとトランスナショナルな空間に生きてきた人びとのあいだに、国家権力を象徴する開発プロジェクトが心理的な境界を刻み、社会関係を変質させていった過程を、ひとつの国境社会における開発の経験として描く試みでもある。

考察は、序章に記したフィールドワークのほか、同期間中にセンポルナ郡の行政機関でおこなった資料調査に主に基づいている。その調査では、郡役所に保管されていた行政文書（ファイル記号 PDSPA）を閲覧した。ここでは同文書を「郡役所の公文書」と呼ぶ。

2　開発の政治的枠組み

カッロン村には、行政全般の代表者としての村長と、開発行政の代表者としてのJKKK（村落治安開発委員会）の委員長が三人（各自が長を務める三つの委員会はそれぞれ独立している）、郡役所の原住民裁判所部門の役人である原住民首長（ketua anak negeri）がひとりいる。[*2] 調査時、これらの役職者はいずれも男性で、JKKK委員長のひとりが陸サマであるほかは、すべて海サマであった。海サマのJKKK委員長ひとりを除く四人は、与党UMNO（統一マレー人国民組織）の地区支部長（perwakilan cawangan）にも任じられていた。なお、カッロン村ではこの四人を含めて計一九人がUMNOの地区支部長を務めていた。[*3]

カッロン村の村びとにとって開発とは、すなわち州政府が実施する各種の村落開発プロジェクト（projek pembangunan）を意味する。同村でも、またセンポルナ郡の他の村でも、非政府組織（NPO）が村落レベルの開発に関与する事例は存在しなかった。

主な村落開発プロジェクトの予算は、州の地方開発省（Kementerian Pembangunan Luar Bandar）が管轄する。そのプロジェクトには、村のメインの杭上通路の改修のように公的な性格が明確なものだけでなく、個人の家屋の修理、漁船用エンジンの供与といった私的な性格の強いものも含まれる。調査時、村びとがより強い関心を向けていたのは、後者の一万リンギ以下、通常一〇〇〇～五〇〇〇リンギ程度の個人向け開発プロジェクト、行政的には「地方小規模開発プロジェクト（projek pembangunan kecil luar bandar）」と範疇化されるプロジェクトの獲得であった。

マレーシアでは、上記のような村落開発プロジェクトは、州議会議員の選挙区を単位として、実質的にその選挙区の与党議員（野党議員選出区では与党支部）の主導で決定、実施される。調査時、センポルナ郡の中心部およびカッロン村は第四八スラバヤン（Sulabayan）選挙区に含まれていた。その範囲は、行政単位としての郡とは一致しないが、本章では煩雑さを避けるため選挙区の範囲や党支部の管轄範囲も「センポルナ郡」または「郡」と記す。

センポルナ郡では、郡から村に至るさまざまなレベルの開発行政の担当者は、すべてUMNO郡支部の有力党員であり、[*4] 上に記した村の役職者たちは――行政規則上の管轄はかならずしもそうではないが――実質的に、この政党と表裏一体の開発行政システムの末端に位置していた。村レベルで開発行政を統括するのは、原則としてJKKK委員長の役割である。しかし実際には、村長、原住民首長、そして地区支部長も、しばしばJKKKを通さずUMNOの郡支部に直接、開発プロジェクト（主に個人向け）を申請し、予算を受けていた。これらの職にある人自身も、また周囲の村びとも、開発プロジェクトの申請、媒介、獲得を役職者たちのもっとも重要な役割とみなしていたといっても過言ではない。村びとによれば、こうした開発行政と政党政治の結びつきは、PBS政権期やそれ以前の時代であっても同じであった。

一九九〇年代末、村落レベルの開発は、公的には州地方開発省が連邦の「国家開発政策（National Development Policy、一九九一～二〇〇〇年）」に基づいて執行することになっていた。その理念は、たとえば州地方開発省の文書では、「村落部の住民各自が相互扶助（gotong-royong）の実践を向上させ、各自の生活水準を改善させると同時に、自主独立の精神（semangat berdikari）を定着させること」［Talikop 1997: 6］とうたわれていた。しかし理念とは裏腹に、開発の実施にともなって村レベルで進行していたのは、むしろ政府（政党）への依存と権力の集中であり、また村落内部での社会階層の生成とその固定化であった。

3　開発過程と社会関係の再編——政治リーダーの変遷を中心に

カッロン村の海サマとセンポルナ郡の外部社会との関係を考えるうえで鍵となるのは、村を代表する人という意味での政治リーダーの役割・性質である。政治リーダーの質的変化に着目してみると、カッロン村の政治史は、初代村長であるティンギ（男性、七六歳）が指導力を有していた一九七〇年代後半までと、行政役職者が政治リーダーの役割を果たすようになるそれ以後の時代とに大きく分けることができる。この節と次節では、開発とのかかわりに留意しつつ、前記した二つの時間区分にしたがって村の開発をめぐる政治過程を跡づけていく。

ティンギの時代（一）——マットアとアッダト

一九六四～六五年にカッロン村で長期の民族誌調査をおこなったセイザーによれば、当時、村の海サマのあいだでは、人格に優れかつさまざまな能力を備えたマットア（mattoa）、つまり年長者たちが政治リーダーと認められていた（多くは男性）。政治リーダーとしてのマットアには、家族の長、近い親族関係で結ばれた世帯群の長、世帯群をまたぐ親族集団の長などが含まれた。マットアは、いさかいの仲裁、追従者（tendog）の利益の保護、アッダト（addat）と呼ばれる文化的規範の維持などに責任を持った。海サマにとってのアッダトとは、「社会的に人を拘束する規則、振る舞いの規範、制裁（socially binding rules, canons of behaviour, and sanctions）」の総称であり、具体的な社会関係において調和を保つための個人を基点とする規範、価値としての性格がより強いとされる[Sather 1997: 203-205]。

マットアの具体的な役割は、さまざまな社会的場面で調停者ないし裁定者を務めることであった。とくに、近い親族どうしの公に宣言された対立（bantah）を解消するための儀礼（magkipalat）などの社会関係の調整にかかわるさまざまな儀礼（一〇章を参照）の執行は、かれらの重要な任務と考えられていた。それゆえマットアには、理想として、公平であること（abontol）、仲裁・調停力に長けていること（atau maghukum）、憐憫の情が深いこと（maaseq）などの資質を備えていることが求められた［Sather 1997: Chap. 6］。

他方、海サマの追随者は、マットアに対する尊敬の念にしたがって、その権威を承認していた。追随者のそうした態度は、自然発生的な感情と同時に、「ブスン（busung）」、つまりマットアの死後の霊が引き起こすより強い災いへの畏怖（一〇章を参照）にも基づいていた［Sather 1997: 205］。

ティンギの時代（二）——カッロン村の形成と脱周縁化

第二次大戦後、拡散していた海サマは再びセンポルナの港湾部に戻り、一部は家屋を建てて住み始めた。一九五〇年代前半、スル諸島から侵入した海賊がセンポルナの町を襲撃する事件が二度にわたり生じた。植民地政府は、警備強化のため夜間のセンポルナ港への出入りを禁じた。この措置をうけて、一九五四年に海サマはセンポルナ港から数キロメートルほど離れたサンゴ礁の浅瀬に停泊地を移した［Sather 1997: 63-65］。その船団のナクラ（nakuraq「長」）であったアタン（男性、故人）と、彼に次ぐ地位にあったティンギが、サンゴ礁の浅瀬に二軒の杭上家屋を建て、他の海サマもこれに続いた。カッロン村はこうして形成された。数年後、アタンはナクラの地位をティンギに譲った。

アタンとティンギは、先に述べたマットアたちを代表して村の親族集団を束ねる政治リーダーであった。当時を知る村びとによれば、二人は「漁の技術に優れ、かつイルム（ilmu、呪術的な能力）を備えていたので、魚を呼び集めることができた。かれらが追い込み漁をするときには、各地の海サマが集まった」という。漁業以外の面でも二人についての語りでは、公平である、仲裁・調停力に長けている等の評価が繰り返された。アタンとティンギは、海サマの文化的規範（アッダト）に基づく理想的な政治リーダーとして記憶されていたのである。*5

アタンに代わってナクラになったティンギは、一九六〇年にイギリス植民地政府によって村長に任命され、サバがマレーシアに加盟した後には郡役所によってあらためて村長に任命された。一九七一年にＪＫＫＫが制度化された数年後には、その委員長も兼任したという。

ティンギは、港湾局の官吏を兼務していた郡の筆頭イマムや、当時、郡役所の原住民官吏などを務めていたサカランと付き合うなかで、海サマが社会的に蔑視され、政治、経済、宗教などの場で差別されていることを自覚するようになり、そうした状況の改善に意識的に努めた。

村内に向けては、たとえば一九六〇〜六一年に自身の子どもと親族ら一一人の少年をはじめてセンポルナ郡の官立初等学校（Government Primary School）に就学させた。また、一九五〇年代末からは自らがイスラームの実践者になると同時に、上記とは別の少年たちにイスラームを学ばせた。一九六〇年代以降は村に礼拝所（surau）を建て、海サマのイスラーム化を促した。やがてかれらは地域社会でムスリムとして認知されるようになる。九章でみるように、そのことは海サマが脱周縁化を果たすうえできわめて重要な意味を持っていた。

他方でティンギは、海サマの社会的地位を認めさせるため、センポルナ郡の陸サマとも積極的に交渉するようになった。たとえば彼は、一九六〇年代半ば頃、海サマ以外の人がカッロン村に居住するためには、村長の許可を得なければならないことを慣習的に定めた。彼はこの決定を、当時の主要政党ＵＳＮＯ（統一サバ国民組織）の郡支部の有力者らにも承認させたという。村びとのひとりは、これに関する出来事を次のように述懐する。

その頃、カッロン村の海サマと何ら関係を持たない陸サマが、副原住民首長の許可を得て村に住みつこうとしたことがある。この動きに対してティンギは、次のように言ってかれらを追い返した。「われわれ海サマは遅れた民族（bangsa kurang maju）だ。学校教育を受けた人間はほとんどいない。多くははだしで、子どもは服すら着ていない。家のあちこちに魚が干してある。干し魚の脇に寝るので、臭いにおいがする。こうしたわれわれを、あなたたちは見下し、馬鹿にするだろう。そうすると、若者たちはあなたたちに殴りかかり、海に突き落とすことになる。それでも良いというのか。われわれは自分たちの場所で、われわれだけで住んでいたほうが良いのだ（subai maglahat kandi, magdakayuan hal du kami）」。

家屋に定住するようになった後も海サマは、陸サマやタウスグの露骨な蔑視の対象とされていた。かれらがセンポルナの町に行くには、陸サマの村の横を通らなければならないが、そこを通ると蔑みの言葉を浴びせられたという。そうした状況下でティンギは、蔑視と差別を逆手にとったレトリックを用いて、海サマに閉じた政治空間を維持したのである。

4　政党政治と開発の浸透

政治リーダーの変容——ブルジャヤ政権期からＰＢＳ政権期まで

一九七〇年代後半からは、ティンギに代わり初期の初等学校就学者などが、行政役職者を務めるようになる。一九七六年にはティンギの姉の娘の息子（ＺＤＳ）[*6]のジュクシン（四八歳）がＪＫＫＫ委員長の職に就き、一九七九年にはティンギの息子のタンジュン（四六歳）が村長になった。両者ともに、海サマで初めて初等学校に就学した一一人に含まれる。[*7]

タンジュンとジュクシンは、当時の州与党、ブルジャヤ党のセンポルナ郡支部によって、それぞれ村長とＪＫＫＫ委員長に任命された。当時、二人はともに同党の地区支部長であった。一九八六年にはＰＢＳ（サバ統一党）が州政権を掌握した。選挙前に支持政党をＰＢＳに変えていたジュクシンは、再びＪＫＫＫ委員長に任じられた。

他方タンジュンは、（同じくPBS支持に変わっていたようであるが）一九八九年には村長を解任された。翌年、PBS支持者を主とする村の集会において、イスラームの指導者（イマム）であり、かつPBSの地区支部長でもあったクルニア（男性、五五歳）が村長に選ばれた。クルニアはティンギの甥（ZS）で、村で最初にイスラームを学んだ海サマのひとりである。世俗の一般学校に通ったことはないが、政府の宗教指導者向け講習会などでローマ字表記のマレー語の読み書きは学んでいた。

PBSが政権を獲得した後、カッロン村には新たなJKKがひとつ設置された。一九九〇年、PBSの郡支部は、PBSの地区支部長のサミド（男性、五九歳）をその委員長に任命した。[*8] サミドは、タワウ郡出身のティドン（Tidong）人である。学校教育は初等学校六年まで受けている。一九六〇年代はじめにアタン（船上生活時代の長）の娘であり、またティンギの妻の姪（WZD）でもあるランブン（五六歳）と結婚、カッロン村に住み始めた。それ以来、彼は妻を通じて村の海サマとの関係を築いていた。

ティンギが公的な役職から離れた後、とくに一九八〇年代からは、村レベルでは、これらの行政役職者が政治リーダーになっていく。以下では、調査時に四〇～五〇歳代だったこれらの政治リーダーと、後述する一九九四年以降の同年代の行政役職者を、便宜的に「第二世代の政治リーダー」と呼ぶことにする。

開発プロジェクトの政治過程

インフラ整備等の村落開発プロジェクトは、USNO政権期にも実施されていた。しかし、郡役所等での聞き取りによれば、センポルナ郡において個人向けのものを含む村落開発プロジェクトが本格的に進められるようになるのは、一九七〇年代後半、つまりブルジャヤ政権期以降のことであった。

カッロン村でも一九八〇年前後から、多くの開発プロジェクトが実施された。タンジュンによれば、ブルジャヤ政権期のうち彼が村長を務めていた期間（一九七九―八五）には、杭上通路などの改修が実施されたほか、貯水槽、船外機などが「多数」、供与されたという。PBS政権後半期の開発プロジェクトについては、具体的な例を「郡役所の公文書」にみることができる。同文書には、一九九〇年から九三年までにサミドが管轄するJKK地区で実施された開発プロジェクトの記録が残されていた［PDSPA 600 1/5/10］[*9]。表7-1はそれをまとめたものである。前節で述べたように、開発プロジェクトには、公的な目的が明らかなものだけでなく、私的な性格の強い個人向けプロジェクト（「地方開発小予算」の項目に記したもの）が含まれていることがこの記録からも分かる[*10]。

ところでタンジュンとジュクシンによれば、カッロン村への開発プロジェクトの配分は、一九七〇年代後半までは他村に比べると不当に少なかった。そうした不平等な配分が改善されるのは一九八〇年代に入ってからであり、この頃からプロジェクトの数がようやく増加していったという。こうした変化は「郡役所の公文書」の断片的な記録からもある程度、推測することができた（漁業支援プロジェクトの記録［PDSPA 100 1/5/10］、家屋改修プロジェクトの記録［PDSPA 100-0/96/3, 100-0/96/4］など）。つまり、郡の陸サマ政治家たちは、一九八〇年代以降になってカッロン村への政治的関心を強めるようになったと考えられるのである。

こうした陸サマ政治家の姿勢の変化は、どのような背景のもとで生じたのだろうか。マクロなレベルでは、複数の有力政党が拮抗し、実際に政権交代も生じていたサバ州の政治状況がその背景であったことはまちがいない。開発プロジェクトの配分は、サバ州でもマレーシアの他州でも政党の得票手段とされてきた［Shamsul 1998; 堀井 1998］。

これにくわえて、より直接的には、次のようなローカルな現象がその背景になっていたと考えられる。第一は、カッロン村の人口の急増である。一九七〇年代半ば以降のフィリピンからの「難民」や「移民」の流入により、村の人口は一九七九年には一九八二人を数えるまでになっていた［Sather 1997: 65-66］。一九九七年の人口を考えれば、一九八〇年代以降にも同様か、またはより激しい人口増加が続いていたとみてよい。さらに一九八〇年代前半以降、これらの「移民」の一部は国籍を取得、有権者になった[*11]。村びとによれば、一九八〇年代の半ば頃

表 7-1 カッロン村の一地区における開発プロジェクト（1990-1993）

年	用途	額（RM）	申請者
1990	杭上通路（jambatan）修理	11,000	個人（JKKK 委員長の妻の親族）
	スラウ（surau）改修	5,000	JKKK 委員長
	杭上通路修理	10,000	JKKK 委員長
	特別集会場（perjumpaan khas）建設	5,000	JKKK 委員長
	休憩所（rumah persinggahan）建設	25,000	PBS 地区支部長
1991	杭上通路修理	15,000	JKKK 委員長
	文化資材（alat-alat kebudayaan、楽器等）	3,000	JKKK 文化班長
	スラウの建設・修理	25,000	JKKK 委員長
	水道管 2,700 フィートの敷設	30,000	JKKK 委員長
1992	スラウの増築修理	15,000	原住民首長代理
	6 軒の家屋用の杭上通路建設・修理	6,000	JKKK 委員長
	集会所修理	15,000	JKKK 委員長
	【地方開発小予算】		
1993	1. 杭上通路再建	25,000	JKKK 委員長
	2. 露台（pelantaran）の修理（個人用）	10,000	
	村中心部の露台修理	15,000	JKKK 委員長
	杭上通路 600 フィートの修理	20,000	JKKK 委員長
	イスラーム集会所（balai Islam）建設修理	15,000	原住民首長代理
	【地方開発小予算】		
	1. 杭上通路修理（個人、以下同）	2,500	
	2. 杭上通路の修理	8,000	JKKK 委員長
	3. 16 馬力エンジン（injin 16 HP）	9,000	（各個人を代表して）
	4. 杭上通路の修理	5,000	
	5. 杭上通路の修理	3,000	
	休憩所建設	25,000	個人（JKKK 委員長の妻）
	【地方開発小予算】		
	露店建物（pondok gerai-gerai）の修理（個人）	1,500	個人（JKKK 委員長の妻の親族）
	露台修理（個人）	35,000	個人（JKKK 委員長の妻の親族）

註：期間中に執行されたすべてのプロジェクトが含まれているわけではない。時間区分は申請が受理・認可された年にしたがった。実施年が遅れた場合もある

出典：センポルナ郡役所公文書［PDSPA25-14-80: 1-79］をもとに筆者作成

までにカッロン村は、「〔多数の〕票を持つ村（kampong taga undi）」、つまり「票田」として政治家たちに認識されるようになっていたという。

第二の背景は、第二世代の政治リーダーが、外部の政治有力者との密接なネットワークを構築するようになっていたことである。かれらはいずれも、町（陸）での学校教育やイスラーム学習の経験、そこでの長期の就労経験がある。そうした経験が政治有力者とのネットワークを広げる基盤になった。

いくつか例をあげよう。まずタンジュンとジュクシンは、サカランの息子のナシルと官立初等学校で同級生、それ以来の友人（seheq）であることを私の聞き取りのなかでたびたび強調していた。ナシルは、後の一九九〇年からUSNO／UMNOの州議会議員を務めることになる。他の政治有力者との関係は、主に職場でのつながりを契機に形成された。

クルニアとジュクシンは、一九六〇年代後半、州保健省のマラリア予防プログラムで防疫官の助手として働いていた。仕事を通じて二人は、郡役所に勤務する多数の役人と知り合いになった。郡役所で知り合った人たちの多くは、のちに主要政党の郡支部で要職に就くことになる。一九八〇年代半ばにPBS郡支部の青年部長の地位にあり、かつ村落開発員を務めていた陸サマはそのうちのひとりであった。

タンジュンは、一九七〇年代半ばに陸サマの政治有力者が経営する森林伐採会社に勤めていた。この陸サマは、一九七〇年代前半にはブルジャヤ党の郡支部長に、一九八〇年代半ば以降はPBSの郡支部の事務局長になる。さらにこの人物は、一九七〇年代末にカッロン村の海サマ女性と結婚（女性は二番目の妻）した。彼女はサミドの妻の親族（BDD）であり、サミドはこの関係を通じて上記の陸サマと親しくなった。

かれらは、こうした職場などで築かれた政治有力者たちとの個人的な関係を通じて、政党の地区支部長や行政役職者に選ばれた。そして、それらの職を務める過程で、政治有力者との関係をより密接で、また——複数の有力者につながるという意味で——拡張的なネットワークとして構築していったといえる。

第三の背景は、第二世代の政治リーダーが、マレーシアの開発政治の語りと作法を身に付けるようになっていったことである。そうした語りと作法は、行政文書、とくに開発プロジェクトの申請書類を作成、処理する過程で習得されたと考えてよいだろう。かれらは、そうした行政過程で、開発資源を獲得するために有効な、まずは定型化された語りを身体化し、さらには「開発政治の文法」と呼びうるような語彙やレトリックを駆使しうるまでになっていった。

たとえばかれらは、「伝統的」楽器類の供与や杭上通路の補修を求めるプロジェクト申請書において、単にその必要性を記すだけでなく、「悪しき黄色い〔＝低劣な〕西洋文化（budaya barat yang negatif/ kuning）の影響を受けないように地域文化を定着させるために」、あるいは「この地区のブミプトラ民族および民衆の連帯のために（demi perpaduan kaum Bumiputera dan masyarakat）」といった文言を付記した。*12

前者は明らかに作成時（一九九一年）のマクロな社会的、政治的文脈をふまえて記されたレトリックである。一九八〇年代末頃からマレーシアでは、「社会現象（gejala sosial）」と総称される若者のモラル低下や非行が社会問題化していた。当時のマハティール首相ら中央の政治家は、「社会現象」の原因のひとつは欧米の悪しき文化、「黄色い文化」の広まりにあると喧伝し、それを象徴するロック音楽などへの批判を繰り返していた。*13 また、後者の文言にある「ブミプトラの連帯」は、作成時（一九九八年）に特徴的な語彙だったわけではないが、一九九七年にＵＭＮＯのセンポルナ支部が郡レベルの党大会で課題として取り上げていた六つの推進／改善項目のひとつであった［UMNO Bahagian Semporna 1998: 8-9］。

公的文書において、そしてより一般的には口頭で、こうした「開発政治の文法」を用いる能力を身につけることは、かれらが陸サマ政治家らと政治的交渉をおこなううえで大きな意味を持ったと考えてよいだろう。

以上にみたうちの海サマの政治リーダーの質的変容は、かれらの視点からは、外部とのネットワークおよび開発政治の語りと作法という、いわば政治資本の獲得を通じて開発を誘導するとともに、カッロン村の政治的地位を確立しようとする実践の過程であったと言い換えることができる。次にみるかれらの政治的試みは、そうした過程の延長上に生じた出来事である。

独立候補の擁立とUMNO期以降の村の政治

一九九四年のサバ州議会議員選挙では、PBSがUMNO率いる連邦与党連合の国民戦線（BN）に僅差で勝利した。しかし、同年中にPBSの議員が国民戦線の構成党に大量移籍した結果、国民戦線が議会の多数派になり政権を奪取した（三章参照）。一九九四年の選挙のさいには、こうしたマクロな政治変動とは別のレベルで、カッロン村でもかつてない政治的試みがなされた。村の有力者たちが、第四八スラバヤン選挙区で独立候補（calon bebas）を擁立したのである。

候補者になったのはタンジュン。独立候補擁立を立案し、選挙運動の主体になったのは、州議会解散時に行政役職者であったクルニア、ジュクシン、サミド、およびティンギかアタンか両者の妻（姉妹）の親族を中心とする他の有力者たちで、タンジュンを含むその人数は一四人であった。ジュクシンによれば、開発予算の配分が他村より少ないことへの不満と、その背後にある海サマに対する差別への憤りが、独立候補を擁立した理由であったという。[*14] 彼は次のように語った。

わたしたちは、センポルナのもっとも古い住民、つまり本当のブミプトラ（Bumiputera toongan）である。だから、開発プロジェクトを得る権利をクバン系陸サマと同じように持っている。それなのに、陸サマの政治家はカッロン村に十分に敬意を払っていなかった。……何よりかれらは、まだわたしたちを見下していた。PBS、UMNOのどちらにも、「パラウ〔palauq、海サマを指す蔑称〕に開発は必要ない」と言う党員さえいた。そうしたことを言う人のなかには、〇〇村の移民もいた。わたしたち本当の住民の〔得るべき〕利益が、移民に奪われていたのだ（ninga he sigam baanan pendatang kalabihan ta penduduk toongan）。この語りが示すように、独立候補の擁立はかれらが自らの「先住者」としての地位と権利を地域社会に承認させようとする社会運動でもあった。

とはいえ、ジュクシンを含む立案者たちは、実際に議席を得ることを目指していたわけではない。かれらがこの試みの意図について一様に語ったのは、「陸の指導者たち〔陸サマ政治家〕たちに『教訓』を与える（amuwan “pamintangan”）」という言葉であった。[15] かれらがいう「教訓」とは、文脈から「カッロン村を軽視すると多数の票を失う」というような意味になろう。「教訓」の語りからわかるのは、独立候補擁立の目的が、村の地位を陸サマ政治家に再確認させると同時に、（立案者を中心とする）村びとへの開発資源の配分をより確実にすることにあったということである。

選挙運動は初期には、多数の村びとから支持されたようである。[16] しかし候補者のタンジュンと他の立案者の一部がUMNO郡支部に「懐柔」され、選挙活動を実質的に放棄したため、運動は途中で頓挫してしまった。選挙の結果は、UMNO候補者のサカランの圧倒的な勝利であった。[17]

このように独立候補擁立の試みは、あいまいなままに終焉した。しかし、政治家の関心を引き寄せ、開発資源を誘導するという立案者たちの実質的な目的は、調査時までにかなりの程度、達成されていたといってよい。次の二つの公文書は、そのことを示す例とみることができる。

まずUMNOセンポルナ支部の有力党員でもある村落開発の担当官[18]は、一九九八年一月五日付の地方開発省宛の公文書において、杭上通路の再建（二三〇〇フィート分、三二万四九〇九リンギ）を目的とするカッロン村からの開発申請を早急に受理、執行するよう求め、次のように記している。

> 〔カッロン村の〕人口のほぼすべてはＵＭＮＯの支持者であり、伝統的に、時の政府が〔選挙で〕勝利するうえでの鍵になっています。現状の杭上通路が、政府による早急の〔再建援助の〕実施が必要であるにもかかわらず、このように放置されているようであれば、〔カッロン村の〕民衆の現政府に対する信頼を損ねることになりかねません［PDSPA: 600-1/5/5: 9］。

また、州議会議員のナシルは、一九九五年九月二日付の土地調査局センポルナ支局宛の公文書に次のように記し、カッロン村からの保護地区（kampong reserve）登録申請に配慮するよう求めている。

> 〔カッロン村の〕住民は在地のブミプトラ（Bumiputra tempatan）であり、この地に何十年もの長いあいだ居住しています。かれらの生活を保証するために、わたしはこの要請を全面的に支援します［PDSPA: 600-1/5/5: 2］。

ナシルの文章では、先の立案者たちが主張してきたカッロン村の位置付け、つまり「先住者」（文書では「在地のブミプトラ」）の村としての位置付けが明示されていることに注目してほしい。そのことは、同村が開発政策において「先住」の陸サマの村と同格であり、同時に他の「移民」の村に対しては優位にあることを——少なくとも政治言説のうえでは——意味した。

独立候補擁立のインパクトは、言説のみならず、実際の開発資源の配分にも少なからず反映されていたと考えられる。村長やＪＫＫ委員長の話によれば、調査時までにカッロン村では、個人向けのものを含む多数の開発プロジェクトが実施されていた。[*19] また、一九九七年を例にとると、ＵＭＮＯの郡支部は、村の二つの地区支部長管轄区（四人の地区支部長の担当区が含まれる）からの「村落住民の経済向上案（usul tingkatkan ekonomi penduduk kampung)」を採択していた。地区支部の代表者のひとりによれば、提出案が採択された支部代表区は、次年度の開発予算配分において優先されるとのことであった。同提案を含む何らかの開発提案が採択された支部代表区は、全三八六区中の五六区であった［UMNO Bahagian Semporna 1997: 129-132］。

先に記した陸サマ政治家の語りと、こうした物質的な帰結（成果）をふまえていえば、独立候補の擁立は、海サマの脱周縁化と政治的地位の確立を求めてきたティンギ以来の道程の、ひとつの到達点だったといえるだろう。

選挙後の役職者の変化について触れておく。[*20] まずタンジュンは、選挙後、郡自治体（majlis daerah）の委員のポストを、のちには原住民首長の職を得た。ジュクシンは再びJKKK委員長に選ばれた。両者の各職への任命は、独立候補による選挙活動の放棄を約束したことへのUMNO支部からの見返りである、というのが村びとのもっぱらの見方であった。

他方、クルニアとサミドは、それぞれ村長とJKKK委員長を解任された。二人によれば、「UMNOと取引をしなかったから」だという（ただし、サミドはのちにJKKK委員長に復帰した）。村長には、UMNO地区支部長だったアブドゥ（四一歳）が任命された。アブドゥはスル諸島出身の海サマで、おそらく一九七〇年代半ば頃にタワウに移住、その後一九八五年からカッロン村に住み始め、一九九〇年にUSNO／UMNOの地区支部長になった。ほかに、UMNOの支持者であった二人（海サマと陸サマ）が新たなJKKK委員長に選ばれた（UMNOの勝利後、村にはJKKKがひとつ新設されていた）。

5　カッロン村における開発の経験

開発の経済的インパクト

カッロン村で実施されてきた政府の開発プロジェクトは、具体的には、まず杭上通路や水道管、モスクなどの生活上の基本ニーズを保証するインフラの整備に重点をおいてきた。サバ州政府が開発を通じて村の基本的な生活基盤を著しく向上させてきたことは、たとえば隣接するフィリピンやインドネシアの（海）サマの村に比べると、明白であった。

他方、政府の開発プロジェクトは、村びとの経済生活の向上も図ろうとしてきた。しかしながらそれらは、次の三つの点で村全体の生活水準の上昇に結びつく資源の投入とはいいがたかった。

第一に、インフラ整備を除く開発プロジェクトは、私的かつ物質的な性格がきわめて強かった。カッロン村では、長期的な視点で村全体の経済活動の生産性や効率性を高めようとするようなプロジェクトはほとんど実施されてこなかった。

第二に、個人向け開発プロジェクトについていえば、その受益者の多くは実質的に外部からの資源投入を必要としない（はずの）人たちであった。代表的な受益者は政治リーダーとその親族であったが、かれらの多数は村外で働く賃金雇用者や公務員で、村内ではむしろ富裕層に属した。言い換えれば、貧困層が受益者になることは少なかったということである。

第三に、開発資源の配分量が村びとのあいだで著しく偏っていた。開発資源へのアクセスは、JKKK委員長をはじめとする政治リーダーにほぼ独占されていた。その必然として、まず政治リーダーとその直近の親族が、ついでリーダーの他の親族が開発の果実を得てきた。*21 これらの海サマの多数は「先住者」であった。他方で「移民」たち、とくに選挙権を持たない非国籍保有者は、開発資源の配分において劣位におかれるか、あるいは無視されてきた。開発資源の配分における「移民」の劣位性は、政治リーダーとの親族関係が弱いことの帰結であり、また「先住」の海サマたちの「開発では先住者が優先される」という政治化された語りのためでもあった。

以上の三点は同時に、開発が村の内部の経済格差の解消には向けられなかったことを示している。むしろ第二点と第三点で示した状況は、政治リーダーと他の人びとのあいだの、より一般的には「先住者」と「移民」とのあいだの経済格差を固定ないし拡大させる要因でさえあった。

リーダーシップの変容

カッロン村の初期のリーダーシップは、海サマの文化規範（アッダト）を基盤とするマットアたちによって担われていた。主要なマットアのひとりであったティンギは、外部権力（郡役場）によって初代村長に任命された。しかし彼の村長としての権威は、村落内部における地位、つまり自らの親族集団と村の親族集団全体を束ねるマットアとしての地位の延長線上に認められたものであった［cf. Sather 1997: 203］。

一九八〇年代以降は、行政役職者が村レベルの政治リーダーとして認められるようになった。この変化は、村びとのあいだで開発プロジェクトが現実に獲得可能な資源になり、その申請と諸手続きが、政治リーダーの主要な役割とみなされるようになったことを背景のひとつとしていた。

村の形成期におけるアタンやティンギのリーダーシップは、調査時の村びとのあいだで、海サマのさまざまな文化的規範や霊的な畏怖の観念に結びつけられて記憶されていた。しかし村びとが第二世代の政治リーダーについて語るときに、そうした文化的規範に言及することはまれであった。後者に対する評価が収斂したのは、行政的な事務処理の能力（atau ahinang sulat）や、政党政治における交渉力（atau magpolitik）、とくに開発資金の獲得にかかわる政治力（atau angulus projek）であった。唯一の例外はクルニアで、彼については文化的規範に基づく資質や能力、あるいは霊的な畏怖の観念に関連づけて語られることが少なくなかった。そうした評価は、彼が優れた宗教指導者だったことに深く関係していた。[*22]

いま述べた第二世代の政治リーダー（クルニアを除く）の社会的位置づけは、その政治権威が、村の内部の文化的規範よりも、むしろ外部の権力、具体的には政党支部との結びつきによって保証される外在的な性格が強いものであったことを示している。こうした権威の外在性は、UMNO政権期に村長になったアブドゥに典型的にみられた。ブルジャヤ政権期とPBS政権期の村の行政役職者は、クルニアを除き、すべて政党政治の論理によって選ばれてきた。それでもかれらは、ティンギやアタンを基点とする親族集団の中枢に位置しており、それゆえ村の広い範囲に通じる一定の社会的影響力を保持していた。

しかしアブドゥは、スル諸島からの比較的新しい移住者であり、かつ村の社会関係においてはほとんど周縁に位置していた。彼は、ティンギ、アタンのいずれとも直接的な親族関係で結びつかなかった。一九九四年の選挙のときアブドゥは、独立候補擁立の試みには当初から関係せず、UMNOの地区支部長として集票活動をおこなった。彼の村長職への選出は、そのときのUMNOへの貢献がほとんど唯一の理由であった。その人事は、村の行政役職者が政党政治のブローカーとしての性格を強めていたことを象徴的に示していた。

外部社会との関係の再編

前節までにみた開発をめぐる政治過程で生じたカッロン村のもっとも劇的な変化は、地域社会において村と海サマの政治的地位が確立されるようになったことであった。村の政治リーダーたちは、その過程で物質的な生活基盤を確保するだけでなく、自らが陸サマと交渉しうる政治的主体であることを「発見」し、脱周縁化をはかる手段や戦略をみいだし、それを実践してきた。

端緒を開いたのはティンギであった。彼は、外部社会の指導者とかかわりを持つ過程で自分たちがおかれていた周縁的状況を自覚するようになり、その改善を図ろうとしてきた。子どもたちを学校に通わせ、またイスラーム化を促し、さらに村の自治を確保しようとした彼の試みは、そうした政治的実践であったがゆえに――なかば神話化されて――村びとの記憶の中心に定位されるようになっていた。

第二世代の政治リーダーたちは、政治有力者とのネットワークと「開発政治の文法」を駆使する能力といった、ティンギやほかのマットアが持たなかった政治資本を新たに獲得していった。そうした政治資本を手に入れることによって、さらには独立候補の擁立という具体的な試みによって、開発政策を誘導できるようになり、同時にカッロン村の政治的地位を上昇させてきた。かれらの政治行動は、たとえ開発資源の獲得が主要な目的のひとつであり、また先にみたように外部の政治権力との結びつきを権威の基盤とするようになっていたとしても、それが同時に海サマの脱周縁化のための実践であったことを否定するべきではないだろう。

カッロン村の開発過程に肯定的な社会的意味を探るならば、それは何よりこうした村の海サマと外部社会との関係の再編と、その過程に生じた村びとの「政治的覚醒」にある。

6　開発と社会的分裂

「先住者」表象の社会的意味

先述のように、センポルナ郡およびカッロン村では、一九九〇年代末までに、「先住者」と「移民」（またはそれぞれに準ずるカテゴリー）という集団分類と自己・他者表象の様式が流通し、さらに社会階層化するようになっていた。その原初的な契機は、一九七〇年代半ばのフィリピンからの「難民」の流入であった。

ただし、そうした分類や表象の様式が住民のあいだで社会的に実体化するのは、ブミプトラ優遇を軸とする新経済政策のもとでの「先住性」の政治焦点化、政府による不法移民取締り、政府やマスコミの移民に対する否定的言説の反復など、複合的な政治的、社会的要因を背景にしてのことであったと考えられる。村レベルでは、開発をめぐる政治過程が、「先住者」と「移民」という集団分類が広まるうえでの主要な背景のひとつになっていた。

ただし、カッロン村における「自分たち」と「移民」を差異化する語りの系譜は、センポルナ郡の他の住民のそれとは明確に異なっていたことには留意したい。

一九五〇～六〇年代までかれらは、あらゆる社会的相互作用の領域で周縁的地位におかれ、ローカルな社会秩序から排除されていた。一九六〇年代、初代村長のティンギは陸サマたちが村に移り住むことを拒否していた。それは単なるよそ者の排斥ではなく、かつてかれらを周縁化してきた、そして再び周縁的地位に追いやりかねない陸サマたちへの「抵抗」であったと理解するべきである。その具体的な場面でティンギが操作的に語った（とされる）ネガティヴな自己表象は、かつての差別者に抵抗して自治を維持するための、いわば主体的な戦術であった。

その後、一九八〇～九〇年代から、第二世代のリーダーをはじめとする「先住」の海サマは、日常の語りでは「先住者」を、開発申請書や陸サマ政治家との交渉などの政治レベルの語りでは「在地のブミプトラ」などを、自己表象の様式として用いるようになった。その表象には、差異化される（べき）対象としての「移民」が対置されていた。こうした自己表象の様式は、その根底をなす主張ではティンギの戦略的な自己表象と連続性を持っていた。つまりそれは、実質的には外部社会の「ふたたび自分たちを周縁化しかねない他者」に向けられていたと考えられる。

カッロン村の海サマにとって「先住者」や「在地のブミプトラ」は、二重の意味で政治的に有効な概念であった。というのは、かれらはそれらのカテゴリーに自らを定位することにより、一方の「先住」の陸サマに対しては平等な政治的地位を、他方の「移民」の陸サマに対しては自らの政治的優位性を同時に主張することができたからである。

一九九〇年代末までに、カッロン村の海サマは、ティンギの時代から求め続けてきた政治的地位をある程度まで確立していた。それが可能になった要因はひとつではない。しかし、かれら（「先住者」）の理解では、「先住者」の村であることがその地位を保証するもっとも重要な条件とみなされていた。そうでなければ、「先住」の陸サマとの平等と「移民」の陸サマに対する自らの優位に結びつかないからである。

「先住者」表象の矛盾

いまみたような「先住性」を根拠とする政治的地位の確立は、しかしながら、同時に大きな社会的矛盾を村の内部にもたらした。村の外に向けられた「先住性」を根拠とする「移民」の差異化と排除は、論理的な必然として内部にも向かわざるをえなかったからである。一九八〇年代以降、開発資源が可視化し、また「難民」の一部が国籍を得て「先住者」の潜在的な競合相手になったことを背景に、「先住者」と「移民」という包括的な差異化の語りが村の内部で流通するようになった。そのとき「先住」の海サマは、「移民」の海サマを実体化させ、自らのあいだでの階層分化を招いたのである。

一九九四年の独立候補擁立の試みは、こうした矛盾に起因するいくつかの問題を抱えるものであった。二つの問題を指摘しておこう。第一は、その運動がほぼ完全に「先住者」によって組織されていたことである。運動の主体だった一四人（候補者を含む）は、すべて「先住の」海サマ（主にティンギかアタンか両者の妻〈姉妹〉の親族）で占められていた。[*23]

第二は、立案者たちが主張する開発における平等が、「先住性」を根拠としていたことである。その主張は、「移民」の陸サマとの差別化を主眼としていたとしても、結局は同じ村に住む「移民」の海サマの排除に結びつかざるをえなかった。

独立候補擁立の政治運動は、このように「先住者」中心の性格が明らかであった。そのため、「移民」とされている海サマたちのこの運動への評価は、途中で候補者らがＵＭＮＯ支部によって「懐柔」されたことに対する批判を別としても、かならずしも肯定的ではなかった。「わたしたちには何の意味もない（sia-sia du）」と分かっていたので、最初からＵＭＮＯを支持していたという「移民」の海サマは少なくなかった。

このように、「先住者」と「移民」という集団認識の定着は、村の海サマ内部、とくに「先住者」と国籍を持たない「移民」のあいだに、社会的分裂を引き起こすまでになっていた。調査時、「先住者」の親が自分の子どもと国籍を持たない「移民」との結婚に反対し、イマムや他の親族らがその調停にあたるという事件が何度かあった。そうした事件の顕在化は、村の不安定な社会状況を象徴的に表していたといえるだろう。[*24]

「先住者」、「在地のブミプトラ」といった自己表象は、つきつめればマレーシア国家を枠組みとして生成したアイデンティティの表出にほかならない。「移民」を差異化することによる地域社会での社会的平等の要求と、村の海サマ内部での階層分化ないし社会的分裂の進行――こうした矛盾は、国家を準拠枠とするアイデンティティを基盤とした、かれらの政治的地位の確立と脱周縁化の過程の限界を示すものでもあった。

7 国境社会の再編とアイデンティティのゆらぎ

この章のはじめに述べたように、新経済政策以降のマレーシアにおける開発は、民族カテゴリーを基準とする資源配分の非対称性、つまりブミプトラの優遇を前提としてきたことと、開発が政党政治のメカニズムに深く組み込まれて実施されてきたことを特徴としてきた。

センポルナ郡やカッロン村では、ブミプトラ概念から派生した「先住者」や「在地のブミプトラ」といった属性が、一九七〇年代以降のフィリピンからの「難民」「移民」の流入と、一九八〇年代以降の開発をめぐる政治の過程で前景化されるようになった。マレーシアの他地域と同様に、開発の実施過程は、与党支部を軸とする政治の論理と力学にしたがっていた。

ただし、複数の政党が拮抗してきたサバ州の政治状況と、多数の「移民」を含む地域の複雑な人口構成を背景に、開発資源と政治的支持の交換はより先鋭的なかたちで展開してきた。こうした開発をめぐる政治過程で、カッロン村の海サマと外部社会との関係はドラスティックに再編され、その結果、かれらは一九九〇年代末までに一定の政治的地位を確立するまでになった。

こうして振り返れば、カッロン村の海サマにおける開発の経験には、新経済政策下で生成し、サバ州の政治的文脈のもとで再編成されたマレーシアの開発の様式が深く刻み込まれていたことがわかる。海サマと陸サマとの経済的な非対称性のある程度までの解消は、新経済政策のもとマレーシア各地で進行した——新たな国家資源の分配システムに基づく村びとと上位権力との支配・従属関係の変質という意味での——「社会の再編成」のローカル・ヴァージョンであったと解釈することもできる［cf. 堀井 1998; Shamsul 1986: 241-245］。

他方で、カッロン村における開発過程は、国境社会における社会と国家との相互作用という観点からみた場合、上記とはやや異なる理解が必要になる。

マレーシアのなかでもセンポルナ郡周辺は、人口と社会の流動性がとりわけ高い地域である。かつての海サマの生活様式は、そうした社会的流動性を象徴するものであった［Warren 1981］。一九世紀末、アメリカとイギリス北ボルネオ会社によってこの海域が国境で分断されてからも、海で結ばれたかれらの生活圏は維持された。この海域の住民は、むしろ植民地支配が拡大する過程で、国境空間に顕在化した領域支配のゆらぎや差異を認識し、そうしたゆらぎや差異を自らの生活に利用するかたちの移動・移住を活性化させた［長津 2004］。

そこにあらわれたのは、石川登［2008: 303-304］がプロト・トランスナショナリズムと呼ぶような、国家権力との相互作用が濃密化する過程で逆に確立されていった脱国家的、あるいは反国家的な多様な生活実践であった。

しかし、マレーシア国家を枠組みとして、政治的中心から村の日常生活に至るまでのさまざまなレベルで実施された開発は、目にみえるかたちで国家資源を住民に配分する一方で、政党政治を媒介にした国家の支配制度の網の目にこの海域の人びとを編入してきた。さらにセンポルナ郡では、開発の政治過程において「先住者」のような国家領域を準拠枠とする自己表象が流通するようになった。

カッロン村の海サマは「先住者」として自らを定位することにより、一方で地域社会における平等な政治的地位を、他方で「移民」に対する自らの優位性を主張してきた。それは、海サマを最下層に位置づけてきたかつての民族間関係を、包摂と排除の二つのベクトルで無化しようとする政治的実践であったともいえる。しかしその過程でかれらは、自らの内部に差異化の対象としての「移民」を客体化してしまうことにもなった。

こうした国境社会の変容に焦点をおいたとき、センポルナ郡およびカッロン村の開発過程は、次のような性格の社会と国家の相互作用の過程でもあったことが明らかになる。つまりそれは、国家が開発の実施を通して国境社会に介入し、海サマやほかの住民のあいだに国境を内在化しようする過程でもあったということである。ここでの開発が、国境社会とその住民を国家領域のなかに囲い込もうとする国家のプロジェクトとしての性格を備えていたことは、この章の結論のひとつとして指摘しないわけにはいかない。

ただしこの見方は、センポルナの国境社会が国家によって完全に囲い込まれてしまったことをかならずしも意味しない。海サマの社会とアイデンティティの再編過程は、いまだゆらぎの途上にあった。最後にこの点に言及しておきたい。

調査時、自らを「先住者」と定位しながらも、その自己定位が自分たちの社会を分化する論理に転成してしまっていることにディレンマを感じている海サマは少なからずいた。「先住」の海サマであっても、親族にはたいてい「移民」が含まれていたからである。

こうしたかれらの自己定位のゆらぎを象徴的に示していたのが、一九九八年から広く流布するようになる「レパ身分証明書」(IC lepa、以下レパIC)の語りであった。レパは、かれらが船上生活時代に使用していた家船《えぶね》の名称である。レパICは、国籍を持たない海サマに特別な在留資格を認めるもので、近々、州元首の指示により出入国管理局を通して該当者に配布される、というのがその語りであった。

連邦政府が管轄する出入国管理局が、実際にそうした身分証明書を発行することはないだろう。[*25] しかし、そうした行政的事実は重要ではない。ここで着目すべき点は、その語りがかれらが従来、「先住者」という名乗りで主張しようとした、差異化を主目的とするのではない本質的部分――船上生活者であった海サマは、現状での国籍の有無にかかわらずもともとセンポルナ郡の住民である――を的確に表していたことであり、そして国籍を持たない「移民」だけでなく「先住者」の多くもレパＩＣの正当性を語っていたことである。

こうした流動的なアイデンティティ状況は、「文化的差異を保持しつつ国家あるいは全体社会のなかでいかに正当な権利と居場所を確保するか」［清水 1997: 159］という多くのマイノリティに広く共通する課題が、海サマにおいてもいまだ解決されていないことを示している。

註

＊1――――マレー社会における開発過程を民族誌的調査に基づいて論じたものとしては、ＪＫＫや与党のＵＭＮＯの支部に代表される村落レベルの開発アクターの機能・役割に着目しつつ、マレー社会の権力構造の変化を植民地期に遡って詳細に分析したShamsul［1986］のほか、堀井［1998］やRogers［1992］など、多数の業績がある。

＊2――――ＪＫＫ委員長三人はそれぞれ独立している。担当内容が異なるわけではない。村内で分担する範囲が決められているわけでもない。委員長は、親族や知人、近隣住民の開発申請の媒介を主に担う。原住民裁判所(Mahkamah Anak Negeri）は、原住民の慣習、家族関係などにかかわる訴訟を扱う。

＊3――――それぞれの支部代表は独立している。村内で地理的な担当範囲が決められているわけではない。代表の親族や知人が支部のメンバーになっている。

＊4――――ここでいう開発行政の担当者には、次のような役職者が含まれた（調査時）。郡（選挙区）レベル：民衆開発指導官（ＰＫＲ＝pemimpin kemajuan rakyat）とコミュニティ開発官（ＣＤＯ＝community development officer）。郡と村の中間（投票地区）レベル：民衆開発補助役（pembantu pembangunan masyarakat）とムキム開発推進役（pemaju mukim）。これら二つの職は投票地区の開発行政の担当者であり、その範囲がムキムと呼ばれた（Kitingan and William［1989: 177-178］、およびセンポルナ郡役所での聞き取りによる）。

＊5――ただ、二人に対するこうした評価は、後の時代の政治リーダー（行政役職者）との対比で誇張されていたのかもしれない。

＊6――以下、カッコ内で親族関係を示すとき、アルファベット記号は次の関係の連鎖を指す。F＝父、M＝母、S＝息子、D＝娘、B＝兄弟、Z＝姉妹。ZDSは「姉妹の娘の息子」を意味する。

＊7――タンジュンは第六学年を修了したが、ジュクシンは第三学年で中退している。

＊8――一九八六年から同年までのあいだは、委員長は固定されなかった。

＊9――ブルジャヤ期のカッロン村における開発プロジェクトを個別に扱った記録は、郡役所には保存されていなかった。

＊10――ただし、これらの個人向けプロジェクトは、対象期間に上記地区で実施された同種のプロジェクトの一部でしかないことを付記しておく。

＊11――後述するようにカッロン村の海サマは、一九九四年の選挙の際に独立候補を擁立した。JKKK委員長のひとりによると、そのときのカッロン村の有権者数は一二三〇人、選挙区全体の七パーセントを占めていた。

＊12――前者の文言は、サミドが作成した一九九一年二月二六日付、州文化・青年・スポーツ省事務次官宛の開発プロジェクト申請書（「文化資材予算三〇〇〇リンギの申請」）［PDSPA 600-1/5/10: 9］からの抜粋。後者はジュクシンが作成した一九九八年一二月一二日付、UMNOセンポルナ郡支部宛の開発プロジェクト申請書（「杭上通路改修のための地方小規模プロジェクト一万五〇〇〇リンギの申請」）からの抜粋で、本人が持つ申請書の複写を参照した。なお、上記の公文書は、いずれも一九九〇年代のものである。しかしそれは、八〇年代またはそれ以前にかれらが作成した公文書をほとんど確認できなかったためである。実際には、かれらはより早い時期からこうした「開発政治の文法」による修辞を使っていたと思われる。

＊13――こうした言説を含むマハティール前首相らの演説については、マレーシア首相府公式ウェブサイト内の演説アーカイブ［Prime Minister's Office of Malaysia 2007］を参照。なお、「黄色い文化」の語源は、中国語の「黄

色文化（huangse wenhua）」であると考えられる。中国語の「黄色文化」は賭け事、アヘン吸引などの退廃的文化を指す。一九五〇年代末のシンガポール（当時はイギリス植民地。一九六三年にマレーシアに加盟し、六五年にマレーシアから脱退した）では、この中国語表現を借用して、ポルノやロック音楽などを根絶すべき“yellow culture”と英語で呼ぶようになっていた［National Library Board, Singapore 2014］。この表現が、いつ頃からどういった経緯でマレーシア全体に広まったのかは確認できなかった。

＊14――陸サマの差別的言動への憤りは、確かに当時のかれらの実感であっただろう。ただし、PBS政権期までの開発予算配分ついては、比較の対象によって見方が異なることもあり、それが少なかったという主張はかならずしも事実とはいえない。郡役所および他村での聞き取り、「郡役所公文書」の断片的な開発の記録等から判断する限り、カッロン村への開発予算配分がとくに少ないとは考えられなかった。センポルナ沖合の島に住む村長のなかには、カッロン村は開発に恵まれているという人もいた。この点に関するジュクシンらの語りは、村びとに向けた選挙戦略の言説の一部であったと理解するべきだろう。

＊15――“pamintangan”は、主に「失敗に学ぶ」というような反省のための教訓を意味する。タウスグ語起源の語と思われる。

＊16――ただし、後述するように「移民」の海サマは、かならずしもこの試みに共感していたわけではなかった。

＊17――議会解散前まではナシルが同選挙区選出の議員であったが、この選挙のときにはサカランが出馬した。しかし九五年にサカランが州元首になったため、ナシルが選挙を経てふたたび同議員になった。

＊18――ムキム開発推進役（pemaju mukim）を指す。文中で言及したムキム開発推進役はサカランの養子（男性）である。

＊19――調査時の村長のアブドゥ（後述）によれば、一九九四年から九八年末までに、次のようなインフラ整備のための開発プロジェクトが認可・実施された（執行途中だったものを含む）。水道管修理五万リンギ、杭上通路修理一五万リンギ、鮮魚市場施設修理八万リンギ、モスク修理一万五〇〇〇リンギ。

＊20――選挙後、一～二年のあいだは、行政役職者の任命と解任が何度か繰り返されたようである。ここでは、そうした混乱が収まった後に確定した役職者についてのみ記す。

＊21――さまざまにうわさされる汚職や開発資源の流用などの利権も含まれる。

＊22――なお、第二世代の政治リーダーのうち、親族間の対立を解消するための儀礼（magkiparat）などの大きな社会儀礼を執行できるのは彼だけであった。

＊23――ただしティンギ自身は独立候補擁立の試みに加わらず、古くからの知人であるＵＭＮＯのサカランを支持した。立案者のひとりによれば、かといってこの試みに反対したわけではなかったという。

＊24――わたしが直接、当事者の話を聞いたものに限っても、そうした事例は六件あった。性別でみると、男が「移民」の例が四件、女が「移民」の例が二件であった。いずれの事例でも、子どもたちは最終的には結婚した。ただし一組（女が「移民」）はサバ州内に、二組（いずれも男が「移民」）はフィリピンに駆け落ち（maglahi）した。「先住者」の親の反対は、主に子どもの結婚相手の経済状況や法的地位に関する不安に起因したが、それと合わせて「移民」と自分たちとの「文化的差異」を語る親（主に父親）もいた。

＊25――二〇〇五年にカッロン村を再訪したとき、非国籍保有者である海サマの一部が「レパＩＣ」に相当するという書類を持つようになっていた。それは、出入国管理局が発行する正規の身分証明書ではなく、郡役所の原住民部門で作成された「バジャウ・ラウト民族証明書（Pengesahan Suku Kaum Bajau Laut）」という文書であった。「バジャウ・ラウト」はまた、「先住」、「移民」を問わない、海サマの名乗りに転化しつつあった。

III部

イスラーム化と宗教実践の変容

▲ 海サマのイスラーム実践

八

サバ州におけるイスラームの制度化と権威

法・行政・教育

1 イスラームの制度化——宗教動態の背景として

日本に住むわたしたちが考える宗教は、私的で、独立した信仰の領域にとどまる、あるいはとどまっていなければならない。しかし、これから取りあげる海サマのイスラーム化や儀礼変容は、マレーシアにおいてイスラームが公的な領域を構成し、政府による積極的な関与の対象になっていることを理解することなしに、考察することはできない。

マレーシアにおける国家のイスラームへの関与は、一九五七年のマラヤ連邦独立および一九六三年のマレーシア成立の後、行政・立法・司法・教育の制度面において顕在化していった。マレーシアでは、イスラームは原則として州の管轄事項とされている。

各州の政府は、イスラーム行政法（条例）を定め、イスラームの諸実践を管理・監督するための行政機関を整備した。また、イスラーム行政法を司る三審制の裁判所を設置した。初等から中等までのイスラーム学校（Sekolah Ugama/Agama Islam または Madrasah）を設立し、そのカリキュラムを設計した。この本では、こうした州政府によるイスラームへの関与の過程を「イスラームの制度化」と呼ぶ。

こうしたイスラームの制度化は、一九八〇年代以降、より包括的かつ体系的に進められるようになっている。また連邦政府は、自らの主導でマレーシアの社会全体をよりイスラーム的にすることを目的に、各州のイスラーム法制の「統一化」を進めている［多和田 2005］。

マレーシア半島部におけるマレー人ムスリムの「イスラーム化」を論じるなかで多和田裕司は、現在を生きるムスリムのイスラーム実践は「近代国民国家の諸制度をとおして具現化されたイスラーム教義にしたがってなされるものにほかならず、それゆえにマレー・ムスリムの実践を理解するためにマレーシア国家におけるイスラームの制度的側面に焦点をあてることが必要である」と述べる［多和田 2005: 117］。こうした位置付けにあるにもかかわらず、多和田やペレッ［Peletz 1997］の研究（半島部の諸州を対象とする）を除くと、マレーシアのイスラームを扱う人類学的研究が、同国のイスラームの制度的枠組みを正面から取りあげることはほとんどなかった。

多和田の指摘をふまえつつ、この章では、海サマのイスラーム化と儀礼変容のもっとも重要な背景をなすイスラームの制度化、つまりサバ州におけるイスラームの制度化を、州条例、行政システム、教育の分野に焦点をおいて跡付け、マレーシア半島部との比較を念頭に、その歴史過程にみられる特徴をまとめる。

2 サバ州の宗教状況

宗教人口

表8−1は、二〇〇〇年のサバ州における宗教別人口と民族ごとの宗教人口の割合を示している。表によれば、ムスリムが総人口の六三・七%、キリスト教徒が二七・八%、仏教および華人伝統宗教等が六・八%である。ただし国籍保有者に限定すると、その割合はムスリムが五七・七%、キリスト教徒が三一・五%になる。

国籍保有者におけるムスリム人口の比率が総人口のそれより少ないことが示すように、サバ州のムスリム人口には国籍を持たないムスリム移民が多数含まれる。その比率は、全ムスリム人口の実に三〇・八%を占めている。これらムスリム移民の大多数は、インドネシア人とフィリピン人である。

非国籍保有者を除外した原住民人口だけをみてもムスリムは六四・四%を占めるが、このムスリム人口にも明らかに多数の移民が含まれている。現在のサバ州におけるムスリム人口の数的優勢は、近隣の二つの国から移民が流入した結果なのである。この点は、後にまた詳しく触れる。

民族と宗教の対応をみると、マレーシア半島部同様にマレー人は、法律上の定義によりすべてムスリムとなっている。前章で述べたようにサバ州のマレー人には、イスラームへの改宗によりマレーを名乗るようになった人々や、近年マレーを名乗るようになったムスリム原住民が多数含まれる。ただし、サバ州のすべてのムスリム原住民がマレーを称するわけではない。ムスリム原住民の多数派はバジャウ、本書でいうサマである。サマのほとんどはムスリムである。四章で述べたように、サバ州では一般に、バジャウすなわちムスリムという民族認識が確立されている。

カダザンとムルトにはキリスト教徒が多いが、ムスリムもそれぞれ人口の二割強と一割強を占めている。華人の宗教は、仏教が五八・八%、キリスト教徒が三一・一%、華人伝統宗教等が三・六%になっている。*1

宗教の位置づけ

マレーシア半島部同様にサバ州でも、原住民が政治的優位を確保している。ただしマレーシア半島部では原住民のほとんどすべてがマレー人、すなわちムスリムであるが、サバ州ではそうではない。サバ州の原住民には多数の非ムスリム、とくにキリスト教徒が含まれる。

サバ州の法制度、あるいは宗教と政治との関係は、原住民人口に多数の非ムスリムが含まれるという宗教人口の構成を一面では反映している。たとえば、政治にかかわる法制の面では、ムラカとペナンを除くマレーシア半島部各州の州憲法は、州首席大臣をムスリムのマレー人に限定している［鳥居 2003: 22］。しかし、サバ州の憲法にはそうした規定はなく、州首席大臣の職は非ムスリム、非原住民にも開かれ、実際にキリスト教徒原住民や華人が同職を歴任している。

財政面ではサバ州政府は、一九八六年以来、キリスト教

表 8-1　サバ州の宗教別人口の割合（2000 年）

	人数	対総人口比	対国籍保有者比	対原住民人口比	民族別割合							
					マレー人	(ドゥスン)カダザン	(サマ)バジャウ	ムルト	その他原住民	華人	その他非原住民	非国籍保有者
イスラーム	1,658,285	63.69%	57.73%	64.43%	100%	21.04%	99.78%	13.81%	70.01%	3.28%	86.09%	82.99%
キリスト教	724,833	27.84%	31.49%	33.12%	-	74.84%	0.11%	82.73%	25.84%	31.08%	11.42%	16.04%
ヒンドゥ教	2,836	0.11%	0.13%	0.01%	-	0.01%	0.00%	0.01%	0.01%	0.12%	1.66%	0.05%
仏教	166,298	6.39%	8.27%	0.62%	-	0.61%	0.01%	0.32%	1.72%	58.80%	0.36%	0.29%
華人宗教等 *	10,634	0.41%	0.53%	0.07%	-	0.12%	-	0.03%	0.13%	3.59%	0.01%	0.02%
民俗宗教	396	0.02%	0.02%	0.01%	-	0.03%	-	0.01%	0.02%	0.06%	0.00%	0.01%
その他	40,203	1.54%	1.83%	1.74%	-	3.35%	0.10%	3.08%	21.71%	3.07%	0.45%	0.60%

註：端数処理にため比率の合計はかならずしも 100%にならない
* 儒教、道教を含む
出典：DOSM［2001: 35］より筆者作成

と他の非イスラーム宗教の諸団体に対して年次補助金を支出している。補助金は「非イスラーム諸団体の発展（perkembangan badan-badan keagamaan bukan Islam）」を目的とするもので、おおよそ七割がキリスト教の諸会派に、三割がその他の宗教団体に割り当てられている。二〇〇一年のその額は二〇〇〇万リンギであった（当時一リンギは約三〇円）。この補助金制度は、マレーシアの他州にはみられないサバ州独自のキリスト教政策であるといえる［Daily Express July 1, 2002; Mat Zin 2003: 109-110］。

サバ州政府は、このようにイスラーム以外の宗教に対しても財政的な配慮をしているが、宗教法制や宗教と政治との関係の中心的な面についていえば、マレーシア半島部と同様にイスラームを特別な地位においてきたことは明白である。サバ州では一九七三年に州憲法が改訂され、イスラームに関する条項が追加された。追加された第五条Aは、イスラームが「州の宗教（religion of the State）」であることを明記している。第五条B（2）は、州立法議会がイスラームに関する法令を制定できることを定めている［State of Sabah 1996: 11］。詳しくはのちにみるが、この州憲法改訂の前後からサバ州でもイスラームの制度化が進められ、いまではマレーシア半島部の各州と同様のイスラーム法制が整備されるようになっている。

3 イスラーム行政制度

サバ・イスラーム評議会（MUIS）とサバ州イスラーム局（JHEAINS）

マレーシア半島部の多くの州とは異なり、サバ州にはイスラームの長としてのスルタンは存在しない。州憲法第五条B（1）は、国王（Yang di-Pertuan Agong）が州のイスラームの長であることを定めている［State of Sabah 1996: 11］。ただし、イスラームに関する要職の任命など、イスラームの長としての実質的な役割を果たしているのは州元首である。[*2]

イスラーム行政の根幹をなす法令は、「一九九二年イスラーム法行政条例」である。ほかに、イスラーム教育やシャリーア（sharia[<ar]、イスラーム法）裁判所などに関する独立した条例が定められている。これらの条例についてはのちにとりあげる。イスラーム行政の中心的な政府機関は、サバ・イスラーム評議会（ＭＵＩＳ＝Majlis Ugama Islam Sabah）とサバ州イスラーム局（ＪＨＥＡＩＮＳ＝Jabatan Hal Ehwal Agama Islam Negeri Sabah）で、ともに州首席大臣府内に設置されている［MUIS 1998］。

ＭＵＩＳは、州のイスラーム行政を監督し、州政府にイスラームにかかわる政策提言をおこなうイスラーム諮問機関である［MUIS 1998］。これに対して、ＪＨＥＡＩＮＳはイスラーム行政の実務機関になっている。ＪＨＥＡＩＮＳは、**表8-2**のような八つの部門からなり、ムスリムの家族生活、イマムなどのイスラーム指導者、モスクなどのイスラーム関連施設、イスラーム学校の教育、ダクワ（dakwah[<ar]）すなわちイスラーム復興のための諸活動、シャリーアに対する違反の捜査・取り締まり、シャリーアに対する違反の検察、イスラーム関連の広報など、シャリーア裁判所とファトワ発行を除くイスラーム行政の全般を管轄している［MUIS 1998］。

ＪＨＥＡＩＮＳによるイスラーム行政の管理は、各郡に設置された支部を通じて郡から村レベルにまで及んでいる。郡レベルはいうまでもなく村レベルであっても、イスラーム指導者やイスラーム関連施設、イスラームの諸活動は、ＪＨＥＡＩＮＳ支部によって統括されている。

ＪＨＥＡＩＮＳに任命されたイマム以外のイスラーム指導者がムスリムの婚姻・離婚を執行することや、ＪＨＥＡＩＮＳが発行する任命書（tauliah）を持たないムスリムが公の場でイスラームを教えること、ＪＨＥＡＩＮＳの許可を得ずに村人がモスクやスラウを建てることなどは、州のイスラーム関連条例により違法とされ、違反者には自由刑ないし罰金刑、あるいはその両方が課せられる。[*3] このように村レベルにおいても、政府が認めた「正統な」イスラームからの逸脱を規制する仕組みが制度化されているのである［cf. 多和田 2005］。

表8－2　JHEAINS の部門と役割

■ **行政サービスおよび財務部** (Bahagian Khidmat Pengurusan dan Kewangan)
・組織全体の管理
・ザカート(財産に課される義務的宗教税)およびフィトラ(個人に課せられる義務的宗教税)を含む財政の管理
・イスラーム関連職員にたいする研修の実施
・イスラーム局職員、イマム、イスラーム教員などの人事の統括

■ **地方宗教職務管理部** (Bahagian Pentadbiran Pejabat-pejabat Agama Wilayah / Daerah)
・各郡の JHEAINS 支部の統括
・モスクおよびスラウ(surau、小規模な礼拝堂)の設立、登録、維持
・モスクを中心とするイスラーム活動の組織、支援
・イマムの研修プログラムの計画と実施
・ムスリム用墓地の管理

■ **教育部** (Bahagian Pendidikan)
・宗教学校の管理、運営
・イスラーム教育カリキュラムの作成および調整
・イスラーム教育証書の授与

■ **ダクワ(イスラーム促進)部** (Bahagian Dakwah)
・ダクワ・プログラムの計画と実施
・イスラーム改宗者にたいする教育
・ダクワー関連の講習会の開催

■ **シャリーア管理部** (Bahagian Pentadbiran Syariah)
・ムスリムの結婚、離婚の手続きと登録
・ムスリムの家族問題(扶養、相続等)の調停

■ **シャリーア行政法執行部** (Bahagian Penguatkuasaan Undang-undang Syariah)
・イスラーム行政法にかんする違反の報告の受理
・違反者にたいする捜査令状、逮捕状の作成
・違反の捜査、違反者の逮捕
・違反事件の検察部への送致

■ **検察部** (Bahagian Pendakwaan)
・シャリーア行政法執行部への捜査許可の付与
・イスラーム行政法の違反の審議、違反者の取調べ
・違反者のシャリーア裁判所への起訴、公判請求
・シャリーア裁判所での違反事件の立証
・シャリーアにかんする講習会の開催

■ **調査広報部** (Bahagian Penyelidikan dan Sebaran Am)
・イスラームにかんする調査研究
・イスラーム関連の出版、広報
・イスラームにかかわる講話、フトバ(金曜礼拝の説教)の作成
・ハラール(イスラームで認められた)食品の認定

出典：MUIS［1998］

なお、イスラーム指導者らの任命権や、イスラーム関連施設の建設の許認可権は法的にはＭＵＩＳが有するとされている［Negeri Sabah 1992a］が、実際にはＪＨＥＡＩＮＳないしその支部がイスラーム指導者を任命し、またイスラーム関連施設の建設を認可している。

ＪＨＥＡＩＮＳが管轄する州立イスラーム学校は一三二校ある（二〇〇〇年）。うち六校は、五〜六学年制の中等学校（一部は初等学校と同じ敷地内）、他の一二六校は六学年制の初等学校である。国民学校や国民中等宗教学校（ＳＭＫＡ＝Sekolah Menengah Kebangsaan Agama）でもイスラーム教育がおこなわれているが、先述のようにこれらの学校は連邦の教育省の管轄下におかれている。サバ州の国民中等宗教学校の数は六校である。[*4] また連邦首相府のマレーシア・イスラーム開発局（ＪＡＫＩＭ）が管轄する「クルアーンとイスラームの義務教室（ＫＡＦＡ）」も、サバ州の村々に設立されている。[*5] 郡レベルではＪＨＥＡＩＮＳ支部がＫＡＦＡの管理と運営を委託されている。

シャリーア裁判所とムフティ

他の公的イスラーム機関としては、シャリーア裁判所およびイスラーム裁判官を管轄するシャリーア司法局（Jabatan Kehakiman）と、ファトワ（fatwa[<ar]）すなわち「イスラーム法による裁定」の発行を管轄するムフティ局（Pejabat Mufti）がある。[*6] これらの機関も州首席大臣府におかれている［MUIS 1998］。

マレーシアの他州同様、サバ州でもイスラームの教義から逸脱したムスリムの行為は、それが個人的な宗教実践の領域あるいは非宗教的な領域の行為であっても、州条例により「犯罪」と規定されている。たとえば断食月（ラマダーン）の断食の不履行や（成人男性の）金曜礼拝の不履行、飲酒、未婚男女の不適切な関係などは、「一九九五年シャリーア刑事違反条例」のなかで違法行為とされており、法的な処罰の対象になる［MUIS 1998; JHEAINS, Semporna 1999］。[*7]

ムフティ局の長は州ムフティ（mufti kerajaan）である。州ムフティは、原則としてスンナ派のシャーフィイー法学派の見解にしたがってファトワを発行する。ファトワは州政府の官報で公示され、州のムスリムに対して公的拘束力を有する。州ムフティは、義務礼拝の時間、断食月の開始日、終了日、ザカートの額なども決定する［MUIS 1998］。

イスラーム財政

以上の四つのイスラーム機関に対する州政府の財政支出額は、調査時の一九九八年の場合、二八三八万五四六二リンギであった。MUISに対する予算は、JHEIAINSからの補助金（二〇〇万リンギ）のかたちで支出されていた。ただし、モスクやイスラーム学校などのイスラーム関連施設の建設にかかる経費は、州首席大臣府の開発予算のなかから別途、支出されていた。[*8] モスクとイスラーム学校の建設に対する財政支出額は一九七八万七三六〇リンギであった。これと上記の四機関に対する支出を合わせた額、つまり四八一七万二八二二リンギが、一九九八年の主なイスラーム関連の財政支出額ということになる。この額は、同年の州の財政支出総額の約三％に相当した［Negeri Sabah, Malaysia 2000］。

4　サバ州におけるイスラームの制度化――法・行政・教育

北ボルネオ会社統治期のイスラーム法制

北ボルネオ会社政府は、一九一〇年代までに原住民首長と原住民裁判所を制度化した。ムスリム地域の原住民裁判所は、ムスリムの原住民首長と植民地政府に任命されたイマムが司った。原住民裁判所は、植民地期の北ボルネオにおける最初のイスラームにかかわる法制度であった。

原住民首長が原住民裁判所において司法権を持つことは、「一九一三年村落行政条例」の第一〇項(i)～(v)によって公に定められた。イマムの司法権は(ii)-(e)に記され、原住民裁判所のイスラーム法にかかわる裁判では、イマムが原住民首長とともに裁判官を務めうるとされた［GSNB n.d.: 72］。

イスラームにかかわる最初の法令は「一九〇二年モハンメド教徒の慣習にかかわる布告（The Mohammedan Customs Proclamation, 1902）」（同年第一一号布告）で、一九一四年にはこの布告をもとに、「一九一四年モハンメド教徒の慣習条例（Mohammedan Customs Ordinance, 1914）」（同年第九号条例）が制定された。モハンメド教徒は、当時のイギリス人のムスリムに対する呼び名である（ムスリムが預言者ムハンマドを信仰しているという誤解・無理解に基づく）。この条例では、イマムがムスリム住民に義務的礼拝を遵守させるために諸規則を定めることができること、イマムがムスリム住民の結婚と離婚を登録、管理することなどが定められた［GSNB n.d.: 92-93; cf. Hooker 1984: 203-204］。

「一九一三年村落行政条例」の第一〇項(ii)-(e)、「一九一四年モハンメド教徒の慣習条例」のいずれにおいてもイマムの定義は明記されなかったが、原住民法廷の裁判官を務めるイマムやムスリム住民の結婚や離婚を登録するイマムは、実際には会社政府の理事官や郡長によって任命されていた。任命されたイマムは、「政府イマム（government imam/ imam perintah[my]）」あるいは「郡イマム（district imam/ imam daerah[my]）」と呼ばれた[*9]。一九四〇年には理事官がこれらのイマムを任命することが法的に定められた［NBCA 809］。

一九三七年には「一九三七年原住民行政条例（Native Administration Ordinance, 1937）」（同年第二号条例）が新たに制定され、これにともない「一九一三年村落行政条例」は廃止された。「一九一四年モハンメド教徒の慣習条例」は、新条例の第三一～三五項に組み入れられた［Sabihah 1985: 59-74］。以上のイスラーム行政にかかわる法令は、いずれも簡略なものではあったが、北ボルネオ全体に通じる最初の公的かつ明文化されたイスラームの権威基盤であった。

北ボルネオには、英領マラヤのイスラーム評議会のようなイスラーム行政を管轄する公的機関は作られなかった。ただし、一九三五年から会社政府が組織した原住民首長諮問評議会（ＮＣＡＣ）では、ムスリムの原住民首長のみをメンバーとするイスラームに関する協議の場、「セッションＢ」(Session B）が設けられた。セッションＢでは、郡イマムに対する給与支払いの制度化、州を代表するイマム職の設置などが政府に対する要請として決議され、会社政府に提出された。いま記したものを含め、主な要請のほとんどは会社政府により却下された。後述のイスラーム法典の共有を例外として、セッションＢからイスラームに関する実質的な制度が生まれることはなかった［NBCA 152; NBCA 809］。

それでもセッションＢの設置は、北ボルネオにおけるイスラームの制度化に関して、次のような意義があったといえる。それは、ムスリムの原住民首長たちがセッションＢの協議を通じて、自らを北ボルネオという行政的枠組みにおけるイスラームの指導者と位置付け、かつその枠組みのなかでムスリムとしての連帯を意識するようになったことや、世俗の公権力によるイスラームの制度化を意識するようになったことである［cf. Ranjit Singh 2000: 292-294］。その効果は、第二次大戦後にあらわれることになる。

会社政府は、「一九一四年モハンメド教徒の慣習条例」や「一九三七年原住民行政条例」の第三一～三五項で、イスラーム行政に関する法令を定めていた。しかし、それらはいずれも結婚登録義務などを定めた簡素なものにすぎなかった。

より詳細な、かつ北ボルネオに共通のイスラーム法令の必要性を認識していたムスリム原住民首長は、一九三六年のＮＣＡＣのセッションＢにおいて、「ムスリムの慣習による裁判所（Mahkamah Adat Orang Islam)」と題された法令集を共通のムスリム用の法典（code）とすることを決めた。*10 会社政府もこの決議を承認した。このことは、ムスリムの原住民首長たちがセッションＢを通じて得たもっとも意味のある成果であった［Sabihah

1985: 42-43］。

植民地期の北ボルネオにおけるイスラームの制度化は、政府レベルでは以上の内容にとどまった。また北ボルネオでは、非政府の民間レベルのイスラームの組織化も、ほとんどおこなわれなかった。英領マラヤでは、中東でイスラームを学んだマレー人らが二〇世紀初頭以降、イスラーム団体やイスラーム学校を形成していた。植民地末期まで、北ボルネオにはそうした動きはほとんどなかった。[*11] イスラームの諸活動は、郡や村レベルで独立的におこなわれていただけであった。

第二次大戦後のイスラーム――地方イスラーム団体の形成

第二次大戦後の一九五三年には、「一九五三年ムスリム条例（Muslims Ordinance, 一九五三）」（同年第七号条例）が制定された。この条例は「一九三七年原住民行政条例」の第三一～三五項を継承するものであった［Kellanger 1954: 1418-1419］。一九六一年の「ムスリム（改訂）条例（Muslims 〈Amendment〉 Ordinance, 1961）」では、イスラーム法にかかわる係争の審理が原住民裁判所の法域から除外され、郡イマムの管轄とされた。なお、この頃までに郡イマムの任命は、植民地政府の承認を受ける必要はあったが、実質的に原住民首長に委ねられるようになっていた［Hooker 1984: 204-205］。

一九五〇年代半ばになると、北ボルネオのムスリムは、ようやく自らイスラームの組織化に着手するようになった。一九五〇年代、英領マラヤの独立前の政治動向が北ボルネオに伝わり、世俗教育を受けたムスリム原住民のあいだにムスリムとしての政治的意識の覚醒を引き起こした。かれらは、華人やキリスト教徒のカダザンなどに比べ、自分たちムスリムは教育や経済など多くの面で立ち遅れているという認識を強めていった［Sabihah 1983: 329-355］。

こうした状況のもとで原住民首長や公務員などのムスリム・エリート、あるいは有力イマムらは、ムスリムの組織化と地位向上を目的として、北ボルネオ独自のイスラーム団体を設立していった。一九五五年にはタワウ・イスラーム協会（ＰＩＴ＝Persatuan Islam Tawau）が、一九五九年にはプタタン・イスラーム協会（ＰＩＰ＝Persatuan Islam Putatan）が、一九六〇年にはサバ・イスラーム協会（ＰＩＳ＝Persatuan Islam Sabah）が、それぞれ北ボルネオ南東岸のタワウ、西岸のプタタン、西岸のコタキナバルに設立された。これら三つの団体は、モスクの建設、クルアーン読誦大会の開催などを地域ごとに推進した。またＰＩＴとＰＩＰは、イスラーム学校も設立した（後述）。しかしながら、三つの団体が北ボルネオレベルで統合されるまでには至らなかった［Johari n.d.: 34-35; Muhiddin 1990: 23-27］。

北ボルネオがサバ州としてマレーシアに加盟する際の政治交渉を主導したキリスト教徒の政治指導者ドナルド・ステファン（Donald Stephens）は、サバ州の自治と特別な地位を保障する「二〇項目」を連邦政府に対して要求し、多くを認めさせた。「二〇項目」には、サバ州は公式の宗教を持たない、つまり州レベルではイスラームを公式の宗教としないことが含まれていた。この出来事は、サバ州のムスリムに自らの団結力の弱さを認識させるものであった。以後、上記の三つの団体は統合を試みるようになる［Muhiddin 1990: 34-35］。

イスラーム行政組織の確立

いまみた三つの地方イスラーム団体は、サバ州のマレーシア加盟前後から統合のための協議をおこなうようになる。しかし、主導権をめぐる争いなどのために協議は難航した。当時、州与党統一サバ国民組織（ＵＳＮＯ）の党首で、州首席大臣だったムスタファ・ハルン（Mustapha bin Harun）の説得を受け、一九六九年までに三つの団体は解散し、同年、ようやく統一サバ・イスラーム協会（ＵＳＩＡ＝United Sabah Islamic Association）を形成するに至った［Muhiddin 1990: 36-37］[*12]。

ＵＳＩＡは州都コタキナバルに本部をおき、各地に支部を設置した。総裁には、ムスタファが選ばれた。連邦政府から派遣されていたムスタファの政治顧問のサイド・クチック（Syed Kechik bin Syed Mohamed）は、USIAの事務局長を務め、USIAの組織編成を指揮した。その他、中央指導部の要職、支部代表の多くも、USNOに所属する州議会議員や公務員によって占められた［USIA 1970, 1971］。USIAは民間団体ではあったが、このように州政府と密接に連携しており、そのことにより財源を確保していた。指導部には、連邦の公務員などを務めていたマレーシア半島部出身のマレー人が多数含まれていた［Muhiddin 1990: 37-45, 57］。

USIAは、非ムスリムへの布教（ダクワ）の分野において大きな役割を果たした。また、地方イスラーム団体が運営していたイスラーム学校や各地のモスクを管理下におき、教育を含むイスラームのさまざまな活動の組織化にも着手した［Muhiddin 1990: 48-70］。

ムスタファ政権は、一九七一年に「一九七一年イスラーム法行政条例（Administration of Muslim Law Enactment 1971）」を制定・施行し、同時にサバ・イスラーム評議会（MUIS）を設立した。一九七三年には州憲法を改訂し、イスラームを州の公式宗教に定めた。イスラーム行政条例の制定、MUISの設立、およびイスラームの公式宗教化は、USIAの指導部を構成していたUSNO党員が、USIAの決議に基づいて州議会に提案し、採択させた法案であった［Muhiddin 1990: 58］。

「一九七一年イスラーム法行政条例」は、サバ州で初めての体系的なイスラーム行政法であった。従来の「一九五三年ムスリム条例」は、ムスリムの婚姻管理等を定めた全七条の簡素なものであったが、一九七一年の条例は全一〇部、五五条（附則二条）からなる、イスラームの多くの側面にかかわる法令であった。

条例は、語句の定義にかかわる「前文」、「評議会の設立」、「評議会の事務局長、役員、官吏」、「財政」、「モスク」、「婚姻および離婚」、「扶養」、「改宗」、「（イスラーム教義違反に対する）罰則」、「その他」という構成であった［State of Sabah 1975］。

この構成は、「宗教裁判所」の項目がないこと以外は、マレーシア半島部のスランゴル州で一九五二年に制定されたイスラーム行政に関する条例や、一九五三年にクランタン州で制定された同種の条例の構成とほぼ同じである［多和田 2005: 126］。一九七一年イスラーム法行政条例が、マレーシア半島部諸州のイスラーム行政法をモデルとして作成されたことはまちがいない。

一九七五年までの修正条項を含めて、この条例の重要な点を四つあげておこう。ひとつは、この条例によりMUISの設立が定められたことである（第三〜第一二条）。

二つは、初めて州ムフティ職が制度化されたことである。州ムフティはMUISの役員であり、州首席大臣の助言にしたがって州元首が任命するものとされた（第九条）。

三つは、モスクとイスラーム指導者がMUISの管理下におかれたことである。すべてのモスクはMUISに帰属し（第二八条）、郡に複数ある教区（kariah）を代表する教区イマム（imam kariah）は、MUISによって任命されるものとされた（第三二条）[*13]。

四つは、イスラームにかかわる詳細な罰則規定が示されたことである。たとえば、ムスリムに対する非イスラーム宗教の布教、MUISの許可を得ていない公の場でのイスラーム教育（第四五条）、財産に課される宗教税ザカート（zakat）ないし断食明けに個人に課される宗教税フィトラ（fitrah）の不払い（第四八条）などが違反行為として列挙され、それに対する罰金の額ないし自由刑（懲役等）の期間が明記された。一九六一年以来、郡イマムが司るようになっていたイスラームに関する係争は、この条例により再び原住民裁判所の管轄に戻された。ただし、その裁判では二名のムスリムが補佐を務めるべきことが定められた（第五〇条）［State of Sabah 1975］。

いま述べたように、MUISはこの条例に基づいて制度化され、州首席大臣府内に設置された。それは、マレーシア半島部各州のイスラーム評議会に準ずる、サバ州で最初の公的なイスラーム行政機関であった。州元首が選任する一二人のメンバーがMUISの最高評議会を構成し、教育、ザカート、マッカ巡礼、モスク、シャリーア、ファトワの管理など、イスラーム行政全般にかかわる分野を統括した［Muhiddin 1990: 82-83］[*14]。

サバ大衆団結党（ブルジャヤ党）政権期の一九七七年には、新たに「一九七七年イスラーム法行政条例（Enakmen Pentadbiran Hukum Syarak, 1977）」（同年第一五号条例）が制定された。[*15] 同条例には「第九部 宗教裁判所の構成と司法権域」（第四五〜九二条）が新たにくわえられ、これにより原住民裁判所から独立したシャリーア裁判所がサバ州ではじめて制度化された。条例の他の部分には、一九七一年条例の各章をより細かく修正しなおしたものが組み入れられた［Negeri Sabah 1997］。

一九七九年からブルジャヤ党政権は、この条例に基づいてMUISの改編を進めた。MUISには、最高評議会のもとに財政部門、管理部門、開発部門、教育部門、ダクワ部門、シャリーア部門、福祉部門、広報部門という機能別の八つの部局が設置された［MUIS n.d. (a), n.d. (b)］。

ブルジャヤ党政権期以降のMUISは、ムスリムに対する働きかけ、あるいはムスリムをよりイスラーム的にすることを重視するようになった。それゆえ、より多くのムスリムと生活レベルでかかわり、かれらのイスラーム実践やイスラーム観、イスラームをめぐる社会関係に深い影響を与えたと考えられる。また、センポルナのJHEAINS支部での聞き取りによれば、MUISが実際に村や教区レベルのイマムを任命するようになったのも、ブルジャヤ期以降のことである。ムスタファ政権期までは、郡を代表する郡イマムのみがMUISによって任命されていたという。

PBS（サバ統一党）政権期の一九九〇年代前半から、UMNO（統一マレー人国民組織）率いる国民戦線が政権を担うようになった一九九〇年代後半にかけては、イスラーム行政法がより細分化、精緻化されていく。一九九一年には①「イスラーム学校管理条例」［Negeri Sabah 1991］が、一九九二年には②「イスラーム法行政条例」［Negeri Sabah 1992a］が制定された。

以後、③「シャリーア裁判所条例」［Negeri Sabah 1992b］、④「イスラーム家族法条例」［Negeri Sabah 1992c］、⑤「シャリーア裁判所証言条例」［Negeri Sabah 1992d］、⑥「ザカートとフィトラ条例」［Negeri Sabah 1993a］、⑦「シャリー

表8－3　1990年代に制定されたイスラーム行政法一覧

① 1991年イスラーム学校管理条例（同年第7号条例） Enakmen Pengawalan Sekolah-sekolah Agama Islam 1991	全4部29条
② 1992年イスラーム法行政条例（同年第13号条例） Enakmen Pentadbiran Undang-undang Islam 1992 * 1977年イスラーム法行政条例（以下1977年条例）の第1-5部、第8部、第9部（一部）、第11部を廃止	全8部85条
③ 1992年シャリーア裁判所条例（同年第14号条例） Enakmen Mahkamah Syariah 1992 *1977年条例の第45条から第92条Aまでを廃止	全4部28条
④ 1992年イスラーム家族法条例（同年第15号条例） Enakmen Undang-undang Keluarga Islam 1992 *1977年条例の第6部および第7部を廃止	全10部155条
⑤ 1992シャリーア裁判所証言条例（同年第16号条例） Enakmen Keterangan Mahkamah Syariah 1992 *1977年条例の第54条および第55条を廃止	全10部132条
⑥ 1993年ザカートとフィトラ条例（同年第6号条例） Enakmen Zakat dan Fitrah 1993 *1977年条例の第26条および第27条を廃止	全10部84条
⑦ 1993年シャリーア民事訴訟条例（同年第9号条例） Enakmen Prosedur Mal Syariah 1993	全38部256条
⑧ 1993年シャリーア刑事訴訟条例（同年第10号条例） Enakmen Prosedur Jenayah Syariah 1993	全12部27章225条
⑨ 1995年シャリーア刑事罰則条例（同年第3号条例） Enakmen Kesalahan Jenayah Syariah 1995 *1977年条例の第10部を廃止	全5部105条
⑩ 1998年バイトゥルマル（公庫）法人条例（同年第11号条例） Enakmen Perbadanan Baitulmal 1998 *1977年条例の第17-19条および第22条を廃止	全7部47条

出典：Negeri Sabah［1991, 1992a, 1992b, 1992c, 1992d, 1993a, 1993b, 1993c, 1995, 1998］

ア民事訴訟条例」[Negeri Sabah 1993b]、⑧「シャリーア刑事訴訟条例」[Negeri Sabah 1993c]、⑨「シャリーア刑事罰則条例」[Negeri Sabah 1995]、⑩「バイトゥルマル（公庫）法人条例」[Negeri Sabah 1998] が、「一九七七年イスラーム法行政条例」の関係する条文をおきかえるかたちで導入されていった。

すでに記したように、イスラーム行政にかかわる中心的な法令は②である。この条例では、イスラーム行政の語句の定義、ＭＵＩＳの財政、モスクの管理、改宗などに関する規定が詳細に記された。シャリーア裁判所とその訴訟手続き、罰則などは根幹をなす③のほか、⑤、⑦、⑧、⑨において細かく規定された。

ＰＢＳ時代には、ＭＵＩＳの組織改編はおこなわれなかった。既述のように、国民戦線が州政権を掌握した後の一九九五～九六年に、サバ州イスラーム局、シャリーア司法局、ムフティ局が設立され、現行のイスラーム行政制度が確立された。現行のシャリーア裁判所制度も、一九九五年以降に整えられた [MUIS 1998]。

イスラーム教育の展開

次にイスラーム教育の制度面での展開に目を転じる。植民地統治期の末まで北ボルネオには、英領マラヤのポンドク（pondok[<ar]）やマドラサ（madrasah[<ar]）のようなイスラーム学校は形成されなかった。ここには、児童がイマムやハジの家でクルアーン読誦などを学ぶプガジアン（pengajian[my]）式の教育か、地方の有力者が個人的にアラブ人やマレー半島のマレー人、オランダ領東インド（現在のインドネシア）出身者を教師として招き、子弟にイスラームを学ばせるやり方しかなかった [Jamdin 1995; Ismail et al. 1996]。

校舎と学級、カリキュラムを備えた近代的なイスラーム学校が北ボルネオに設立されるのは、一九五〇年代半ば以降のことである。先に記した地方イスラーム団体のタワウ・イスラーム協会（ＰＩＴ）やプタタン・イスラーム協会（ＰＩＰ）、原住民首長、イスラーム知識人などが、植民地政府の認可を得て独自に「宗教学校（Sekolah Ugama）」ないしマドラサの名を冠したイスラーム学校を設立した。これらの学校では、午前、午後、夜間を単位として授業時間が区分された。夜間はしばしば成人学級に充てられた。それぞれの時間のクラスはひとつのみで、学年の区分はなかったようである［NBNST October 27, 1955, August 12, 1960］。ただしこうしたイスラーム学校は、一九六〇年代初頭でも一〇校に満たなかった［Muhiddin 1990: 71］。

一九六九年以降は、USIAがこれらの学校を管理下においた。USIAはまた、多くのイスラーム学校を新設した。この時代以降、イスラーム学校は通常、「宗教学校（Sekolah Ugama）」と称されるようになった。USIAのもとで宗教学校は急増し、一九七二年までにその数は六九校になった［Muhiddin 1990: 71-72］。サバ州にはイスラームを教える教員が不足していたため、USIAはマレー半島からマレー人教師を呼び寄せた。教科書と教育カリキュラムには、ジョホル州のイスラーム評議会のものを導入した［Muhiddin 1990: 49］。とはいえ一九七〇年代初頭の時点では、初等科五学年までを備えた学校がある一方で、教員がひとりしかいない学校もあるなど、宗教学校の質はさまざまであった［USIA 1971］。

サバ州のイスラーム教育制度が本格的に整備されるのは、一九七一年以降、つまりMUISがイスラーム教育を管轄するようになってからのことである。MUISのもと、州立イスラーム学校に学年制が導入され、一九八〇年代には初等学校の多くは六学年に、中等学校は三〜六学年になった。MUIS管理下の州立イスラーム学校は、ブルジャヤ党政権期の一九八〇年代初頭には八九校を数えた［MUIS n.d.(a)］。

ブルジャヤ党政権期のMUISは、マレーシア半島部各州の教育カリキュラムと教科書を選択的に取り入れ、教育の質的向上をはかった。教員にはUSIAの時代と同様に、マレーシア半島部のマレー人が多数採用された。サバ州におけるイスラーム教育はブルジャヤ期以降に、質量とも著しい発展をみた［MUIS n.d.(a); Safi 1993］。MUISによるイスラーム教育のあり方は、PBS政権期には特に変化しなかった。一九九六年以降は、JHEAINSの教育部門が州立イスラーム学校を管理するようになっている。既述のように二〇〇〇年までにその数は、一三二校にまで増加した。

マレーシア加盟後のサバ州では、一般の国民学校でもイスラーム課目が教えられるようになった。一九七六年以降は、マレーシアの一九六一年教育法がサバ州にも適用され、マレーシア半島部と同じ内容のイスラーム教育が国民学校でおこなわれるようになった。[*16] 州立イスラーム学校と同様、国民学校のイスラーム教員の多くもマレーシア半島部出身のマレー人である［Zainal Abidin 1993］。その他、先述のように国民中等宗教学校（ＳＭＫＡ）や、クルアーンとイスラームの義務教室（ＫＡＦＡ）がサバ州にも設立されている。

5　サバ州におけるイスラーム法制の展開

イスラーム制度化の政治過程

以上、サバ州におけるイスラーム制度化の過程を跡づけた。ここではその過程をサバ州の政治的文脈に定位し直し、要点をまとめる。

北ボルネオでは第二次大戦前の北ボルネオ会社統治期に、植民地行政に携わるムスリム・エリートが生まれた。しかしながらここでは、戦後の植民地末期まで、政府、民間いずれのレベルでも、イスラームが制度化ないし組織化されることはなかった［Ranjit Singh 2000］。

戦後の植民地期には、英語教育を受けたキリスト教徒原住民が、ムスリム・エリートに対し政治面で拮抗するようになった。マレーシア加盟に際しては、キリスト教徒のステファンが主導的な役割を果たした。そのためマレーシア加盟時のサバ州では、マレーシア半島部とは異なり、ムスリムおよびイスラームに特別な法的地位が与えられることはなかった［Muhiddin 1990］。

しかしサバ州のマレーシア加盟後、ムスリムを主体とするＵＳＮＯとその党首であるムスタファが、連邦政府の支援を受けて台頭するようになり、徐々に政治的実権を掌握した。ムスタファ率いるUSNO政権は、一九六〇年代後半からイスラームの拡大とマレー語の普及を強硬に推し進め、ムスリム原住民を中心とする支配体制を築いた。同時にイスラームの制度化に着手し、イスラームの他の宗教に対する法的優位を確立させた。ムスタファの失脚後、一九七六年に政権の座についたブルジャヤ党は、多民族・多宗教主義に立脚していたが、ムスタファ期に始められたイスラーム法制の整備は継続した。ブルジャヤ党は、政権の後半期にはイスラーム重視政策に傾斜していった。

一九八五年にブルジャヤ党から政権を奪取したPBSは、イスラームと非イスラーム宗教を平等に扱い、従来にはないキリスト教支援政策を進めた。しかしイスラーム法制は従来のものを継承し、一九九〇年代前半にはイスラーム行政法の再編もおこなった［Muhiddin 1990］。

一九九〇年代に入るとUMNOがサバ州に進出し、一九九四年にはUMNO率いる国民戦線が州政権を獲得した。前章でみたように、国民戦線体制下では、イスラーム行政機関をはじめとするイスラーム法制の大幅な改編がおこなわれた。

サバ州のイスラーム法制は、こうしたマレーシア加盟後の政治過程において整備されてきた。それは、マレーシア半島部の場合とは異なり、植民地期の政策に起源するものではなかった。サバ州では、USNOが政治的支配を確立した後のわずか数年のあいだに、サバ州で最初の統一的なイスラーム団体が形成され、同じくサバ州で初めての体系的なイスラーム行政法と公的イスラーム機関が制定、設立された。そして州憲法でイスラームが州の宗教に定められた。イスラームの制度化は、サバ州がマレーシアの政治枠組みにおかれ、ムスリム指導者がマレーシア半島部の連邦政府を後ろ盾として政治的優勢を確保した結果、急速に進められたのである。USNO政権下の一九六〇年代末から一九七〇年代初頭までの数年間は、サバ州の宗教政策の大転換期であり、かつイスラーム制度化政策の出発点であった。

一九七六年にUSNOが政権を失ってから、サバ州では政権交代が繰り返された。しかしいずれの政権党も、程度の差はあったが、イスラームの制度化を進めた。サバ州でも一九七一年から新経済政策が施行されていたが、マレーシア半島部のようにそれが民間のダクワ団体やイスラーム主義政党の隆盛に結びつくことはなかった。サバ州の歴代の政権党は、いずれも世俗権力によるイスラームの制度化を基本方針としていた。この方針が在野のイスラーム主義勢力によって脅かされることはなかった。

またポスト・ムスタファ期のサバ州の政党政治では、少なくとも表向きは、多民族主義、多宗教主義が政治的正統性の根源とされた。強権的なイスラーム布教活動、ムスリム「不法移民」の受け入れによる支持基盤の拡大など、非ムスリムやサバ州の住民一般の利益を侵犯するようなイスラーム政策は政治問題化し、実際にブルジャヤ党党首ハリス・サレー（Harris Salleh）の失脚に結びついた。しかし、政府によるイスラームの管理・制度化という方向性それ自体が政治的な問題とみなされることはなかった。

こうした背景のもとサバ州では、一九七〇年代半ば以降も国家（州政府と連邦政府の双方）によるイスラーム法制の整備が着々と進められ、国民戦線体制のもとでついにマレーシア半島部の諸州と同様のイスラーム法制を備えるに至ったのである。

イスラームの制度化にみる二つの特徴

これまでにみてきたサバ州のイスラーム制度化の歴史過程には、マレーシア半島部のやり方を取り入れること――これをマラヤ化（Malayanization）と呼ぶ――と公的性格の卓越の二つの特徴をみいだすことができる。それぞれの要点をまとめると次のようになる。なお、マレーシアではマラヤ（Malaya）は文化地理空間としてのマレーシア半島部を指す。マラヤ化は、同地のマレー人の文化要素が他地域に広まる過程を指すことが多い。

（一）マラヤ化

サバ州のイスラーム法制は、マレーシア半島部のそれをモデルとして整備されてきた。一九七一年と一九七七年に制定された「イスラーム法行政条例」、一九九〇年代前半に制定された一連のイスラーム関連条例は、いずれもすでにマレーシア半島部で施行されていた法令をサバ州に導入したものであった。

一九七一年にサバ・イスラーム評議会（ＭＵＩＳ）を設立したことに始まり、一九九六年にＭＵＩＳ、サバ州イスラーム局（ＪＨＥＡＩＮＳ）、イスラーム司法官局、ムフティ局という機能別のイスラーム政府機関を設置したことによって完成したイスラーム行政機構も同様に、マレーシア半島部のイスラーム行政機構をその再編過程を含めてサバ州で模倣したものであった。

イスラーム教育制度も、マレーシア半島部各州のイスラーム教育制度を取り入れるかたちで確立された。サバ州におけるイスラームの制度化は、イスラーム行政システムのマラヤ化でもあったといえるだろう。

マラヤ化は、イスラーム法制の形式面のみならず、イスラーム行政の運用面においても生じた。運用面でのマラヤ化とは、具体的には、マレー語がイスラームを媒介する言語としてローカルレベルでも一般化したことや、マレーシア半島部のマレー人が多数、イスラーム教師として導入されたことを指す。

マレー語は、マレーシア加盟以前から北ボルネオのムスリム・エリートたちのリンガフランカであった。しかし村レベルでは、もともとマレー語を母語としていた地域を別にすれば、多くの場合それぞれの民族言語を用いてイスラームは実践されていたと思われる［e.g. 長津 2002］。一般の非マレー・ムスリムのあいだにイスラームを媒介する言語としてのマレー語が広まるのは、ＵＳＩＡやＭＵＩＳのイスラーム行政組織が村レベルにまで及ぶようになってからのことであった。

（二）公的性格の卓越

サバ州ではマレーシア加盟後になってはじめてイスラームの組織化と体系的なイスラーム教育が進められた。その担い手は、準公的なイスラーム団体、USIAであった。一九七〇年代以降は、公的イスラーム機関、MUISがイスラーム行政の管理を引き継いだ。サバ州ではこれらの公的・準公的機関がほぼ独占的に、イスラームの組織化の担い手になっていた。

マレーシア加盟以前の北ボルネオでは、イスラームはほとんど組織化されなかった。植民地期のマラヤには、ポンドクやマドラサといった民間の教育機関や、そこで育成された独自のイスラーム知識人層、かれらが組織するイスラーム改革運動のような、非官製の多様なイスラームの知的伝統があった。しかし、マレーシア加盟以前の北ボルネオにはそれらが欠けていた。

北ボルネオではようやく植民地末期に、ムスリムが自ら地方イスラーム団体を設立し、マレーシア加盟後のサバ州ではUSIAを結成した。しかし、いずれの団体の主導者も体制の主流にあった政治家や公務員であった。USIAの総裁は州首席大臣であり、また指導部は与党USNOの党員によって占められていた。そしてかれらが主体となってMUISを設立し、イスラーム行政・教育制度を確立していった。また、連邦与党から派遣されたクチックがUSIAやMUISの編成に関するムスタファの主要な助言者であったことにみられるように、サバ州におけるイスラーム政策の立案にはマレーシア半島部の政治家が密接にかかわっていた。

こうした経緯をふまえれば、サバ州におけるイスラームの組織化がほぼ全面的に公的な枠組みのなかで展開したこと、またそれがマラヤ化をともなっていたことは、歴史的な必然だったともいえるだろう。一九七一年のMUIS発会式の演説において、当時の州首席大臣でありかつMUIS設立の立役者であったムスタファは、宗教教育について次のように述べている。

……イスラーム教育は、MUISが他分野に先行して、あるいは他分野と平行しておこなうべき最優先の義務である。……〔将来〕われわれの子どもたちは、確固とした、そして純粋な（tegoh dan tulin）イスラームの知識と指針を身につけた新世代にならなければならないからである。そのイスラームは、これまで人々が無自覚にしたがってきた宗教や祖先から伝わる宗教（ugama ikut-ikutan atau ugama keturunan）であってはならない。こうした理由ゆえに、イスラーム学校と学級の数を増やし、同時に訓練された教師たちを準備することは、ＭＵＩＳの義務なのである［Mustapha 1972: 11］。

ここでは村落レベルのプガジアンのような伝統的な教育方法が暗に批判され、他方で公的機関のみが「純粋な」イスラーム知識を伝えうることが強調されている。この時期までにサバ州のムスリム政治指導者は、連邦政府と同様に、国家こそが「正しい」イスラームの担い手、つまりイスラームの権威であるという認識を確立するようになっていたのである。イスラームの制度化が進む過程で、こうした認識は、体制側の単なるイデオロギーにとどまらず、次章でみるように海サマを含むサバ州の一般のムスリムのあいだにも広まっていく。

註

＊1――華人伝統宗教とは、太伯公（福徳正神）などの守護神に対する信仰や祖先祭祀を指す。マレーシア半島部の華人のあいだでは、仏教徒と華人伝統宗教等をあわせた人口が全体の九割以上を占める。これに比べると、サバ州の華人のあいだでは、キリスト教徒の割合が目立って大きい。

＊2――州憲法は州元首をとくに憲法上ムスリムに限定していないが、実際にはムスリムが務めることが慣例化している。

＊3――前者は「一九九二年イスラーム家族法条例」の三九条および四〇条により、後二者は「一九九五年シャリーア刑事違反条例」の四九条により違反とされている［Negeri Sabah 1992c］。

＊4――州立イスラーム学校、国民中等宗教学校いずれの学校数も一九九八年のもの。数字は、JHEAINS本部での聞き取りによる。

＊5――数は未確認。センポルナのKAFAの教師によれば、サバ州におけるKAFAの数は一〇〇近いという。

＊6――サバ州のシャリーア裁判所制度は、マレーシア半島部と同じく三審制である。

＊7――これらの犯罪は同条例の第四部第四八～一〇四条に規定されている［Negeri Sabah 1995］。

＊8――サバ州の財政支出は、通常予算（perbelanjaan biasa）からの支出と開発予算（perbelanjaan pembangunan）からの支出に分けられている。一九九八年の場合、前者は一二億一一一五万六六一〇リンギ、後者は四億四一〇三万二九九五リンギであった。本文中の四機関に対する支出は前者に含まれた［Negeri Sabah 2000］。

＊9――“perintah”はマレーシア半島部のマレー語では“pemerintah”になる。

＊10――「ムスリムの慣習による裁判所」は、一九三六年に西海岸ボーフォート（Beufort）郡のムスリム原住民首長モハマド・サマン（Mohamad Saman）が編纂したもので、主に結婚・離婚、性関係、相続などのイスラーム家族法にかかわる規定と罰則を記していた。この法令集は会社政府によって印刷され、北ボルネオ中のムスリムの原住民首長に配布された。法令集は正規の法令ではなかったが、原住民裁判所のイスラームにかかわる裁判において法典として用いられた［Sabihah 1985: 42-43, 139-148; Ranjit Singh 2000: 292-294］。

＊11――一九三〇年代から一九四〇年代にかけて、英領マラヤやブルネイに本拠地をおくマレー人の政治的なイスラーム団体の支部が北ボルネオにもいくつか作られた。マレー・ペンフレンド協会（Persatuan Sahabat Pena Melayu）や、青年戦線（Barisan Pemuda）などである。しかし、いずれの活動も一時的でしかなかった［Sabihah 1983: 326-348］。

＊12――マレー語では“Pertubuhan Islam Seluruh Sabah”である。公式の略称には英語名に基づくUSIAが採用された。会員の一部はこのことに反対したが、団体の指導部は次のような主張により、USIAを正式の

略称とすることを決定した。①この団体はマレーシアにとどまらず東南アジア全体に知られるべきである。②略称のUSIAはマレー語で「年齢」、「一生」を意味する。よってこの略称を用いることにより、会員はこの団体が長く進歩し続けるという印象を持ちうる［Muhiddin 1990: 38-39］。

＊13――ただし教区レベルのイマムが実際にMUISによって任命されるようになるのは、後述するように、ブルジャヤ（サバ大衆団結党）政権期以降のことである。

＊14――最高評議会のメンバーは、一九九二年から現行の一五人になっている。なお、一九七一年の「イスラーム法行政条例」は英文のみで発行された。マレー語文はない。タイトルは、マレー語では“Enakmen Pentadbiran Hukum Syarak”と訳されている。

＊15――この条例の正文はマレー語であった（英語名称は一九七一年の条例と同じ）。

＊16――サバ州の国民学校は一九七六年までは州政府の管轄であったが、同年以降は連邦教育省の管轄になっている。

九

「正しい」宗教をめぐるポリティクス

海サマのイスラーム化と国家

1　イスラーム化をめぐる国家の文脈

マレーシア・サバ州カッロン村の海サマと、フィリピン・シタンカイ島の海サマが、それぞれの地域においてきわめて対照的なムスリムとしての位置付けがなされていることは、「はじめに」で触れた。シタンカイ島の海サマは一九四〇年代からイスラームを受容し始め、現在ではほとんどがムスリムになっている。カッロン村の海サマは、シタンカイ島の海サマより遅く、一九五〇年代半ばからイスラームを受容し始めた。しかし、海サマは地域社会で広くムスリムと認められている。さらに一部の人びとのあいだでは、カッロン村はセンポルナでもっとも敬虔なムスリムの村であるとみなされるまでになっている。

なぜマレーシア側ではこのような変化が生じたのか。カッロン村の海サマは、いかにムスリムとして認められるようになったのか。これが本章の出発点となる問いである。

以下では、八章でみたような、サバ州におけるイスラーム制度化の過程であらわれるイスラームのあり方を「公的イスラーム」と呼ぶ。ここでいう公的イスラームは、国家や地域を超越した単一の汎イスラーム的な権威に根ざすイスラームのあり方や、それが統括する制度や理念、実践を指しているのではない。[*1] それはマレーシア国家が管轄する公的な宗教機関のイニシアティヴによって「正しい」と位置付けられ、また一般のムスリムの多くも「正しい」とみなすようになっているイスラームのあり方を指している。つまりここでの公的イスラームとは、マレーシアの歴史的、社会的枠組みにおいてあらわれたイスラームのあり方にほかならない。

序章で述べたように、一九八〇年代以降の東南アジア島嶼部のイスラームに関する人類学的研究においては、世界的なイスラーム復興の潮流や、国家の政策的なイスラームへの関与という、イスラームをめぐるマクロな文脈に位置付けて対象社会のイスラームの動態を論じることが多くなっている。この章では、こうした研究動向をふまえて、マレーシアおよびサバ州を政治的な準拠枠として制度化されてきた公的イスラームとの関係において海サマのイスラーム化の歴史過程を検討しつつ、冒頭の問いに対する答えを探っていく。

カッロン村では、おそらくすべての海サマが自らをムスリムと考えている。とはいえ、かれらのイスラーム実践へのかかわりの度合いがさまざまであることはいうまでもない。この章では、村のイマムやウスタズ（ustaz[<my/ar]、イスラーム教師）、モスク運営委員（ahli jawatankuasa masjid）など、イスラーム実践に積極的な層に焦点を当てる。なお以下のイマムとは、村人が慣習的に「イマム」と呼ぶイスラーム指導者を指すことにする。イスラームの義務礼拝の際に、礼拝を先導する人物という意味の狭義のイマムは「礼拝の導師」と記して区別する。

2　カッロン村におけるイスラームのあり方

サバ州センポルナ郡のイスラーム

サバ州の各郡にはサバ州イスラーム局（JHEAINS）の支部がおかれ、ムスリムの結婚・離婚の手続き、イスラーム税の徴収、イスラーム関連の式典の組織など、郡レベルのイスラーム行政を統括している。[*2] 郡レベルのイスラームの長は郡イマム（imam daerah）である。彼は各郡で礼拝実践の中心になっている郡モスク（mesjid daerah）で筆頭イマムを務める。

ひとつの郡は複数の教区（kariah）に区分されており、それぞれの教区では教区イマム（imam kariah）がイスラームの長になる。郡イマムと教区イマムは、ともにJHEAINS支部によって任命される。JHEAINSの行政官、郡イマム、教区イマム、および州立イスラーム学校の常勤教師は、JHEAINSが雇用する有給の公務員である。

カッロン村が位置するセンポルナ郡の郡イマムはシムヌル系陸サマが務める。郡は三一の教区に分けられ、それぞれひとりの教区イマムが管轄している。教区イマムは、タウスグとマレー人がそれぞれひとりいるほかは、すべてサマである。センポルナにはモスクが六二、スラウ（surau、小規模な礼拝堂）が一〇八ある。これらはすべてJHEAINSによって登録、管理されている。

センポルナ郡には、JHEAINS管轄の州立イスラーム学校が三校ある。JHEAINS支部によれば、三校を合わせた児童数は一〇〇〇人弱、教員は五一人である。[*3] すべて初等科六学年のみで、中等科（三～五学年）での学習を希望する児童はタワウの州立イスラーム学校に通う。

カッロン村のモスク

カッロン村におけるイスラームの諸実践はモスクを中心におこなわれる。[*4] モスクは次に述べるモスク委員会

(jawatankuasa masjid) が管理している。他の家屋同様に、モスクも海上に建てられている。

モスクは義務礼拝のほかにモスク委員会の会合、礼拝後の自発的なクルアーン学習などの場にもなる。二階部分は子どもたちのためのイスラーム学習会の場としても使われる。学習会ではモスク青年団 (rakan muda masjid、後述) がボランティアで教師を務めている。

金曜礼拝の導師、ハティブ (khatib)、ビラル (bilal) は、後述のように公的に承認されたムスリムでなければ務めることはできない。ハティブは金曜礼拝においてフトバ (khutba、説教) をおこなう説教師を指す。フトバはマレー語でおこなわれる。ビラルは、金曜礼拝の呼びかけをおこなうほか、礼拝時にハティブを説教台に導く進行役も務める。[*5]

モスク委員会

カッロン村と隣接する二つの村は、ひとつのイスラーム教区に含まれる。カッロン村の海サマ、ワジャリがその教区を代表する教区イマムを務める。カッロン村のモスク委員会は、彼の監督下に設置されている。モスク委員会は、委員長、副委員長、事務長、事務長補佐、会計長、および二〇人の一般メンバー (ahli) で構成される。**表9-1**は委員会の構成をまとめたものである。表の各個人については、後の世代グループのところで説明する。

委員会はモスクの維持と運営に責任を持ち、イスラームに関する会合を開催し、関連行事を組織する。委員長ないし事務長は、会合や行事の召集、司会、とりまとめをおこなう。二者の役割の違いは明確ではない。事務長は、モスクでおこなう儀礼のドゥア (dua [<my/ar]、アッラーに対する祈祷) の朗誦も担当する。

モスク委員会は、婚姻担当係 (四人) と葬儀担当係 (四人)、金曜礼拝の際の礼拝導師 (五人)、ハティブ (五人)、ビラル (四人) それぞれを担当する係を定めている (**表9-1**)。婚姻、葬儀、金曜礼拝の担当者は、JHEAINS支部の承認を経たうえで教区イマムによって選任される。その名簿は、JHEAINS支部に提出・確認されており、かれら以外の、JHEAINSの許可証（surat kuasa[my]）ないし任命書（tauliah[<ar]）を持たないムスリムがこれらの役を務めることは違法とされている。

ほかに、イスラームの実践に熱心な一〇代後半から三〇代前半の若者たちは、独自にモスク青年団を組織している。モスク青年団は二〇人前後で構成される。そのうち五人はモスク委員会のメンバーでもある。モスク青年団の若者たちは、自分たちのためのクルアーン学習会をおこなったり、また先述のように子ども向けの学習会の教師を務めたりするほか、教区イマムの指導のもと、たとえば断食月中の飲食など、イスラームに反する行為を注意し、ときに取り締まるための村内巡回も引き受けている。

イスラーム指導者と世代グループ

村の主要なイスラーム指導者は、知的背景や調査時の役割などの面からおおよそ三つの世代グループに分けることができる。どの世代の指導者もティンギないしアタンの親族が中心になっている。ここではティンギとの関係、知的背景、現在の役割を中心に、各世代グループに

表 9-1 カッロン村のモスク委員会（jawatankuasa masjid）*

■ 教区イマム	ワジャリ（56 歳）	
委員長（pengurusi）	バンサン（33 歳）	
副委員長（timbalan pengurusi）	バルサ（44 歳）	
事務長（setiausaha）	1997 年：クハティ（25 歳）	1998 年：クルニア（55 歳）
事務長補佐（penolong setiausaha）	レガスピ（31 歳）	
会計長（bendahara）	1997 年：ナジャヤ（61 歳）	1998 年：バルジャナ（43 歳）
委員（ahli jawatankuasa）	1997 年：18 人	1998 年：20 人
□ 金曜礼拝担当		
礼拝導師係（jawatan imam）5 人	ワジャリ、クルニア、シユン（43 歳）、ランドゥ（41 歳）、クハティ	
フトバ係（jawatan khutba）5 人	ナジャヤ、シユン、ランドゥ、クハティ、バンサン	
ビラル係（jawatan bilal）4 人	ナジャヤ、プティ（77 歳）、バルサ、クハティ	
□ 儀礼執行担当		
婚姻係（juru nikah）4 人	ワジャリ（長）、クルニア、ロンバン（53 歳）、ナジャヤ	
葬儀係（juru kifayah** ）4 人	プティ（長）、クルニア、ロンバン、ナジャヤ	

*すべて男性。陸サマのプティ以外はすべて海サマ。年齢は 1998 年時点
** kifayah は「共同体に対するムスリムとしての責務」の意
出典：フィールドワークにもとづき筆者作成

図9-1　主なイスラーム指導者（ティンギの親族）

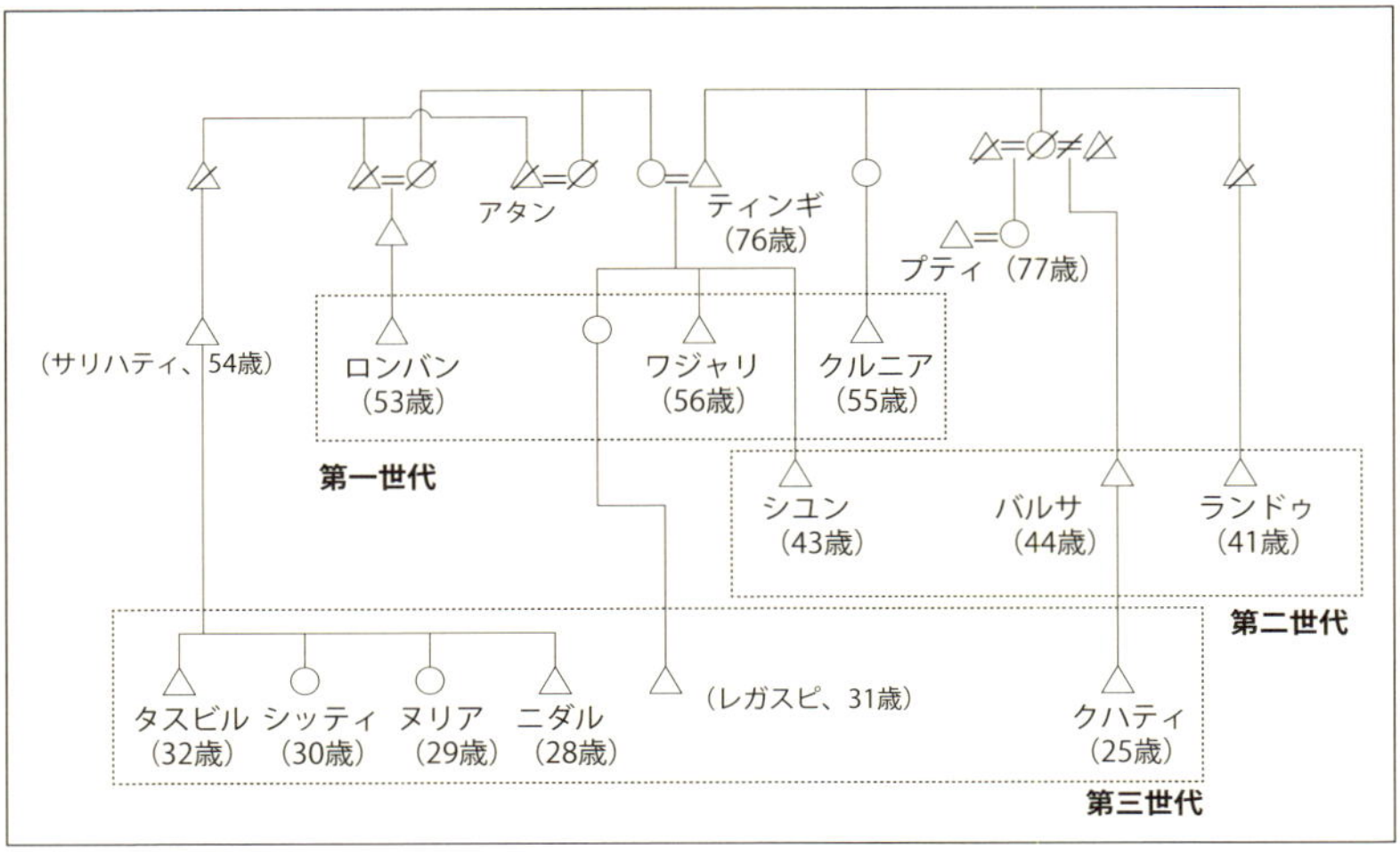

註：年齢は1998年当時
出典：フィールドワークにもとづき筆者作成

ついて説明する。主なイスラーム指導者との親族関係は、あらかじめ図9-1に示しておく。

（一）第一世代のイスラーム指導者

カッロン村の海サマで、最初にイスラーム指導者としての教育を受けた世代を「第一世代のイスラーム指導者」とする。シタンカイ島から移住した同世代のイスラーム指導者もここに含める。調査時の年齢は、五〇代から六〇代初めである。ティンギの息子のワジャリ（五六歳）、甥（ZS）のクルニア（五五歳）、妻の甥の息子（WZSS）のロンバン（五三歳）、ナジャヤ（男性、六一歳）が、この世代の主なイスラーム指導者である。

　ロンバンは親族関係ではひとつ下の世代になるが、年齢的にはワジャリたちと変わらない。彼はアタンの兄の孫でもある。ナジャヤは、一九七〇年代初頭にシタンカイ島からカッロン村に移り住んだ移民で、ティンギと直接の親族関係はない。*6

　第一世代のイスラーム指導者のうちワジャリ、クルニア、ロンバンの三人は、一九五〇年代半ばから一九六〇年代にかけて「マッグル（magguru）」と呼ばれる学習方法でイスラームを学んだ。マッグルはマレーシア半島部におけるプガジアン（pengajian）とほぼ同じで、グル（guru [<my/skr]、教師）の家に住み込み、家事や雑務の手伝いをしながら、クルアーン読誦やイスラームの義務実践、知識、儀礼のやり方などを学ぶ学習法である。マッグルは「グルに師事する」といった意味になる。後にみるように、三人はセンポルナで陸サマのハティブをグルとして学んだ。かれらは世俗学校で学んだことはなく、ジャウィ（jawi　アラビア文字表記のマレー語）およびローマ字アルファベット表記によるマレー語の読み書きもマッグルで学んでいる。ワジャリたちより少し年上のナジャヤは、一九五〇年代初頭からシタンカイ島でマッグルによりイスラームを学んだ。ナジャヤはシタンカイ島で初等学校（六学年）を修了している。

現在、ワジャリが教区イマムを務めていることはすでに述べたが、他の三人も、一九七七年にMUIS（サバ・イスラーム評議会）によりイスラーム指導者として公認されている（後述）。カッロン村の海サマは、「イマム」を年長のイスラーム知識人一般に対する尊称として用いる。単にイマムというとき、その対象者がMUISないしJHEAINSに公認されているか、いないかは区別されていない。

以下、公的な承認を得ていない他のイマムと区別する必要があるときには、ワジャリらを「公認イマム」と呼ぶことにする。四人の公認イマムは、いずれもマッカ巡礼を果たしているため、村人からは「ハジ（haji）」の称号でも呼ばれる。[*7]

クルニアは、四人のなかでもっともイスラームの知識が深いと村人に評されている。知識の深さは、彼が陸サマのハティブのグルから多くのパハラ（pahala[<my/skr]）、つまりアッラーの恩寵を譲り受けたことの証とみなされている。彼はまた、次にみる第二世代のイスラーム指導者をはじめ、多くの村人にイスラームを教えてきた。クルニアのもとで学んだ海サマは三〇人を超える。こうした事情ゆえに、彼は村のイスラームの領域ではもっとも幅広い層の村人の尊敬を集めている。前章で触れたようにクルニアは、PBS（サバ統一党）政権期、村長を

務めていた。

なお、この世代には含まれないが、陸サマのプティ（男性、七七歳）も村の主要なイスラーム指導者のひとりである。プティも一九八〇年代半ばに、イスラーム指導者としてＭＵＩＳの公認を受けている。

（二）第二世代のイスラーム指導者

第一世代の公認イマムからマッグルでイスラームを学んだ世代を、第二世代のイスラーム指導者とする。調査時の年齢は四〇代で、シュン（男性、四三歳）とランドゥ（男性、四一歳）がこの世代のイスラーム指導者を代表している。シュンはティンギの息子（九番目の子）、ランドゥはティンギの甥である。二人は、一九六〇年代末から一九八〇年代初めまで、断続的にマッグルでイスラームを学んだ。主にクルニアがグルであった。学習が断続的だったのは、かれらが村外の森林伐採現場や港湾施設で働いていたためである。

かれらは村でのマッグルのほか、タワウなどの就労先ではブギス人やマレー人の友人からイスラームを学び、また市販のイスラーム教本で独習もしている。後者の場合、かれらは、ローマ字アルファベット表記のマレー語で記されたイスラーム教本を使用した。

シュンは国民学校の初等科六年を修了しており、ジャウィとローマ字アルファベット表記のマレー語いずれの読み書きもできる。ランドゥは世俗の一般学校には就学していないが、クルニアからジャウィとローマ字アルファベット表記のマレー語の読み書きを学んでいる。ランドゥは、一九八〇年から八三年まで、断続的にセンポルナの州立イスラーム学校でおこなわれていた成人向け夜間教室（kelas dewasa）で学んだこともある。

調査時、村のモスクで中心的なハティブ役を担っていたのが、かれらと次にみるクハティであった。そのためシュンとランドゥは、日常生活においても、ハティブの名を付して「ハティブ・シュン」というように呼ばれていた。

村のモスクでドゥアを朗誦する公認イマム
（2005 年）

村のモスクで礼拝する海サマのムスリムたち（2005 年）

シュンとランドゥは、フトバの技術およびクルアーンの読誦技術の面では第一世代のイマムたちに優るといわれていた。*8 フトバではクルアーンの読誦技術とマレー語の話術が必要とされ、クルアーンの読誦技術では正則アラビア語の発音が重視される。一九九八年の断食明け大祭（一月三〇日）の集団礼拝（sambahayang Hari Raya）でハティブを務めたのはシュン、一九九九年の同礼拝（一月一九日）でハティブを務めたのはランドゥであった。大祭の礼拝でハティブを務めることは名誉とされ、選ばれた人はアッラーから多くの祝福（パハラ）が授けられると考えられている。

そのほか、村人からイスラーム指導者とはみなされていないが、モスク委員会の職務を担っていたバルサ（男性、四四歳）やバルジャナ（男性、四三歳）もこの世代に属する。

（三）第三世代のイスラーム指導者

州立のイスラーム学校で学び、ＪＨＥＡＩＮＳ支部や州立イスラーム学校に職を得ている海サマを、第三世代のイスラーム指導者とする。調査時の年齢は二〇代から三〇代である。この世代には、バンサン（男性、三三歳）、

断食明け大祭の礼拝に集う海サマの女性たち（2005年）

タスビル（男性、三二歳）、シッティ（女性、三〇歳）、ヌリア（女性、二九歳）、ニダル（男性、二八歳）、クハティ（男性、二五歳）が含まれる。学歴については後述するが、バンサンを除く五人は、サバ州レベルでは相当に高いイスラーム教育を受けている。

タスビル、シッティ、ヌリア、ニダルはキョウダイである。父のサリハティ（五四歳）は、船上居住時代に海サマのリーダーだったアタン（六章参照）の兄の息子で、ティンギからみると妻の姉の姻族（WZHBS）に当たる。クハティは前記のバルサの息子、つまりティンギの妹の孫（ZSS）である。バンサンはティンギと直接の親族関係を持たない。バンサンは、州立イスラーム学校の夜間学校で二年ほど断続的に学習したほか、タスビル、ニダル、クハティから個人的にイスラームを学んだ。[9]

第三世代のイスラーム指導者は、村人から「ウスタズ」（男）ないし「ウスタザ（ustaza[<my/ar]）」（女）と呼ばれる。[10] マッグルのグルとウスタズは峻別されている。

調査時、村で第三世代のイスラーム指導者を代表していたのはクハティである。クハティは、村のモスク委員会の役職を務めていた。また、先述のモスク青年団でも指導者的立場にあった。バンサンはモスク委員会の委員長を務めていた。彼はクハティに次ぐ地位のイスラーム指導者とみなされていた。

これら第三世代のイスラーム指導者の知的背景は、第二世代までのイスラーム指導者のそれとは質的に大きく異なっている。第二世代までのイスラーム指導者は、クルアーン読誦とイスラームの諸実践、およびイスラームの教義を学んではいるが、その知識は限定的である。かれらはクルアーンを音読することができ、各章（スーラ）のおおよその意味を理解している。しかし、その節（アーヤ）の一字一句を解釈することはできない。

これに対し、州立イスラーム学校で教育を受けたウスタズたちは、イスラームの基礎的実践、知識はいうまでもなく、イスラーム法学（フィクフ）やクルアーンの解釈学（タフシール）のような高度なイスラーム知識を習得している。かれらは、アラビア語を理解しクルアーンの章句の意味を解読することができる。[11]

かれらと第二世代までのイスラーム指導者との知的領域における差異のうち、一般のムスリムが何よりも具体的に確認しうるのは、クルアーンの読誦技術における差異である。第三世代のイスラーム指導者は、州立イスラーム学校で「タジュウィード（tajwid[ar]）」と呼ばれる正統なクルアーン読誦法を学んでいる。その技術（発音・発声法）は、タジュウィードの訓練を受けたことのない第一世代、第二世代の指導者たちのそれとは明らかに異なる。

このようにウスタズたちの知識は、クルアーン読誦技術、クルアーン解釈、アラビア語、イスラーム法などあらゆる知的領域で、第二世代までのイスラーム指導者の知識を上回っていた。第一世代、第二世代のイスラーム指導者もこうした知識面での差を認めており、調査時、かれらは、第三世代のイスラーム指導者にイスラームを学ぶようになっていた。

イスラームと村の政治

マレーシア半島部では、村落部でもマレー人の政治指導者はイスラーム的資質を備えていることが前提とされ、その資質がより高いことが政治指導者の正統性と同一視されている［多和田 1993; Peletz 1997］。カッロン村におけるイスラームと政党政治は、そうしたマレーシア半島部のマレー社会ほどには直接に結びついていない。カッロン村でも、村長やJKKK委員長などの政治指導者はイスラームに無関心であることは許されないという雰囲気はあった。村長たちも、モスクでの主要な行事には参加することが求められ、また集会で話をするときにはイスラームにしたがった挨拶をはじめに誦みあげなければならなかった。しかしながら、ウスタズやモスク青年団のメンバーを除くと、村人がかれらの政治指導者としての資格とイスラームの実践に対する熱心さとを結びつけて語ることはけっして多くなかった。カッロン村においては、イスラームと政党政治とは、それぞれが比較的に独立した社会領域を形成しているといってよい。

3　センポルナ郡におけるイスラームの制度化と社会秩序の再編

植民地期のイスラーム

北ボルネオ会社政府の対ムスリム政策が、「一九一三年村落行政条例」の第一〇項や「一九一四年モハンメド教徒の慣習条例」のような基本的な条例を施行するにとどまっていたことは前章で述べた。センポルナでは後者の条例ができた直後に、会社政府がひとりのブギス人を最初の政府イマムに任命した。彼は郡モスクの第一イマムになると同時に、原住民首長のウダンを長とする原住民裁判所の補佐役を務めた［GSNB 1915: 12, 1916: 12］。

二〇世紀前半、センポルナには、スル諸島の陸サマ、タウスグ、インドネシア出身のブギスなどが多数、移住した。そのうちイスラームの知識を有する移民は、移住先の村で自発的に集団礼拝の導師やプガジアンの教師を務めた。

センポルナにおけるイスラーム教育は、知識人を招いて個人的にイスラームを学ぶやり方か、あるいはプガジアン式でのみおこなわれていた。一九三〇年代から五〇年代に原住民首長アブドゥッラの子どもとともにイスラームを学んだサカランの例をみると、アブドゥッラは第二次世界大戦前には、アラブ人、インドネシア出身のムスリム、スル諸島の陸サマを、戦後にはこれらにくわえてマレーシア半島部のマレー人をイスラーム教師として招いた。[*12] サカランと他の子どもたちは、かれらからイスラームを学んだ。一般のムスリムの多くは、スル諸島出身の陸サマやタウスグなどを教師としてプガジアン式でイスラームを学んだ。こうした状況は、植民地末期まで変わらなかった［Ismail et al. 1996］。

州のイスラーム行政の浸透

一九六〇年、サバ・イスラーム協会（PIS）の支部がセンポルナにおかれ、当時、原住民首長であったサカランがその代表に就任した。このときサカランは、マレーシア半島部のヌグリ・スンビラン出身のマレー人を、郡イマムかつ郡モスクの第一イマムに任命した。八章で述べたように一九六九年にPISは解散し、サバで最初の統一的なイスラーム団体、統一サバ・イスラーム協会（USIA）が設立された。これにともないセンポルナでもPIS支部は解散となり、翌一九七〇年にUSIAの支部が作られた。その代表者もサカランであった。このとき彼は州議会議員であった［Ismail et al. 1996］。このようにセンポルナのイスラーム活動は、サカランを代表者とするPIS支部とUSIA支部によって初めて組織化された。[*13]

一九七四年には、サバ・イスラーム評議会（MUIS）がセンポルナに支部を設立した。MU

表 9-2　JHEAINS（MUIS）センポルナ支部の機能と役割

主題	概要
①行政管理と組織開発	イスラームの行政管理と組織運営をおこなう。支部長は代表として、郡イマム（imam daerah）などの支部役員のほか、教区イマム（imam kariah）、宗教学校教員を有給の職員として統括する。
② 結婚と離婚	郡イマムの監督下に、教区イマムは結婚、離婚を執行・登録する。また、それらに関する調停をおこなう。
③ モスク	教区イマム、村イマム（imam kampong）を通じて各村のモスクを管理する。教区イマム、村イマムには、モスク運営委員と協力してイスラーム活動を推進するよう指導する。
④ ダクワー	本部ダクワー部のプログラムにしたがって、宗教指導研修の実施、学識者の村のモスク等への派遣、講話会の開催などのイスラーム推進活動をおこなう。
⑤ 教育	宗教学校を運営し、また教員を任命・管理する。
⑥ 財務	ザカト・フィトラー（義務とされている宗教税）の徴収と財務管理をおこなう。
⑦イスラーム（シャリーア）	州のイスラーム法令が適用される分野の法的処理を施行する。訴訟をタワウの地方宗教裁判所に取り次ぐ。

出典：JHEAINS, Semporna［1999］

センポルナの宗教学校で教鞭をとるウスタズと生徒たち（2000年）

ＩＳ支部は、イスラーム諸活動の管理をＵＳＩＡ支部から引き継いだ。一九九六年からはサバ州イスラーム局（ＪＨＥＡＩＮＳ）の支部がＭＵＩＳ支部を引き継いでいる。現在のＪＨＥＡＩＮＳセンポルナ支部の具体的な機能と役割は、**表9-2**に記したとおりである。表のような機能と役割は、ＭＵＩＳ時代の一九八一年までに定められた。ＭＵＩＳの設立後、一〇年弱のあいだに、センポルナのイスラーム行政は、サバ州の他の郡と同様に、ムスリムの社会生活全般に及ぶ包括的なものになったのである。

州のイスラーム教育の浸透

一九六〇年にサカランは、ＰＩＳ支部の協力を得て、センポルナで最初の初等宗教学校を設立した。サカランは、先述のマレー人の郡イマムを教師兼校長として採用した。学校は、「センポルナ宗教学校（Sekolah Ugama Semporna）」と名付けられた。のちにセンポルナにほかの宗教学校が建てられると、この学校は、「町の宗教学校（Sekolah

表 9-3　センポルナのプカン宗教学校の教員構成（1999 年）

同校採用年	民族	年齢	出身地
1967	マレー人	64	ペナン
	マレー人	55	ペナン
1978	マレー人	42	ペラク（マレー半島）
1987	陸サマ	38	センポルナ
	陸サマ	38	センポルナ
1988	イダハン[1]	42	ラハダトゥ
1992	陸サマ	45	センポルナ
1993	陸サマ	35	センポルナ
1994	ブギス	20	センポルナ
1995	ブルネイ人[2]	41	コタキナバル
1996	タウスグ	32	センポルナ
	陸サマ	30	センポルナ
	ブギス	25	タワウ
	ブギス	24	タワウ
1997	ブルネイ人[3]	40	コタキナバル
	海サマ	32	センポルナ（カッロン村）
	陸サマ	31	センポルナ
	陸サマ	25	センポルナ
	ブギス	21	タワウ
1998	陸サマ	25	センポルナ
	陸サマ	19	センポルナ
1999	ブギス[4]	38	タワウ
	陸サマ	29	センポルナ
	ブルネイ人	19	コタキナバル

1)　教員としての採用は 1985 年
2)　教員としての採用は 1987 年
3)　教員としての採用は 1984 年
4)　教員としての採用は 1985 年

出典：JHEAINS センポルナ支部所蔵のプカン宗教学校の教員登録簿
　　および同支部での聞き取りによる

Ugama Pekan)」と呼ばれるようになる。以下、この学校を「プカン校」と呼ぶ。現在までのプカン校の歴代の校長三人は、すべてマレーシア半島部出身のマレー人である（出身地はヌグリスンビラン、ペナン、クダ）。PISとUSIAの支援を受けて、一九六〇年代から一九七〇年代初頭のセンポルナには、さらに二校の宗教学校が設立された［Ismail et al. 1996］。

MUISはこれらの学校の教員を拡充し、建物を増設ないし改築した。一九七〇年代には各校に数人だった教員は、調査時で各校一〇人以上、計五一人になっている。**表9-3**は調査時のプカン校の教員構成を示している。センポルナの宗教学校の教員は、一九七〇年代までほとんどすべてがマレーシア半島部出身のマレー人であったが、表が示すように、一九八〇年代の後半からはかつての生徒、つまりサマを主とする現地のムスリムが教員に採用されるようになっている。

イスラームをめぐる社会秩序の再編

センポルナにおけるイスラームの展開は、前章でみたサバ州全体でのイスラーム制度化の過程とほぼ連動していたといってよいだろう。ここでもイスラームの行政と教育は、一九六〇年代になって初めて組織化された。推進役は体制の主流にいる政治指導者であった。両分野は一九七〇年代以降、主に公的イスラーム機関MUISの主導で制度化された。このイスラーム制度化の過程には、マレー化がともなわれていた。

では、こうしたイスラーム制度化は、センポルナのムスリム社会にいかなる影響をあたえたのだろうか。それは、（一）ムスリム社会のスル諸島からの切り離しとマレーシアへの接合、（二）マレー的要素と公的機関へのイスラームの権威の移行、（三）その結果生じたイスラームをめぐる社会秩序の再編の三点に要約できる。

（一）ムスリム社会のスル諸島からの切り離しとマレーシアへの接合

クバン系陸サマの教区イマムたちによれば、第二次大戦後の植民地期までタウスグやスル諸島出身の陸サマは、イスラーム知識の面において地元のクバン系陸サマを劣っているとみなす傾向があった。[*14] スル諸島には、スル王国時代すでに一定のイスラームの知的伝統が形成されていたが、その周縁に位置していたセンポルナにはそうした伝統がなかったためである。植民地統治期の末までこの地域で礼拝実践やプガジアン教育の主導的役割を担っていたのは、スル諸島出身者あるいはインドネシア出身者であった。

クバン系陸サマのサカランが、郡イマムにマレーシア半島部出身のマレー人を選び、同時に彼を郡で最初の宗教学校の校長に任命したのは、こうした状況においてであった。このことは、スル諸島出身者よりもマレーシア半島部のマレー人のほうがイスラームを「正しく」実践し、また教えることができる、という彼の認識の表明とその実行にほかならなかった。

サカランは第二次大戦前に政治的権威を確立していたウダンおよびアブドゥッラの継承者であり、その政治的影響力はこの時代にはすでに広く認められていた。スル諸島出身者よりもマレーシア半島部出身のマレー人のほうがより「正しい」イスラームの担い手であるとする彼の判断は、センポルナのムスリム住民のイスラームに関する正統性観念に大きな影響を及ぼしたに違いない。

サカランによるこのイスラーム指導者の人選を象徴的な契機として、センポルナのムスリム社会はスル諸島から切り離され、マレー知識人という権威を媒介にマレーシアに接合されていく。五章で論じたように、センポルナは、政治的な面では植民地統治の前半期にすでにスル諸島から切り離されていた。ただ、イスラームに関しては、それ以後もスル諸島を権威の源とみなす意識が住民のあいだに強く残っていた。しかし、この時点でセンポルナは、イスラームの面でも脱スル化されたのである。

（二）マレー的要素と公的機関へのイスラームの権威の移行

こうしてセンポルナでは、スル諸島出身者に代わりマレー知識人が新たなイスラームの権威の担い手とみなされるようになる。宗教学校の教員は一九八〇年代までほとんどがマレーシア半島部出身のマレー人であったし、一般の国民学校でイスラーム課目を教える教員の多くもマレーシア半島部出身のマレー人であった。

一九六〇年代にはマレー人教師とともに、別のマレー要素が新たなイスラームの権威として導入された。マレー語である。センポルナのサマたちは、独立前後までに行政の場や一般学校においてはマレー語を話すようになっていた。しかし、かれらがローカルなイスラームの場、たとえば村のモスクにおけるフトバやプガジアン教育でマレー語を用いることは、この時代までけっして一般的ではなかった。そこではサマ語、そしてタウスグ語が用いられていた。

表9-4は、一九六〇年代末にカッロン村の海サマのイマムたちが使用していた「パルクナン（parukunan）」と称されるイスラーム教本の一部を抜粋し、使用言語を示したものである。オリジナルは手書きで、アラビア文字で現地語が表記されている。表の抜粋箇所では、礼拝の一連の動作が解説されている。

これをみると、サマ語（とくにスル諸島の陸サマ語）にくわえてタウスグ語が少なからず使用されており、当時のイスラーム学習ではいまだタウスグ語の優勢が残っていたことがわかる。[*15] 一九六〇〜七〇年代までのセンポルナでは、この種のテクストが広く使われていた。

しかし、一九六〇年代に宗教学校や一般学校のイスラーム教育でマレー語が使用され始めると、一般ムスリムのあいだでもマレー語がイスラームを媒介する言語として広まるようになる。

一九七四年以降は、ＭＵＩＳがイスラームの媒介言語としてのマレー語を普及させていく。ＭＵＩＳのセンポルナ支部は、村のイマムらにフトバにおけるマレー語の使用を推奨し、また村のモスクにマレーシア半島部各州の公的イスラーム機関やＭＵＩＳが出版したマレー語のイスラーム教本を配布した。以後、村のモスクでもマレー語でフトバをおこなうことが多くなり、また村レベルでのイスラーム学習でもマレー語の出版物が使用されるよ

表9－4　1960年代末のイスラーム教本と使用言語（抜粋）

「礼拝13柱の効用（Fa'idda Rukun Hangpu' Tagtu فَئِدَّ رُكُوْنْ هَغْفُؤْ تَكْتُوْ）」節の後半部

٧) سُجُودْ [Ar]=SM مَكَالَكّسْ [<My] نَيْتَايْ [Smd] مَا صِرَاطَ ٱلْمُسْتَقِيمْ [Ar] فِرْمَانْ [Ar] اَللّٰهُ تَعَالَى

[Q: 96-19] وَاسْجُدْ وَاقْتَرِبْ SM هَتِنَا [Sm] سُجُودْ [Ar] كَامْ نِتُهَانْ [<My]

٨) دُوْدُقْ [My] اَنْتَرَءْ [<Skr] دُوَ [Sm] سُجُودُ [Ar]=SM مَكَ سَنْدُغْ [Ts] كِتَا مَا فَنْجِيْ٢ [<My] رَسُوْلُ اَللّٰه [Ar] فِرْمَانْ [Ar] اَللّٰهُ تَعَالَى

[Q: 2-199、他] وَاسْتَغْفِرُواْ اللّٰهَ SMD هَتِنَا [Sm] مِكَ اَمْفُنْ [<My] كَامِ نِتُهَانْ [<My]

٩) دُوْدُقْ [My] تَحِيَةْ [Ar] اَجِرْ [<Ar]=SM فَغْرَانْ [Sm] مَا فَرَغْ [<My] مَحْشَرْ [Ar] فِرْمَانْ [Ar] اَللّٰهُ تَعَالَى

[Q: 54-55] فِي مَقْعَدِ صِدْقٍ عِندَ مَلِيكٍ مُّقْتَدِرٍ SM هَتِنَا [Sm] تَمْفَةْ [<My] تِغْكَاءَنْ كَمِمَنْ اَا [Sm] عَارِفْ بِاَللّٰه [Ar] بُنَّلْ٢ [<My]

مَحَضَرَاْة [Ar] تُهَانْ [<My] مَكْفَفَنْجَد [Sm] سَلُوْرُه [<My] عَلَمْ [Ar]

١٠) مَسَّا [<My] تَحِيَةْ [<Ar]=TS فَعِدً [<Ar] نِيَا مَكَ سَمْبَاغْ [Ts] كِتَا سُوءَل [<Ar] مُنْكَرْ اِبَنَ [Ts] نَكِرْ هَلُوَمْ [Ts] قُبُورْ [<Ar] فِرْمَانْ [Ar] سِغْ اَللّٰهُ تَعَالَى

[Q: 14-23] بِإِذْنِ رَبِّهِمْ تَحِيَّتُهُمْ فِيهَا سَلَامٌ TS هَتِنَا [Sm] اِذِنْ [<Ar] سِنْ تُهَانْ [<My] نِيُوْ اِنْ كَااَوْنَانْ نِيُوْ [Ts] سَجَهِتْرَءْ [<Skr] نَكَمْ

١١) صَلَوَاتْ [Ar]=TS فَعِدً [<Ar] سِنْ صَلَوَاتْ [Ar] مْهِنَغْ [Ts] دِنْدِغْ [<My] دَيْنْ هَا [Ts] اَفِي [<My] نَرْكَاءْ [<Skr] جَهَنَّمْ [Ar] فِرْمَانْ [Ar] سِغْ اَللّٰهُ تَعَالَى

[Q: 33-56] إِنَّ اللَّهَ وَمَلَائِكَتَهُ يُصَلُّونَ عَلَى النَّبِيِّ يَا أَيُّهَا الَّذِينَ آمَنُوا صَلُّوا عَلَيْهِ وَسَلِّمُوا تَسْلِيمًا

TS هَتِنَا [Sm] بُنَّلْ٢ [<My] اِنَّ اَللّٰهُ تَعَالَى اِبَنْ سَغْ مَغْ [Ts] مَلَائِكَتِنِيَا [Ar] سِمْلَوَاتْ [Ts<Ar] فَا نَبِي. اُمَغْ تَكَا [Ts] اِيمَنْ [<Ar] صَلَوَاتْ [Ar] كَمُو فَا نَبِي مُحَمَّد

١٢) سَلَمْ [Ar]=TS فَعِدً [<Ar] نِيَا مَسُدْ [Ts] شُرْكَا [<Skr] فِرْمَانْ [Ar] [Q: 39-73] سَلَامٌ عَلَيْكُمْ طِبْتُمْ فَادْخُلُوهَا خَالِدِينَ

TS هَتِنَا [Sm] سَجَهِتْرَءْ [<Skr] نَكَمُ هِسُدْ [Ts] نَكَمُوْ شُرْكَا [<Skr]

١٣) تَرْتِبْ [Ar]=TS فَعِدً [<Ar] نِيَا نَكْبَكْ نَكَمُوْ اِبَنْ [Ts] تُهَانْ [<My] نِيُوْ رَحْمَانْ [Ar] فِرْمَانْ [Ar] اَللّٰهُ تَعَالَى

[Q: 2-20、他] إِنَّ اللَّهَ عَلَى كُلِّ شَيْءٍ قَدِيرٌ TS هَتِنَا [Sm] بُنَّلْ٢ [<My] اِنَّ [Ar] اَللّٰهُ تَعَالَى هَكَتَانْ اُنْ٢ سَغَةْ [Ts] مَكَغَااُسْ [Ts<Ar?]

註：右から左に読む.

［　］内の記号は、直前つまり右側の下線を付した語が次の言語（起源）の単語であることを示す。Ar＝アラビア語、Skr＝サンスクリット、Smd＝陸サマ語、Sm＝サマ語（海サマ語と陸サマ語を区別しない、あるいは区別できない場合）、Ts＝タウスグ語、My＝マレー語。"＜～"は、～語起源だがサマ語、タウスグ語でも一般化している単語。たとえば＜My は、マレー語起源だがサマ語、タウスグ語でも一般化していることを示す。Ts<Ar はアラビア語起源の語をタウスグ語で活用した単語。アッラー、ムハンマドのような基本的固有名詞、一部の前置詞は指示を省略。

文章始めの［　］はその文章が何語であるかを示す。SMD は陸サマ語の文章であることを、SM はサマ語（海サマ語と陸サマ語を区別しない、あるいは区別できない場合）の文章であることを、TS はタウスグ語の文章であることをそれぞれ指示している。文章が何語であるかの判断はカッロン村の海サマの協力者によった。

[Q: 数字] に続く文章はクルアーンからの引用。数字はクルアーンの章と節番号（例：[Q: 2-199] は第2章199節）。クルアーンの引用はすべて『イスラームのホームページ』内の「聖クルアーン・アラビア語・日本語検索」（http://cgi.members. interq.or.jp/libra/nino/quran/）から転載した。

サマ語、タウスグ語のアラビア文字による表記法は必ずしも統一的な規則によっていない。

出典：ナジャヤ氏所蔵の「パルクナン」（手書き）から抜粋

うになる。[*16] こうしてマレー人のイスラーム指導者とイスラームの媒介言語としてのマレー語を、宗教的な権威とみなす意識が、センポルナの一般ムスリムのあいだにも浸透していった。

ただしマレー語普及の過程からもわかるように、より大きな枠組みでイスラームの権威を担うようになったのは、ＭＵＩＳに代表される州のイスラーム公的機関であった。一九七四年以降は、ＭＵＩＳ（一九九六年からはＪＨＥＡＩＮＳ、以下省略）の支部がセンポルナのイスラーム行政を掌握し、郡のムスリムの信仰実践から結婚、離婚、相続までの宗教生活を全面的に管理、監督するようになった。住民にとっては、この公的機関こそが、日々の生活とのかかわりで、イスラームの権威を一元的に表象するようになったのである。

（三）イスラームをめぐる社会秩序の再編

以上のような、マレー人とマレー語、そして公的機関という宗教権威の確立にともなって、センポルナのイスラームをめぐる社会秩序は、郡から村のレベルに至るまで大々的に再構築されていく。

行政に関しては、ＭＵＩＳ支部が、先の**表9-2**に記した役割のうちとくに①〜③に関係して、村レベルのイスラーム指導者を体系的に管理するようになった。ＭＵＩＳ支部は、一九七〇年代後半から、村を代表するイマムやハティブらのイスラーム指導者を資格を審査したうえで許可、任命するようになる。一九八一年にはイマムを有給の教区イマムと、その他の村イマム（imam kampong）に分け、郡イマム－教区イマム－村イマムという階層的な区分にしたがってそれぞれの権限を定めた。[*17] つまり、誰がイスラームの指導者であるのかを、ＭＵＩＳ支部が判断するようになったのである。

村では公認のイマムがモスクを管理し、彼が任命するモスク運営委員とともにイスラーム実践を主導するようになる。こうしてイマムとモスクを媒介として、ＭＵＩＳの宗教指導が村の一般のムスリムに伝えられるようになる。公的イスラームの権威が、村レベルでも効力を持つようになったのである。

教育の分野では、体系的なイスラーム教育の普及にともなって、新興のイスラーム知識人、あるいは新たなイスラームの知的権威が形成された。国立の中等学校に相当する州立イスラーム学校を卒業した、「ウスタズ」と呼ばれる知識人たちである。一九八〇年代からかれらは、MUISが管理する宗教学校やクルアーン学級の教員などに採用されていく。

ウスタズは、村の礼拝やクルアーン学習でも指導的な役割を果たすようになる。このとき示されたのは、ウスタズと、プガジアンやマッグルでしか学んだことのない旧来のイスラーム指導者との、宗教知識やクルアーン読誦技術における歴然とした差であった。こうして、村レベルでもイスラームの知識が問われる場では、ウスタズが主導権を握るようになっていった。

村レベルでのウスタズ層の形成は、公的なイスラーム学校における教育を上位とし、学校によらないプガジアンのような教育を下位とする、教育の序列を一般のムスリムに意識させるようになった。この意識が浸透するにつれて、州立イスラーム学校とそこに知的源泉を持つウスタズが、「正しい（yang benar）」あるいは「正統な（yang sah）」イスラーム知識の担い手、つまりイスラームの知的な権威であると村レベルでも考えられるようになったのである。

センポルナのイスラームをめぐる社会秩序は、行政、教育双方の分野において、公的機関を軸に再構築された。その結果ここでは、イスラームの指導者、教育、そして日常のおこないを公的-非公的という二分法で区分し、前者をより「正しい」イスラームとみなす認識が一般にも広まっていった。他方、国境で隔てられたスル王国やスル諸島のイスラーム指導者、スル諸島の言語に関連付けられたかつてイスラームの権威は、公的イスラームのもとで周縁化され、しだいに意味をなさなくなった。

4　海サマのイスラーム化——再編された秩序のなかで

イスラーム化の概略

前章で述べたように、一九五〇年代前半、海サマはセンポルナ港を拠点として、家屋居住と船上居住が混在する生活を営んでいた。かれらは祖先霊ンボ（ombog）などの霊的存在を主として信仰し、それに向けた儀礼をおこなっていた。礼拝やクルアーンの読誦など、イスラームの実践はいっさいおこなっていなかった。

かれらはその後、どのようにイスラームを受容していったのだろうか。以下、ティンギと、先述の第一世代のイスラーム指導者、ワジャリ、クルニアからの聞き取りをもとに、カッロン村の海サマにおけるイスラーム化の歴史過程を再構成していこう。

一九五〇年代前半、ひとりの陸サマのハティブがセンポルナの港に住んでいた海サマたちを訪れ、かれらに礼拝を学びムスリムになることを勧めた。彼は税関の官吏で、植民地政府に任命された郡のハティブ（district khatib/ khatib daerah）でもあった。前章で述べたようにティンギは、自分たちが他集団から卑下されていることにきわめて意識的であった。ティンギは、礼拝をしないことが自分たちが蔑まれ、差別される理由であることを理解していた。

そこでティンギは、陸サマのハティブの呼びかけに応じ、息子のワジャリ、甥のクルニアたちとともに礼拝の仕方を学んだ。これが海サマの実質的なイスラーム化の始まりであった。

一九五〇年代半ば、ティンギはアタンとともに家屋を建ててカッロン村に定住し始めた。礼拝の基本的なやり方を覚えたティンギは、村人を率いて自らの家の露台で礼拝をおこなうようになった。陸サマのハティブはカッロン村に来て、ティンギらの礼拝実践を指導した。他方でワジャリやクルニアらは、ハティブの家に住み、雑務の手伝いをしながら、イスラームの義務、クルアーン読誦、儀礼のやり方を学ぶようになった。

こうして海サマの一部は、イスラームを実践するようになった。しかし、陸サマやタウスグのかれらに対する差別は続いた。陸サマたちは、海サマが町のモスクやムスリム用の共同墓地を使用することを許さなかったのである。一九六〇年代半ばに宗教学校のマレー人校長が、海サマの町のモスクでの礼拝と、宗教学校への入学を公に認めたことによって、ようやく海サマの被差別的状況は改善された。一九七四年に設置されたMUIS支部も、海サマに対する差別を非難した。MUIS支部はムスリム用の共同墓地を海サマに開放した。

カッロン村では、一九六七年にティンギの尽力によってスラウが建てられた。当初、柱は切り出したマングローブの幹、屋根はココヤシの葉を葺いたアタップであったという（徐々に増改築されていった）。一九七七年にMUIS支部はクルニア、ロンバン、ナジャヤの三人をイスラーム指導者として公認し、同時にかれらが村のスラウで金曜礼拝をおこなうことを許可した。それ以降、多くの海サマが礼拝に参加するようになる。

一九七〇年代後半から、海産物の仲買で成功した海サマや、公務員として安定した収入を得ていた海サマが、子どもを宗教学校（プカン校）に通わせ始めた。そうした子どもたちの一部は、タワウにあるタワウ・イスラーム学校（Sekolah Islamiah Tawau）の中等科や、さらにはコタキナバルにある中等宗教学校（Sekolah Menengah Agama）の上級クラスにまで進学するようになる。*18

これらの公的イスラーム学校で学び、調査時、宗教学校の教師やJHEAINSの職員に採用されていたのが、先述の第三世代のイスラーム指導者、つまりウスタズたちである。**表9-5**は、村の主なウスタズの学歴と調査時の職位を示している。一九九〇年代のカッロン村では、従来のイマムやハティブたちにくわえ、これらの二〇代から三〇代半ばの若いウスタズたちが、村でのイスラーム学習や礼拝実践において指導的役割を担うようになった。

一九九〇年代からカッロン村の海サマは、平均的にみて他村に劣らない熱心さでイスラームを実践するようになっている。かれらはまた、預言者のマウルド（Maulud Nabi）などの郡レベルのイスラームの式典にも積極的に参加し、クルアーン読誦大会やイスラーム横断幕コンテストで入賞を果たすまでになっている。

イスラーム化の三つの局面

さて、ここで本章のはじめに記した問いに立ち戻る。カッロン村の海サマのイスラーム化、とくに地域社会におけるムスリムとしての地位の確立はいかに可能になったのか。それはイスラームをめぐるマクロな歴史過程とどのように関係していたのか。

海サマのイスラーム化の過程には三つの鍵となる局面があった。それは（一）郡モスクや宗教学校などの公的なイスラームの場への参加、（二）イスラーム指導者とモスクに対する公的な承認の獲得、（三）ウスタズという知的権威の形成である。

以下、この三つの局面について詳述し、そのうえでかれらのイスラーム化とマクロな歴史過程との関係を

表9-5　カッロン村の主な海サマウスタズの概略

仮名	性別	生年	イスラーム学校での学歴	現在の職
タスビル *	男	1965	プカン校初等第6学年修了— SMUIT** 中等第5学年修了—SMUTPHR***中等第6学年修了。	サバ州クナクの初等宗教学校教員
バンサン	男	1965	プカン校の夜間教室で二年間学ぶ（学年無）。その後タスビル、ニダルから個人的に学ぶ。	センポルナの初等宗教学校教員
シッティ *	女	1968	プカン校初等第6学年修了— SMUIT 中等第5学年修了—SMUTPHR 中等第6学年修了。	センポルナの初等宗教学校教員
ヌリア *	女	1968	プカン校初等第6学年修了— SMUIT 中等第5学年修了—SMUTPHR 中等第6学年修了。	センポルナの初等宗教学校教員
ニダル *	男	1965	プカン校初等第6学年修了— SMUIT 中等第5学年修了— SMUTPHR 中等第6学年修了—アル・アズハル大学イスラーム法学科（在エジプト）**** 在学中。	JHEAINS クナク支部職員
クハティ	男	1965	プカン校初等第6学年修了—SMUIT 中等第5学年修了。	センポルナの初等宗教学校教員

*　タスビル、シッティ、ヌリア、ニダルはキョウダイ

**　Sekolah Menengah Ugama Islamiah Tawau タワウ・イスラーム中等学校（第1～5学年）

***　Sekolah Menengah Ugama Toh Puan Hajah Rahmah トー・プアン・ハジャ・ラフマー中等宗教学校（第1～6学年。在コタキナバル）

****　JHEAINS の職員として1998年から留学

出典：フィールドワークにもとづき筆者作成

まとめよう。

海サマは礼拝を学んだ後も郡モスクでの礼拝を拒否されるなど、陸サマやタウスグからの蔑視、差別を受け続けた。海サマはアッラーに呪われた（sinukna[sm/ts]）民であるとする、スル諸島起源の差別的な神話が残っていたのである。

（二）公的なイスラームの場への参加

センポルナでは、次のような神話も信じられていた。「海サマはかつてアラビア半島に住んでいた。かれらは、ある機会には預言者の妻を襲おうとし、また別の機会には預言者ムハンマドに［イスラームで不浄とされている］犬肉を食べさせようとした。アッラーはこの許されざる行為をおこなった海サマを呪った。このことはクルアーンに記されている」（Sather［1997: 19-22］を要約）。

クルニアたちにイスラームを教えたハティブや他の陸サマのイスラーム知識人の一部は、そうした神話をクルアーンに基づくものではないとして批判した。にもかかわらず、神話とそれを根拠とする海サマ差別はなくならなかった。神話を否定し、陸サマやタウスグの海サマに対する差別的対応をあらためさせたのは、宗教学校のマレー人校長であった。ティンギはその過程を次のように語る。

［一九六〇年代後半］サンダカンの港湾工事や塩干魚の仲買で現金を蓄えた海サマ数人が、子どもをプカンの宗教学校で学ばせようとした。陸サマとタウスグの親たちは海サマの入学に大反対した。かれらは――いま考えれば愚かなことだが――海サマが入学すると、自分たちの子どもにもアッラーの呪いが及ぶと考えていたのだ。親たちは、「海サマがアッラーに呪われた民であることは、クルアーンにも記されている」と訴えた。これに対し校長はクルアーンを手に、「どこにそのようなことが書いてあるのか示してみなさい」

とその親たちをとがめた。そんな記述があるはずもなく、親たちは黙り込んだ。

マレー人校長の前に、陸サマたちは海サマの入学を認めざるをえなかったのである。マレー人校長は郡モスクでも同様に、陸サマたちの海サマに対する差別的扱いを非難した。こうして海サマは、宗教学校と郡モスクに参入できるようになった。

以上の出来事は、海サマに対する差別神話がマレー知識人という権威によってようやく解体されたことを明白に物語っている。もちろん校長が深いイスラーム知識を有していたことも重要であったに違いない。ただ、知識による否定だけで神話を無効にできなかったことは、陸サマのハティブらの批判にもかかわらず、その神話を根拠とする海サマ差別が続いていたことからわかる。

もとより海サマに対する差別神話は、スル諸島の王権秩序や階層的な民族間関係を正統化するために創られたローカルな政治言説にすぎない。しかし、センポルナの陸サマたちは、かれらにとって「より正しい」イスラームの担い手であるマレーシア半島部のマレー人知識人がそれを否定したとき、初めてこの神話がイスラームとは無関係の語りであることを認めたのである。

（二）　ムスリムとしての基盤に対する公的な承認の獲得

カッロン村の海サマは、こうして公的なイスラームの場に参加することが可能になった。しかし、かれらが集団としてムスリムと認知されるためには、かれら自身がムスリムとしての基盤、つまり指導者とモスクを持たなければならなかった。

カッロン村のスラウは一九六七年に作られた。一九七七年にＭＵＩＳ支部は、このスラウで海サマが金曜の集団礼拝をおこなうことを許可した。このことは、海サマ自身が金曜礼拝の導師、ハティブ、ビラルを務めること

表 9-6　村イマムに対する許可証

Ij. Muhadal bin Imam Salipun
IMAM DAERAH/ Peti Surat **/ SEMPORNA

PEJABAT KETUA ANAK
NEGERI, SEMPORNA
SABAH, MALAYSIA

3il. PKDS/004/76
SURAT KUASA IMAM KAMPONG

Tarikh 13hb Mei. 1977

Surat Kuasa ini dibuat di Semporna pada 13.05.1977 dan mununjukkan kuasa penuh ke atas tiga orang mam Imam Kampong Kallong. Mereka ialah:

1. Im. Kurnia
2. Im. Lombang
3. Im. Najaya

Mereka tersebut di atas telah disahkan Orang Islam yang sebenar dan tahu dalam segi dalam pengetahuan Jgama Islam dan boleh menyempurnakan simayat setiap kematian berlaku.

:. Dari ini ketiga ketiga Imam Kampong tersebut di atas diberikan kuasa penuh untuk menyempurnakan cematian Kampong Kallong dan lain perkara yang melibatkan hal ehwal Ugama Islam. Jika didapati lain rang menyempurnakan hal tersebut di atas dimana mereka tidak tahu hal Ugama dan mereka juga tidak iketahui sebagai Orang Islam maka pihak Ugama Islam Semporna akan mengambil tindakan sewajarnya erhadap kesalahan mereka mereka itu.

Sekian terima kasih.

ハジ・ムハダル・ビン・イマム・サリプン
郡イマム／　私書箱＊＊／センポルナ

マレーシア・サバ州
センポルナ原住民首長局

番号：PKDS/004/76
村イマムにたいする許可証

日付：1977年5月13日

この許可証はセンポルナにおいて1977年5月13日に作成された。この許可証はカッロン村の3人のイマムにたいして、かれらの全面的な権限を証明するものである。3人のイマムは以下のとおりである。

1．イマム・クルニア
2．イマム・ロンバン
3．イマム・ナジャヤ

上記3名は、正しいムスリムであり、イスラームの知識に深く通じていることが公認された。また、かれらは死者が出た場合には、その葬儀を執行できることが認められた。

2．この認可により、カッロン村において葬儀を執行し、またイスラームに関連するその他の業務を遂行するための全面的な権限が、上記3人の村イマム各自に付与された。公認の3名以外の人物で、イスラームに関する知識を有さない、あるいはイスラーム教徒として認められないような人物が、上記のような業務を遂行した場合には、センポルナのイスラーム当局がかれらの不法にたいして適切な処置を講じるであろう。

協力に感謝する。

（署名）（公印）
（イマム・ハジ・ムハダル・ビン・イマム・サリプン）
センポルナ、郡イマム

註：カッロン村のイマムの名前は仮名。原文にあった誤記数箇所は、文書所有者に確認のうえ訂正した。表記は現代式に改めた　　出典：クルニア氏所蔵の文書

ができることと、十分な人数の海サマがこのスラウでの礼拝に参加していることを、MUISが公式に認めたことを意味した。金曜の集団礼拝をおこなうことができる場合、そのスラウはモスクとして認められる。カッロン村のスラウも、このときからモスクとしてMUISに認可され、登録された[*19]。

陸サマのハティブのもとでクルアーンを学んだクルニア、ワジャリらは、その後もUSIAやMUIS支部が開催するイスラーム講習会に積極的に参加した。その結果、一九七七年にクルニア、ロンバン、ナジャヤの三人がイスラーム指導者としてMUIS支部に公認された。かれらには、「村イマムに対する許可証（surat kuasa imam kampong）」が与えられ、それにより葬儀などのイスラーム指導者としての任務を遂行することが許可された。許可証には次のように記されている（表9-6は全文）[*20]。

この許可証はカッロン村の三人のイマムに対して、かれらの〔イスラームに関する〕全面的な権限を証明するものである。／……〔これら〕三名は、正しいムスリム（Orang Islam yang sebenar）であり、イスラームの知識に深く通じていることが公認された。また、かれらは死者が出た場合には、その葬儀を執行できることが認められた。〔／は改行を意味する。クルニア氏所有の同許可証より抜粋〕。

この許可証によりクルニアたちは、「正しい」ムスリムであると公に認められた。同時にかれらは、金曜の集団礼拝を指導することも許可された。上記のモスクでの集団礼拝である。さらに一九八一年には、ワジャリが教区イマムに任命された。センポルナには、教区は三一しかない。彼は、そのうちのひとつの教区イマムに任命されたのである。このことは、彼が一部の陸サマイマムをも監督する立場になったことを意味していた。

海サマ自らが指導者となって、自分たちのモスクで金曜の集団礼拝をおこなうようになったことは、かれらのイスラーム化を目にみえるかたちで他のムスリムに伝える出来事であった。しかも、公的宗教機関がその指導者とモスクを「正しい」と認めていた。陸サマなど他のムスリムは、このように公認された海サマのムスリムとしての地位を否定することはできなかった。

（三）知的権威の形成

一九九〇年代になると、カッロン村の海サマのあいだに新たなイスラーム知識人層が形成される。州立宗教学校でイスラームを学んだウスタズたちである（表9-5を参照）。

ウスタズたちは、郡レベルのクルアーン読誦大会などでたびたび入賞した。かれらはイスラームの行事のほか、世俗学校や政府機関でおこなわれるさまざまな行事の際に、クルアーンやドゥアを朗誦するイスラーム知識人として招かれるようになった。カッロン村を代表するウスタズのひとりクハティは、一九九九年一月一九日の断食明け大祭の際、州元首のサカランが設立したセンポルナ郡で二番目に主要なモスク、イナバ・モスク（Masjid Inabah）で、断食明け集団礼拝のイマムとハティブを務めている。

カッロン村のウスタズたちは村レベルだけでなく、いまや郡レベルでもイスラームの知的権威と認められるようになったのである。これらのウスタズが村でイスラームを指導していることは、カッロン村のムスリムがイスラームを「正しく」実践していることを他村のムスリムに強く印象づけることになった。

こうしたウスタズの存在は、他のムスリムがイスラームに名を借りた海サマに対する差別神話を語ることを不可能にした。たとえば上記のクハティは、差別神話について次のように語った。

かつて陸サマやタウスグは、海サマはアッラーに呪われているなどといっていた。それはもちろん正しいイスラームの教えではない。かれらはクルアーンにも、ハディースにも、イスラーム法にもしたがっていなかった。かれらがしたがっていたのは、宗教学校がなかった時代の村の俗信（palassaya kampong）にすぎない。

公的なイスラーム（ugama rasmi）を知らなかったのである。

表9-5に示したような高等教育機関でイスラームを学んだウスタズたちは、かつての海サマに対する差別神話を「村の俗信」として退け、自分たちが従う「正しい」イスラームとは異なる偽りの語りと断じるのに十分な知識を身に付けているのである。

イスラーム化の構図

一九六〇年代以降、マレーシアとサバ州を枠組みとするイスラームの制度化がセンポルナでも展開した。その過程で、センポルナのムスリム社会はスル諸島から切り離された。海サマに対する差別神話を創り、かれらを周辺化してきたスル諸島起源のイスラームをめぐる社会秩序は、国境の向こうに退けられた。このことがまず、カッロン村の海サマのイスラーム化の前提条件としてあった。

センポルナでは、イスラーム行政・教育の制度化の過程でマレー人とマレー語、公的機関が新たにイスラームの権威を表象するようになった。この新たな権威の登場が、前項の（一）と（二）の局面における鍵になっていた。これらの権威の存在を背景として、海サマは公的なイスラームの場に参入し、ムスリムとして認知されていったのである。

（二）と（三）の局面は、カッロン村の海サマが公認された指導者とモスク、公的教育を受けた知識人という公的イスラームの構成要素を備えることによって、ムスリムとしての地位を確立していったことを示している。それが可能であったのは、イスラーム制度化の過程で再編されたセンポルナのイスラームをめぐる社会秩序において、スル王国に起源するかつて民族間関係ではなく、公的‐非公的という区分が「正しい」ムスリムであるためのより重要な参照点になっていたためであった、といえるだろう。

5 海サマにとってのイスラーム化

一九八〇年代以降、世界的なイスラーム復興の潮流が東南アジアにも及び、イスラームは公共の場における影響力を急速に強めた。そうしたイスラーム復興において中心的な役割を果たしたのは、国民国家を準拠枠に普及した近代的な宗教教育を受けた「新しいムスリム知識人（new Muslim intellectuals)」であった。かれらは、誰もがアクセスできるテクストの解釈に宗教的な権威を見いだし、その知識を土台としてイスラームを実践し、イスラームを語った。ヘフナーは、こうした「新しいムスリム知識人」の台頭は、多くの地域で「都市化、大衆教育と新しい印刷ないし電子のメディアの普及、ムスリム中間層の成長」と密接に関係してきたことを指摘する[Hefner 1997: 6]。

カッロン村の海サマのイスラーム化を担った第二世代、第三世代の知識人は、まさにこの「新しいムスリム知識人」に相当した。とくに第三世代の知識人は、カッロン村の脱漁村化と就労の多様化、近代的で開かれた宗教教育と出版されたイスラーム教本の浸透、仲買人に代表される中間層の成長を背景として生まれ、地域社会で台頭した。

他方、マレーシアでは、そうした「新しいムスリム知識人」が主導するイスラーム復興運動を受け入れつつ、国家が自らイスラームに積極的に関与し、社会全体をよりイスラームに従ったものにしようとしてきた[Hefner 1997; 多和田 2005]。

ただし、受け入れたといっても、連邦政府と州政府の多くは、イスラーム法シャリーアが支配するイスラーム国家を目指したわけではない。マレーシアには、華人をはじめとする非ムスリムも多数住む。かれらにイスラーム法を押しつければ、既存の政治秩序が崩壊しかねない。連邦政府や州政府の多くが目指したのは、あくまで既存の政治秩序の枠内でイスラームに深く関与すること、すなわち国内のムスリム・コミュニティを対象とする「イスラームの制度化」をより強化することであった。

カッロン村のイスラーム化がこうした国家によるイスラームの制度化と密接に関連していたことは、繰り返しみてきたとおりである。

こうしてみると、この章でみた海サマのイスラーム化は、世界全般にみられるイスラーム復興と、マレーシア国家・サバ州を枠組みとして独自に展開したイスラームの制度化、制度化された公的イスラームの地域社会への浸透という、互いに相関しあう三つの文脈に定位して理解すべき複合的な社会現象であったといえるだろう。ただし、海サマのイスラーム化には、国境社会を生きる周縁者としての海サマに独特の社会的な文脈と意味を見いだすこともできる。最後に、これまでのやや俯瞰的な視点を離れ、海サマの視点からイスラーム化の社会的な意味を再考してみたい。

イスラーム化に関する聞き取りの際、多くの海サマが力点をおいてわたしに語ったのは、いかに自らのイスラーム化が陸サマやタウスグに認められたかについてであった。かれらの語りでは、地域社会でムスリムとして承認されたことが、イスラームを受容したこと自体と同じ重みを持つ歴史経験として理解されているのである。

海サマのイスラーム化はティンギの主導で始まった。ティンギによれば、「他のムスリムから犬のように卑下されていた（niuju-uju buat eroq）」境遇から海サマが抜け出すためには、まずはイスラーム――彼の言葉では「礼拝（sambahyang）」――を受け入れる必要があると考え、息子たちとともに礼拝を学ぶことを選んだ。一九六〇年代、他の海サマもティンギらに従ってイスラームを受容していった。

にもかかわらず、かれらは開発資金の分配や市場での海産物取引などさまざまな社会空間で他のムスリムから差別され続けた。海サマは、地域社会でムスリムとして認められることによって、ようやくそうした境遇から脱却することができた。つまり、かれらにとってムスリムとして認められることは、他のムスリムと対等な社会的地位を得ることをも意味した。だからこそ、その過程が重要な歴史的経験として語られるのである。

これまでみてきたように、海サマはＭＵＩＳなどの公的な経路を通じてイスラーム化することにより、地域社会でムスリムとしての地位を確立してきた。海サマがこのように公的な経路を通じてイスラーム化してきたのは、一九六〇～七〇年代以降のセンポルナでは、それが他のムスリムが否定しえない「正しい」ムスリムになる確実な道程であることを、かれらが認識していたからにほかならない。

そのことを示す例として、サリハティが子どもたちを州立イスラーム学校で学ばせるようになった経緯と、それについての彼の語りを取りあげよう。既述のとおりサリハティは、第三世代のイスラーム指導者に含まれる四人（キョウダイ）の父親であり、本人もイスラーム実践に熱心なことで知られている。

一九六〇～七〇年代には、ティンギ以外の海サマも、子どもたちにプガジアンやマッグル方式で、イスラームを学ばせようとした。しかしその教師（グル）たちは、ワジャリらが学んだ教師のように、陸サマと海サマを平等に扱おうとする人ばかりではなかった。むしろスル諸島起源の民族間関係に従って、海サマを「アッラーに見捨てられた人びと」とみなすような教師のほうが多かった。

一五歳か一六歳の頃、サリハティは、センポルナの市街地の陸サマ教師（グル）のもとに通い、クルアーン読誦を学ぼうとした。しかし、周囲の住民だけでなく、その教師さえ海サマをアッラーに呪われた民とみなす神話を公言してはばからなかった。他の陸サマ生徒は、それを聞いてサリハティら海サマ生徒を嘲った。そうした態度に耐えられず、サリハティは一週間もしないうちにそのプガジアンをやめた。

当時、こうしたケースは稀ではなかった。サリハティによれば、沖合のある島のマッグルの場では、陸サマの子どもは島のスラウの内側で寝泊まりできたのに、海サマの子どもは外で寝なければならなかった。その教師もまた、海サマに対する差別神話を隠すことなく語っていた、という。

その後、一九七〇年代後半にサリハティは、塩干魚の仲買で大きな成功をおさめた。その蓄えを使って、六人の子どものうち四人を宗教学校に通わせた。彼はその理由を次のように語った。

〔かつてわたしたちがイスラームを学ぼうとした〕陸サマは正しいイスラームを知らなかった。かれらは、フィリピン〔スル諸島〕のイスラーム、まちがった教え（Islam min Pilipin, ajaran əmbal sah）を信じていたのだ。〔マレー人校長が海サマに対する差別神話を否定した出来事について語った後〕あのとき、陸サマもタウスグもマレー人校長に対して何もいえなかった。正しいイスラームは〔州立の〕宗教学校で教えられる。それが明らかになった。宗教学校やＭＵＩＳでイスラームを学んでいれば、陸サマだろうがタウスグだろうが、海サマは神に呪われた民だなどと見下すことはできないということだ。だからわたしは、子どもたちを宗教学校で学ばせた。

公的な回路を通じたイスラーム化は、イスラームをめぐる社会秩序の変化をふまえてムスリムとしての地位を確立し、同時に他のムスリムから差別されない社会的な地位を獲得しようとする、海サマたちの意識化された社会運動でもあったのだ。

海サマのイスラーム化を動態的な社会現象として理解するためには、先に述べたイスラームをめぐる三つのマクロな文脈にそれを定位すると同時に、こうしたかれらにとってのイスラーム化の社会的意味をふまえて、その歴史過程を捉えなおす必要がある。

註

＊1――――こうした公的イスラーム概念に対する批判については、小杉［1999］、大塚［1989: 第6章］を参照。

＊2――――各支部には、郡イスラーム開発官（pegawai pembangunan Islam daerah）、ダクワ官（pegawai dakwah）、結婚・離婚登録補佐官（penolong pendaftar penikaan penceraian dan ruju）、講話官（pegawai ceramah）が行政官として配置されている。

＊3――――五一人の教員のうち、JHEAINSが公務員として雇用している常勤教員は一七人。ほかは非常勤ないしボランティアで、JHEAINSから非常勤手当（elaun）が支給されている。

＊4――――一九七〇年代頃までサマは、モスクを「マスキド（maskid）」と呼んでいた［Sather 1997: 271］が、調査時には、マレー語ないしアラビア語と同じく「マスジド（masjid）」と呼ぶようになっていた。

＊5――――礼拝の呼びかけ人は、アラビア語では「ムアッズィン（mua'dhdhin）」であるが、島嶼部東南アジアでは初期イスラーム時代の代表的な礼拝呼びかけ人の個人名「ビラル（ビラール Bilāl）」が、礼拝呼びかけ人を指す一般名称になっている。

＊6――――ただし息子がティンギの弟の曾孫と結婚しており、遠い姻族関係（ティンギのBDDDHF）にはある。

＊7――――クルニアは一九八二年、ワジャリは一九八三年、ロンバンは一九八五年、ナジャヤは一九九五年にそれぞれマッカ巡礼を果たした。ティンギもワジャリとともに巡礼を果たした。

＊8――――ただし「タジュウィード（tajwīd）」と呼ばれるクルアーン読誦技法までは習得していない。

＊9――――なお、**表9-1**に記した事務長補佐のレガスピ（男性、三一歳）もこの世代に含まれる。彼はセンポルナの国民初等学校の教員で、モスク委員会にかかわる書類作成などの事務的な作業を任されていた。しかしイスラーム指導者とみなされていたわけではない。レガスピはティンギの孫（DS）である。

＊10――――ウスタズは狭義にはイスラーム教師を指すが、教師だけでなくJHEAINSの職員などであっても、イスラーム高等教育を受け、イスラームに関して指導的立場にある人は「ウスタズ」と称される。

＊11――――ただしアラビア語で会話ができるのはニダルとタスビルのみである。

＊12――――サカランが植民地期に学んだイスラーム教師の出身地は、以下のとおりである。第二次大戦前の一九三〇年代は、アラビア半島南東部のハドラマウト、マッカ（メッカ）、ボルネオ島南部のバンジャルマシン、

シムヌル島。戦後の一九四〇〜一九五〇年代は、マレー半島のヌグリ・スンビラン、ペナン、ジョホル、ペラク、スランゴル、スマトラ島のメダン、スラウェシ島、およびアラブ（詳細な地名は不明）。

＊13――一九六九〜七〇年のUSIAセンポルナ支部の活動は、次のように報告されている。郡モスク内のイスラーム集会所建設、ペナンの宗教学校で学ぶ生徒二人への奨学金支給、礼拝所の増築（二件）、マッカ巡礼者の送り出し、金曜日のイスラーム講話会の開催、宗教学校の管理運営、ハリラヤ・プアサの式典の開催、成人向けクルアーン教室の開催など［USIA 1970: 21-24］。

＊14――一九九九年の一月から二月にかけて、五回にわたり、センポルナのJHEAINS支部を訪れ、イスラーム行政に関する聞き取りと資料収集をおこなった。ここに記したのは、その際、そこに居合わせた計七人のクバン系陸サマの教区イマムから聞いた話に基づく。教区イマムの居住地で確認できたのは、アイル村、ブブル（Bubul）村、タガサン（Tagasan）村、スラバヤン（Sulabayan）村である。他の三人の居住村はセンポルナ沖合の村であったと思われるが、正確な村名を確認することができなかった。

＊15――このイスラーム教本の詳細については長津［2002］を参照。

＊16――MUISはクアラルンプルの国立モスクが編集、出版したジャウィ表記のマレー語のフトバ集『国立モスク金曜日のフトバ』［Muhamad Saleh 1970］を村のモスクに配布した。村のハティブは、これを参照してフトバをおこなうようになった。

＊17――たとえば、結婚と離婚の法的な手続きは教区イマムがおこなう。村イマムはその法的な手続きはできない。駆け落ちの最終的な処理は郡イマムがおこなう、など。

＊18――前者は、八章で述べたタワウ・イスラーム協会（PIT）によって、一九六〇年に設立された。後者は一九七六年にMUISにより設立された。

＊19――センポルナでは、四四人の成年男子の参加と、そのモスクに属するイマムとハティブ、ビラルがいることが金曜の集団礼拝の必要条件とされている。この条件をみたし、金曜礼拝がおこなわれる礼拝所がモスクに、条件にみたない小規模な礼拝所がスラウに分類される。

＊20――許可証はMUISセンポルナ支部でタイピングされている。同様の許可証は、センポルナの他村の公認イマムにも発行された。文面がサバ州全体で定型化されていたのか、あるいはセンポルナ独自のものであった

のかは確認できなかった。

一〇 海サマの信仰と儀礼
イスラーム化にともなう宗教実践の変容

1 宗教変容と国家

前章でみたように海サマのイスラーム化は、国家によって制度化されたイスラームを海サマが受容していく過程でもあった。公的な回路を通じたイスラーム化は、かれらの社会的脱周縁を求める意識にも深く結びついており、それ自体はカッロン村の海サマの意志を全体的に反映するものであったといえる。このように村レベルでも公的イスラームの正統性が確立されていく過程で、海サマの信仰や儀礼はどのように変化したのだろうか。言い換えれば、国家はかれらの精神の領域にいかに干渉し、海サマはその干渉にどう対処してきたのだろうか。これが、最後の二つの章に通底する問いである。

一九八〇年代以降、世界的なイスラーム復興の潮流が東南アジアにも広まっていく過程で、この地域の多くのムスリム社会は、在地の信仰とイスラームとを組み合わせた信仰に基づく混淆的な宗教実践を「イスラーム的に正しい」かたちに変えていくことを余儀なくされてきた。

啓典クルアーンと預言者ムハンマドの言行録ハディースは、ムスリムにとって世界のあらゆる事柄に関する真実と正しさを表象する。それゆえ両者に基づくイスラームの規範と理念は、それが公に語られるとき、いかなるムスリムも抗うことのできない社会的な力として現実のなかに立ち現れる。イスラーム復興はまさにそうした力として、東南アジアのムスリム社会に浸透してきた［多和田 2005: 第1章］。その影響は、当然のことながら、個々のムスリムが生きる日々の宗教実践の領域においてもっとも顕著に現れた。

ただし、ここで留意したいのは、現実のムスリム社会におけるイスラーム復興の現れ方がけっして一様ではなく、地域や国家によって異なることである。たとえば、インドネシアやフィリピンでは、民間のイスラーム団体が中東に拠点をおくイスラーム復興団体と直接に結びついて、トランスナショナルなイスラーム復興運動を展開させた。これに対してマレーシアでは、これまでにみてきたように、世界的なイスラーム復興の潮流を国家が媒介し、それを「公的イスラーム」として国内に浸透させてきた。

同様に、「イスラーム的に正しい」宗教実践も、けっして超地域的に一元化されてきたわけではない。インドネシア・スマトラ島北部のガヨのあいだでは、死者を埋葬する際にイスラームの信仰の基本を伝える章句タルキン（talqin）を読み上げることがイスラーム実践として正しいか正しくないかが、二〇世紀の前半以来、論争の対象とされてきた［Bowen 1993: Chap. 11］。しかし、わたしの調査時、センポルナのムスリムのあいだでは、その行為がイスラームとの関連で問題視されることはいっさいなかった。理念的には唯一不変の「正しい」宗教実践もまた、実際には、それぞれの社会がおかれた個別の文脈のなかで異なるかたちで再編成されてきたのである。

多和田裕司は、マレーシアにおけるイスラーム復興を背景に展開したマレー人ムスリムの宗教変容を捉えるために、アッラーから与えられた絶対的なイスラームの理念と、かれらが生きる場としてのマレーシア社会という現実、そして「そのような理念と現実のなかで自らの行動を主体的に構築しようとするムスリムによるイスラームの実践」に着目する［多和田 2005: ii］。彼は、それらの相互作用のなかに、マレー人ムスリムの宗教変容とそのダイナミクスを見いだしていく。

多和田と同様に、以下の二章でもイスラームの理念とマレーシア社会の現実と海サマによる宗教実践の相互作用を取りあげる。ただしここでは、イスラームの理念が、さまざまな面でマレーシア国家によって媒介されたイスラームの理念でもあること、マレーシア社会の現実が、諸アクターが帰属をめぐって日々交錯しあう国境社会の現実でもあることにとくに注意を向ける。二つの章で検討したいのは、そうした理念と現実を参照しながら、海サマが自らの宗教実践を再構築しようとしてきた過程、すなわちかれらの宗教と社会の相互作用の歴史過程にほかならない。

この一〇章では、観察事例、聞き取り、または既刊の民族誌を基に、まず海サマの「伝統的」な信仰について説明し、そのうえでかれらの主な宗教儀礼をまとめる。ついで、儀礼の担い手とその変遷、さらに儀礼をめぐって生じている宗教アクター間の対立に目を向ける。最後には、イスラーム化の後に消失した、あるいは衰退するようになった儀礼を概観し、次章の具体的事例の考察を導く。この章における信仰や儀礼についての説明は、民族誌を引用する場合を除き、主に公認イマムのクルニアとナジャヤの情報に基づいている。

変化の時間枠としては、セイザー［Sather 1997］がカッロン村で長期定着型の民族誌的調査をおこなった一九六〇年代半ばから調査時までを主にとりあげる。一九六〇年代半ばまでカッロン村の海サマは、イスラーム化以前から伝えられてきた霊的存在に対する信仰とイスラームを混淆させた信仰を持ち、それに基づく儀礼を実践していた。ここでの「伝統的」な信仰や儀礼とは、そうした信仰や儀礼を指す。

以下では便宜的に、ＭＵＩＳ（サバ・イスラーム評議会）の役人や、高等イスラーム教育機関で学んだウスタズたちが、啓典的なイスラーム理解に基づいてイスラームに適合すると判断してきた信仰や儀礼に「正統（的）」、イスラームにそぐわないと判断してきた信仰や儀礼に「非正統（的）」ないし「非イスラーム（的）」という形容詞を付していく。

ただし本書は、取りあげる信仰や儀礼がイスラーム神学的に正統であるか非正統であるかという問題にはかかわらない。公的イスラーム機関やウスタズの判断を「正統（的）」ないし「非正統（的）」とするのは、一九七〇年代以降のカッロン村では、公的機関を通じて制度化されたイスラームが社会的、歴史的現実として立ちあらわれており、多くの村人がそれに「正しさ」を認めるようになっているからにほかならない[*1]。

この章の信仰や儀礼に関する説明のなかには、本来ならば現在形と過去形を併記して記述すべき箇所が少なからずある。特定の信仰、儀礼は、一部の人びとのあいだでは維持されているが、他の人びとのあいだではすでに失われている場合もあるからである。しかし、煩雑さと混乱を避けるため、そうした信仰や儀礼についても原則として現在形による記述を用いることにする。

2 「伝統的」信仰の諸概念

霊的存在

●精霊ジンと悪霊サイタン

海サマの「伝統的」な信仰では、精霊ジン（jin[<my/ar]）と悪霊サイタン（saitan <syaitan[my/ar]）が重要な位置を占めている。ジンは、後に述べる祖先霊に遣わされて幸運や災いをもたらすとされる。通常、海サマはジンを単に「ジン」と呼ぶが、病気や不運などの災いをもたらす、あるいは媒介するジンをとくに「サイタンのジン（jin saitan）」と呼ぶこともある。

海サマの多くは、ジンには二種類あり、幸運をもたらすジンは「イスラームのジン（jin Islam）」、災いをもたらすジンは「不信仰者のジン（jin kafir[<my/ar]）」あるいは「イブリースのジン（jin Iblis[<my/ar]）」であると説明する。イブリースはアッラーの命に背いた被造物（悪魔）としてクルアーンに記されている。[*2] つまりかれらは、おおよそイスラームの教義に従ってジンを区別しているといえよう。こうしたジンの理解では、後に説明する祖先霊とのかかわりはあまり意識されていない。もうひとつのサイタンは、災いのみを引き起こす存在である。ジンは空中に、サイタンは主に海岸や森に存在するとされるが、その姿はいずれも不可視である。サイタンは、海サマが「タンパト（tampat <tempat [my]）」と呼ぶ特定の住みかを持つとされる。

ジン、サイタンはいずれもクルアーンに記された超自然的存在であるが、海サマはイスラームを受容する以前から、これらの名称を用いていたようである。[*3] タウスグや陸サマなどフィリピン・スル諸島の他のムスリムは、これらの霊的存在に関しておおよそ共通した観念を持っている。海サマがイスラーム化していない時代に、これらの霊的存在に対する名称を取り入れたのは、周囲のムスリムからの影響が当然あっただろう［Nimmo 1990a］。

●人間から派生する霊的存在——ンボ、アルワ、スマガト

人間から派生する霊的存在として海サマの主要な信仰対象になっているのが、祖先霊のンボ（mboq）である。ンボは、抽象的な祖先霊一般が想定されていることもあるし、具体的な特定の祖先に起源する霊的存在が想定されていることもある。既述のように、ンボは祖父母に対する親族名称でもある。海サマの一般的な理解では、ンボは天上（mariyata langit）に存在してジンを地上に遣わし、災い、幸運、その他さまざまな出来事を現世に生きる子孫のあいだに引き起こす。現在、海サマはすべての存在の支配者がアッラーであることを認めており、それゆえンボもアッラーのもとに存在すると語るようになっている。

アルワ（arwah[<my/ar]）とスマガト（sumangat <semangat[my] ?）は、すべての人間に付帯する霊的存在、霊魂に相当する概念である。アルワはイスラームにおける霊魂の概念にしたがっている。これは、イスラーム化

の後に海サマのあいだに取り入れられた概念とみてよい［c.f. Nimmo 1990a］。「伝統的」信仰において重要な意味を付与されてきたのは、後者のスマガトである。死者のスマガトはンボと同様に、生きている人、主として遺族に幸運や災いをもたらす存在である。イマムを含め海サマは、スマガト（Sumangat）はマレー語のスマガト（semangat）とは異なると主張する。マレー語のスマガトは主に生者の魂、あるいは生命力を指す。[*4] アルワとスマガトについては一一章で詳しく説明する。

霊媒

一九七〇年代頃まで、海サマの多くの儀礼では霊媒が中心的な役割を果たしていた。霊媒も「ジン」と呼ばれるが、以下では精霊を指すジンとの混同を避けるため霊媒《ジン》と記す。ジンやサイタンは霊媒に憑依（patəkka）し、霊媒の口を通じてジンやサイタンの言葉、あるいはジンを遣わしたスマガトやンボの言葉を語る。霊媒には男性も女性もおり、祖先から引き継いだ霊的能力を持つ人が霊媒になるほか、重病からの回復など何らかの奇跡的な経験を経た人が霊的存在と交感する能力を獲得し、霊媒になる場合も多い。

【事例10－1】グヌン（男性、六二歳）が霊媒になった契機

グヌンが霊媒になったのは一〇年ほど前のことだという。ある日、漁から戻ると彼は右足に痛みを感じた。深夜には痛みが悪化、翌日、右足全体が麻痺状態になった。親族関係にある霊媒のアブガニ（男性、六二歳）にみてもらうと、右足の麻痺は約一年前に亡くなった母方オバの「祟《たた》り（ブスン。以下の信仰概念や儀礼については後述する）」によって引き起こされたという。そこでグヌンは、亡くなったオバの家で誓約儀礼（マグナジャル）をした。儀礼では、右足が直ったら霊媒になることを誓った。[*5]

この儀礼の後、右足の麻痺は急速に良くなり、一カ月もしないうちに通常の状態に戻った。そこでオバの家で、

そのことに感謝する儀礼（アマカン・スマガト）をおこなった。このときには新しく仕立てた霊媒の服（白いシャツとゆったりとした緑のズボン）を着た。その後、オバの家で行われた祖先霊のための儀礼（マグンボ・パイ・バハウ儀礼）でグヌンはオバの祖先霊（祖先霊としてのオバの意味。オバも祖先＝ンボに含まれる）に憑依された。それから調査時に至るまで、彼はマグンボ・パイ・バハウ儀礼に霊媒として参加し続けていた。なお、彼は一九九五年にマッカ巡礼を済ませている。

船上生活の時代、海サマにとって霊媒は、霊的存在が引き起こした災禍の原因を診断する（angandaq）能力や、薬草を調合する（anambal）能力、病を治す（anawal）能力、不漁時に魚を呼び寄せる（anombeq）能力などを備えた重要な存在であった。船団の長は、たいてい霊媒としても優れた能力を持っていた。かつては二、三世帯にひとりは霊媒が存在した［Nimmo 1990a: 22-26; Sather 1997: 301-304］。しかし調査時には、次章でみるマグンボ・パイ・バハウ儀礼以外の場で霊媒が何らかの役割を果たすことはほとんどなくなっていた。

祟り（ブスン）

カッロン村の海サマの「伝統的」儀礼は、ジン、サイタン、ンボ、スマガトに対する畏怖の観念と強くかかわっている。村人の一般的な理解では、サイタンは人間がその住みかであるタンパトを故意に、または気づかずに荒らすと、その人に短期的な病気や一時的な災いを引き起こす。それゆえ、後にみるような儀礼でサイタンを追い払う、あるいはサイタンが好むとされる旗や香水、食事などを捧げて、許しを乞う（amuhun）のである。

カッロン村に接する小島カッロン島の一画は、海水で深く浸蝕されたくぼみになっている。村の海サマは、そのくぼみをサイタンの主要なタンパトのひとつと考えている。かれらは、漁業の最中にサイタンに住みかを荒らしてしまったことなどの許しを乞うために、この場所に緑、白、黄色の小旗やプラスティック製のボトルに入った香水を置く。それらはサイタンへの捧げ物（song）と考えられている。

サイタンが引き起こすのは短期的な病気や一時的な災いである。これに対しンボやスマガトは、より長期的なあるいは重篤な病気や災いを引き起こすと考えられている。そうした災いをサマ語で「ブスン（busung）」という。セイザーはブスンを「災い（calamity）」と訳し、海サマはそれを「霊による罰（spiritual punishment）とみなしている」と指摘する［Sather 1997: 204］。日本語では「祟り」がその概念に近い。*6

サイタンがもたらす病気や怪我はブスンに含まれず、また特定の語彙によって範疇化されていない。サイタンが災いをもたらす原因は、人間によるサイタンの住みかへの物理的な侵犯にあるとされる。他方でブスンの原因は、年長者を軽んじる、近い親族、とくに親子やキョウダイのあいだで争い、また憎しみあう、あるいは死者や祖先を忘れる、祖先に対する敬意を欠く、といった倫理的な規範や慣習的行為からの逸脱に求められることが多い。そのため海サマは、年長者に対する敬意（hormat）を忘れず、近い親族のあいだはで慈しみ（maase）あわなければならない。死者のンボやスマガトに対しては、「祖先の慣習的なおこない（pangkat kaəmboan）」を定期的に実践し、あるいは食事を与えて歓待し（amakan sumangat）、祖先を忘れていないこと、祖先を常に敬っていることを示しておかなければならない、と考えるのである。

それらの行為を怠ると、ンボやスマガトは怒り、ブスンをもたらす。現世を生きる人がブスンを被った状態を「カブスガン（kabusungan）」という。数週間も続く腹痛（apədi bəttong）や、数カ月あるいは数年にもわたる手足の麻痺（bənnod）、気が狂った状態（binelau）、話すことができない状態（umaw）などが典型的なカブスガンの症状とみなされる。そうしたブスンを被ったとき海サマは、霊媒を介してンボやスマガトにその原因を尋ね（magtilau）、許しを乞わなければならない。ブスンとその解決の具体的な例をみてみよう。

【事例10-2】ルシダ（四八歳、女性）によるブスンの語り

調査時から六年前のことである。ルシダの夫イダル（五〇歳）は、母方オジのガントン（七二歳）らとともに計四人で一週間ほどの刺し網漁に出かけた。漁場はセンポルナ沖合、カッロン村の約五〇キロメートル南東に位置するリギタン島周辺であった。イダルとガントンはそれぞれの自分のテンペル船（五章を参照）を使用した。イダルの船にはイダルの友人ひとりが、ガントンの船にはガントンの息子ひとりがそれぞれ同乗した。漁の半ば、イダルたちは老齢のガントンのみをレゲタン島に残し、イダルの船でセンポルナの鮮魚市場に魚を卸しに行った。漁獲は三〇〇リンギで売ることができた。しかしイダルたちは、リギタン島に戻った後、ガントンに漁獲を二〇〇リンギで売ったと偽って伝え、経費を差し引いた分け前を彼に渡した。イダルたちはガントンをだました（akkalan）のである。

数カ月後、イダルとガントンの息子はともにひどい腹痛に襲われた。病院で診察を受け、処方された薬を飲んだが治らなかった。そのため病院に行った翌日、霊媒にみてもらった（nindaq）。霊媒は、イダルたちはガントンのブスンを被っている（kabusungan）と診断した。その診断を受けてイダルたちは、レゲタンでの漁の際にガントンをだましたことを思いだし、それがブスンの原因であるとようやく理解した。そこでイダルたちは、霊媒とその場にいた人たちの前で、腹痛が治ったらガントンの前で「約束を実行する」儀礼（マグタントゥ magtantu）をおこない、彼に許しを乞い、贈り物を渡す（magsong）と神に対して約束した（magjanji ni Tuhan）。すると二日ほどで腹痛は治った。イダルたちは、約束どおりガントンの家でマグタントゥ儀礼をおこない、彼に生米、ココヤシの実、ビンロウジュの実、キンマの葉を贈り物として渡し、許しを乞うた。語り手のルシダは、このように近い親族のブスンはきわめて強い（abisaq）のだと付け加えた。

海サマの「伝統的」信仰と儀礼は、ンボやスマガトが引き起こすブスンに対する畏怖の観念に基づいている。いまみたようにそのブスンは、海サマにとって親族を主とする社会関係を律する規範（後述のアッダト）の重要な構成要素にもなっている。

恥と祟り

マレー人やブギス、タガログなど、島嶼部東南アジアの多くの社会と同様に、海サマ社会においても「恥（iyaq）」の概念は社会的行為を律する重要な規範になっている。[*7] マレー人にみる恥（malu）の概念について多和田は、「他人の反応に『過度に敏感』であるがゆえに、ある特定の状況下で自らがおかれた位置や立場、社会的役割などに通常期待される行為から逸脱するような人物は、……『恥ずかしい』思いをし、『恥』をかくことになる」と述べ、「……『恥』を感じることにたいする恐れが、なんらかの行動を引き起こす（あるいは引き起こさない）うえで、ある種の社会的力として働く」とまとめている［多和田 2005: 41-42］。海サマにおける恥の概念もこれにかなり近い。海サマにとって恥をかくこと、恥をかかせることの忌避は、日常生活における強固な行動規範になっている。

この恥の概念はブスンとも深く結びついている。海サマは、近い親族のあいだでの言葉による罵りあい（magsubaliq）、憎しみあい（magbantah）は、とりわけ大きなブスンの原因になると考える。かれらにとってそうした行為は、相手に恥をかかせる（amakaiyaq）ことをも意味するからである。

恥とブスンを結びつける考え方は、親子やキョウダイ間の憎しみあいを修復するマグキパラト（magkipalat）儀礼に典型的にみられる。観察事例を記そう。

【事例10‐3】ジュクシン（四八歳、男性）らを当事者とするマグキパラト儀礼

一九九八年九月一六日、一三時四〇分から、クルニアの家でマグキパラト儀礼がおこなわれた。儀礼の当事者の一方は、タラカン（男性、六三歳）と妻のギギ（女性、六〇歳）、ギギの母ハマクシン（女性、七九歳）の三人。他方は、タラカンとギギの長男のジュクシン、タラカンと先妻のあいだの娘（五〇歳）のタイガなど九人である（図

図 10－1　マグキパラト儀礼の当事者

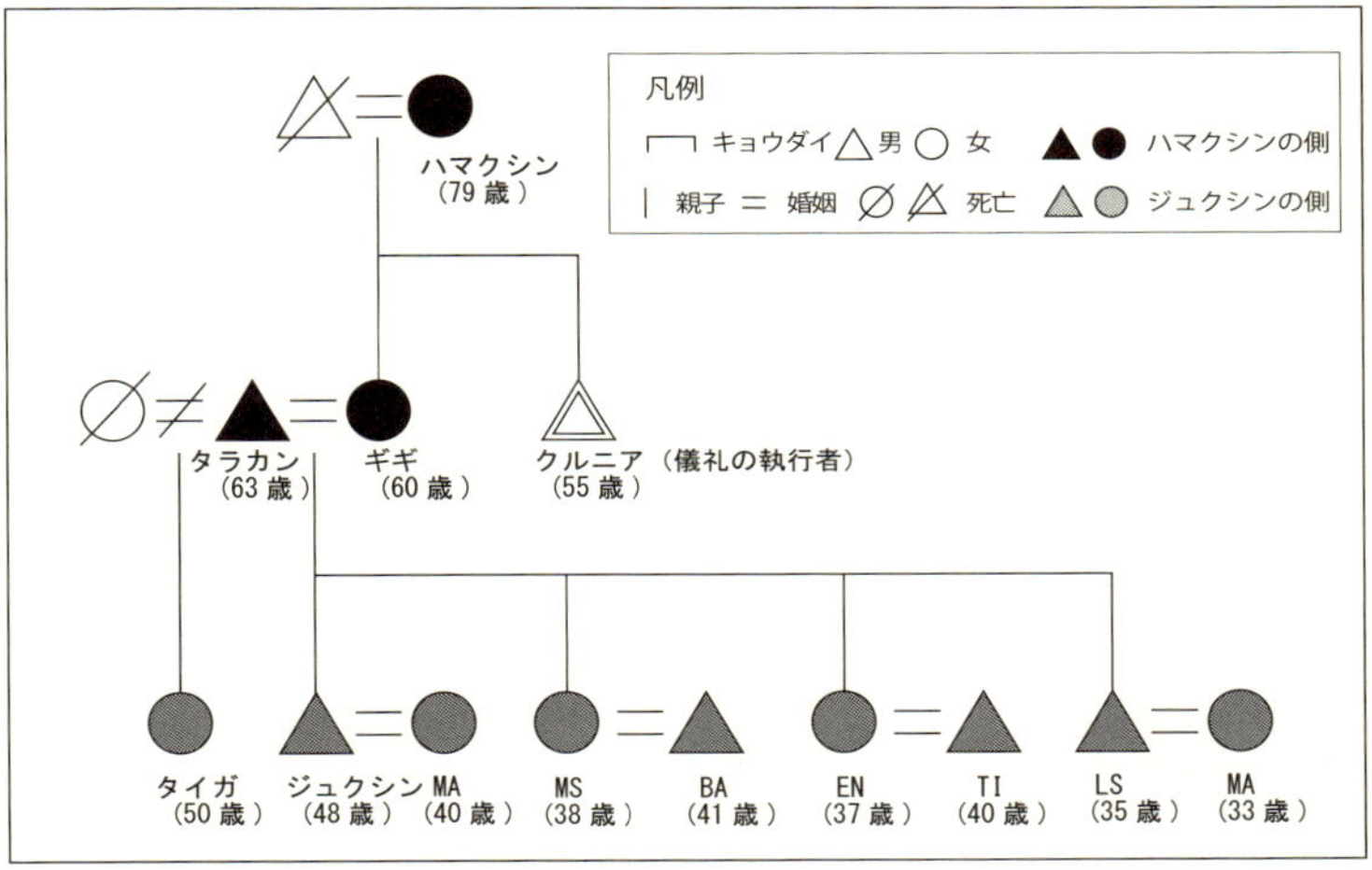

註：年齢は 1998 年時
出典：フィールドワークにもとづき筆者作成

10－1）。床に鉄製のお盆が置かれる。お盆の上には、マングローブの薪、レモングラスの束、生卵三個、古ココヤシの核三個、生米が載せられている。上記の一二人は、その周りに車座になって座る。儀礼の執行者は公認イマムのクルニアとプティ（陸サマ）である。ほかにイマムでは、ナジャヤやロンバンも参加した。イマムを含め特別な服を着ている人はいない。

クルニアが儀礼をはじめようと皆に語りかける。まずプティが、何が仲違いの理由だったのかとハマクシンに尋ねる。ハマクシンは、「お金の貸し借りをめぐる言い争いだったと思うが、ずいぶん前のことなので、忘れてしまった」と曖昧に答える。プティもそれ以上は深くは聞かない。

ついでクルニアが全員に諭すように語りかける。

「罵りあいをするとき、その人たちはお互いに恥をかかせている（magpakaiyaq）ことを忘れてしまっています。親子やキョウダイが互いに恥をかかせることは、殴りあうことよりもきつい痛み（abisa）をもたらします。殴り合いなら、そのときに痛みを感じるまでのこと。しかし言葉で互いに恥をかかせると、双方が相手からの強いブ

マグキパラト儀礼（1998年）。公認イマムのクルニアが当事者たちに話しかけている

スンを被り、長く病気で苦しむことになります。それは薬では治りません。さらに当人だけでなくまわりの人も病気になります。病気は世代を越えて引き継がれます。だから、親子やキョウダイのあいだで、悪い言葉（bissala alaat ＝人を罵ること）を言いあってはいけないのです。」

こう語った後、クルニアはお盆の上の生米を手に取って自分の顔の前に持ってきて、またお盆に戻す。ついで、クルアーンの一節を短く読む。それをきっかけに、ジュクシン、タイガら九人は立ちあがる。かれらは順番にタラカン、ギギ、ハマクシンの手を取って甲に口づけをし、相手を抱き寄せ「わたしをゆるしてください（ampunun aku）」と言ってまわる。場に悲壮感はない。当事者がこの儀礼を開催することに合意した時点で、憎しみあいは終わっているのである。クルニアがクルアーンの一節とアッラーに対する祈禱ドゥアを読み上げ、儀礼は終了する。お盆の上のモノはジュクシンたちからの贈り物（song）としてタラカンら三人に渡される。

クルニアによれば、憎しみあいは、二年前、ジュクシンがタラカンとハマクシンにお金を無心したことから始まった。ジュクシンが何度も金を無心しに来るので、タラカンたちは、そのうちジュクシンがかれらの家に盗みに入るのではないかと警戒した。そうした態度に立腹し、ジュクシンはタラカンたちに向かって「来世（akhirat）になるまで、〔おまえたちは〕もう父でも母でもない」と声を荒げた。他方のタラカンたちも「おまえなどわたしたちの子どもではない」と返してしまった。「互いを罵り、相手に恥をかかせてしまった。だからかれらはブスンを被ったのです」とクルニアは説明した。

クルニアは、「イスラームでは、親子やキョウダイが罵りあうことは罪（dosa）とみなされている」とイスラームに関連づけて、この儀礼のブスンの原因を説明した。しかし儀礼に参加した人たちは、祖先霊ンボが子孫たちの罵りあいを嫌って当事者たちのあいだにブスンを引き起こしたのだと語りあい、わたしにもそう説明した。

マグキパラト儀礼は、カッロン村の海サマにとってきわめて重要な社会的意味を持つ。近い親族間の仲違いは、村全体にブスンを引き起こすこともあるとかれらは考えているからだ。こうした位置づけのため、上記の儀礼には、当事者を除いても三〇人を越える人が集まり、当事者を取り囲んで真剣に注視していた（写真参照）。

言葉による罵りは相手に恥をかかせることを意味する。それは規範（アッダト）からの逸脱である。そのためンボないしスマガトによってブスンが引き起こされる――この考え方は、かれらの「伝統的」信仰の基底部分を構成してきたといってよいだろう。

3　儀礼

イスラームを指標とする儀礼の区分

ここからカッロン村の海サマの主な儀礼を、イスラーム的儀礼とアッダト的儀礼に区分して概説していく。なお、アッダトはサマ語の addat のカタカナ表記であり、マレー語で慣習を意味するアダット（adat）の誤記ではない（Sather［1996: 205-208］も参照）。イスラーム的儀礼とは、一般にイスラームの教義との整合性が問われることなく、おおよそイスラームに従っていると認められている儀礼を指す。以下に記すイスラーム的儀礼は、すべて人生儀礼である。なお、議論の拡散を防ぐため、断食月（ラマダーン）明けの大祭（ハリラヤ・プアサ）等のイスラームの祝祭日にモスクでおこなわれる儀礼は、本書では取りあげない。

以下に挙げる人生儀礼のすべてが、イスラームの教義に定められているわけではかならずしもない。また、そのすべてがイスラーム世界で共通しておこなわれているわけでもない。しかし、公認イマム、ウスタズいずれも、これらの儀礼とその手順については、少なくともイスラームから逸脱するものではないと判断し、実際にそれらの執行者を務めている。

アッダト的儀礼とは、村のイスラーム指導者が海サマの慣習（アッダト）ないし「年長者の慣習的なおこない（pangkat kamattoahan）」とみなしている儀礼を指す。この場合の年長者は主に「死亡した祖先」を意味する。ウスタズらがイスラームから逸脱していると考える儀礼も少なくない。アッダト的儀礼は、イスラーム暦や季節（masim）に従っておこなわれる儀礼――季節儀礼とする――と、随時おこなわれる儀礼とに分けられる。

儀礼の多くは、個人の家屋内でおこなわれる。その場合、世帯主か儀礼にかかわる親族の代表が儀礼の主催者になる。儀礼の主催者は「ダプ・ヒナン（dapu hinang）」と呼ばれる。ダプ・ヒナンは、字義的には「儀礼の所有者」を意味する。[*8]

儀礼でははじめに香(kamannyan)が焚かれる。また儀礼の主催者は、二〜五リンギ程度の現金を儀礼の執行者（イマムなど）にサラッカ（salakka[<ar]、自発的喜捨〈サダカ〉）として支払う。以下、この共通の手順については記述を省略する。儀礼の主な章句、クルアーンの引用句の意味ないし効用については表10-1にまとめた。

イスラーム的儀礼

①　新生児にアザーンを呼びかける儀礼。男児に対する儀礼は「ニアザナン niazanan」、女児に対する儀礼は「キナマタン kinamatan」と呼ばれる。それぞれの語幹は「アザーン“azan”[<my/ar]」と「カマト“kamat”<iqama[my/ar]」である。それぞれの意味は以下の説明のなかに記す。

この儀礼は、生後一カ月以内の新生児に対しておこなわれる。新生児はこの儀礼によってムスリムになる。やり方は次のとおり。イマムないしウスタズが、男の新生児の場合は、まず右耳にアザーン（azan）を、ついで左耳にカマト（kamat）をささやく。女の新生児の場合は、左耳にカマトのみをささやく。

アザーンは礼拝呼びかけ人（ビラル）がモスクから人びとに義務礼拝に集まるよう呼びかける際のアラビア語の章句、カマトは同様に義務礼拝が始まる直前であることを伝える際のアラビア語の章句である。その後に子どもの平安を祈願するドゥアを朗誦し、儀礼は完了する。コーヒーと甘菓子による軽い会食（maginum）がともなわれる。

②　髪切り儀礼（マッグンティン maggunting、“mag-”は行為を示す接頭辞、“gun-ting”[my]は「ハサミ」の意味）

アッラーに乳幼児の健康な成長を祈願して、その乳幼児の髪を切る儀礼。通常は生後一年以内におこなうが、生後一年を越しておこなわれることもある。内容は次のとおり。

名称	意味、あるいはマレー語のイスラーム教本に記された効用	中心となる章句、あるいは内容
クルアーン 第 113 章「黎明」 surah al Falaq	「この章を読む者は誰でも、邪視、妖術、嫉妬、または人の誹謗中傷からかならずや守られるであろう」[Furqan 1998: 147]。	「1. 言え、「黎明の主にご加護を乞い願う。／2. かれが創られるものの悪（災難）から、／3. 深まる夜の闇の悪（危害）から、／4. 結び目に息を吹きかける（妖術使いの）女たちの悪から、／5. また、嫉妬する者の嫉妬の悪（災厄）から。」」[日本ムスリム協会 1996: 第 113 章]
クルアーン 第 114 章「人びと」 （最終章） surah An-Nas	「この章を読む者は誰でも、不安・疑心にとらわれたり、シャイターンにとり憑かれたりすることから、かならずや守られるであろう」[Furqan 1998: 148]。	「1. 言え、「ご加護を乞い願う、人間の主、／2. 人間の王、／人間の神に。／3. こっそりと忍び込み、囁く者の悪から。／4. それが人間の胸に囁きかける、／5. ジン（幽精）であろうと、人間であろうと。」」[日本ムスリム協会 1996: 第 114 章]
ハドラト hadrat	アッラーが預言者ムハンマドに祝福を授け給うよう祈願するドゥア。	「おお、アッラーよ、我々が読み、我々が貴方の寛大なる預言者への正しい導きとしたものを限度を超えた贈り物に、預言者——アッラーが彼を祝福し平安を与え賜うように——の高貴さにおける非常に多い下された慈悲に、し賜うように。／おお、アッラーよ、彼〔ムハンマド〕に名誉ある身分と優れたものと高貴さと高い位をもたらし賜え。彼に貴方が約束した賛美される場所を贈り賜え。実に、貴方は約束を違えない。アッラーが彼の創造物の良きもの、我々のムハンマドと彼の一族と彼の教友に祝福し、平安を与えますよう。お前の主、偉大なる力の主は、かれら〔不特定〕が語るよりも遙かに偉大である。使わされた者達〔預言者達〕に平安あれ、世界の主アッラーに栄光あれ。」[Anon. n.d.(b): 53]。
イスティグファル istigfar	アッラーに許しを乞う言辞。礼拝前にかならず唱える。	「アッラーよ許し給え」
サラワト salawat	預言者ムハンマドへの祝福をアッラーに乞うドゥア。	「おおアッラー、ムハンマドとムハンマドの家族に祝福を与え給え」
タフリル tahlil	声に出して「アッラーの他に神はなし」と何度も繰り返し言いながらアッラーを称揚する。	「アッラーの他に神はなし」
タスビ tasbih	アッラーの完全さにたいする賞賛。	「全知全能にしてもっとも賞賛されるべき（アッラー）」
ズィキル zikir	声に出して（歌うように）「アッラーの他に神はなし」と何度も繰り返し言いながらアッラーを称揚する。	「アッラーの他に神はなし」

出典：各引用および Zainal Abidin (compiled)［1996］; Noresah et al. (eds)［1997］

表 10-1 儀礼に関する主なクルアーンの章句および語彙の概略

名称	意味、あるいはマレー語のイスラーム教本に記された効用	中心となる章句、あるいは内容
クルアーン開端章（第 1 章）「アル・ファーティハ」surah al-Fatihah	「夜明け前の礼拝時の義務礼拝と自発的な礼拝のあいだに、この章を 41 回唱える者は誰でも、かならずやその願い事がアッラーによって認められ、病気は早く良くなり、人々に愛される。それぞれの義務の礼拝の後に、この章を 20 回唱えれば、かならずやアッラーによって幸運がもたらされるであろう」[Furqan 1998: 116]。	「慈悲あまねく慈愛深きアッラーの御名において／ 1. 万有の主、アッラーにこそ凡ての称讃あれ、／ 2. 慈悲あまねく慈愛深き御方、／ 3. 最後の審きの日の主宰者に／ 4. わたしたちはあなたにのみ崇め仕え、あなたにのみ御助けを請い願う。／ 5. わたしたちを正しい道に導きたまえ、／ 6. あなたが御恵みを下された人々の道に、あなたの怒りを受けし者、また踏み迷える人々の道ではなく。」[日本ムスリム協会 1996: 第 1 章]
クルアーン第 36 章「ヤースィーン」surah Yasin	「クルアーンの心臓である。アッラーのためにこの章を読む者は誰でも、多神信仰の罪を除くあらゆる罪をかならずや許し給われるであろう。あるハディースによれば、死の苦しみにあえぐ病人に向けてこの章を読めば、アッラーがかならずやその死の苦しみを和らげてくれる。金曜の夜〔日本語の木曜の夜〕にこの章を 21 回唱える者は誰でも、読誦の後、両親のために何らかの祈願をすれば、アッラーによってその願いを認めていただけるであろう。この章を唱えることによって、人は成功をもたらされるであろう。「ヤースィーン」章の超自然的な力、特殊な性質は実に大きい」[Furqan 1998: 144]。	「1. ヤー・スィーン。／…／ 12. 本当にわれは死者を甦らせ、またかれらが予め行ったこと、そして後に残した足跡を記録する。われは一切を、明瞭な記録簿の中に数え上げている。／…／ 32. それぞれ皆は、（審判の日）一斉にわれの前に召されよう。／…／ 54. その日には誰も少しも不当な扱いを受けず、あなたがたは、只自分の行ったことに対し報いられる。／…／ 57. そこでかれらは、果実や望みのものを何でも得られる。／…／ 79. 言ってやるがいい。「最初に御創りになった方が、かれらを生き返らせる。かれは凡ての被造物を知り尽くしておられる。／…／ 81. 天と地を創造なされたかれが、これに類するものを創り得ないであろうか。いや、かれは最高の創造者であり、全知であられる。／ 82. 何かを望まれると、かれが「有れ。」と御命じになれば、即ち有る。／ 83. かれにこそ凡ての称讃あれ。その御手で万有を統御なされる御方、あなたがたはかれの御許に帰されるのである。」」[日本ムスリム協会 1996: 第 36 章
クルアーン第 106 章「クライシュ族」surah Quraisy	「この章を常に読む者は誰でも、その討議の語りが効果的になり、望むところがかなうようになるであろう」[Furqan 1998: 144]。	「1. クライシュ族の保護のため、／ 2. 冬と夏のかれらの隊商の保護のため、（そのアッラーの御恵みのために）／ 3. かれらに、この聖殿の主に仕えさせよ。／ 4. 飢えに際しては、かれらに食物を与え、また恐れに際しては、それを除き心を安らかにして下さる御方に。」[日本ムスリム協会 1996: 第 106 章]
クルアーン第 112 章「純正」surah al Ikhlas	「この章を読む者は、来世でアッラーからの恩恵を多く授かることになる。この章を読む者は誰でも、かならずや天国（syurga）に入ることができるであろう。この章を 50 回読むものは誰でも、アッラーによって 50 年間の罪（dosa）を許される。別のハディースによれば、「純正」章を読むことはクルアーンの 3 分の 1 を読むに等しい」[Furqan 1998: 146-7]。	「1. 言え、「かれはアッラー、唯一なる御方であられる。／ 2. アッラーは、自存され、／ 3. 御産みなさらないし、御産れになられたのではない、／ 4. かれに比べ得る、何ものもない。」」[日本ムスリム協会 1996: 第 112 章]

三〜八人ほどのイマムやウスタズが、バルザンジ（barzanji）を読誦しながら、父母あるいは他の親族に抱かれた乳幼児の髪の毛を順番に切っていく。バルザンジとは、預言者ムハンマドの人生を語りアッラーからの祝福があるよう祈願するアラビア語の詩を指す。海サマが「マウリド本（kitab Maulid）」と呼ぶ書物［Anon n.d.(a)］に記されている。イマムやウスタズが最後にドゥアを唱えて儀礼は終了する。イマムたちと乳幼児の親、親族は、肉や魚、ご飯などで会食（magkakan）をする。

③　割礼（マグイスラーム magislam）

割礼は、六歳から一二歳くらいまでの男子を対象とする儀礼で、かれらがムスリムとして成人になった（taabut umul）ことの証しとして実施される。たいていはキョウダイなどの近い親族が合同で、それぞれの子どもたち（三〜五人）の割礼を準備する。内容は次のとおり。

施術者は、公認イマムか対象者の親族で年長の男性である。施術者はクルアーン第一一〇章の「人々」を唱えながら、性器の包皮の先端を切る。多くの場合は、カミソリで皮に軽く傷をつけるだけで、その後に性器の皮をめくって先端部を露出させ、そこに包帯を巻きつける。[*9] 施術後、イマムは祝福のドゥアを子ども（たち）のために朗誦する。後には軽い会食がおこなわれる。割礼が終わった日の夜、あるいは別に設定された日の夜には、親の財力に応じて祝宴（lami-lami）がおこなわれる。その費用は親たちが共同で負担する。[*10]

④　婚姻儀礼（通常のサマ語では「マグバタル magbatal」と呼ばれる。“batal” の意味は後述。近年はアラビア語ないしマレー語で「婚姻契約」を意味する「アカド・ニカ（akad nikah[<ar]）」をそのまま用いることや、それをサマ語に転化させて「マグニカ（mag-nikah）」ということが多くなっている）

ムスリムの婚姻は、契約を結ばなければ有効とみなされない。マレーシアではその基本手続きは法令に定められている。カッロン村のそれは、サバ州の「一九九二年イスラーム家族法条例」［Negeri Sabah 1992c］に従っている。

婚姻儀礼の手順は次のとおり。新郎は親族とともに新婦の家に向かう。かれらは、新婦の父に導かれて契約が執行される部屋に入る。新婦は別室で控える。新郎の父が新婦の父に婚資（song）を渡す。[*11] 教区イマムのワジャリが新郎に対して結婚生活およびイスラームの義務に関する説教をする。両者のまわりには、新婦の後見人（walil[<my/ar]）と証人（saksi[my/skr]）が座る。新婦の父か、父がいない場合には近い男性親族が後見人になる。証人は、新婦の男性親族と婚姻儀礼担当の公認イマムで、計四人以上いなければならない。説教の途中で、公認イマムの一人が別室に行き、新婦に結婚の意思を尋ねる。その公認イマムが戻った後、教区イマムは後見人に結婚を了承していることを確認する。これらを経て契約が始まる。

まず教区イマムが「結婚契約のフトバ（khutba nikah）」と呼ばれる信仰告白を中心とするイスラームの基本章句（アラビア語）を朗誦し、新郎がそれを復誦する。証人が「正しい（sah）」と言えば、その復誦が認められたことになる。[*12] ついで新郎は、教区イマムからの契約の確認に即答するかたちで、婚姻の宣誓（sumpah nikah[my]）を口述する。宣誓は「わたくしこと〇〇は、一〇〇リンギの婚資（mahal basingan[sm] あるいは mas kawin[my]）で新婦〇〇との婚姻契約を結ぶ」という定型文で、マレー語ないしサマ語でなされる。[*13] 宣誓における婚資（一〇〇リンギ）は法的に定められたもので、上記の実質的な婚資（song）とは異なる。

宣誓の後、新郎、後見人、教区イマムはそれぞれ婚姻証書(sijil nikah)に署名する。これにより婚姻契約が完了する。次に公認イマムのひとりが新郎を控え室に導き入れ、彼の手をとって人差し指を新婦の額にあてる。この行為を「バタル（batal）」という。バタルの後、新郎と新婦が互いの手の甲に口づけし、新郎は新婦の指に指輪をはめる。婚姻儀礼はこれで終了する。婚姻契約自体は宣誓と署名が済んだ時点で完了しているが、海サマの多くはバタルをもってようやく婚姻が成立すると考えている。

その後関係者は、両者の家で会食をする。その日か、たいていは後日に、盛大な祝宴が催される。新郎と新婦が社会的に夫婦として認められるのは、この祝宴をおこなった後である。[*14]

⑤　葬儀（マグクブル magkubur、"kubur" [<my/ar] は「墓」の意味）

死者が出るとまず葬儀担当の公認イマムが呼ばれる。かれらは遺体に向けてドゥアを朗誦する。死亡したその日のうち、あるいは夕方以降に死亡した場合は翌日に、遺体をイスラームで定められたやり方で洗浄し、三枚の白布で包む。死者が男性の場合はイマムと年長の男性親族が、女性の場合は年長の女性親族がこの作業をおこなう。遺体が布に包まれた後、イマムは葬送の礼拝（sambahayang mayat [<ar]）をおこなう。礼拝が終わると、親族が遺体を棺に入れて、センポルナのムスリム用共同墓地か、あるいはカッロン島の墓地に運ぶ。

墓地では墓穴を掘った後、右の脇腹を下にして、顔がマッカの方角を向くように遺体を安置する。遺体に土をかけて埋葬した後、イマムが死者のためのドゥア、ドゥア・タルキン・マヤト（dua talqin mayat[<ar]）を朗誦する。墓には簡素な木の墓標（senduk [<my]）を立てる。

⑥ 死者の追悼儀礼（マグバハギ magbahangi、"bahangi" は、字義的には「日没後から翌日の日没までの時間」を指す）

この儀礼は、死後三日目、七日目、二〇日目、四〇日目、一〇〇日目におこなわれる。儀礼は、それぞれの日数をあわせて、「三日目のバハギ（bahangi tallu）」、「七日目のバハギ（bahangi pitu）」のように呼ばれる。一般に死者を追憶（angentom）し、いまだ近くに存在している死者の霊を慰める（amasannan）ことが目的であると説明される。イマムたちによれば儀礼の対象はアルワであるが、一般の海サマはしばしばその対象を「スマガト」と呼ぶ。

儀礼では、イマムが死者霊のためのドゥア、ドゥア・アルワ（dua arwah）を朗誦する。その後は、比較的盛大な会食がともなわれる。会食後、遺族は儀礼が対象とした死者の墓を訪れ、その墓標に水をかけて浄めてドゥアを朗誦する。死後七日目の儀礼がもっとも重要であると考えられている。二〇日目と四〇日目の儀礼は、遺族の経済状況によっては省略される。

アッダト的儀礼

（二）季節儀礼

⑦　マガルワ（magarwah、"arwah"[<my/ar]は「死者の霊」を指す）

死者の霊アルワの平安（salamat）をアッラーに祈願する儀礼。イスラーム暦第八月（シャアバーン）後半におこなわれる。イマムやウスタズが死者霊のためのドゥア（ドゥア・アルワ）を朗誦し、後に参加者は会食をおこなう。この儀礼については、次章で詳しく述べる。

⑧　マギガル・ジン（magingal jin、"ingal"は「踊る」の意味）

ジンを呼ぶための踊りを主とする儀礼。次に述べるマグンボ・パイ・バハウ儀礼の前日の夜、あるいは二、三カ月ごとの満月の夜におこなわれる。満月の夜、ンボは天上から地上にジンを遣わすと考えられている。参加者は霊媒と霊媒の親族である。屋外の露台で霊媒の親族がクリンタガン（kulintangan、木琴の一種）、銅鑼（agung）、小太鼓（tambul）などを演奏し、それにあわせて霊媒が踊る。踊りの途中でジンが霊媒に憑依する。ジンに憑依された霊媒は、儀礼のやり方が祖先のやり方（bowahan）と違うと不満を述べることもある。その不満はンボの言葉とみなされる。数人の霊媒が交互に何度も踊る。

⑨　マグンボ・パイ・バハウ（magəmboq pai bahauq、"əmboq"は「祖先霊」を指す。"pai"は「籾米《もみごめ》」、"bahauq"は「新しい」の意味）

祖先霊ンボを饗応するための儀礼。南西風の季節（məsim barat daya、八〜十一月）の初米（パイ・バハウ）の収穫時におこなわれる。儀礼の執行者はイマムと霊媒である。儀礼ではンボが遣わしたジンが霊媒に憑依し、ンボの言葉を伝える。会食はない。この儀礼については次章で詳述する。

⑩　マグトゥラク・バラ（magtulak bala、"tulak"<tolak[my]は「追い払う」、"bala"[<my]は「災い」の意味）

マグンボ・パイ・バハウ儀礼の翌日におこなわれる、サイタンの厄災を追い払う儀礼。「タンパト」と呼ばれ

マンディ・サッパル（1964-65年）。提供：クリフォード・セイザー（Clifford Sather）氏

るサイタンの住みか付近の海岸で、霊媒やイマムが女性と子どもに海水をかけ、アッラーにサイタンが引き起こす病気や他の災い、あるいはサイタンそのものを追い払うように祈願する［Sather 1997: 274-275］。

⑪　マンディ・サッパル（mandi sappal、“mandi”［<my］マンディは「水浴び」の意味。“sappal” <Safar[my/ar]はイスラーム暦のサファル月を指す）

イスラーム暦第二月（サファル）最後の水曜日におこなわれる、病気やサイタンを追い払うための儀礼。内容は⑩と同じである［Sather 1997: 275］。

（二）随時おこなわれる儀礼

⑫　マグジャンジ（magjanji、“janji”［<my］は「約束」の意味）またはマグナジャル（magnajal、“najal” <nazar[my/ar]も同じく「約束」の意味）

【パターン1】アッラーに対する誓願儀礼。特に形式はない。自分自身の、あるいは親族の学業の成就や仕事上の成功、病気からの回復、その他の幸運（rejeki <rezeki [my/ar]）をアッラーに祈願し、その

願いが成就されたときには、次に述べる⑬のマグドゥア・サラマト儀礼をおこないアッラーに感謝すると約束する。約束は、個人的に心のなかでおこなうか、あるいは親族どうし、イマムの前で口に出しておこなう。

【パターン2】ブスンを被ったときに、ブスンから回復した場合には儀礼をおこなうこと、またその原因となった行為をあらためることを死者の霊スマガトないしアッラーに約束する儀礼。やり方は【パターン1】と同じである。

⑬　マグドゥア・サラマト（magdua salamat、“dua”［<my/ar］は「アッラーに対する祈祷」を指す。“salamat”［<my/ar］は「平安」の意味）

⑫の【パターン1】の誓願儀礼における祈願がかなえられたときに、約束に従ってアッラーに感謝する儀礼。親族の成功、安全、健康を願って、この儀礼をおこなうこともある。まず儀礼をおこなう人が、儀礼の意図を説明する。ついでイマムが平安祈願のドゥア（dua salamat）を朗誦する。その後、軽い会食がおこなわれる。この儀礼はもっとも頻繁におこなわれる。

⑭　アマカン・スマガト（amakan sumangat、“amakan”は「食事を供する」の意味。“sumangat”は「死者の霊」を指す）

⑫の誓願儀礼を【パターン2】でおこなっており、ブスンの源泉が死者霊スマガトである場合に、ブスンの状態から回復したとき、そのスマガトに向けておこなう儀礼。ブスンから回復した人が儀礼を主催する。儀礼の主催者はイマムを呼び、イマムは死者霊に向けたドゥア（ドゥア・アルワ）を朗誦する。その後、儀礼が対象とした死者が好んでいた食事で会食する。スマガトはこれをともに食べるとされる。

⑮　マグタントゥ（magtantu、“tantu”<tentu[my]は字義的には「確実な」の意味。ここでは「約束を実行する」ことを意味する）

⑫の誓願儀礼を【パターン2】でおこなっており、ブスンの源泉が生きている人である場合に、ブスンの状態から回復したときにその人に向けておこなう儀礼。儀礼を主催する人、つまりブスンから回復した人がイマムを

呼び、イマムは平安祈願のドゥアを朗誦する。その後、儀礼の主催者は儀礼の対象者にココヤシ、バナナ、コメなどを贈り物（「ソン song」ないし「サラッカ salakka」と呼ばれる）として渡し、許しを乞う（angamu ampun）。その後は、軽い会食がおこなわれる。

⑯　マグキパラト（magkipalat、"kipalat" <kifarat[my/ar] の意味は下記のとおり）

親族の関係を修復する儀礼。公認イマムのクルニアによれば、キパラト（kipalat）とは罪（dosa[<my/skr]）を償う行為を指すという。罵り合いによって仲違い（magsubaliq）していた親族がココヤシ、生米、現金などを交換して互いに許しを乞う。若いほうの親族が年長者にそれらを寄贈して、許しを乞うこともある。先述の【事例10−3】を参照。

4　担い手の変化と儀礼への態度の違い

霊媒の衰退

一九六〇年代まで、サイタンの厄災を追い払う儀礼（⑩、⑪）や、霊的存在とブスンに関係した儀礼（⑧、⑨、⑭、⑮）では、霊媒が中心的な役割を果たしていた。霊媒は、霊的存在と交感して災いやブスンの理由を尋ね、それを一般の海サマに伝えた。そのほか、かれらは治病行為や漁業においても重要な役割を果たしていた。しかし一九七〇～八〇年代以降、儀礼や治病、漁業における霊媒の役割は徐々に失われていった。

一九六〇年代半ばまでカッロン村の海サマのあいだには、成人の一〇人にひとり、あるいは二、三世帯にひとり程度の割合で霊媒がおり、かれらは霊媒としての役割を積極的に果たしていた［Sather 1997: 303］。調査時、マグンボ・パイ・バハウ儀礼をおこなっている少数の世帯、おそらくカッロン村の海サマ世帯の一割ほどに霊媒は残っていた。しかし、そのほとんどは六〇歳以上の年長者で、次の世代には引き継がれていなかった。

次章でみるように、一九九八年には、悉皆調査区の海サマ世帯一七二のうち約一割強の二一世帯がマグンボ・パイ・バハウ儀礼をおこなった。これら二一世帯それぞれの家にひとりないし二人の霊媒がいる。調査時、かれらは、マグンボ・パイ・バハウ儀礼以外で霊媒としての役割を果たすことはほとんどない。かれらは、自分の家や隣接する親族の家でこの儀礼をおこなうときにのみ、霊媒の服装を着て霊媒らしく振る舞う。

霊媒の衰退は、ひとつにはカッロン村におけるイスラームの浸透と関係している。かれらの憑依をともなう儀礼的パフォーマンスは、イスラーム指導者によって、また一般的にもイスラームからの逸脱（bidaah[my/ar]）、あるいは禁止行為（haram[my/ar]）とみなされてきた。霊媒のこうした位置づけは、単なる村レベルの語りのなかにとどまらない。前章までにみたように、サバ州ではイスラームに関する行政制度が整備され、カッロン村もその一端に組み込まれている。霊媒の儀礼的行為は、それが公の場で提示される場合、イスラーム行政法による処罰の対象にすらなりうるのである［e.g. Negeri Sabah 1995］。

霊媒の衰退は、もうひとつには、近代医療の浸透とも関係している。センポルナには州立の病院があり、廉価な医療サービスを住民に提供している。経済的に余裕があれば、センポルナの町に数軒ある華人の私立診療所や、タワウの公立病院や私立病院を利用できる。

センポルナでは、一九三〇年に北ボルネオ会社政府の診療所が建てられた。診療所には華人の看護師が常駐し、沖合の島々も巡回して治療をおこなった［GSNB 1931, 1934］[*15]。村びとによれば、海サマが日常的に診療所を使用するようになったのは、一九六〇年代以降のことであるという。一九七一年にはセンポルナに州立病院が設立された［Sather 1997: 74］。以後、カッロン村の海サマは、軽い病気、怪我から、マラリアや手術を要する重い病気、怪我、出産まで、この病院で治療を受けることを当然視するようになっていった。こうした近代医療の浸透も、海サマが霊媒による治病行為に依存しなくなったひとつの原因であるといえるだろう。

イマム間での態度の違い

一九七〇年代以降、霊媒に代わって儀礼の主要な担い手になっているのがイマムたちである。前章で述べたように、イマムは公認イマムと非公認のイマムに分かれるが、村人は自らが主催する儀礼を公認イマムに執行してもらうことを望むようになっている。公認イマムたちも、儀礼の執行はイスラームが定める共同体への義務(fardu kipayah <fardhu kifayah [my/ar]) であると考えている。モスク委員会は婚姻と葬儀の担当者を定めており、それ以外のイマムが儀礼を執行することは違法である。

前章で述べた第二世代のイスラーム指導者であるハティブたちは、儀礼においてイマムを補佐する役割を担うようになっている。第三世代のイスラーム指導者であるウスタズたちは、儀礼の執行者になることは少ないが、イスラーム的儀礼においてはドゥアの朗誦を主導することもある。村人はとくに②の乳幼児の髪切り儀礼には、ウスタズを招くことが多くなっている。

儀礼とイスラーム指導者たちとのかかわりで注目したいのは、アッダト的儀礼に対するかれらの態度の違いである。その違いは、後にみるように一般の海サマの儀礼観、さらには「正しいイスラーム」理解に大きく影響している。ここでは、イスラーム指導者のアッダト的儀礼に対する態度の差異について記しておく。

ウスタズたちは、アッダト的儀礼の多くをイスラームの「正統」教義にそぐわないと判断しており、そうした儀礼にはいっさい参加しない。イスラーム的観点から問題がないとみなしているアッダト的儀礼(たとえば⑦、⑬、⑯)には参加はする。ただしそれらについても、積極的にかかわっているわけではない。ハティブたちは、おおむねウスタズたちの見解に従っているが、公認イマムのクルニアが執行するアッダト的儀礼(とくに先に事例で取りあげたマグキパラト儀礼⑯)には積極的に参加する。

第一世代のイスラーム指導者である海サマの公認イマム四人は、次の二派に分かれている。一方はワジャリとクルニアで、かれらはウスタズが「非正統的」とみなすようなアッダト的儀礼には基本的にかかわらない。他方はナジャヤとロンバンで、かれらはウスタズたちが「非正統的」と批判している儀礼を含めて、アッダト的儀礼のほとんどすべてを主体的に担っている。

公認イマムたちの儀礼に対する態度の違いは、かれらの知的背景や経歴の違いに起因することを指摘できる。前章で述べたように、第一世代の公認イマムたちはいずれもマッグルでイスラームを学習しているが、ワジャリ、クルニア、ロンバンはセンポルナで陸サマのハティブを師（グル）としていたのに対し、ナジャヤはフィリピン・スル諸島のシタンカイ島で海サマのイマムを師としてイスラームを学んでいた。ワジャリ、クルニア、ロンバンは、いくつかのアッダト的儀礼のやり方も学んだが、その種類は多くない。他方、ナジャヤはマッグルの過程で、また師に同行しながら、先にみたアッダト的儀礼のほとんどを習得した。ナジャヤがマッグルで学び、また現在に至るまで参照し続けているのは、九章で言及した手書きの教本、パルクナン（parukunan）である。パルクナンの語幹の <rukun> はアラビア語起源で、「基盤」、「柱」、「根本」を意味する。パルクナンは、「イスラームの基本的な概念・規則集」といった意味になる。内容については**付録4、5**を参照されたい。

ここで確認しておきたいのは、パルクナンにはアッダト的儀礼の基盤をなすフィリピン・スル諸島起源のローカルなイスラーム知識、あるいは神秘主義的なイスラーム理解が少なからず含まれていること、そしてその知識がナジャヤのイスラーム理解の土台になっていることである。[*16]

ワジャリ、クルニア、ロンバンの三人は、ナジャヤや他のシタンカイ島出身のイマム数人（すでに死去）がカッロン村に移住した後に、かれらから「伝統的」儀礼のやり方やパルクナンに基づくスル諸島起源の神秘主義的なイスラーム解釈を学んだ。とくにロンバンは、ナジャヤのイスラーム解釈に傾倒し、彼とともにアッダト的儀礼に積極的にかかわるようになった。ロンバンの妻は、シタンカイ島出身の海サマである。ロンバンは一九六四年にカッロン村で結婚したが、後の一九六〇年代後半には、数年間シタンカイ島に住んでいた。その後も頻繁にシタンカイ島とカッロン村を往来している。[*17] こうした過程でシタンカイ島のイマムとともに、同島でアッダト的儀礼を執行するようになり、かれらのイスラーム解釈から影響を受けた、とロンバンは言う。対照的にワジャリとクルニアはいずれもシタンカイ島に一度も行ったことがない。かれらは、後の世代のイスラーム指導者同様に、基本的にはマレーシア・イスラームの文脈のみを生きてきた。

一九七〇年代から、サバ・イスラーム評議会（MUIS）のセンポルナ支部がカッロン村のアッダト的儀礼のいくつかがイスラームから逸脱していることを指摘するようになった。また、一九八〇年代後半からは、ウスタズたちがいくつかの儀礼をイスラーム的観点から批判するようになった。こうして公認イマムたちも、MUISやウスタズがイスラームから逸脱していると指摘した儀礼にはかかわらなくなった。

他方、ナジャヤとロンバンは、ウスタズが「非正統的」と批判したアッダト的儀礼も、次章でみるような独自のイスラーム解釈に基づいて、調査時も積極的に執行していた。二人はウスタズの批判を知っているし、また自らもそれらの儀礼に「非イスラーム的」要素が含まれていることに気づいている。しかしかれらは、それらの儀礼の根本にある「伝統的」信仰、とくに霊的存在がもたらすブスンへの畏怖の観念を固く保持しており、そのことが二人をアッダト的儀礼に執着させているように思われた。

儀礼をめぐる対立と分裂

いまみたように、一九八〇年代から九〇年代までに一方のワジャリ、クルニアと、他方のナジャヤ、ロンバンは、アッダト的儀礼について異なる態度を示すようになった。とはいえ、かれらは対立しているわけではない。ウスタズが「非正統的」とみなす儀礼を除けば、かれらはともに儀礼を執行しており、またモスクの活動においても協力しあっている。

対立あるいは緊張関係が生じているのは、ナジャヤ、ロンバンおよび他の非公認イマムと、モスク青年団に属する一〇代から三〇代前半の若い行動的ムスリムとのあいだにおいてである。モスク青年団に属する若い世代の海サマは、ナジャヤとロンバンが「非正統的」なアッダト的儀礼に積極的にかかわっていることを、後者に対して直接にではないが、同世代の仲間のあいだでことあるごとに非難している。かれらはナジャヤとロンバンが依然モスク委員会の主要な地位にあること、とくにナジャヤがいまも金曜礼拝のフトバをおこなっていることに強い不満を抱いている。

そのため、かれらはモスクでおこなわれる集会においてナジャヤとロンバンを露骨に避けるような態度を示す。他方のナジャヤとロンバンも、モスク青年団の若者たちとの会話を、明らかに避けていた。

モスク青年団の指導者であるウスタズのクハティや、若いムスリムの信望を集めているハティブのシユンは、同じモスクの成員（jamaah）どうしが対立することは「アッラーの意志にそぐわない」と若いムスリムの態度を戒める。とはいえクハティ、シユンも、ナジャヤとロンバンが「非正統的」な儀礼にかかわっていること、そのことが村人がそうした儀礼を維持することにつながっていることを快くは思っていない。とくにクハティは、次章でみるように、モスクでの講話会の際にナジャヤらがそうした儀礼をおこなっていることを間接的にとがめている。

一般の海サマのアッダト的儀礼に対する態度も二つに分かれる。ひとつは、ウスタズらの批判があることを知っていながらも、「非正統的」なものを含むすべてのアッダト的儀礼にかかわり続けるパターンで、五〇代以上の年長者に多い。かれらが「非正統的」な儀礼を主催するときには、必然的にナジャヤとロンバン、ないし他の非公認イマムに儀礼の執行を依頼することになる。

もうひとつは、原則的に「非正統的」な儀礼にはかかわらず、それ以外の儀礼にのみ参加するパターンで、四〇代以下の海サマのあいだではこの傾向が顕著になっている。かれらのなかには、ナジャヤやロンバンに儀礼の執行を依頼する人もおり、二人が「非正統的」な儀礼を執行していることをかならずしも問題にしているわけではない。ただしイスラームの義務実践に熱心な村人は、ワジャリ、クルニア、あるいはウスタズの態度や見解を「正統」イスラームのそれと同一視するようになっており、そうした人はナジャヤ、ロンバンを批判的に捉えるようになっている。

5 儀礼の衰退とその文脈

破棄された儀礼

公的イスラームを受容していく過程で、海サマの「伝統的」な儀礼や慣行のいくつかは消失した。セイザーによれば、一九六〇年代半ばから七〇年代後半までに次の儀礼、慣行がすでに消失しつつあった。

ひとつは⑩、⑪のサイタンの厄災を追い払う儀礼である。一九六〇年代半ばには、ほとんどすべての村人がこれらの儀礼に参加していた。しかし、MUIS支部がこれらの儀礼がイスラームからの逸脱であると公認イマムたちに伝えたことを受けて、公認イマムたちはこれらの儀礼を執行するのをやめた。その結果、一九七〇年代末までに、ごく一部の村人しかこれを実践しなくなった［Sather 1997: 274-275］。わたしが知る限り、この二つの儀礼は、カッロン村の海サマのあいだでは、調査時までに完全に破棄されていた。[*18]

二つは、埋葬慣行である。これについては先の⑤の説明では触れていない。一九六〇年代半ばまで海サマは、船の所有者（通常は男性）が死んだ場合はその船を解体して棺を作り、遺体を棺に入れたまま埋葬していた。船の所有者でない場合も、死者は木製の棺に入れられて埋葬された。遺体とともに故人ゆかりの品々——漁具、衣類、楽器など——も埋葬された（写真）。また、墓標には故人や故人が使用していた船、その他故人が好んでいた事物の木彫りが用いられた。海サマは、死者霊が死後の世界でそれらを必要とすると考えていた［Sather

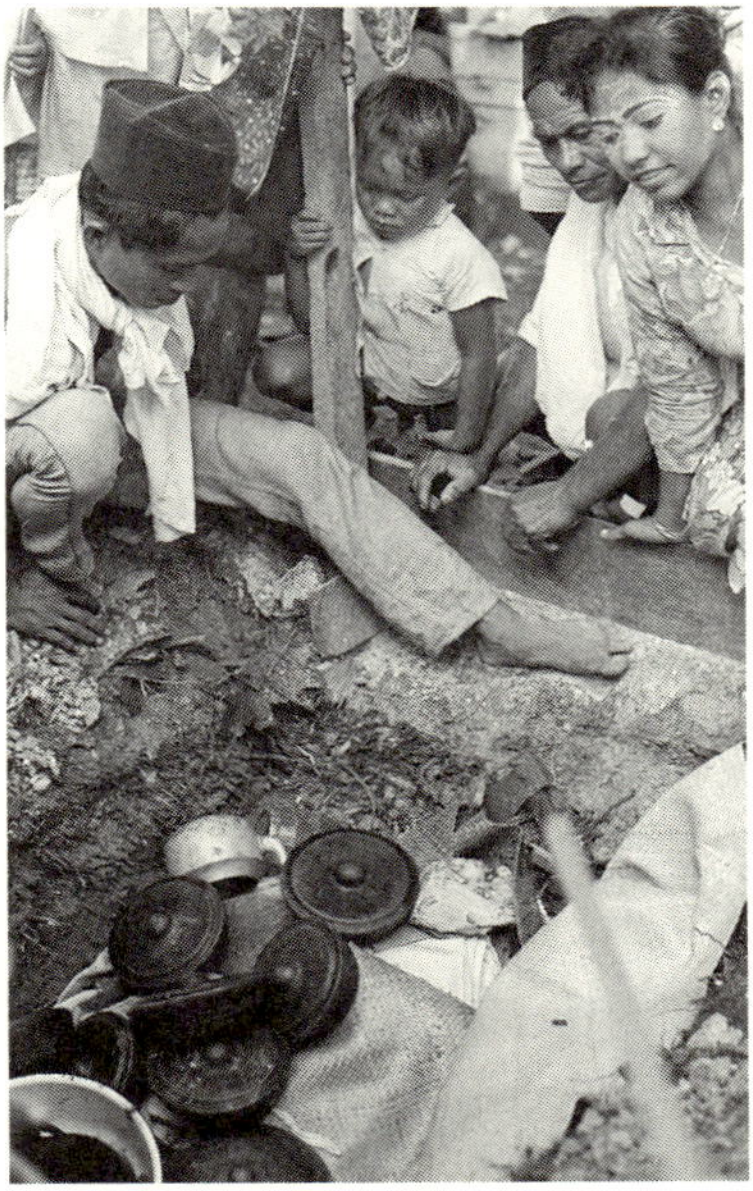

1964-65年の埋葬慣行。遺体とともに故人ゆかりの物（写真は楽器）が埋葬されていた。提供:クリフォード・セイザー（Clifford Sather）氏

人間と船を模した墓標（シタンカイ島）。1994年撮影

1997: 235-246］。同様の海サマの埋葬慣行は、セイザー以前にも旅行者らによって記録されている［Taylor 1931; NBNST February 2, 1952］。

しかしこれらの慣行は、一九七〇年代までに失われた。葬儀は先に記した⑤のように、イスラームに従っておこなわれるようになっている。一九七〇年代後半以来、葬儀の執行者を務めてきた公認イマムのクルニアによれば、彼と他のイマムはMUISの指導に従い、またマレーシア半島部で出版されたイスラーム教本を参照して、イスラームに定められた手続きと作法で葬儀をおこなうようになったという。

クルニアらがMUISからイマムとしての公認を受ける際、その手続き、作法に従うことが必須であったであろうことは、前章に示した「村イマムに対する許可証」からもみてとれる。また、人間や船などを模した墓標は、呪物信仰（シリク）につながるとMUISから厳しく非難されたという。そのため、クルニアらは村人にそれを使用しないよう伝えた。その後、そうした墓標はしだいに簡素な木の墓標におきかえられていったという。

その他、セイザーは衰退の徴候について言及していないが、⑧のマギガル・ジンもかつてのように頻繁にはおこなわれなくなっている。わたしは調査時にこの儀礼を三回、観察した。しかし、うち二回はジンが霊媒に憑依することはなかった。他の一回は霊媒が踊り、ジンが霊媒に憑依したが、ンボの言葉を語ることはなかった。

儀礼消失の理由と背景

前項に記した儀礼、慣行が消失したのは、公認イマムのワジャリやクルニアの理解に従えば、海サマがそれらがイスラームを逸脱する行為であることを理解したからである。理念的にいえばムスリムは、すべての信仰・行動をクルアーンとハディースに依拠しなければならない。信仰の中核はアッラーのほかに神は存在しないことを信じる、つまり神の唯一性を信じるタウヒードの規範である。タウヒードはムスリムにとってもっとも重要な規範である。他方、これに相反する多神・呪物崇拝（シリク）は何よりも大きな罪とされる。[*19]

クルニアによれば、⑩、⑪の儀礼は、たとえアッラーにサイタンを追い払うことを祈願していたとしても、サイタンの力を過剰に評価していることや、霊媒の力を介してそれを追い払うという行為がタウヒードに反していたのだという。すでにみたように、霊媒がジンに憑依されることは、それ自体がイスラームからの逸脱とみなされた。マギガル・ジンは、そのためにおこなわれなくなっている。イスラームでは、遺体の処理手続きは細かく定められている。イマムたちはそれに従って葬儀をおこなうようになった。その過程で、遺体とともに故人の品々を埋葬し、故人が好んでいた事物の木彫りを墓標とする慣行は破棄された。

上記の儀礼や埋葬の慣行が、タウヒードの規範に照らして不適切であると解釈されたために破棄されたことは確かであろう。しかしながら同時に、儀礼をめぐる外的環境の変化という観点からみると、公的イスラーム機関の介入、つまりMUISによる指導を受けてカッロン村の海サマがそれらの儀礼と慣行を「非イスラーム的」とみなすようになったことを看過することはできない。

前章で述べたように、一九七〇年代、MUISはイスラームの正統性を表象するようになっていた。その判断を拒否することは、マレーシアに生きるムスリムとして困難であっただけでなく、海サマにとっては公的に認められたムスリムとしての地位を自ら否定することをも意味したのである。

もうひとつ指摘しておきたいのは、これらの消失した儀礼、慣行がおこなわれていた「場」の問題である（ボーウェンの研究を参照［Bowen 1993: Chap. 10］）。サイタンの厄災を追い払う儀礼、マグトゥラク・バラとマンディ・サッパルは、カッロン島の海岸の浅瀬でおこなわれていた。つまり海サマのみならず、陸サマを含む他のムスリムの面前でおこなわれていた。一九七〇年代半ばから海サマは、遺体をカッロン島の墓地のほか、センポルナのムスリム用公共墓地にも埋葬するようになった。こうしたオープンな場でおこなわれていたため、これらの儀礼や慣行はMUISの役人たちの目に留まった。

またイマムたちは、陸サマをはじめとする周囲の他のムスリムのまなざし、海サマを再び「アッラーに呪われた民」と断じかねないまなざしを強く意識してきた。その意識も、外部に開かれた空間でおこなわれていた「非正統的」な儀礼、慣行から、かれらを遠ざけたと考えられる。クルニアは、かつてのサイタンの厄災払い儀礼や、埋葬のやり方こそが「陸サマから不信仰者として差別された原因であった（jadi kami niuju, nihina buat bangsa kapir heq saga aa deyaq）」と語る。だからそれらを維持することはできなかった、というわけである。

いずれにせよ、それがおこなわれていた場の公共性も儀礼消失のひとつの要因であったと考えてよい。マギガル・ジンがかつてのように霊媒の憑依をともなわなくなったのも、それが露台という人目につく場でおこなわれていたことと無関係ではないはずである。

註

＊1――この補足は、イスラームの「正しさ」をめぐる判断の有効性が、分析対象の社会的、歴史的状況において確立されていることに留意しておくためのものである。人類学の研究において、イスラーム神学的な正統－異端概念を前提とすることの危険性ないし困難さについては、大塚［1989: 第4章、第6章］を参照。

＊2――たとえばクルアーンの次の一節。「またわれが天使たちに、『あなたがた、アーダムにサジダ（礼拝の平伏礼）しなさい。』と言った時を思い起せ。その時、皆サジダしたが、悪魔（イブリース）だけは承知せず、これを拒否したので、高慢で不信の徒となった。」［日本ムスリム協会 1996: 第2章34節］。なお、以下のクルアーンの引用、章の題名は、日本ムスリム協会版『日亜対訳注解　聖クルアーン』（一九九六年）にしたがう。引用に際しては、上のように章・節を記す。本書の表記法にしたがって、キッコウ括弧はわたしの註記とし、原文のキッコウ括弧はマル括弧にあらためる。

＊3――クルアーンには、ジンおよびシャイターン（サイタン）についての記述は多数ある。たとえば、ジン

については日本ムスリム協会［1996: 第55章15節、第34章12節］、シャイターンについては日本ムスリム協会［1996: 第2章36節、第7章17節］を参照。

＊4――サマ語のスマガトは、もともとはニンモがスル諸島のタウィタウィの海サマの信仰対象としてあげているウンマッゲド（ummagged）ないしそれに似た語彙で呼ばれていたと推測される。スマガトとウンマッゲドの指示対象はほぼ同じである［Nimmo 1990a: 14-17］。

＊5――誓約儀礼では、ブスンを原因とする病気が治ったときには、そのブスンを引き起こした霊的存在が喜ぶ、または安心する行為を実際におこなう、と誓うことが多い。この場合、甥であるグヌンが霊媒になることは亡くなったオバにとって好ましいことである、と考えられているのである。

＊6――『宗教学事典』では「祟り」は次のように説明される。「たたり（祟り）は本来、神霊の示現を表わすとされ、霊威の特殊な発現形態と捉えられてきた。もともとは神霊の存在を意識する現象を正負両面にわたって表現する語である。しかし、負のイメージで語られることが多く、何らかの災厄が神仏あるいは霊的な存在とその意思を忘却していたことに帰するとされることをこの語で示す場合が多い。」［小池 2010: 226］。

＊7――セイザーはiyaqを「恥（shame）」、「当惑（embarrassment）」と訳している。日本語では「恥」をその訳語としてよいだろう。

＊8――一九九八年一〇月、わたしが寄宿していた家で、家主のアリパダ氏が半島部に就労することが決まった娘と息子のために、成功を祈願する儀礼（マグドゥア・サラマト）をおこなった。儀礼にはイマム二人と隣人七人が招待された。アリパダ氏は各イマムにそれぞれ五リンギを支払った。この儀礼では当然、アリパダ氏がダプ・ヒナンである。それより前、一九九八年四月には、同じ家で、妻の兄イブラヒム（四五歳、仮名のため敬称略）がフィリピンで学ぶ息子のためにマグドゥア・サラマトをおこなった。イマムひとり、アリパダ氏と妻、イブラヒムの妻、隣人二人が参加した。イブラヒムの息子は同席していない。イブラヒムはイマムに五リンギを支払った。この場合、場所はアリパダ氏の家であったが、ダプ・ヒナンはイブラヒムである。

＊9――一九七〇年代頃までかれらは、割礼を施すときに若いココヤシの果汁を男児の頭から注いでいたというが、いまではこの行為をおこなうことはまれになっている。果汁注ぎがおこなわれなくなった理由は定かではない。教区イマムのワジャリは、イスラームに反するわけではないが、「マレー人がおこなっていないため、果

汁注ぎをおこなわなくなった」と述べた。かれらはマレー人の割礼のやり方を「よりイスラーム的」であるとみなし、マレー人がおこなっていない行為を除外したものと考えられる。

*10——女子割礼もあるが、詳細な情報を得ることはできなかった。

*11——婚資はダラハム（dalaham <derham[my/ar?]）ともいう。調査時の平均的な婚資の額は、二〇〇〇リンギ前後。ただし新郎の父が裕福な場合、その額は五〇〇〇リンギから一万リンギに及ぶこともあった。

*12——証人が正しいと認めなければ、認められるまで教区イマムの朗誦と新郎の復誦は繰り返される。結婚契約のフトバは、アル・ファーティハ（クルアーン開端章）など義務礼拝の際の基本的な章句で始まり信仰告白で終わる。それはきわめて基礎的な章句であるが、普段イスラームの実践に熱心でない人が新郎の場合、このやり取りが五、六回、ときにそれ以上繰り返されることもある。わたしがみた限り、証人の審査はけっしていい加減ではなかった。

*13——「マハル・バシガン（mahal basingan）」のマハルは、アラビア語起源で、「婚資」を意味する。バシガンはおそらくタウスグ語起源で、もともとは「婚資とは別の持参金または貴金属」を意味したようである。サマ語では、これが法定の婚資の訳語とされている。

*14——海サマは、髪切り儀礼や割礼、婚姻契約後の祝宴をイスラームの大祭、とくに断食月明けの大祭から一ヵ月のあいだにおこなうことが多い。そのひとつの理由は、この時期に儀礼や祝宴をおこなえば、その対象者はより多くのアッラーの祝福（パハラ）に与ることができると考えられているためである。ただしより実質的には、次の二つの理由によっている。つまり、この時期には都市で就労している家族が休暇をとって村に戻ってくるため、かれらが儀礼や祝宴に参加できること、そして何よりもかれらに儀礼や祝宴の資金の提供を期待しうることである。

*15——センポルナには、一九二〇年代から北ボルネオ会社政府雇用の華人医師が、天然痘のワクチン接種を主な目的として巡回診察をおこなうようになっていた［e.g. GSNB 1923: 8］。

*16——パルクナンには、フィリピン・スル諸島のほか、インドネシア・カリマンタン（ボルネオ）島南部のバンジャルマシンや他の島嶼部東南アジアに起源するローカルなイスラーム理解も含まれると考えられる［長津 2002］。

＊17――彼は、スル諸島南西部のシムヌル島に（非公式の）第二妻を娶っている。

＊18――ただし、センポルナで船上居住をしているフィリピン・タウィタウィ島出身の海サマ移民は、いまもこれらの儀礼をおこなっているようである（村びとの話による）。またシタンカイ島の海サマは同種の儀礼を、いまも実践し続けている［長津 1995a］。

＊19――たとえばクルアーンの次の一節。「本当にアッラーは、（何ものをも）かれに配することを赦されない。それ以外のことに就いては、御心に適う者を赦される。アッラーに（何ものかを）配する者は、まさに大罪を犯す者である。」［日本ムスリム協会 1996: 第4章48節］。

二　儀礼の変化
初米儀礼と死者霊儀礼をめぐって

前章では、カッロン村における海サマの「伝統的」信仰とそれに基づく諸儀礼の内容、ならびに儀礼の変化を概観した。この章では、まずかれらの儀礼実践がどのように変化してきたのかを、観察事例を交えながらより具体的に描写する。章の前段では、調査時に衰退しつつあった初米儀礼マグンボ・パイ・バハウを、後段では逆に調査時に盛んにおこなわれるようになっていた死者霊のための儀礼マガルワをとりあげる。そのうえで前者の儀礼については持続と衰退の、後者の儀礼については活性化の主な要因について、海サマと公的イスラームとの相互作用に焦点をおいて考える。前者の儀礼については、そうした相互作用の過程で海サマのあいだに社会的分断が生じていることも指摘する。

1　衰退する儀礼——初米儀礼マグンボ・パイ・バハウ

儀礼の構成

先述のように、ウスタズらは「非イスラーム的」とみなしているが、にもかかわらず公認イマムのナジャヤとロンバンが実践し続けている儀礼がある。前章⑨のマグンボ・パイ・バハウ、⑭のアマカン・スマガト、⑮のマグタントゥがそうした儀礼に含まれる（以下、○囲み数字は一〇章の説明に対応する）。これらの儀礼は調査時もおこなわれていた。しかし、それらが衰退の傾向にあることは明らかであった。

いまあげた三つの儀礼のうち、マグンボ・パイ・バハウ儀礼は、かつては、海サマの信仰生活においてもっとも中心的な宗教実践と位置づけられていた［Nimmo 1990a: 181-182; Sather 1997: 304-308］。

マグンボ・パイ・バハウ儀礼は南西風の季節（八～十一月）に、フィリピン・スル諸島のタウィタウィ島で陸稲の初米が収穫された後におこなわれる。儀礼が対象とするンボは、具体的な故人と祖先一般の双方を指す。パイ・バハウは「新しい籾米《もみごめ》」を意味する。マグンボ・パイ・バハウを字義的に訳せば、「初米収穫時に祖先に向けておこなう儀礼」となる。ここからは「マグンボ」と略して表記する。

農耕をおこなわない海サマがコメを儀礼のモティーフとしているのは、かれらの起源神話におけるコメのシンボリズムに関係している。神話によれば、かれらが生活の場としてきた島々やサンゴ礁は、祖先の機知によって創られた。その物質的根源とされていたのがコメであった。シタンカイ島に住む霊媒の長（男性、五六歳）は、マグンボ儀礼でコメを主題にするのは、祖先がコメを使って生活の場を創出してくれたことに対する感謝を祖先に示すためであると説明した。

セイザーによれば、一九六〇年代半ばのカッロン村では、この儀礼をおこなわなければ、村全体がンボのブスン（祟り）を被るようになり、前章に記したようなさまざまな病気が蔓延することになると考えられていた。一九六〇年代半ばには、二、三世帯に一世帯がこの儀礼を主催し、カッロン村のほとんどすべての海サマがこの儀礼に参加していた［Sather 1997: 304-307］。

しかしながらこの儀礼は、もはやかつてのようには実践されていない。それが衰退の過程にあることは、数字的に明らかである。わたしと調査助手リクソンの観察および聞き取りによれば、調査時の一九九八年にマグンボ儀礼を主催したのは、六章で述べた悉皆《しっかい》調査区の海サマ世帯一七二のうち一二世帯にすぎず、供物の調理や設置作業などを通じてこの儀礼に実質的に参加した世帯も四八世帯（主催世帯と合わせると六〇世帯）にとどまった。[*1] **図11-1**は、儀礼を主催した世帯と儀礼に実質的に参加した世帯を地図上に示したものである。

さらに、年齢的にみれば、儀礼を中心的に実践していたのは主に五〇代から七〇代の年長者であった。四〇代より下の世代の海サマでこの儀礼に積極的に参加していた人は、儀礼を主催した世帯と儀礼にかかわった世帯の成員に限っても、おそらく二割から三割程度にすぎなかった。

ただし、カッロン村でのマグンボ儀礼には参加しなかったが、フィリピン・スル諸島のシタンカイ島での同儀礼には参加した人や、親族を介してシタンカイ島での同儀礼の実施者に現金ないし供物（コメなど）を届けた人が少なからずいることは註記しておきたい。これらの人の数は細かく把握できなかった。[*2] このパターンでマグンボ儀礼にかかわる人には、当然、シタンカイ島出身者が多い。

調査時の一九九八年、カッロン村でのマグンボ儀礼は十月一八日から一カ月のあいだにおこなわれた。儀礼をおこなった十二世帯は、かつて村で中心的な役割を果たしていた霊媒か、その子どもがひとりないし二人いる世帯で、かつウスタズやモスク青年団のメンバーのようなイスラームの義務実践に熱心な若者を成員に含まない世帯である。霊媒には男性も女性もいる。儀礼をおこなった世帯の霊媒は、ひとりの男性が四二歳であるほかは、

図 11-1　カッロン村の悉皆調査区におけるマグンボ儀礼の主催世帯と参加世帯（1998 年）

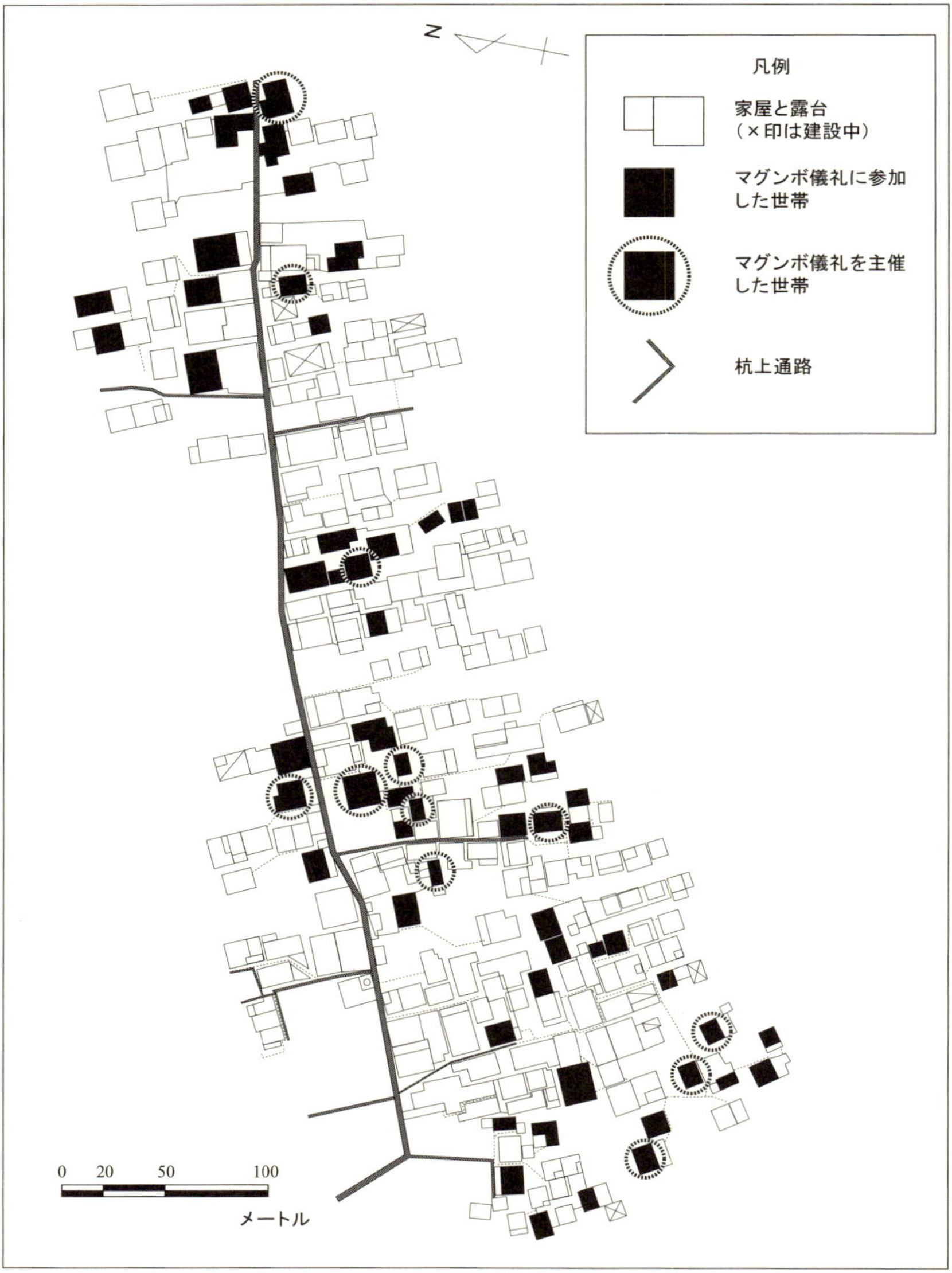

註：図 6-1 および図 6-3 に対応
出典：フィールドワークにもとづき筆者作成

すべて五〇代後半から七〇代以上の年長者であった。

儀礼をおこなった世帯の霊媒は、周囲の村びとからも霊媒とみなされてはいる。しかしかれらは、マグンボ儀礼のときだけ霊媒らしく振る舞うが、それ以外のときに霊媒としての活動、たとえば治病行為をおこなうことはない。唯一の例外はアブガニ（男性、六二歳）で、彼は普段から霊媒の服（後述）を着て、自らが霊媒であることを公に示し、時に病気の原因を診断し（angandaq）、また治病行為（anawal）をおこなう。[*3]

アブガニはシタンカイ島沖合で家船《えぶね》に生まれたが、両親とともに早い時期（一九四〇年代後半と推測される）にセンポルナ沖合に生活の拠点を移した。一九五〇年代半ばにカッロン村ができた頃からの村の住民である。学校に通ったことはなく、子どもの頃から両親とともに小規模漁業に従事してきた。両親ともに霊媒で、アブガニも結婚する前には霊媒になっていたという。調査時、彼は周囲の村びとから「霊媒の長（ナクラ・ジン）」と呼ばれていた。アブガニはカッロン村でおこなわれるマグンボ儀礼のほとんどすべてに参加する。なお、彼はモスクでの礼拝にはほとんど参加しない。

一九九八年、一二世帯のうち、比較的近い親族関係にある三つの世帯と四つの世帯は、それぞれ同じ日に連続して儀礼をおこなった。前者の実施日は十月一八日（日曜）、後者のそれは十一月八日（日曜）であった。他の五世帯は、それぞれが別の日に単独で儀礼をおこなった。[*4]

同じ日に連続して儀礼をおこなった三つの世帯と四つの世帯は、それぞれ儀礼のひとつの組になっている。その組内でおこなわれる儀礼では、参加者の多くが重複する。こうした組を指す特定の語彙があるわけではない。以下では、便宜的にこの組を「儀礼組」と呼び、三つの世帯から成る組を儀礼組A、四つの世帯から成る組を儀礼組Bとする。儀礼組Aの儀礼を主催した三世帯のうち二世帯はひとつのロオク（地縁的な親族群、六章参照）、ロオクCに位置する。他の一世帯は特定ロオクに含まれない。儀礼組Bの儀礼を主催した四世帯は、すべてロオクHに位置している（後掲の図11-4を参照）。

儀礼の主催者（dapu hinang）はそれぞれの家の霊媒である。ムハンマドにアッラーからの祝福があるよう祈願する詩バルザンジやアッラーに対する祈祷ドゥアを朗誦する人、すなわち儀礼の執行者を、儀礼の参加者は「イマム」と呼ぶ。カッロン村では、公認イマムのナジャヤとロンバンのほか、「難民」のジャリル（男性、五一歳）が「イマム」としてこの儀礼を執行することが多い。この「イマム」は、モスクでの義務礼拝を導くイマムとは限らない。そのなかには、ジャリルのように、マグンボを主とする「伝統的」儀礼においてのみ、その執行者となる人も含まれる。ジャリルはモスクでの礼拝にはほとんど参加しない。

ほかに、初代村長のティンギは村でおこなわれるすべてのマグンボ儀礼に参加し、イマムとともにバルザンジやドゥアを朗誦する。ジャリルの義理の息子フェンディ（三四歳、DH）は、ジャリルとともに「饗応のドゥア（dua kanduli）」と呼ばれる儀礼の歌（後述）を朗誦する。ジャリルとフェンディがいないときには、ナジャヤがこれを朗誦する。

観察事例

以下、一九九八年十月一八日に儀礼組Aでおこなわれたマグンボ儀礼の観察事例に即して、この儀礼を描いていこう。三つの世帯からなる儀礼組Aにはアブガニの世帯が含まれる。**図11-2**は、儀礼に参加した主な霊媒とその親族関係者を示している。

他の二世帯の霊媒、ラムサ（女性、六〇代後半）とラジャン（女性、七〇代前半）は、アブガニの妻パイラン（六〇歳）と、パイランの父の元妻（死去）を介して遠い親族関係で繋がる（**図11-2**参照）。アブガニの家から始まるが、この組でのマグンボに主にかかわるのは、ラジャンの息子PSを長（ナクラ）とするロオクC（後掲の**図11-4**参照）の人たちである。三つの世帯のなかでは、ラジャンの世帯でのマグンボのさいにもっとも多くの人（約三〇人）が集まった。

図 11−2　マグンボ儀礼組 A に参加した人びとの親族関係

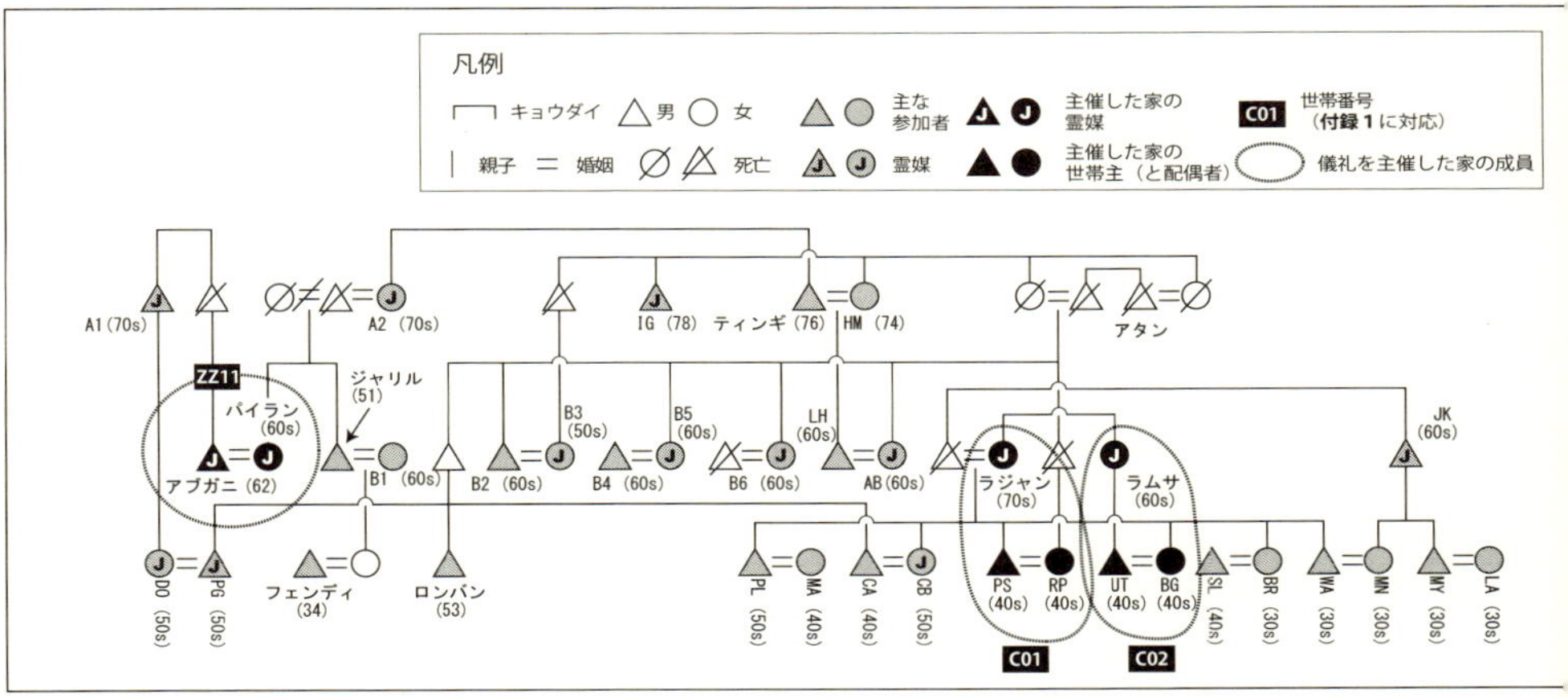

註：ローマ字アルファベット２文字の名は**付録１**の世帯主名（仮名略称）に対応。
　　他のローマ字アルファベット１文字＋数字はこの表のための便宜的な記号
出典：フィールドワークにもとづき筆者作成

手順は次のとおりである。九月一七日、霊媒の長アブガニとイマムのジャリルがフィリピンのシタンカイ島に行き、複数のマグンボ儀礼に参加する。シタンカイ島の儀礼がおおよそ終了した十月一〇日、かれらはそこで買った初米をカッロン村に持ち帰る。初米は、シタンカイ島の北東に位置するタウィタウィ島で収穫されたものであるといわれる。初米の到着後、カッロン村でのマグンボ儀礼が始まる。

儀礼は朝と昼過ぎの二つの局面に分けられる。便宜的に「前半」と「後半」としよう。儀礼組Aの場合、前半は午前八時から九時頃までで、この局面ではアマトゥンナ・パイ（amatanna pai）儀礼がおこなわれる。アマトゥンナ・パイは「籾米をおく」を意味する。この儀礼はマグンボ儀礼を準備するための儀礼である。後半は正午の礼拝（ズフル礼拝）が終わった後、午後一時一〇分から二時三〇分頃までで、この局面でマグンボ儀礼がおこなわれる。[*5]

アマトゥンナ・パイ儀礼は、まずアブガニの家でおこなわれる。アブガニとイマムのロンバン、元村長のティンギが執行者である。ティンギは白いターバンを巻いているが、ほかの人は特別な服装をまとっていない。アブガニはキンマ嚙みの用具と容器一式（パマパアン pamapaan）などのプサカ（pusaka [<my/skr]）、つまり先代の霊媒からの相続品を、床に並べる。他に、ジンの文字が書いてあるとされる布（ティンダン tindang）などが壁際の「ハナヤン（hanayan）」と呼ばれる彫刻を施した木製のハンガーに掛けられる。これらもプサカである（**写真①**）。

続いてアブガニは香を焚き、上記のプサカに香の煙を振りかける。このとき「ンボ、儀礼のときがやってきました。供物（lutu）を食べてください」などとンボに呼びかける。その後、イマムのロンバンとティンギが平安祈願のドゥアを朗誦し、続けて「饗応のドゥア」（後述）を独特の節で朗誦する。このときの「饗応のドゥア」はマグンボ儀礼のときのそれに比べて短い（六分ほど）。朗誦が終わるとアマトゥンナ・パイ儀礼も終わる。時間は約十二分ほどである。続けてアブガニたちは同様の儀礼をラムサとラジャンの家でもおこなう。

三世帯でのアマトゥンナ・パイ儀礼が終わるとアブガニは、自分の家に戻る。そこで、樹皮を丸めて「クリト・ンボ（kulit əmboq）」と呼ばれる容器を作成する。クリト・ンボは直訳すると「祖先の皮」。アブガニは、それは「祖先の家」なのだと言う。クリト・ンボのなかには籾米を詰める。他の家でもそれぞれの霊媒が同様に「クリト・ンボ」を作る。クリト・ンボは壁際のハナヤンの下におかれる。クリト・ンボの横にはココヤシの実がおかれる。

儀礼を主催する世帯の女性および近くに住む親族は、アマトゥンナ・パイ儀礼の前からマグンボ儀礼のための供物、すなわちウコンで黄色く色づけして炊いたご飯（ブワスバニン）や米粉の菓子などを調理し、儀礼の場に並べる。炊いたご飯は皿の上に円錐型に盛りつける。これは「ボタガン（botangan）」と呼ばれる。女性たちは、これらを合計で二〇～三〇皿、用意する。これらの供物は、アマトゥンナ・パイ儀礼で準備したプサカの前に並べられる。供物であるボタガンをはさんでプサカの反対側には、水を入れた陶製の小鉢と枕がおかれる。枕の上にはバルザンジの記された「マウリド本」［Anon n.d.(a)］が載せられる（**写真①**）。

正午のズフル礼拝が終わる午後十二時半過ぎ、アブガニとラムサとラジャンは霊媒の服を着て準備し、アブガニの家で待機する。ジャリルと義理の息子のフェンディも来ている。ラムサやラジャンと親族関係にある霊媒も、霊媒の服を着てアブガニの家に集まる。典型的な霊媒の服装は、男性の場合は白いシャツ（baju poteq）と深い緑色のゆったりしたズボン（sawwal saddung）、女性の場合は緑のシャツ（baju gaddung）に黄色の腰巻（siyag baning）である。アブガニは上下とも白の服を着用する。

イマム役のロンバンとティンギは、モスクでの礼拝が終了してしばらくたった午後一時過ぎ、アブガニの家にやってくる。ロンバンは通常の服装で、布製の白い縁なし帽を被る。ティンギは朝と同じく白いターバンを巻いている。かれらが到着した後、儀礼はようやく始められる。

霊媒、イマム、霊媒の男性親族は、ボタガンを囲み輪になって座る。イマムは「マウリド本」を載せた枕を前にして座る。その後ろを女性親族や子どもが取り囲む。どの世帯にも、おおよそ二〇歳以上と思われる成人だけで二〇人以上が集まる（写真②）。

以下は、午後一時五〇分からラジャンの家でおこなわれたマグンボ儀礼である。ラジャンは香を焚いて、プサカ全体に香の煙をあてる。このとき次のように言う。

ンボ、儀礼の時がきました。あなたの孫、イトコ、家族（keluarga[my]）は皆ここに来ています。あなたのやり方どおりに［儀礼を］おこなっています。供物を食べてください。わたしたちに災いをもたらさないでください。ブスン（祟り）をもたらさないでください。病気を取り除いてください。

他の親族や参加者も、儀礼のあいだ同様の言葉でンボに呼びかける。「幸運をもたらして（amowa na ka rejeki）」と言う人もいる。ついでラジャンの女性親族がイマムと他の参加者のあいだを歩いて、かれらに香水（tonek <tonic[en]）を振りかける。

①マグンボ・パイ・バハウ儀礼の供物

②マグンボ・パイ・バハウ儀礼の「マウリド本」を読むイマム

その後、ロンバン、ティンギ、ジャリルがともに次のクルアーンの章句からなるドゥアを読みあげる（章句等の内容については表10-1を参照）。

イスティグファル（三回）／サラワト（三回）／ハドラト／アル・ファーティハ／クルアーン第一一二章「純正」（三回）／同第一一三章「黎明」／同第一一四章「人びと」／「マウリド本」の一部／平安祈願のドゥア

続いてジャリルとフェンディが中心になって、「饗応のドゥア」を独特の節回しで朗誦する（表11-1）。饗応のドゥアには、サマ語やマレー語、アラビア語風の章句が混在する。それに含まれる一部の語については、歌い手自身も意味はわからないという。「饗応のドゥア」は、イスラーム指導者が朗誦するドゥアとはまったく異なる。「饗応のドゥア」は一〇分ほど続く。後半では、フェンディがとりわけ響き渡る歌声で朗唱する。その終わり頃、ンボに遣わされたジンがラジャンに憑依する。アブガニの家ではアブガニに、ラムサの家ではラムサにジンは憑依した。ラジャンはキーッと小さく叫び声をあげ、倒れこみ、うずくまって、震えながら何かをつぶやく。そしてボタガン、菓子、ココヤシの実、クリト・ンボを触って、ときにそれを持ちあげて、リンバガンのアブガニに向かってつぶやき、さらにひとりでつぶやき続ける。アブガニは、肩を抱きかかえるようにして霊媒をなだめる（amasannan）。

ジンが霊媒に憑依しているあいだも、ジャリルたちは「饗応のドゥア」を歌い続ける。歌い終わると、再びロンバンらが平安祈願のドゥアを朗誦する。これで儀礼は終了する。霊媒は、イマムや他の参加者と握手をして落ちつく。時間は約十五分である。

考察（1）――持続の位相

マグンボ儀礼においては、これまでの民族誌的研究（たとえば［Nimmo 1990a; Bottignolo 1995］）が海サマの儀礼について指摘してきたイスラームと霊的存在への信仰との混淆が典型的に示されている。儀礼はイマムによる読誦とジンの霊媒への憑依という二つの場面で構成され、またイマムの歌がジンの霊媒への憑依を導くかたちになっていた。儀礼の言葉は、前半はイスラームを意識したマウリド本の読誦で、後半は独特の「饗応のドゥア」の朗誦であった。

ウスタズたちは、儀礼のこうした混淆的な構成、つまり儀礼に霊媒がかかわっていることと、儀礼が祖先霊およびジンに対する信仰に基づいていることを「非イスラーム的」な要素とみなしている。ウスタズのクハティは、この儀礼を「ヒナン・シリク（hinang sirik <syirik[my/ar]>）」、つまり多神教信仰者の儀礼であるとまで言って非難していた。明らかにタウヒードに反するというわけである。

ウスタズたちのもうひとつの批判は、「饗応のドゥア」に向けられる。「饗応のドゥア」はドゥアと称され、預言者ムハンマドへの賛辞などが含まれてはいるが、基本的にはイスラームとは無関係な独自の章句で構成されている。唱え方も、アッラーに対する祈禱としてのドゥアの唱え方の仕方とはまったく異なる。ウスタズたちは、このドゥアを「でたらめな言葉（alling missa bidda）」と断じ、そのなかにムハンマドやアッラーの名がちりばめられていることを強く批判しているのである。

こうしたウスタズたちの批判にもかかわらず、なぜナジャヤたちはマグンボ儀礼を――衰退しつつあるとはいえ――これまで維持することができたのだろうか。そのひとつの理由は、儀礼が外部者の目に触れない個人の家屋内、つまり私的な空間でおこなわれており、それゆえ海サマ以外のムスリムに見られることなく、MUIS（サバ・イスラーム評議会）の介入も受けなかった点にあると思われる。この点でマグンボ儀礼は、先に述べたサ

表 11-1　饗応のドゥア（dua kanduli）

Ila hadaratin Nabi Muhammad rasulullahi sallalahu ailaihi wassalam, salam, salam lillahu Al-Fatiah. Allahumma salli ala saidina Muhammad, pinaulali, Muhammad marrahli, marrah bi Allahu taala min kulli sahabatin rasulullahi azma in. Allahumma halaka la kanduli yang sakuri dan kanduli tahunan dan kanduli məsiman dan kanduli bulanan dan kanduli Ibrahim an jan jana aluran. Ya alal pakir saidina mursalin, supaya undang ma ummi man saya hu, aman sayang ni Abdul Karim man jan jana li. Muna wa amanu abilhun abb samawati ya kullu amin. Hakkin barakat khabatulla, yukmu Adam, yuk Muhammad, sapa Allah, Mustafa rabbana, rabbana, wo atata ba inan rabbana Allahu rabbana wa anta khairun pati hum, mursalin. Saubbhana rabbika rabbi. Salamun alal mursalin. Wal hamdu lillahi rabbil alamin.
（おおよその訳）　われらが預言者ムハンマド。アッラーが彼をよしみ給うように。平安を、平安を、アッラーのためにアルーファティハ〔を誦もう〕。おお、アッラーよ、われらがムハンマドによしみし給え、〔という声が〕聞こえる［？］。わたしの傍らを通って、すべての預言者の教友のところから、至高のアッラーのところに、進みゆくムハンマドを。おお、すべてを創り給うアッラーよ。わたしたちは感謝のカンドゥリ〔歓待〕をする。毎年のカンドゥリ、季節ごとのカンドゥリ、月ごとのカンドゥリ、イブラヒムのカンドゥリを an jan jana aluran［？］。おお、叡智あるわれらが使徒のためにおこなう。わたしから母を、天上の天国の父を招き、jan jana li［？］、平安と愛をアブドゥル・カリムに与え〔カンドゥリをおこなう〕。muna wa［？］、かれらは信じる者。abilhun［？］、おお、すべての信者よ。真実のアッラーからの贈り物としての祝福、そうアダムの、そうムハンマドの、アッラーからの〔贈り物〕。ムスタファよ、われらが主よ、われらが主よ、おお、われらのもとにおいでになる。われらが主アッラー、われらが主。おお、道を拓き進む善き人、われらが使徒。至高なるあなたの主、わたしの主。遣われし者に平安あれ。称えよ、この世の主たるアッラーを。

出典：観察事例および聞き取りにもとづき筆者作成

イタンの厄災を追い払う儀礼（マグトゥラク・バラ）などの破棄された儀礼とは異なる。

もうひとつの理由は、ナジャヤたちが儀礼にイスラーム的な外見を与えるための微細な改編をくわえていたことによると思われる。ナジャヤによれば、かつて一九六〇年代から一九七〇年代初頭、シタンカイ島出身の「ふつうのイマム（imam biasa、非公認のイマムを指す）」や霊媒が中心となってこの儀礼を執行していたときには、儀礼の際に枕の上におく本はアラビア文字が書いてさえあれば何でもよかった。儀礼の前半、イマムはその本を読むのではなく、自分が知るドゥアをただ暗誦していたという。

しかし、ナジャヤとロンバンは「イスラームのやり方にしたがって（ameyaq sara Islam）」、バルザンジの記されたマウリド本を儀礼に採用し、それを努めて正確に読みあげるようになった。バルザンジの読誦を組み入れることによってナジャヤたちは、儀礼がイスラームにしたがった実践であるという印象を参加者に与えようと努めてきたと考えられるのである。

先述したサイタンの厄災を追い払う儀礼や故人の品々を遺体とともに埋める埋葬慣行とは異なり、ＭＵＩＳがこの儀礼を禁じるよう村の公認イマムたちに直接通達したことはない。しかしそのことが、儀礼のイスラーム的「正しさ」を保証したわけではもちろんない。先述のように、ナジャヤ、ロンバン、ティンギ、ジャリルのいずれも、ウスタズたちがこの儀礼を批判していることを知っている。こうした点をふまえれば、ＭＵＩＳの指導の有無にかかわりなく、かれらがなぜこの儀礼を実践し続けているのかという疑問は残る。

ナジャヤたちにマグンボ儀礼とイスラームとの関係について尋ねると、かれらは次のように説明した。


【ナジャヤの説明】

マグンボはイスラームと対立するおこないではない。イスラームはウガマ（ugama、宗教）であり、マグンボは祖先から伝わる文化（kebudayaan [my]）である。それぞれは異なる領域に属する。イスラームはトゥハン〔Tuhan〔神、アッラーを指す〕〕に対する行為、マグンボはジンと祖先霊に対する行為である。ムスリムであっても祖先は敬わなければならない。マグンボは、ムスリムである海サマの文化なのである。

【ロンバンの説明】

マグンボは、トゥハンに平安を祈願するドゥアの一種である。祖先〔霊〕がブスンを引き起こさないように、トゥハンに平安祈願のドゥアを朗誦するのである。それはわたしたちのアッダト（慣習）であるが、アッダトはイスラームに含まれる。イスラームには反しない。各地のムスリム諸民族はそれぞれ異なるアッダトを持っている。わたしたちとはやり方は違うが、マレーシア半島部のマレー人も祖先に対してクルアーンを読誦し、トゥハンに向けて平安祈願のドゥアを朗誦している。テレビで見たことがある。

マグンボ儀礼は、「文化」ないしアッダトの領域における行為であり、ウガマの領域における実践ではない。しかしイスラームには含まれる。マレー人にも同様のアッダトはある。ナジャヤとロンバンは、こうした一見矛盾したレトリックでマグンボ儀礼を語る。

これらの説明に対してウスタズは、「イスラームはアッダトを否定していない。マレー人やアラブ人もさまざまなアッダトを持っている。しかし、誰がおこなおうともそれが（神の唯一性を信じる）タウヒードの規範に反する場合は、イスラームでは禁止行為（haram）になる」とナジャヤたちの意見を完全に否定する。先にも触れたように、ナジャヤたちもマグンボ儀礼にタウヒードに抵触する要素が含まれていることに気づいている。それゆえに、儀礼を正当化する説明も上記のようなあまり歯切れのよくないものになっているのである。

それでもかれらがこの儀礼を実践し続けている理由は、ンボが引き起こすブスンに対する畏怖、そしてかれらのアイデンティティにおけるマグンボ儀礼の中心性によっていると考えるのが妥当だろう。かれらには、数度にわたりマグンボ儀礼とイスラームとの関係について尋ねたが、上記のようにアッダトだからと述べた後に、「〔この儀礼をおこなわないことによって引き起こされる〕ブスンはたいへんにきつい。だから祖先霊を放置することは許されない」というように、イスラーム的正統性とは別の次元にある、ブスンに対する畏怖という動機をかならず付けくわえた。

マグンボ儀礼を組織し、参加している一般の海サマは、ナジャヤたち以上に、この儀礼をおこなわないことによって引き起こされるブスンの脅威を意識している。かれらもこの儀礼をおこなわないと、その人自身、あるいは家族がンボのブスンを被ることになると語る。そのブスンはとりわけ強いという。ナジャヤたちや一般の海サマがマグンボ儀礼を重要視し、それをおこなわないことによって引き起こされるンボのブスンをとくに強いとみなしているのは、かれらにとってはこの儀礼がいまも祖先と自分たちとの連続性を確認する行為であり、またアイデンティティにかかわるような中心性を帯びた儀礼であり続けていることを示している。ウスタズたちの批判に気づきつつも、かれらがこの儀礼を実践し続けているのは、マグンボ儀礼のそうした中心性のためであるといえる。

考察（2）——衰退の位相

●イスラーム的正統性をめぐって

とはいえこの儀礼が衰退の過程にあることは、すでに繰り返し述べてきたとおりである。

公認イマムのクルニアによれば、一九八〇年代後半に当時まだ州立イスラーム学校に在学中であったタスビルやニダル、つまり後のウスタズが、マグンボ儀礼をタウヒードに反するものとして批判するようになった。クルニアやワジャリは、タスビルらの批判を聞いて、一九九〇年代前半からマグンボ儀礼に積極的にかかわらなくなった（ただし、近い親族が主催する儀礼でバルザンジを朗誦することはある）。こうした過程で、一般の海サマも徐々にこの儀礼から離れていった、という。

マグンボ儀礼衰退の背景にある一般の海サマの「正統」イスラームへの志向性、というよりはウスタズやクルニアらによって表象されるイスラームの「公的解釈」への追従には、「アッラーに呪われた民」とみなされていた過去についてのかれらの記憶も作用していたと思われる。

調査時、モスク委員会やモスク青年団には属さない一般の海サマであっても、イスラーム実践に比較的熱心な人びとは、マグンボ儀礼を批判的に捉えていた。かれらは、「そうした［「非正統的」とみなされるような］儀礼をおこなうことは、［カッロン］村の名を貶めることになる（amaleyo on kampong kami）」とか、「儀礼が陸サマなどにみられたら、また馬鹿にされてしまう（niuju pabalik）」というようにわたしに説明した。これらの表現が示すように、公的イスラームが規定する「正しさ」のうちに自らを定位しておこうとするかれらの態度は、イスラームから排除され、差別されていたかつての境遇に引き戻されることを危惧する意識にも起因するといえる。

●フィリピン的おこないの忌避

マグンボ儀礼が衰退したもうひとつの理由は、儀礼の「フィリピン的属性」にかかわっている。マグンボ儀礼は、フィリピンのシタンカイ島、マレーシアのカッロン村いずれの海サマによっても、一九六〇年代以前から実践されてきた。儀礼自体は起源をたどれるような性格のものではない。

しかし、四〇代以下の海サマのあいだでは、この儀礼を「フィリピン人の慣習的なおこない（pangkat aa Pilipin）」とみなす意識が強い。「先住者」のクルニアやワジャリがそれにかかわらなくなっている一方で、シタンカイ島出身のナジャヤやジャリル、シタンカイ島とのかかわりが深いロンバンが儀礼を執行していること、またアブガニらがフィリピンから初米を持ち帰ることを契機として儀礼が始められることなどが、そうした意識の形成に寄与しているのだろう。

カッロン村に住むシタンカイ島出身の海サマは、出自がフィリピンにあることを意図的に隠し、それをマレーシアに帰そうとする志向性を持つようになっている。そうした志向性を持つ海サマはしばしば、「マグンボ儀礼はフィリピン人のおこないである。だから自分はそれにかかわっていない」と主張する。マグンボ儀礼を主催すること、あるいはそれに参加することは、フィリピン出自を露見させることになる。こうした認識もまた、明らかに儀礼衰退のひとつの要因になっている。

考察（3）——儀礼と社会的分裂

マグンボ儀礼について最後に指摘しておきたいのは、この儀礼に対する態度の違いが、海サマのあいだに社会的亀裂ももたらしていることである。一〇章で宗教指導者のあいだに分裂と対立が生じていることを述べた。その分裂と対立が、マグンボ儀礼をめぐる対立にも結びつき、一般のムスリムのあいだにも広まっているのである。

議論を進める前に、儀礼の参加者を把握するため、**図11-3**から**図11-7**までを提示しておく。**図11-3**は、儀礼をおこなった十二世帯のうちの八世帯と悉皆調査区外の一世帯それぞれについて、主催した霊媒、主な儀礼参加者、および主なイスラーム指導者の親族関係を示している。この図と前掲の**図11-2**をあわせてみれば、マグンボ儀礼に参加した主な村人の社会関係を見通すことができる。

図11-4では、マグンボ儀礼の主催世帯と参加者世帯を示した**図11-1**に、六章の**図6-4**で示した村内二三のロオクの区画を重ねあわせている。**図11-5**から**図11-7**では、この**図11-4**に**付録2**に示した各ロオクの基本情報を組みいれ、どのような社会経済状況のロオクでマグンボ儀礼がおこなわれているのかを地図上で可視化している。

図 11-3　悉皆調査区におけるマグンボ儀礼（9世帯分）の主な参加者とイスラーム指導者との親族関係

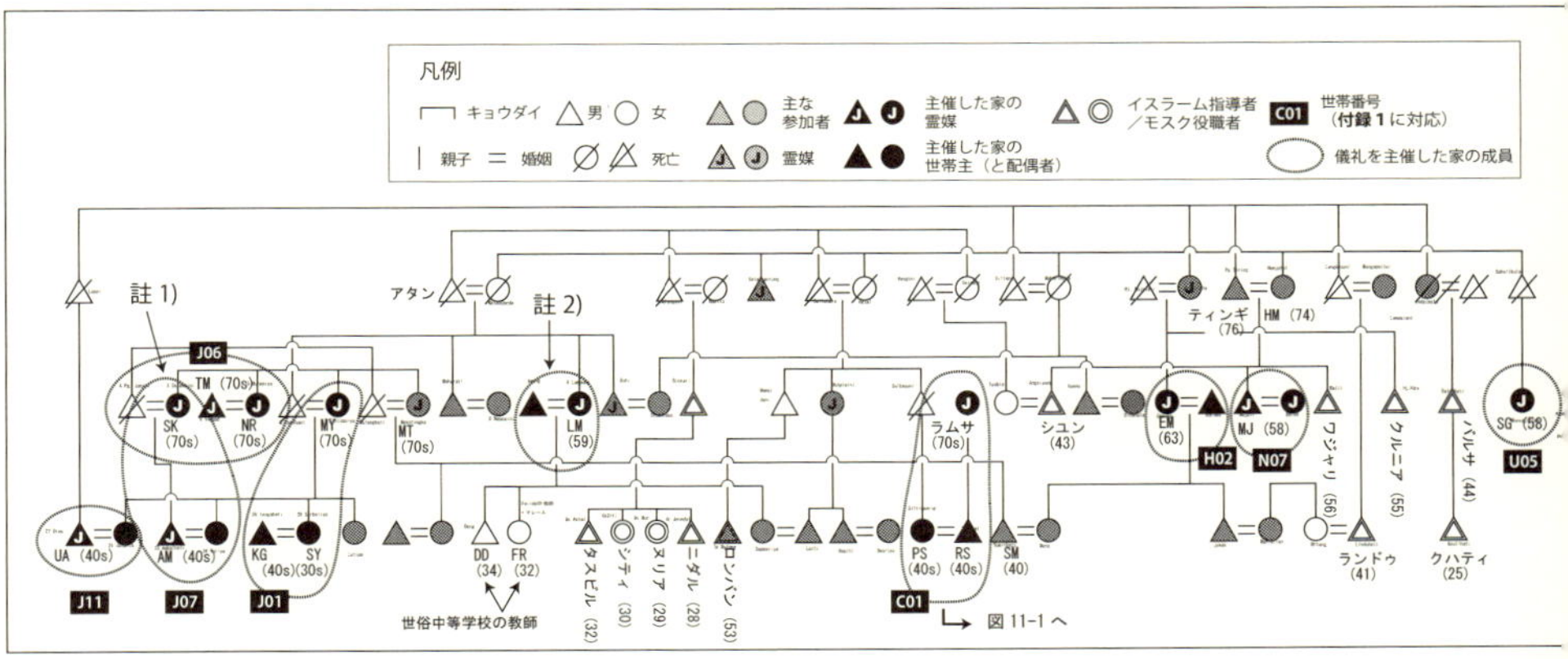

註１）　SKはTM・NRとともに住むが、AMの家に自らの「プサカ」をおき、そこでの儀礼を主催している

註２）　このLMの世帯は悉皆調査区には含まれない

出典：フィールドワークにもとづき筆者作成

●「先住者」と「移民／難民」

マグンボ儀礼がフィリピン的おこないと位置づけられていることからわかるように、まずこの儀礼への参加・不参加は「先住者」と「移民／難民」との社会的分裂と合致する。**図11-5**は、ロオク単位でみた出身地の傾向とマグンボへの参加者との相関を示している。マレーシア出身とは、主にカッロン村ないしセンポルナ沖合で生まれた人を指す。非マレーシア出身者のほとんどはシタンカイ島で生まれた人である。

図のうちロオクIではひとつの世帯が儀礼を主催し、六の世帯が儀礼に参加した。このロオクの住民には、シタンカイ島出身者が比較的多い。モスク青年団らはこの地域に住む海サマを、マグンボをはじめとするイスラームから逸脱した「フィリピン的な慣習」に従っていると非難する。ロオクIの人たちは、そうしたモスク青年団の態度を知っており、不快そうな顔で「わたしたちを見下しているのだ」とわたしに語った。

こうした状況のもと、シタンカイ島出身者のあいだでは、先に述べたようにシタンカイ島に戻ってマグンボ儀礼に参加する人や、あるいは親族を介してシタンカイ島での同儀礼の主催者に現金を送る人が少なくない。ロオクL、M、Fの各世帯にはそうした人が多く含まれる。

●先住者内の世代間の分裂

マグンボ儀礼をめぐるより深刻な社会的分裂は、むしろ先住者内部にみられた。図11-3からわかるように、マグンボ儀礼の主催者と参加者の多くは、六章で述べた「村の設立者キョウダイ」、すなわちカッロン村の設立者であるティンギとアタン、姉妹である両者の妻、およびかれらのキョウダイないしその子孫で構成されている。かれらのほとんどは、村の社会関係の中心を占める「先住者」集団に属する。

これら先住者においては、まず五〇代以上の年長世代と四〇代以下の年少世代のあいだでマグンボ儀礼をめぐる社会的分裂がみられる。いうまでもなく、前者が儀礼の主催・参加者で、後者が儀礼批判派である。もっともこの関係では、ウスタズら年少世代は年長世代に対し、「昔の人たち（baanan *aa zaman*）だから、こうした儀礼をおこなうのはしかたない」といった反発を覚える程度で、前者が後者を強く批判するようなことはなかった。

●先住者内における階層間の分裂

世代間の対立に比しても、より深刻な社会的分裂になっていると思われたのは、先住者内の社会経済的に異なる階層のあいだでの分裂である。

図11-6と図11-7は、マグンボ主催・参加者と生業および学歴との相関関係を示している。二つの図から、マグンボ主催参加・世帯の多いロオクでは、収入の不安定な漁業従事者が比較的多く[*6]、また全体として学歴が低いことがわかる。先に事例でみた儀礼組Aの主要参加者であったロオクCの海サマはその典型である。

ロオクCの主な住民はセンポルナ沖合で生まれた先住者とその子孫からなる。かれらは自らを先住者と考え

図 11-4～図 11-7　悉皆調査区における各ロオクの社会状況とマグンボ儀礼の主催・参加世帯

註：すべて図6-4および付録2に対応　　出典：フィールドワークにもとづき筆者作成

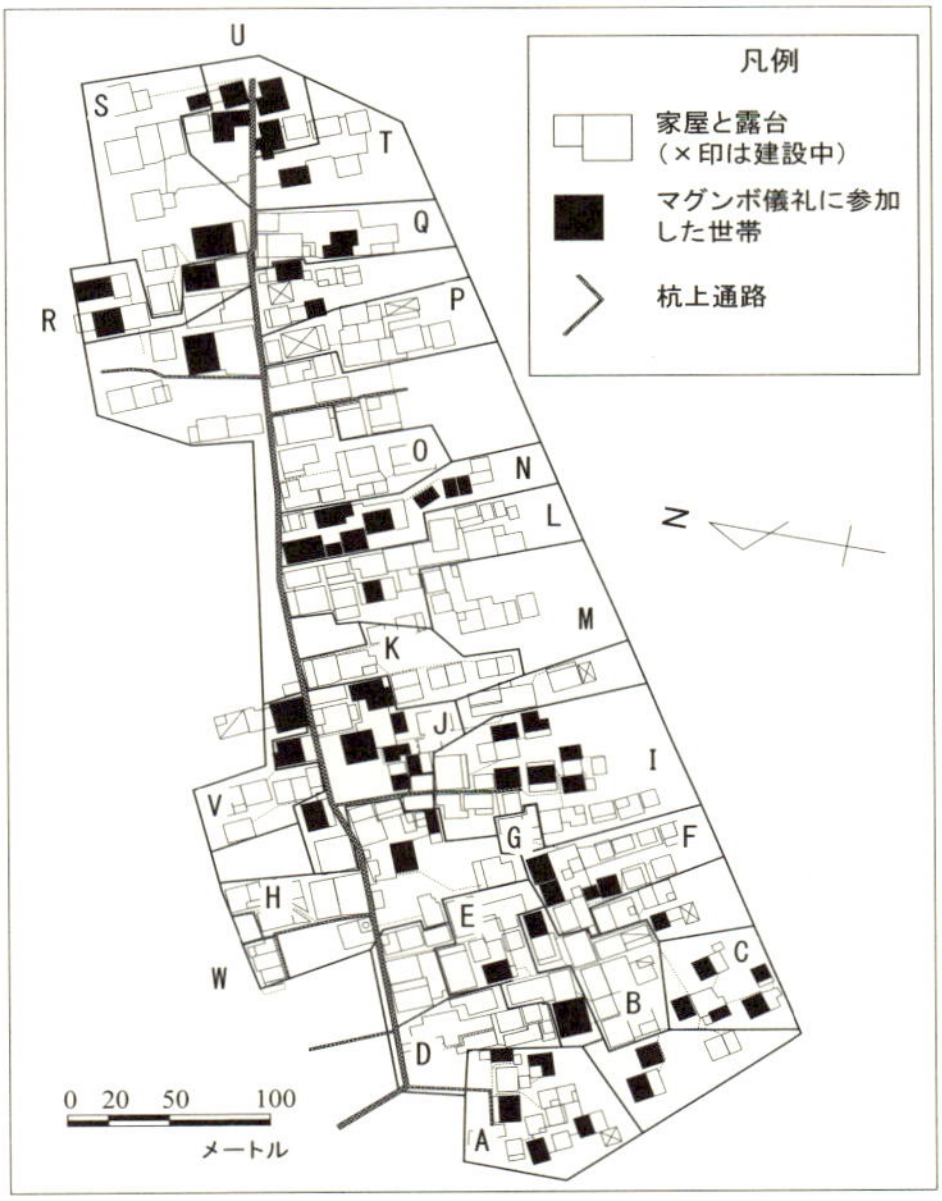

図11-4　ロオク別のマグンボ儀礼の主催・参加世帯

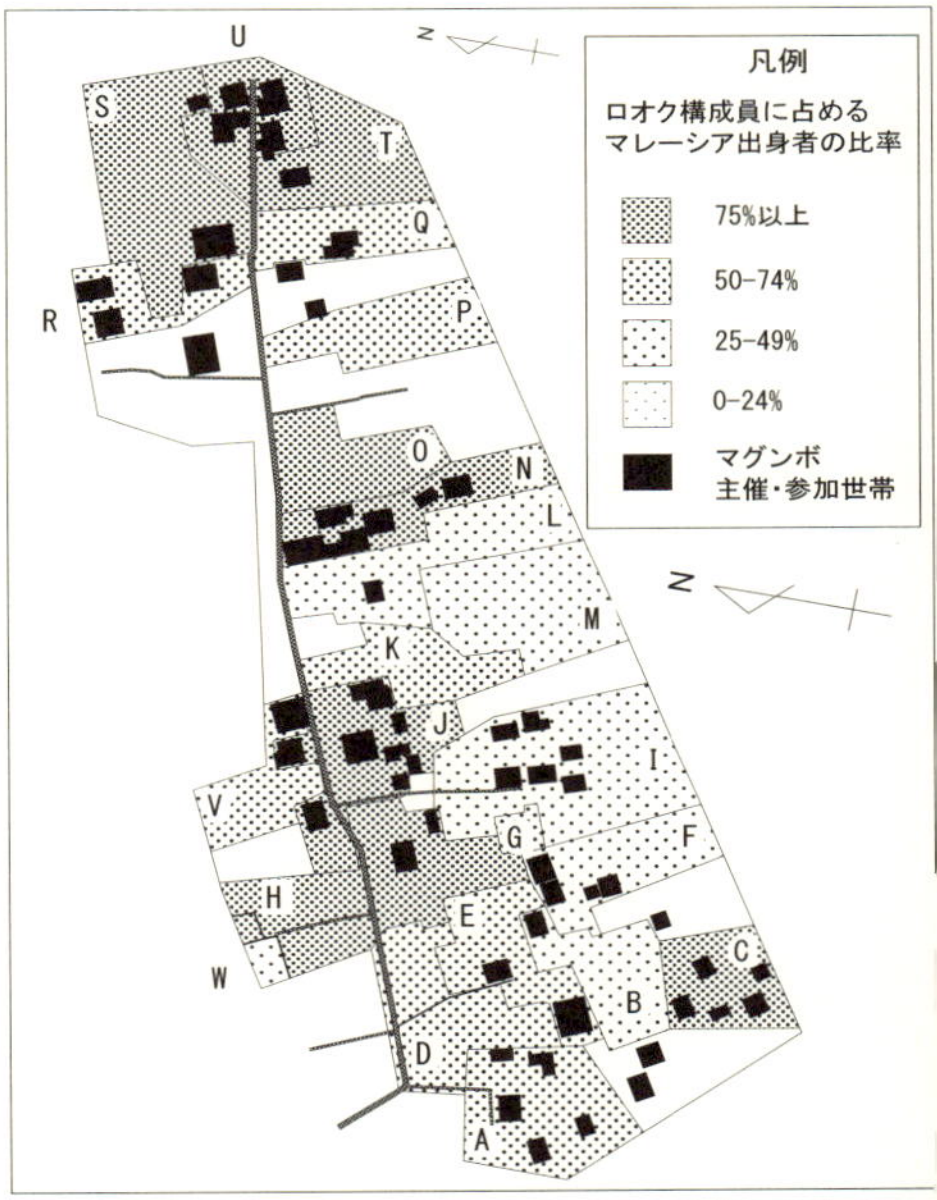

図11-5　マグンボ儀礼の主催・参加世帯と出身地

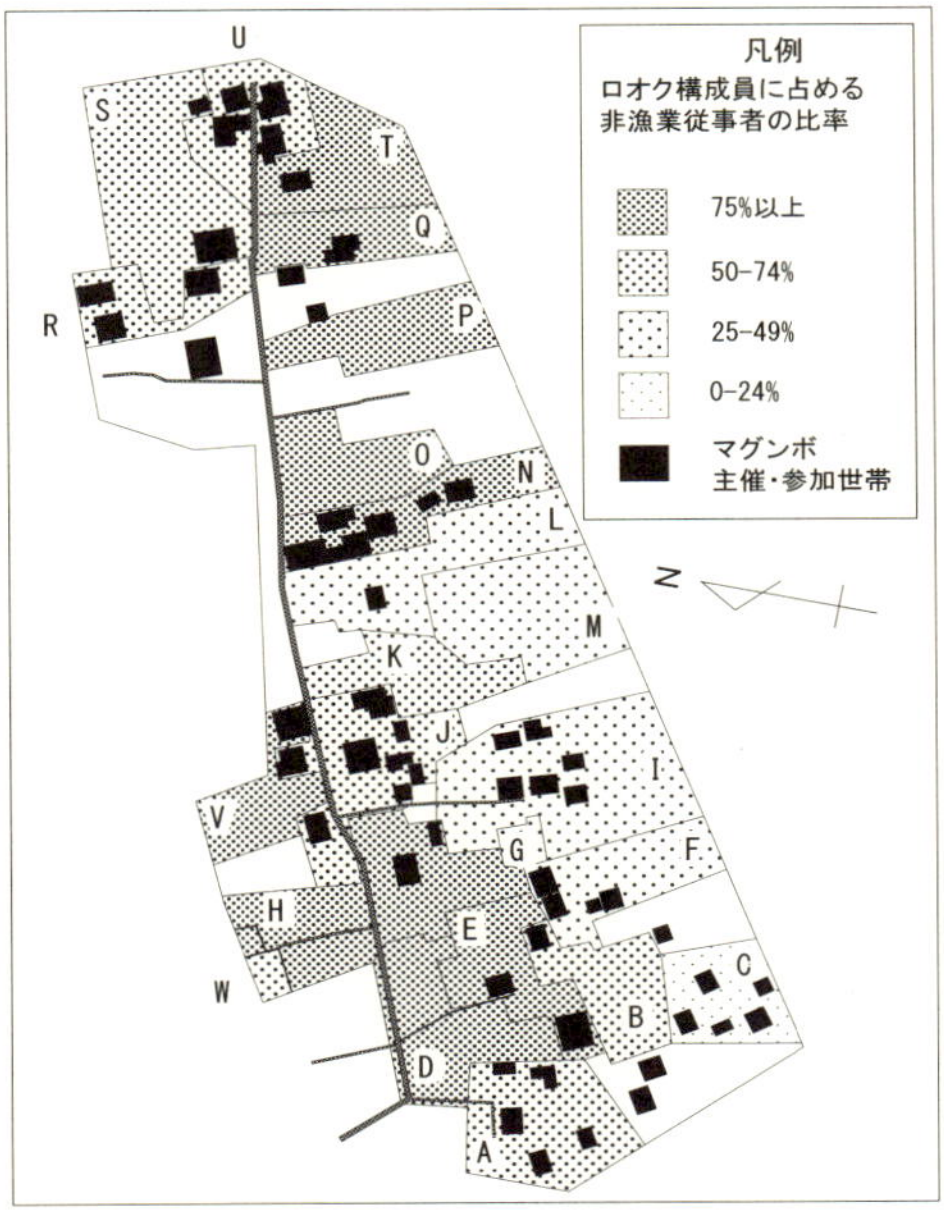

図11-6　マグンボ儀礼の主催・参加世帯と生業

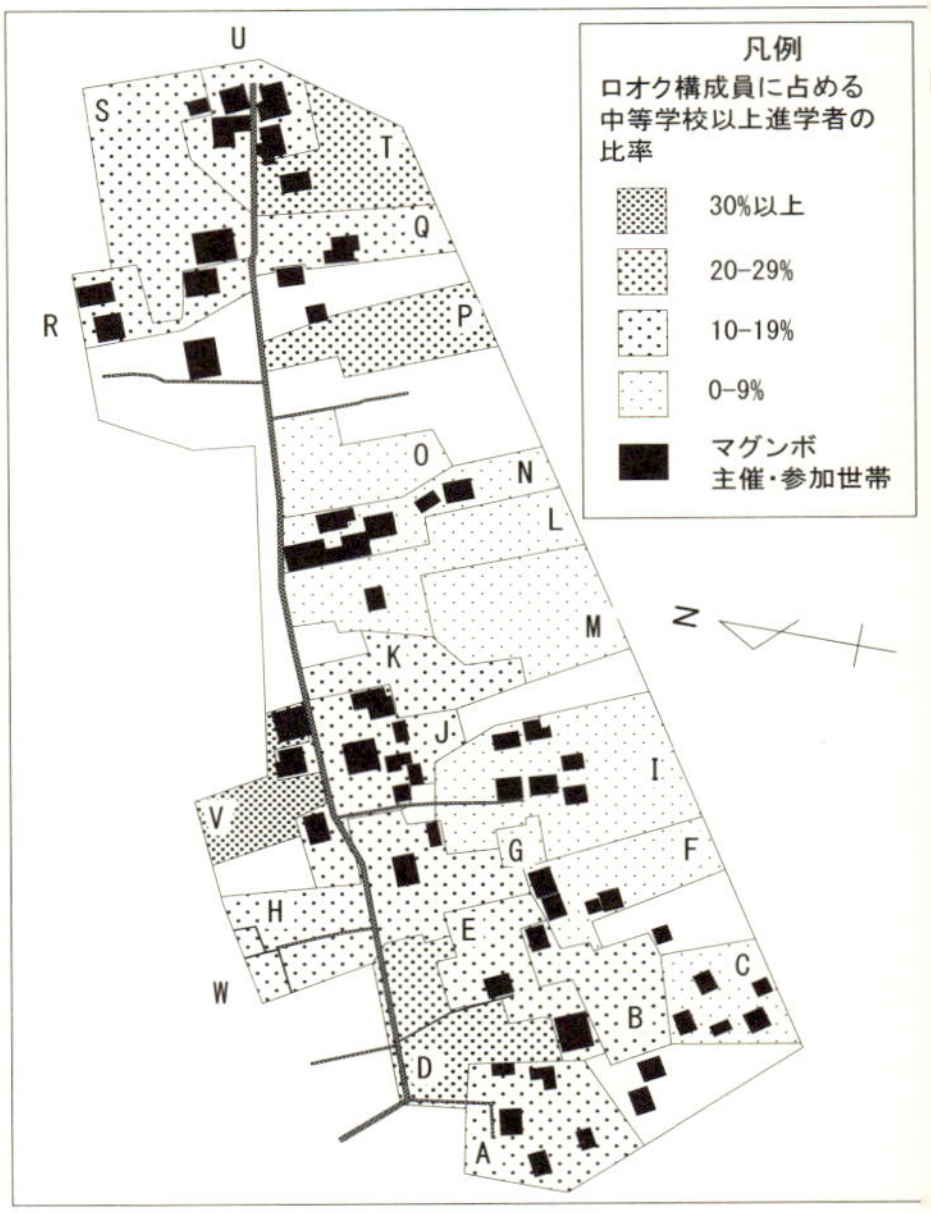

図11-7　マグンボ儀礼の主催・参加世帯と学歴

ているし、村の他の先住者もかれらを先住者と認めている。しかしかれらは、船上居住から家屋居住に移行したのが一九七〇年代後半から八〇年代と、「村の設立者キョウダイ」やその子孫よりもかなり遅かった。そのためかれらは、調査時でも政治経済の両面で、早期に定住した「先住者」に対しては明らかな劣位にあった。

ロオクCでは、比較的若い世代もマグンボ儀礼に参加している。このロオクの儀礼参加者は、モスクでの礼拝にはあまり積極的に参加しない。アブガニやジャリルは、マグンボ儀礼をイスラームの義務礼拝よりも重要なおこないであると考えており、モスクの青年団員やウスタズがこの儀礼を非イスラーム的なおこないであると断じるのを苦々しく思っている。他方、モスクの青年団員らは、モスクでの礼拝に参加せずに儀礼をおこなうかれらを公然と非難する。マグンボ儀礼をめぐって両者のあいだの対立が顕在化したひとつの出来事を事例として示そう。

【事例11-1】 モスクでの講話会におけるマグンボ儀礼非難

カッロン村のモスクでは金曜の集団礼拝の前、ナシハト(nasihat)と称されるインフォーマルなサマ語での講話会が開かれる。この場合のナシハトはイスラームの教えや助言を意味する。参加は任意である。

一九九七年一〇月二四日の金曜日、公認イマムやモスク青年団のメンバーたちを中心に三〇人ほどが集まり、いつものようにナシハトがおこなわれた。この日は、宗教学校の教員で青年団の指導者でもあるウスタズのクハティが話者になった。クハティは、イスラームの義務行為、イバーダート(ibadat)がこの日のナシハトのテーマであると述べ、一日五回の礼拝と金曜礼拝を中心とする義務行為について厳かに説明した。その後、やや強い口調で次のように語った。「最近、儀礼(hinang)、儀礼といって、イバーダードを怠っている人たちがいる。義務礼拝はアッラーがすべてのムスリムに命じた行為(firman Allah ta'ala)である。しかし、儀礼はイバーダートではない」。

クハティの非難は、名指しはしていないが、その場では、マグンボ儀礼の執行者を務めるティンギ、ナジャヤ、ロンバンに向けられていた。さらにその非難が、マグンボ儀礼を熱心におこないながら、モスクでの礼拝に参加しないジャリルやアブガニ、さらにロオクCの人たちに向けられていることも明らかであった。

ウスタズらの非難を受けて、ジャリルやアブガニやロオクCの人たちがなんらかの抵抗を目にみえるかたちで示すことは不可能に近い。村ではウスタズらの宗教的権威を疑う人はほとんどいないからである。結局、ジャリルやアブガニ、ロオクCの人たちは、若きウスタズの非難に不満を覚えつつも、それを声には出さずに自分たちの閉じた空間内で儀礼を継続するしかないのである。

このように海サマの公的イスラーム受容は、かれらのあいだにある社会経済的な格差を宗教生活における中心と周縁に転化させてもいた。なによりそれは、公的イスラームの担い手と「伝統的」儀礼・信仰の担い手とのあいだに、前者を圧倒的な優位、後者を圧倒的な劣位とする非対称的な力関係を刻み込んでいたのである。

また、モスクでの講話は、インフォーマルなものであっても、一般のムスリム、とくに若い世代には大きく影響する。前掲の図11-3に示したように、イスラーム指導者とマグンボ儀礼の主催者・執行者・参加者とは、親族的にきわめて近い関係にある。後者の子どもたちは、そうした近い関係にあるイスラーム指導者がモスクでの講話でマグンボ儀礼を非難するのをたびたび耳にするうちに、それらの儀礼に否定的な印象を抱くようになっていると考えられる。こうした非難がウスタズらによって繰り返される過程で、若い世代の海サマがマグンボ儀礼から離れるようになっていたことはまちがいない。

2　再構築される儀礼――死者霊のための儀礼マガルワ

マグンボ儀礼が衰退しつつあるのと対照的に、調査時、カッロン村で盛んにおこなわれるようになっていたのが、⑦のマガルワ儀礼である。一九六〇年代、フィリピン・スル諸島のタウィタウィ島の海サマのあいだでは、この儀礼はおこなわれていなかった［Nimmo 1990b］。セイザーによれば、一九六〇～七〇年代のカッロン村の海サマのあいだではマガルワ儀礼と思われる死者霊アルワに向けた儀礼がおこなわれていたが、その位置づけは周縁的なものにすぎなかった（儀礼の詳細は記されていない）［Sather 1997: 316］。

マガルワ儀礼は、かれらがイスラームを受容した後におこなわれるようになり、一九八〇年代以降に盛んにおこなわれるようになったと理解してよい。

一九九八年、悉皆調査区の海サマ世帯一七二のうち、長期不在のため聞き取りができなかった二世帯とインドネシアに出漁していた二世帯以外で、マガルワ儀礼にかかわらなかった、つまり供物や調理労働などの提供をしなかった世帯は九世帯のみであった。[*7] 残りの一五九世帯、つまり悉皆調査区のほとんどすべての世帯がこの儀礼にかかわっていた。

ロオク内の近い親族関係にある数世帯のうちの一世帯が代表でマガルワ儀礼を主催することが多かったが、ひとつの世帯が単独でこの儀礼を主催することもあった。儀礼を主催した世帯数は、正確には確認できなかったが、推計では悉皆調査区の海サマ世帯のうち、五〇～六〇世帯がこの儀礼を主催した。現在、マガルワ儀礼は、個々の世帯でおこなわれる年中儀礼のなかでは、海サマのもっとも主要な儀礼になっている。

アルワとスマガト――人間の霊魂を指す二つの概念

前章でみたように、アルワとスマガトはともに人の霊魂に相当する概念である。公認イマムのクルニアとナジャヤによれば、両者は次のように異なる性質を持っているという。

アッラーは土から個々の人間の肉体を創る。そのときにアッラーが肉体に吹き込むのがアルワである。肉体にアルワが入れられて、人間が生まれる。アルワは、人間が生きているあいだは肉体にとどまり続ける。死後、アルワは天使（malaikat[<my/ar]）によって肉体から離され、その後は天上で最後の審判（kiyamat[<my/ar]）を待つ。最後の審判の前に、アッラーは死者の肉体を再生しアルワを肉体に再び吹き込む。こうして死者は甦る（allum pabalik）。そして天使から尋問を受ける。アッラーによる最後の審判を経て、アルワは来世（əllaw bulian）の天国（surga <syurga[my/skr]）に至る。

他方のスマガトは、人間が生まれると同時にその肉体に付着する。アッラーによって吹き込まれるわけではないという。スマガトはアルワ同様に肉体に生命を与える。スマガトは、自らを肉体から分離することができる。スマガトが肉体から離れるのは、睡眠中や気を失ったときである。夢（uppi）は、スマガトが肉体を離れてさまよっているときの経験であると考えられている。

死後、スマガトは肉体から離れ、アルワ同様に天上に至るが、その後に地上に降りてくることもある。それゆえ死者の追悼儀礼（⑥）の際には、スマガトに食事を供することができる。とくに死後一〇〇日目までスマガトは、死亡した場所の近く、あるいは墓地の周囲をさまよっているという。

いまみたようにアルワは、生命原理ともいうべき抽象的な存在として理解されている。アルワに関するこうした理解は、基本的にイスラームにおけるルーフ（rūḥ、霊魂）概念にしたがっていると考えてよいであろう。アラビア語の“arwāḥ”は、“rūḥ”の複数形である。他方でスマガトは、より具体的なイメージをともなった死者の霊魂として理解されている。クルニア、ナジャヤに限らず、他のイマムらも、スマガトをイスラームの死後の観念、つまり天国や最後の審判、来世などと関連づけて語ることはない。ただし、後述するように一般の海サマはしばしばスマガトとアルワを同一視ないし混同している。*8

儀礼の構成

マガルワ儀礼が対象とするアルワは、もっぱら死者の霊魂を指している。マガルワは、「死者霊のためにおこなう儀礼」と訳すことができよう。すべての公認イマムがこの儀礼にかかわり、その執行者を務める。ウスタズも近い親族がこの儀礼をおこなうときには、儀礼に参加しドゥアを朗誦する。イマムたちによれば、JHEAINS支部も（かつてのMUIS支部も）この儀礼がイスラームの「正統な実践（amalan yang sah[my]）」であることを承認しているという。

ウスタズたちはこの儀礼をアッラーに死者の罪を許してもらい、最後の審判の日までその霊に平安を与えてくれるように祈願する行為と位置づけている。イマムもおおよそ同じように理解しているが、かれらはくわえてアッラーに地上に降りることを許された死者霊が、生者と食事をともにできる機会であるとも考えている。そして儀礼の後、アルワは再び天上に帰っていくとする。

一般の海サマは、しばしばこの儀礼を「スマガトに食事を供する儀礼（アマカン・スマガト、amakan sumangat）」と呼ぶ。つまり、アルワをスマガトとみなし、かつそれに食事を供する行為であると理解しているのである。かつて海サマは、スマガトのブスンを被った状態から回復するたびに、あるいは夢で死者に会いその死者を思い出すたびに「スマガトに食事を供する」儀礼（⑭）をおこなっていた。しかし現在「スマガトに食事を供する儀礼」は、このマガルワ儀礼に集約される傾向にある。

観察事例

調査時の一九九八年、マガルワ儀礼は十二月一日から約二週間のあいだにおこなわれた。以下その観察事例に即して、マガルワを描写していこう。

イスラーム暦第八月（シャアバーン）の満月、つまり一五日はイスラームで「ニスフ（nisfu）」と呼ばれる特別な日である。サマ語では「ニスプ（nispu）」と発音される。ニスフの数日前に教区イマムのワジャリの家でおこなわれるマガルワ儀礼が、常に村で最初のマガルワ儀礼になる。一九九八年には十二月一日の火曜日にワジャリの家でマガルワ儀礼がおこなわれた。

夕方にプティを含む公認イマム五人、他のイマム三人、ウスタズのクハティとバンサン、モスク青年団のメンバー三人がワジャリの家に集まる。ワジャリの妻と、彼女の親族も来る。ワジャリは参加者に、マガルワはイスラームに従った儀礼（hinang halal）であることを告げる。そしてこの儀礼を通じて、神（Tuhan）に死亡した親族の平安を祈願し、同時に自分と参加者、その家族が①常に信仰篤くあること（taptap iman <tetap iman[my]）、②イスラームに即した幸運に出会えること（rejeki halal <rezeki halal[my]）、③長生きできること（atahaq umul <umur[my]）をアッラーに祈願すると説明する。

ついで年長の公認イマムであるプティの主導で、死者霊のためのドゥア、ドゥア・アルワを朗誦する（たとえば［Anon. n.d.(b)］）。ドゥア・アルワの朗誦が終わると共食になる（儀礼の内容は後述）。

その二日後、ニスフにもっとも近い「金曜の夜（sangom Jumaat）」（日本語では木曜の夜）、日没後の礼拝（マグリブ礼拝、一八時二〇分）に続いて、ニスフ（ニスプ）の礼拝がおこなわれる。プティがその導師を務める。この礼拝は義務ではなく、自発的におこなうものとされる。しかしカッロン村では、イスラームの推奨行為（スンナ）とみなされている。ニスフ礼拝を終えた後、参加者は輪になって座る。

プティはいま終えたニスフ礼拝と、次におこなうヤースィーン（Yasin）の読誦の目的を説明する。目的は上でワジャリが述べた①～③と同じで、常に信仰篤く、イスラームに即した幸運に出会え、長生きできるようにアッラーに祈願することである。ヤースィーンは、クルアーンのひとつの章（第三六章）で、クルアーンの「心臓」

ともいわれる重要な章である［澤井 2001］。ヤースィーンには、死後の報奨に関する具体的な記述が含まれる（表10－1）。

説明が終わると、プティ、クルニア、ナジャヤを中心に、参加者はヤースィーンの読誦を繰り返す。これが夜の礼拝（イシャー礼拝、一九時四〇分）までおこなわれる。夜の礼拝後も一部の人は残ってヤースィーンの読誦を続ける。

ニスフ礼拝の翌日から、村の個々の世帯でのマガルワ儀礼がおこなわれる。儀礼は午前中、または正午のズフル礼拝（一二時二〇分）後から日没後のマグリブ礼拝（一八時二〇分）までの午後におこなわれる。個人の家でのマガルワ儀礼は、次のように実施される。

儀礼の主催者は、供物（lutu）を準備する。各世帯共通の供物は、緑色のバナナ、ココヤシの実、山型に盛った黄色いご飯（ブワス・バニン）、米粉で作った菓子である。他に儀礼が対象とする故人が好んだ果物などが供物にくわえられる。儀礼の対象に死亡した幼児が含まれる場合は、その幼児が好んだ市販の菓子や炭酸飲料の缶ジュースなども供えられる。

儀礼の主催者は、執行者であるイマム、ハティブ、ウスタズを招く。たいていは二～三人がともに招かれる。公認イマムのクルニア、ナジャヤ、ロンバン、プティが儀礼を主導することが多い。儀礼の主催者は、他に村内に住む主な親族も呼ぶ。儀礼の中心的な参加者は平均一〇人程度。すべて男性である。かれらは供物を取り囲み、輪になって座る（写真）。その後ろには女性と他の親族が立ち、儀礼を注視する。イマムは次のように述べて、マガルワの開始を告げる。

さあ始めよう。では、ここに来るように招かれた人たちよ［死者霊を指す］、わたしたちのところに来てともに過ごしてください。この儀礼の依頼者Aの家族のために。まずわたしたちのキョウダイから、その母と父に、妻に、そして義父に、そして祖先に向けて〔儀礼をおこないます〕。これらは皆、すでに亡くなった人たちの仲間。かれらは家族とともに食事をするために、ここに来て儀礼に参加しています。さあ儀礼を始めよう。

この言葉を述べたのはロンバンであるが、クルニア、ナジャヤ、プティもおおよそ同じ言葉でマガルワの開始を告げていた。

このとき、後ろに立つ女性や老人は、「ンボ」と呼びかけ、あるいは死者の名前を叫び、たとえば次のように語りかける。

おなかがすいているだろうからたくさん食べてください。後〔日〕には戻ってこないでください。わたしたちに災いをもたらさないで。

今日ここに集まって、食事をしていってください。わたしたちが食事を供します。幸運をもたらしてください。

イマムたちはこれらの呼びかけを気にとめず、次のようなドゥアを朗誦し始める。

イスティグファル（三回）／サラワト（三回）／ハドラト／アル・ファーティハ／クルアーン第一〇六章「クライシュ族」／同第一一二章「純正」（三回）／同第一一三章「黎明」／同第一一四章「人びと」／アル・ファーティハ／「クライシュ族」／タフリル／タスビ／アルワ（死者霊）のドゥア／平安祈願のドゥア

このドゥアの中心は「死者霊に対するドゥア」すなわちドゥア・アルワである。表11-2にドゥア・アルワの概要を示した。ドゥアの朗誦が終わると儀礼は完了し、後は共食になる。魚の水煮、ヤギ肉、牛肉、野菜の煮物、ご飯などが供される。供物と同様にこれらの食事にも、儀礼が対象とする故人が好んだ食べ物がくわえられる。

イマムは早めにこの食事を済ませて、次の家に向かう。供物のブワス・バニン、パンニャム、菓子、缶ジュースは、イマムを含む参加者にサラッカ（自発的喜捨）として渡される。シャアバーン月の後半、イマムはこの儀礼で多忙になる。一日に一〇件以上の家をまわるような日もある。

考察（1）——イスラーム的「正統性」

既述のように一九九八年には、カッロン村の悉皆調査区の海サマ世帯のほとんどがマガルワ儀礼にかかわった。調査時この儀礼は、個々の世帯が主催する年中儀礼としては村でもっとも盛んにおこなわれていた。これらのことは、村の海サマがこの儀礼のイスラーム的「正しさ」にまったく疑いを持っていないことを示している。

形式や理念上の意味づけについてみると、マガルワ儀礼は、一方では霊的存在の霊媒への憑依や「饗応のドゥア」のような「非イスラーム的」要素が排除され、他方では次のような一連の「正統な」イスラームの要素によって構成されていた。

まず儀礼は、イスラーム暦第八月（シャアバーン）の一五日前後のニスフ礼拝を契機として始められる。イスラームの教義によれば、ニスフの夜、アッラーは地上にもっとも近いところにあらわれ、そこから人間に対し罪を許す呼びかけをおこなう。ニスフの夜、人びとはアッラーの報奨と慈愛をもっとも身近に感じることができるとされる。この日に死者霊（ルーフ）の加護を祈願する礼拝をおこなうのは、イスラーム世界におおよそ共通した行為である［Wesinck 1999］。

マガルワ儀礼で「死者霊に対するドゥア（ドゥア・アルワ）」を朗誦するイマムたち（1998年）

表 11-2　ドゥア・アルワ（dua arwah）の概要

おお、アッラーよ。声を出して誦するという恩酬を授けてくれた。際限なき報酬、すばらしき恩賞。それゆえにわたしたちはクルアーンを誦する。クルアーンは墓の中でもわたしたちと共にある。復活のとき、クルアーンは裁きのよりどころ。クルアーンは地獄の業火をさえぎるもの。天国に至る階段の道しるべの光。天国に至るときもわたしたちと共にある。クルアーンと共に、わたしたちは偉大なるアッラーのもとに導かれる。クルアーンに従うことで、アッラーは恩恵を授けてくださる。わたしたちと神とのあいだの約束の地、それは神のもとにある天国。神の恩恵に満ちた天国で平安に暮らせるように、イスラームに従って生きよ。数々の預言者、誠実なるムハンマドに従った人びと、殉教者、善良なる人びとを通じて、伝えられたもの〔啓示〕に従って。クルアーンは神からのすばらしき恩賜。神と天使は預言者に恩恵をお授けになる。おお、アッラーよ。神と天使はムハンマドに恩賜をお与えになる。神はムハンマドに加護を授け、よみし給う。唱えよ、この世の主たるアッラーに称えあれと。

註：アラビア語の訳出に際しては、岡本多平氏（京都大学大学院アジア・アフリカ地域研究研究科非常勤職員教務補佐）にご協力いただいた

出典：Anon［n.d. (b): 54-55］

またマガルワ儀礼は、教区イマムの家での儀礼とモスクでの活動を起点とし、その後に個々のムスリムの家でおこなわれる。儀礼の際に朗誦されるドゥア・アルワの内容は、表11-2に示したように、死者霊（アルワ）の加護をアッラーに祈願するものである。つまりマガルワ儀礼は、その開始時間、死者の霊の加護を祈願するという行為、スケジュール、テクストの内容いずれにおいても、イスラーム的「正統性」を確保しているといえよう。

くわえて重要なのは、マガルワ儀礼が、MUIS支部とJHEAINS（サバ州イスラーム局）支部によってイスラーム的おこないとして承認されており、またウスタズたちや、ワジャリ、クルニアのような主要な公的イスラームの担い手がそれを執行していることである。一般の海サマは、上に記した教義上の解釈よりはむしろ、この公的イスラーム機関の承認と、ウスタズやクルニアたちの参加を、この儀礼のイスラーム的「正しさ」の象徴とみなしている。

考察（2）——解釈の多声性

マガルワ儀礼が上記のようなイスラーム的「正統性」を確保していることをふまえたうえで、ここで着目したいのは次のことである。すなわち、儀礼が現実にはきわめて多声的な解釈のうえに成立しており、その一部には「伝統的」儀礼に連続する要素があちこちに含まれていることである。

アッラーに死者霊の加護を祈願するという儀礼の根底をなす解釈は、基本的にすべての参加者に共有されている。しかし儀礼の中核をなすドゥアではなく、その周辺に存在する声や、供物のあり方に視点を移すと、儀礼がそうした「公定解釈」のみに基づいて実践されているわけではないことがわかる。

まずドゥアに先立つイマムの儀礼についての説明をみると、そこにはマグンボ儀礼に先立つ霊媒の語りにあったような霊的存在がもたらす祟りや病気の除去を求める言葉は含まれていない。しかし、対象がンボではなくアルワになっているという違いはあっても、死者から派生する霊的存在が儀礼の場に降りてきて、ともに食事をすることを言明しているという点で、その語りはマグンボ儀礼の語りと共通している。

さらに、イマムたちの後ろに立つ参加者、とくに女性や老人が発していた言葉に目を向けると、それらはンボや死者（のスマガト）に対して、食事をとるよう、また災いをもたらさないよう呼びかけている。その呼びかけは、明らかにンボやスマガトがブスンをもたらさないよう祈願するためのものである。そして供物はンボやスマガトに捧げるために用意されている。

儀礼がさまざまな解釈に基づいていることは、儀礼の主催者がそれを主催した意図を語るとき、より明らかになる。

【事例1】　ノエル（四二歳、男性）

ノエルはセンポルナやタワウでの日雇い賃労働を生業としている。一九九七年は、兄がおこなったマガルワ儀礼に供物を提供するだけだったが、一九九八年は十二月一一日に自らマガルワ儀礼を主催した。以下は儀礼の後、その意図について尋ねた際に彼が応えた話の概要である。

今年〔一九九八年〕の七月、ラハドダトゥに住む娘が病院で出産した。しかし、その子どもは出産後すぐに亡くなってしまった。娘は三年前にも流産している。隣に住む義父に相談すると、義父は、娘はわたしの亡き祖母のブスンを被っている（kabusungan）のではないかと言った。その数日後、わたしは夢（uppi）のなかで祖母に出会った。夢のなかの祖母は、言葉を発しないものの明らかに怒っていた。それでようやく、娘の不運（alaat sukud）が祖母のブスンによるものだとわかった。義父に再び相談すると、原因は娘ではなくわたしにある、原因のひとつは祖母の出身地、シタンカイ島を数年間訪れていないことであり、もうひとつは昨年マガルワ儀礼をおこなわなかったことであると言われた。そこでまずシタンカイ島に祖母の親族を訪ねた。そして、このマガルワ儀礼を主催したのである。儀礼ではンボに娘のブスンを取り除くようお願いした。もちろんトゥハン〔神〕にも同じことをお願いした。

【事例2】 エンパン〔四〇歳、女性〕

エンパンの夫はタワウの華人商店に勤務している。夫婦ともにタワウのアパートの一室を借りて住んでいる。ただし家はカッロン村にある。そこには子どもたちが住んでいる。エンパンは一カ月に一度はカッロン村に戻る。彼女と夫はラマダーン月に入ってから、一九九八年十二月二一日の夜にマガルワ儀礼をおこなった。公認イマムのワジャリによれば、マガルワ儀礼はシャアバーン月に実施することができなかった場合、翌月のラマダーン月の夜におこなうことも許される。以下は、儀礼の後にその意図を尋ねた際の彼女の話の概要である。

二週間ほど前、二年前に亡くなった父の夢を見た。生前にいつも着ていた白いシャツと緑のズボン〔霊媒の服〕を着た父は、わたしが村を長く留守にしていること、そのため寂しく思っている（angentom）ことについて苦言を伝えた。さらに空腹で牛肉が食べたいともわたしに訴えた。牛肉は父が好んだ食べ物である。その後、息苦しくなって（apuha napas）目が覚めた。父がこのように訴えたのは、わたしが昨年、マガルワ儀礼をおこなわなかったためであり、また目が覚める前に息苦しくなったのは亡父からのブスンの警告だと考えた。放っておくとブスンを被り、病気になってしまう。そこで夫にマガルワ儀礼を主催するように頼んだ。儀礼の際には、ンボ〔亡父を指す〕に昨年マガルワ儀礼をおこなわなかったことの許しを乞うた（amuhun）。儀礼の後の共食では、亡父が好きだった牛肉の煮付け、牛肉入りスープ、鶏肉のソース煮、鶏肉とナスの炒め物を亡父のスマガトと参加者にふるまった。

これら二つの事例が典型的に示すように、海サマの多くは、具体的な親族の死や死者霊スマガト、祖先霊ンボ、またはブスンに関連づけてマガルワ儀礼を主催し、あるいはかかわっている。事例が示すように、マガルワ儀礼の対象は、ンボであったり、スマガトであったりとさまざまで、また（かつての）霊媒に促されて儀礼を実施することさえある。

しかし、儀礼をおこなわないことが霊的存在によるブスンの原因になるとし、そのブスンとのかかわり――それを回避するため、または回避できたことを感謝するため――でマガルワ儀礼をおこなうとするこの儀礼の位置づけ方は、儀礼を主催した世帯の多くに共通していた。つまり、上のように語る海サマにとってのマガルワ儀礼の基本モティーフは、マグンボ儀礼におけるそれと連続していると理解できるのである。

以上、マガルワ儀礼においては、ウスタズ、イマム、一般の海サマの主催者や参加者それぞれが、異なる解釈に基づいて儀礼にかかわっていることを確認した。

ウスタズは、アッラーの慈愛に満ちたシャアバーン月に、アッラーにアルワというイスラームで認められた霊的存在の加護を祈願する。こうしたイスラームの啓典的理解に基づいて、マガルワ儀礼に参加している。公認イマムはウスタズとほぼ同じ解釈をしているが、アルワはアッラーにより地上に降りることを許されて、現世の人びとともに食事をすることができるとも考えている。そこには、従来の海サマの霊的存在に対する観念と混淆した解釈が付け足されている。そして一般の海サマは、アッラーに死者霊の加護を祈願するという「公定解釈」にくわえ、祖先霊ンボとの心理的紐帯の確認や、祖先霊や死者霊スマガトが引き起こすブスンへの畏怖の除去を動機としてこの儀礼にかかわっている。

マガルワ儀礼では、このようにひとつの儀礼の場に異なる解釈が併存することが少なくない。しかし、先述のとおり儀礼は公的イスラームの文脈においてイスラーム的「正しさ」を確保している。そのため、異なる宗教志向性を持つ人びとどうしが場を共有することが可能になっており、またかれらのあいだで分裂や対立が顕在化することもないのである。付記すると、前節の最後にみたロオクCの人たちもマガルワ儀礼を主催し、またこれに積極的に参加している。

3　公的イスラーム状況下での儀礼の再構築とそのメカニズム

イスラームのオブジェクト化と宗教実践

一九八〇年代以降、大衆教育とマスメディアが第三世界やイスラーム諸国にも急速に普及し、またムスリムどうしの地域を越えた知的相互作用がするなかで、世界各地のムスリムは、自らの宗教のかたち、中身、意味を自らに問うようになった。中東イスラーム研究者のD・アイケルマンとJ・ピスカトーリ（Dale F. Eickelman and James Piscatori）は、そうした過程を「ムスリム意識のオブジェクト化（the objectification of Muslim consciousness）」と呼んだ。それは次のように説明される。なお、前半部の引用は、この概念を日本に紹介した社会人類学者の大塚和夫の訳による。

オブジェクト化とは、多くの〔自分以外の――大塚註〕信者たちの存在を意識するようになるなかで、次のような基本的疑問が浮かび上がってくる過程である。それは、私の宗教は何だろうか、それは私の人生にとって何故重要なのだろうか、私の信仰は私の行動をどのように導くのだろうか、といった問いである〔ここまで大塚［2000: 10］の訳〕。……これらの明確で誰もが共有しうる「客観的な（objective）」疑問は、近代にふさわしい問いかけとして、あらゆる階級に属するムスリムの言説と実践にますます強く影響し、それらのあり方を規定していくことになる。それらの問いかけのいくつかは、〔イスラームの〕真正なる諸伝統

(authentic traditions) への回帰を導いているのだと主張することにより、そうした問いかけをする人びとの行動や信仰を正当化してさえもいる［Eickelman and Piscatori 1996:38］。

大塚が指摘するように、こうしたイスラームのオブジェクト化は、必然的に「正しい」信仰、「真正な」実践を求めるムスリムの集団的な意識や運動を各地で引き起こしてきた。それは、一九八〇年代以降の世界的なイスラーム復興の基底部をなす超地域的なムスリムの文化現象であった［大塚 1999］。自らが実践しているイスラームをオブジェクト化し、そのあり方をイスラームの規範と理念により厳格に従ったものにしようとする社会運動としてのイスラーム復興は、[*9]一九八〇年代以降、国民国家の物的・社会的インフラストラクチャを基盤に展開することにより、従来とは比較にならないほど広い地理範囲と幅広い社会階層に及んでいった［Hefner 1997］。

これまでたびたび確認してきたように、マレーシアのイスラーム復興は、そうした国民国家の制度的展開と連動して拡大してきたイスラーム復興の典型である。そのイスラーム復興は、日常の宗教実践のレベルから捉え直すならば、ムスリムが国家の媒介する「正しい」イスラームを照合しながら自らの宗教実践をもオブジェクト化し、そのあり方を「よりイスラーム的」［多和田 2005: 13-14］なものに改編・修正していこうとする過程であったといえるだろう。

これまで二つの章でみたように、そうした宗教実践のオブジェクト化 (the objectification of religious practices) の過程で海サマは、「正しい」イスラームから逸脱するとみなした自らの儀礼を、その逸脱の程度にしたがって、徐々に破棄あるいは改編してきた。精霊や祖先霊を中心に定位した宗教実践のうち、サイタンの厄災を追い払う儀礼や死者とともに遺品を埋葬する慣行は破棄された。マグンボ儀礼はいくつかの改編が加えられながら維持されてきた。しかしそれも衰退の一途をたどっていた。

こうした儀礼の破棄や改編の潮流は、少なくともマレーシアでは、同国のムスリムがよりイスラーム的であることに社会的な意味をみいだし続け、またさまざまな国家機関がよりイスラーム的であることに物質的な利益（役人のポストや開発予算等）を与え続ける限り、今後も継続していくと思われる［鳥居 2003; 多和田 2005］。公的イスラームを受容することで社会上昇をはたしてきた海サマのあいだでは、その潮流はより強い社会的な力として機能し、かれらの宗教実践に今後も深刻な影響を及ぼし続けていくに違いない。

儀礼の創造的再構築

他方で、国家に媒介された「正しい」イスラームが日常生活にまで浸透し、宗教実践のオブジェクト化が進んでいる状況にあっても、すべての儀礼がその「正しさ」のもとで破棄されたり、あるいは一方的な改編を加えられたりしているわけではなかった。この章の後段でみたのは、公的イスラームとの相互作用のなかで、自らの信仰との調整を図りながら儀礼を再構築しようとする、宗教変容における海サマの能動的な適応であった。

考察で焦点をおいたのは、イスラームが規定する死者霊アルワの平安を祈願するマガルワ儀礼であった。海サマはこの儀礼に祖霊信仰を接合し、そのなかで祖先霊ンボとの心理的紐帯の確認や、祖先霊や死者霊がもたらす災いブスンに対する畏怖の除去を試みていた。「非イスラーム的」なマグンボ儀礼とは異なり、この儀礼では、社会的な分裂や対立も回避されていた。

世界の各地でムスリムは、儀礼において在地の信仰や価値との接合をはかり、また儀礼を通じて異なる宗教志向性を持つ人びとどうしの調和を維持してきた［大塚 1989］。一九八〇年以降、イスラーム復興が拡大した後、各地のムスリムはそうした儀礼を創造的に編成・再編成してきた。ボーウェン［Bowen 1993］が民族誌のなかで描いたインドネシア・スマトラ島北部のガヨ社会における儀礼再編の事例は、海サマの宗教実践の再編を考えるうえで参考になる。

ボーウェンは、一九七八年から八〇年代末まで断続的にガヨ社会で調査をおこなった。上記の民族誌［Bowen

1993］では、イスラーム改革派の指導者と伝統的霊媒が対立しあいながらもひとつの儀礼を共有する宗教状況に着目し、それを「儀礼の区画化（compartmentalization of ritual）」という概念で説明している。

ガヨのイスラーム指導者と霊媒は、たとえばヤギを屠《ほふ》って祖先霊に捧げる儀礼や、新生児の命名儀礼などにおいて、それぞれが認める儀礼の場面には参加するが、異端として認めない場面には参加しない、あるいはそれを無視する。しかし全体としてみれば儀礼は両者の参加によって成立しているという。ボーウェンは、このように立場の異なる宗教実践者が、ひとつの儀礼に含まれる諸段階に選択的に参加し、儀礼を成立させている状況を指して「儀礼の区画化」と呼んでいる［Bowen 1993: Chap. 10］。

マガルワ儀礼の文化的・社会的意味

いま述べた「儀礼の区画化」概念を援用していえば、前節でみたマガルワ儀礼の多声的状況は、ひとつの儀礼が互いに干渉しない複数の区画に分割されている状況として捉えなおすことができる。具体的にいえば、マガルワ儀礼は、公的イマムやウスタズらが「正統な」イスラーム理解にしたがって実施している部分と、一般のムスリムが独自の解釈によって参加している部分との二つの区画で構成されている、ということである。すでにみたように儀礼じたいのイスラーム的「正しさ」は参加者全員のあいだで確認されている。そのため、ウスタズはこうして分けられた一般のムスリムの区画には干渉しないのである。

このように区画化された儀礼状況において、一般の海サマは自らの祖先霊信仰を組みいれ、同時にブスンへの畏怖に対処する手段をみいだしている。マグンボ儀礼が衰退する一方でマガルワ儀礼が盛んにおこなわれるようになっている要因は、まさにこうした儀礼の区画化された構成に求めることができる。

以上のようなマガルワ儀礼の再構築は、公的イスラームに規定された社会と宗教の秩序の間隙に海サマが発展させた、非組織的ではあるが創造的かつ能動的な宗教実践面での適応であった。それはまた、「先住者」―「移民

／難民」の、社会経済的な中心と周縁、イスラーム実践の中心と周縁といった、カッロン村に定着した二項対立的な分断を暫定的に棚上げし、一時的にではあってもゆるやかに社会的な統合を回復させているようにも思われた。機能主義的な視点からいえば、マガルワ儀礼はそうした社会的意味を持つ宗教実践であるがゆえに、公的イスラームの浸透と並行して、かれらのあいだで隆盛するようになったと解釈することができる。

註

＊1――マグンボの主催・参加に関する聞き取りは、一九九八年十月から九九年二月にかけて他の調査とあわせておこなった。
＊2――カッロン村の海サマにシタンカイ島で儀礼に参加している人が少なからずいることに気づいたのは、一九九八年のマグンボの季節が終わってから（十一月以降）のことであった。なお、なんらかの「祟り（ブスン）」を被ったその年だけ、シタンカイ島でのマグンボ儀礼にかかわるという人もいる。
＊3――ここでの治病行為とは、コップに入れた水に向けて祈祷の章句（ソボないしジンの言葉だという）をつぶやき、その水を病気の人に飲ませるような行為を指す。
＊4――実施日は十月二〇日火曜日、十月二二日木曜日、（十月二四日土曜日）、十一月四日土曜日、十一月一七日火曜日。
＊5――かつては翌朝にマグトゥラク・バラ（サイタンの厄災払い）儀礼がおこなわれたが、すでに述べたように、調査時、この儀礼はおこなわれなくなっていた。
＊6――ただ、ロオクNでは例外的に漁業従事者が少ない。
＊7――うち六世帯は、主に経済的事情でこの儀礼にかかわることができなかった。他の三世帯はこの儀礼に関心を持たない世帯であった。
＊8――セイザーはアルワ（“ruah”と表記）に対しては「超越的霊魂（transcendental soul）」、スマガトに対

しては「生命霊魂（life soul）」という訳を与えている。いま上に記したアルワおよびスマガトに関する説明は、セイザーによる説明と基本的には同じであるが、アルワについての説明は、セイザーのそれに比べるとイスラームとの関連づけがよりはっきりと示されている［Sather 1997: 294-295］。

＊9――そうしたイスラーム復興は、東南アジアでは二〇世紀前半にも顕在化したことがある。たとえば、マレーシア半島部についてはRoff［1994(1967) : Chap. 3］を参照。

結び
国境社会を生きること

1　国境社会の民族と開発

本書では、マレーシア・サバ州の国境を生きる海サマ社会の再編過程とそのダイナミクスを、①民族の生成と再編、②開発過程と社会の再編、③イスラーム化と宗教実践の変容に着目して論じてきた。

①に関しては、まず海サマがスル海域の歴史過程に生成した集団であることを確認した。そのうえで、イギリス北ボルネオ植民地とマレーシア・サバ州を政治的準拠枠とするバジャウ（サマ）の民族表象に目を向け、表象する側と表象される側双方の視点からその変容を跡づけるとともに、民族表象をめぐる両者の相互作用を検討した。その議論をふまえて、最後の海サマ自身による民族の語りについての考察では、植民地や地域社会がかつて構築していた「バジャウ」に対するネガティヴな表象を、かれらが意図的に自己表象として復活させ、国境社会を生き抜くための資源として用いていたことを指摘した。

これまで海サマやバジャウのエスニシティは「民族の様態論」のなかで考察されることが多かった。これに対し本書では民族表象を手がかりに、バジャウと海サマの「民族の過程」とそのダイナミクスを問うことを試みた。②に関しては、カッロン村における海サマの開発過程を考察の中心においた。対象地域における開発は、ブミプトラ（「土地の子」）優遇を骨子とするマレーシアの「新経済政策（ＮＥＰ）」をマクロな枠組みとして展開した。カッロン村の海サマは、一九八〇年代以降、ＮＥＰの浸透にともなって政治焦点化した自らの先住性を根拠に、さまざまな開発資源を獲得してきた。その過程でかれらは、陸サマを支配者、海サマを従属者とするかつての政治経済関係をある程度まで解消し、地域社会で自らの政治的地位を向上させた。この点でかれらは、ＮＥＰが目標とする「社会の再編成」を部分的に達成してきたといってよい。

しかしながら、先住性を根拠に自らの政治的優位を主張することは、必然的に自らの親族を多数含む「移民／難民」を社会的に排除することに結びつく。結果、カッロン村の海サマのあいだには、「先住者」と「移民／難民」の深刻な分裂がみられるようにもなった。このように海サマにおける開発は、国家がその実施を通して海サマのあいだに分断をその本質とする国境を内在化しようする過程でもあった。

海サマの政治的地位の変化に関する従来の研究は、定住化や市場経済の浸透にともなって、隣接集団に対するかれらの従属的地位が解消されてきたことを論じてきた。これに対し本書では、マレーシア・サバ州の政治の文脈に定位して、海サマ社会と開発との相互作用と海サマを軸とする民族間関係の再編について考察した。その作業を通じて試みたのは、具体的な政治過程に関連づけて、かれらにとっての開発の意味を探ることであった。

以上の①と②に関する考察は、いずれも、国境社会を生きる海サマが、国民国家の制度・構造に組みこまれるなかで、いかに主体性（エージェンシー）を持って自らの社会を再編してきたのかを問うことに力点をおいてきた。言い換えれば、海サマの視点からみた社会再編のダイナミクスを議論の縦糸としてきたということである。こうした議論の方向性は、③の考察においてより明確になる。

以下では、まず本書の中心を占めた上記③に絞ってその議論を振り返る。そのうえで、国境を生きる海サマがマレーシア国家と対峙するなかで生じた社会文化面におけるもっとも劇的な変化、すなわち公的イスラームの受容にともなう宗教実践の再編をかれらの文化適応の一様式として理解することを試みる。最後には、本書を基点とする「宗教の政治」に関する比較研究の可能性について展望し、この本の結びとする。

2　イスラーム化の構図

イスラームをめぐる社会秩序の再編

海サマのイスラーム化に関連してまず論じたのは、サバ州センポルナ郡におけるイスラームの制度化と地域社会におけるその影響であった（八章）。イスラーム制度化の影響は、①センポルナ郡のムスリム社会が、国境を挟んだフィリピン側、スル諸島のイスラーム秩序から切り離され、マレーシアのイスラーム秩序に接合されたこと、②その秩序においてより「正しい」イスラームの担い手とみなされたマレー人と公的機関に地域社会のイスラームの権威が見いだされるようになったこと、③それらの結果、イスラームをめぐる地域社会の秩序が大きく再編されたことの三点に要約された。

これらの変化は、サバ州のイスラーム組織化にみられた二つの特徴、すなわちマレーシア半島部のシステムや文化要素の導入という意味でのマラヤ化と公的性格の卓越を背景とするものであった。以上のことを確認したうえで、九章では、海サマのイスラーム化の過程を次のようにまとめた。

一九七〇年代以降の海サマのイスラーム化、とくにかれらが地域社会でムスリムとして認められていった過程には、次の三つの鍵となる局面があった。すなわち、①地域の公共イスラーム空間への参入、②イスラーム指導者とモスクに対する公的承認の獲得、③イスラームの知的権威としての「ウスタズ」の輩出である。

かれらの公共イスラーム空間への参入は、センポルナがスル諸島のイスラーム世界から切り離され、マレーシアのイスラーム秩序において海サマに対する差別神話が無効化されたことによって可能になった。その秩序において新たな権威を担うことになったマレー人と公的イスラーム機関は、海サマのイスラーム指導者を「正しい」イスラームの担い手として承認し、かれらの礼拝施設をモスクとして公認した。こうしてイスラームを受容した海サマのうち経済的に余裕のある人びとは、子どもをイスラーム学校で学ばせた。いまではかれらがウスタズとして、そのイスラーム学校で教鞭をとっている。かれらは地域社会で、イスラームの知的権威として承認されている。

このように海サマが地域社会でムスリムとしての地位を確立した過程は、マレーシア国家の文脈のなかでイスラームをめぐるローカルな社会秩序が再編されていく過程と密接に連動していたのである。

イスラーム化と国家の枠組み

『国民国家時代のイスラーム』の序文でヘフナーは、一九七〇年代以降の東南アジアにおけるイスラーム復興とそれに関連する社会現象が国民国家の成立、拡大と密接に関係していたことを指摘した［Hefner 1997: 5, 24-25］。ヘフナーの指摘は、カッロン村における海サマのイスラーム化を理解するうえでも有効である。いま振り返った海サマのイスラーム化は、マレーシア国家によるイスラームへの関与が行政と教育の面で具体化し、サバ州から郡、村レベルにまで浸透していったイスラーム制度化の過程と連動していた。それは、独立後のマレーシアとサバ州におけるイスラームをめぐる政治的、社会的文脈から離れたところでは、同じように展開しえなかったであろう。フィリピンの海サマの例はそのことを傍証している。

政教分離を国家原則とするフィリピンでは、国家機関が多数派宗教であるキリスト教を含む宗教の領域に直接関与することはない。ここでは、マレーシアのように政府がイスラームを制度化することも、公権力がその実践に干渉することもない。床呂［1996］やホルヴァティフ［Horvatich 1997］が指摘するように、一九八〇年代以降のフィリピン・スル諸島では、中東をはじめとする海外のイスラーム団体と直接に結びついたイスラーム復興運動が都市部を拠点に活性化し、村落レベルにも影響を及ぼすようになっている。しかしながらその潮流は、限られたイスラーム知識人のネットワークを越える運動にはなっていない。そのためここでは、タウスグをイスラームの権威とし、他方で海サマを「正統ならざるムスリム」と位置づけるような因習的なイスラームの秩序観がいまも強く維持されているのである［cf. Hefner 1997: 25-26］。

こうした点をふまえてみなおせば、カッロン村の海サマのイスラーム化やかれらのムスリムとしての社会的地位の獲得が、一九七〇年代以降のマレーシアおよびサバ州の政治枠組みを背景として生じた歴史的・社会的な現象であったことがより明らかになる。

ただし、こうした結論とともにあらためて強調したいのは、海サマのイスラーム化がマレーシア国家によるイスラーム制度化政策へのかれらの一方向的な包摂ではかならずしもなかったことである。そのことは、差別的状況の克服に関するかれらの語りを取りあげて確認した。一九六〇年代から七〇年代まで海サマは、いまだ在地のイスラーム学習（プガジアン）の場から排除されていた。そうした状況でかれらは、子どもたちを公の宗教学校に通わせ、ローカルなイスラームの場でのかれらに対する差別を克服していったのである。

海サマのイスラーム化は、国家によるイスラームの制度化というマクロな歴史に、スル諸島の宗教秩序に起源する周縁的地位からの脱却と、国境の内側に生成した新たな宗教秩序のもとでの社会的な地位の獲得という自らの企てを接合しようとする、主体的意図をともなったかれらの社会的な実践の歴史過程でもあった。

3　宗教実践の変容

「伝統的」儀礼の再編

一〇章と一一章では、公的イスラームが村レベルでも正統性を得ている状況において、儀礼を主とする海サマの宗教実践がいかに変化したのかを考察した。

イスラームに規定されていない霊的存在と霊媒の存在を前提とする海サマの儀礼のいくつかは、一九七〇年代以降、かれらがイスラームを受容する過程で破棄され、あるいは再編されていった。こうした宗教実践の変容は、イマムをはじめとする村のイスラーム指導者たちが従来の儀礼のいくつかを「非イスラーム的」と判断するようになったことによって生じた。イマムたちのそうした判断は、サバ州のイスラーム行政機関であるMUIS（サバ・イスラーム評議会）が、それらの儀礼を「非イスラーム的」と批判したことを契機として下された。

一一章では、そうした宗教実践の再編過程を論じた。まず取りあげたのは、初米儀礼マグンボ・パイ・バハウである。一九六〇年代までこの儀礼は、かれらの宗教生活におけるもっとも重要な実践であった。しかし、調査時、この儀礼は明らかに衰退の途上にあった。ウスタズたちがその「非イスラーム的」性格を指摘し、それを受けて村で強い影響力を持つ公認イマムがこの儀礼を執行しなくなったことが衰退の主な原因であった。

カッロン村の海サマは、「正統ならざるムスリム」としてスティグマ化されていたかつての境遇に引き戻されることを恐れている。かれらはまた、自らを「先住者」と位置づけ、フィリピン出身の「移民／難民」と自らを差異化することを日頃から強く意識している。同村の海サマのなかには、こうした社会状況のために、マグンボ儀礼を忌避するようになっている人が少なくない。いま述べたように、この儀礼はウスタズによって「非イスラーム的」であると断定されている。また、カッロン村ではこの儀礼は、「フィリピン的おこない」とみなされるようになっている。

次に取りあげたのは、死者霊アルワの平安を祈願するマガルワ儀礼である。マガルワ儀礼は、マグンボ儀礼が衰退する一方で、おそらく一九八〇年代から逆に盛んにおこなわれるようになった。イスラーム行政機関のMUISやJHEAINS（サバ州イスラーム局）は、マガルワ儀礼を「イスラーム的おこない」と認めていた。すべての公認イマム、そしてウスタズもこの儀礼に参加していた。一般の海サマにとっては、かれらの参加こそが、この儀礼のイスラーム的「正しさ」の象徴になっていた。

マガルワ儀礼に関して着目したのは、この儀礼についてウスタズ、公認イマム、一般の海サマがそれぞれ異なる解釈をしていたこと、そして一般の海サマのこの儀礼についての解釈や行為には、マグンボ儀礼をはじめとする「伝統的」儀礼に連続する要素が含まれていたことである。ウスタズの解釈では、マガルワ儀礼はアッラーに死者霊の加護を祈願する行為として位置づけられる。公認イマムはウスタズと同じようにこの儀礼を解釈しているが、アルワ（死者の霊）はアッラーにより地上に降りることを許され、現世の人びとともに食事をとることができるとも考えていた。一般の海サマは、ウスタズが示す解釈を認めつつも、同時に、従来のマグンボ儀礼がそうであったように、マガルワ儀礼を祖先霊ンボのブスン（祟り）を回避するための行為であるとも解釈し、そのように実践していたのである。本書では、こうした儀礼の多声的構成を、ボーウェン［Bowen 1993］が提起した「儀礼の区画化」概念を援用して理解した。

文化適応としての儀礼再編

カッロン村では、霊媒は周縁化され、マグンボ儀礼も衰退しつつあった。だからといって、海サマが霊的存在、とくに祖先霊が引き起こすブスンに対する畏怖を意識しなくなったわけではない。イスラームの教義にしたがえば、人間にかかわる出来事の一切は天命（カダル）として定められている。祖先霊や死者の霊魂がそれを左右することはできない。一般の海サマも、そのことを教義としては知るようになっている。しかし多くの海サマは、そうした理解のみで日常を生きてはいない。祖先霊ンボや死者霊スマガトが引き起こすブスンは、いまもなお脅威であり、かれらの精神世界の主要な部分を構成し続けている。

そうした状況で海サマは、マガルワ儀礼に祖先霊信仰を接合してこの儀礼を再編してきたと考えられる。この儀礼の再編は、海サマによる主体的な文化適応の一様式とみなすことができるだろう。

オーストラリア北東部のトレス海峡島嶼民（Torres Islanders）の開発過程を論じるなかで、文化人類学者の前川啓治は「周辺化された社会は、自らの文化システムと諸制度を地球規模の資本主義的勢力に由来する外部の文化システムと諸制度に適応させてきたのであるが、自身の伝統的な観念や価値に基づく基本的な文化形態を全面的に変えてしまうわけではなく、むしろ既存の文化形態により、外来の文化的諸要素を『翻訳』することによって、従来の観念や価値を半ば存続させながら適応してきた」とし、その過程を「翻訳的適応」と呼んでいる［前川 1997］。

上記の文化適応という言葉は、この「翻訳的適応」に相当するような、宗教実践面での海サマの創造的な適応をさす語として用いている。[*1] 海サマは、この文化適応によって、自らの信仰の中核部を毀損《きそん》せず、また宗教志向性や国籍や社会経済的階層の異なる集団のあいだの対立を前景化することもなく、そのうえで公的イスラームの「正しさ」を保持することができている。その適応の様式は、文明としてのイスラームと近代国家の双方と対峙するなかで、自らの信仰とその実践を維持していくためにかれらが非組織的にではあるが継続的に展開してきた在地の、あるいはヴァナキュラーな文化戦術として理解しうるものであった。[*2]

4 比較への展望

最後に、海サマのイスラーム化と宗教実践の変容に関するこの本の議論を基点として、今後、わたしたちが展開しうる比較研究の課題と展望を簡潔に示してみたい。ここではさしあたり、イスラームが国家レベルで主要な政治的役割を果たしているマレーシアとインドネシア、キリスト教が同様の役割を果たしているフィリピンを念頭においた地域の枠組み、つまり島嶼部東南アジアを比較の準拠枠とする。

一九八〇年代の宗教復興をふまえて著された人類学や地域研究の宗教研究は、イスラームをはじめとする世界宗教が、国家や地域の具体的な政治的文脈と密接に絡み合った「宗教の政治《ポリティクス》」をともなって、世界各地に広がっていることを指摘してきた［田辺（編）1995; Eickelman; and Piscatori 1996］。島嶼部東南アジアでは、こうした「宗教の政治」は、イスラームやキリスト教などの主要宗教の内部における主導権争いから、イスラームやキリスト教、あるいはヒンドゥ教による周縁宗教の同化、包摂にいたるさまざまなレベルで実践されている［Tsing 1993; Hefner and Horvatich (eds.) 1997; 福島 2002; 永渕 2007］。

この本で対象とした海サマは、二〇世紀の後半まで、清水昭俊がいう「周辺民族」、つまり「他の集団から蔑視され、政治、経済、社会のあらゆる場面で他の集団が享受している権利と機会を制限され……差別の系列の最末端部に位置づけられた人々」［清水 1998: 7］であった。本書では、そうした周辺民族としての海サマと多数派民族としての陸サマ、タウスグ、あるいはマレー人との関係性のなかで「宗教の政治」を考えてきた。ここで視野を少し広げ、たとえば宗教復興が前景化した一九八〇年代以降の島嶼部東南アジアを時間と地域の準拠枠としたとき、こうした周辺民族と多数派民族との「宗教の政治」には、どのような共通点ないし地域独自性がみいだされるのだろうか。その共通点は、上座仏教の信徒が多数派を占める大陸部東南アジアや東南アジア以外の地域にも適応しうるのか。これらの問いは、本書を基点とする比較研究の課題になりうる。

文化人類学者の信田敏宏の民族誌［信田 2004］と、開発経済学者の青山和佳の民族誌［青山 2006, 2010］は、一九九〇年代末から二〇〇〇年代はじめにそれぞれがおこなったフィールドワークに基づく。それらはともに、本書と同じ時代に展開した周辺民族の社会変容を考察の対象としている。これらの研究を参照すると、いま述べた比較研究の課題に関するひとつの展望を描くことが可能になる。

信田の民族誌は、マレーシア半島部のヌグリ・スンビラン州に住むオラン・アスリの開発過程とイスラーム化を論じている。オラン・アスリは、マレーシアの総人口の一パーセントにもみたない少数民族である。かれらは多数派民族のマレー人に対し、あらゆる面で周縁に位置づけられてきた。宗教面では独自のアダット（慣習）にしたがっており、歴史を通じてイスラームの受容を拒否してきた。マレーシア政府はそうしたオラン・アスリを対象に、一九八〇年代以降、物質的な開発援助と組み合わせた強引なイスラーム化政策、イスラームへの改宗を促す政策を進めてきた。

青山の民族誌は、一九七〇年代にフィリピン南部・スル諸島で生じた内戦を逃れてミンダナオ島南東のダバオ市に移住した「難民」の海サマを対象に、かれらのあいだの貧困と民族アイデンティティの動態的関係を論じている。移住先のダバオで海サマは、最低限の生産手段すら持たない最下層の難民と位置づけられている。かつてかれらは精霊信仰にしたがっていたが、移住後は貧困のためその信仰に基づく儀礼を実践できなくなっている。一九九〇年代、こうした「無宗教」状態の海サマに対し、陸サマを含む在地の牧師により南部バプティスト派およびペンテコステ派キリスト教が導入された。さらにその後、韓国人や米国人による福音派キリスト教の宣教活動が本格的に開始された。宣教に際しては、海外からの援助資源が海サマに投入された。信徒の数は、一九九〇年代末から二〇〇〇年代初頭にかけて急増した。

ここに記した宗教変容の社会過程をそれぞれの民族誌の記述からひもといていくと、対象とされている二つの周辺民族のあいだには、「宣教されること」を主とする宗教経験において、次のような共通点があることがわかる。

① これらの周辺民族は、国家や地域社会の中心に位置する多数派民族との関係で、宗教を選択あるいは拒否せざるをない状況におかれている。少数民族の「宗教」は、多数派民族にとっては宗教以前の「信仰」にすぎない。そのためかれらは、常に多数派による宗教的干渉の対象とされる。

② こうして進められる宣教活動は、たいてい改宗を促すための物質的恩恵の供与と組み合わされている。そのため「宣教される側」の周辺民族は、とくに宣教活動の初期においては、「宣教する側」の宗教を個人の内面にかかわる観念や行為としてではなく、物質的資源の供給源とみなすことが少なくない。宣教活動もまた、信仰とは切り離された政治的な働きかけとみなされる。

③ ②の必然として、宣教は周辺民族のあいだに経済的な格差をもたらすことにもなる。その格差はしだいに集団内部に分裂や対立をもたらす。

④ 周辺民族にとって、以上の過程でもたらされる宗教を受容するか、拒否するかの判断は、地域社会におけるかれらの社会的地位のあり方を大きく左右する。

カッロン村の海サマの宗教変容を振り返ると、②はかならずしもあてはまらない。イスラームはかれらの精神世界に深く定着しているように思われるからである。しかしながら、公的イスラームの受容が地域社会における脱周縁化という政治的な意図をおびていたこと、またその過程で海サマがさまざまな政治経済的恩恵を受けてきたことは否定できない。こうした註記をつけていうならば、上記四つの特徴は、かなりの程度、海サマの公的イスラームの受容過程においても確認することができる。

ただし、これまでに言及した周辺民族の宗教変容の過程に上記四つの共通点がみいだされることじたいは、「宗教の政治」に関する比較研究においてそれほど重要ではない。同研究でより重要なことは、そうした共通点がみられるにもかかわらず、オラン・アスリ、ダバオの海サマ、カッロン村の海サマそれぞれの宗教と社会の変容のあり方が、実際には著しく異なっていることである。

オラン・アスリの多くは、自らの矜持とかれらを周縁化してきたマレー人や国家に対する「怒りの心情」のため、政府の物質的な援助を受けず、イスラーム化に抵抗し続けている［信田 2004: 410］[*3]。ダバオの海サマは、キリスト教を信仰し続けているが、同時にキリスト教団体が持ち込む援助資源に生活を依存するようになっている。ただしかれらは、外国人宣教師の権威を借りて地方政府と交渉するようにもなっている［青山 2010; Aoyama 2017］。海サマは、公的イスラームを受容して社会上昇をはかると同時に、イスラーム的儀礼を創造的に再編してそのなかにかつての信仰を接合している。他方で、かれらの宗教生活は国境がつくる社会的差異によってさまざまに分断されるようにもなっている。どのような歴史過程と政治的文脈のもとに、このような違いが生まれたのか。この問いこそが、本書の研究を基点とする「宗教の政治」の比較研究のなかで検討されていくべきであろう。

本書は、マレーシア・サバ州の国境社会を生きる海サマの社会文化変容に焦点をおいたひとつの民族誌研究の試みであった。それは同時に、島嶼部東南アジア全体を視野において、周辺民族の視点から「宗教の政治」や、あるいは「開発の政治」を比較考察していくための出発点となるものでもあったと位置づけたい。

註

*1――前川はトレス海峡島嶼民が、キリスト教受容以前の土着の葬送儀礼における死者霊観念や社会的機能を、キリスト教受容後の墓石除幕式に、市場経済の浸透という状況に適応させながら移しかえてきた過程を「翻

訳的適応」の事例として詳しく論じている［前川 1997］。

＊2――ここでのヴァナキュラー概念については、島村［2018］を参照。島村はヴァナキュラーを「〈生きられる世界〉としての生活世界において生み出され、生きられた経験・知識・表現の総称」と定義している。

＊3――オラン・アスリのイスラーム化への抵抗は、かれらがマレーシアにおいて一定の自治を獲得していること、また自分たちの居住と生業の場（森）を確保できていることによって可能になっている。こうした生活基盤の面で、オラン・アスリは次のダバオの海サマとは大きく異なっている。

主な登場人物（年齢は一九九八年時）

ティンギ（七六歳）

　カッロン村の初代村長。調査時は隠居し、息子（長子）とともに暮らしていた。センポルナ沖合で家船《えぶね》に生まれる。船上生活の時代は、仲間から船団のリーダー（ナクラ）とみなされていた。一九五〇年代後半、もうひとりの船団のリーダーであったアタンとともにカッロン村を設立した。ティンギの妻とアタンの妻は姉妹である。海サマのイスラーム化を主導した。一九七六年には村で最初のスラウ（礼拝堂）を建てた。また彼は、初代村長として海サマの政治的地位を向上させた。一九八三年、村長の地位を息子のタンジュンに譲った。一三人の子ども（男八人、女五人）に恵まれている。調査時、子どもの多くは、政治やイスラームの中心的人物になっていた。ティンギとアタン、姉妹である両者の妻の親族は、カッロン村の有力者層を構成する。公平で憐憫の情に厚く、かつ弁舌にもたけた、村の歴史上、もっとも優れたリーダーであったと村びとは語る。調査時も多くの人に尊敬されていた。

●政治関係者

ジュクシン（四八歳）

　ティンギの姉の孫。一九七六年から調査時まで、村の村落治安開発委員（JKKK）長を務めていた。センポルナ沖合で家船に生まれ、数年後からカッロン村に住むようになる。カッロン村の海サマで、はじめて初等学校教育を受けた一三人（以下、初代の初等学校就学者）のうちのひとり。イギリス植民地期のセンポルナの官立初等学校に三年次まで通った。そのときの同級生のひとりは、センポルナ郡を代表する政治家サカランの息子、ナシルであった。ナシルは後にサバ州の州議会議員になる。一九六〇年代半ばナシルら陸サマとの友人関係を通じて、州保健省マラリア予防プログラムの助手の仕事を得た。この仕事を通して郡の有力者らとの人脈を広げた。また、かれらを通して政治の言語や交渉の技法を学んだ。州議会の与党がかわるたび、その党の地区支部長になった。一九九四年に、カッロン村から独立候補を擁立した際の首謀者のひとりである。村びとの諍いを、対話を通じて解決することにたけている。ただし、村びとは彼のギャンブル癖を問題視していた。

タンジュン（四六歳）

ティンギの八番目の子ども。幼少時の経歴はジュクシンと同じ。調査時は原住民首長（Ketua Anak Negeri）を任じられていた。ジュクシンと同じ初代の初等学校就学者のうちのひとり。六年間学び、初等学校を卒業している。卒業後は公共事業局の日雇い労働などに従事した。同時に、父ティンギとともに政治にかかわるようになり、ブルジャヤ党やPBSの党員になった。一九八三年、ティンギを継いで村長になった。一九八五年まで村長。村長時代の評判はあまり良くない。村びととあまり話し合わなかったと評される。一九八〇年代半ばから、サマ・シバウドなどスル諸島出身のサマ難民が多数村に住むようになったのは、彼と、彼が村長を務めていたときにJKKK長だったジュクシンがこれらの難民に村での居住許可を与えたためだといわれている。一九九四年に、カッロン村から独立候補を擁立した際の候補者である。

サミド（五六歳）

タワウ出身のティドン。初等学校を卒業。センポルナとタワウを結ぶ定期船の船長をしていた。その際に会ったカッロン村の女性Lと結婚し、村に住むようになった。Lは村設立時の海サマのリーダー、アタンの娘であり、かつティンギの妻の姉の娘である。陸サマの政治家は、Lに伝統楽器の演奏や海サマの踊りなど、文化行事の組織を依頼していた。この関係を通じて、Lの夫だったサミドも郡の政治関係者と指導者と交友関係を持つようになった。調査時には、UMNOの地区支部長に専念していた。一九九八年には、JKKK長に任命された。村びととの付き合いは政治の分野に限られる。他方で妻Lは広い人脈と交友関係を持つ。この妻の社会関係が彼の政治的地位を支えていた。七人の子どものうちひとりは公立中等学校の教師を、もうひとりは公立初等学校の教師を務めている。

アブドゥ（四一歳）

フィリピンのシタンカイ島出身の海サマ。同島で初等学校（六学年）を修了。おそらく一九七〇年代半ば頃にタワウに移住した。一九八五年からカッロン村に住み始め、一九九〇年に統一サバ国民組織（USNO）、統一マレー国民組織（UMNO）の地区支部長になった。一九九五年から村長を務める。政治演説が巧みである。ただ村びととの社会関係は希薄で、人望があるとはいいがたかった。

●イスラーム関係者

クルニア（五五歳）

ティンギの姉の息子。第一世代のイスラーム指導者。センポルナ沖合で家船に生まれる。一〇歳前後からカッロン村に住むようになる。一九五〇年代半ばから一九六〇年代にかけて、ワジャリら三人とともに、陸サマのイスラーム指導者のもとでイスラームを学んだ。一般学校には就学しなかった。一九六〇年代半ば、ジュクシンとともに州保険省マラリア予防プログラムの助手を務めた。一九六〇年代末から七〇年代前半、サンダカンで港湾労働者として働いた。そのとき、自動車の免許を取得した。その後、カッロン村に戻る。一九八〇年代はじめに自動車を購入した。それ以来、タクシーの運転手として生計をたてている。一九七〇年代後半から、村でナジャヤらとともに礼拝の導師役やハティブ役を担うようになる。クルアーン読誦も教えた。一九七七年、サバ・イスラーム評議会（MUIS）からイスラーム指導者としての公認を受けた。一九八二年、マッカ巡礼を果たす。調査時は、ハティブを務めることは少なくなっていた。調査時、村のイスラーム指導者のなかでは、もっとも厚く村びとから慕われていた。PBS政権期の一九八五年から九四年まで村長を務めた。一九九四年にUMNO率いる国民戦線（BN）がサバ州議会の政権を握った後、実質的に解任され、政治的な地位を失った。

ワジャリ（五六歳）

ティンギの四番目の子ども。第一世代のイスラーム指導者。幼少時の経歴はクルニアと同じ。クルニアらとともにイスラームを学んだ。一般学校には就学しなかった。一九七〇年代前半、サンダカンで港湾労働者として働いた。一九七〇年代後半にカッロン村に戻る。一九八一年にはカッロン村を主とする教区の代表イマム（Imam Kariah）に任命された。一九八三年、マッカ巡礼を果たす。調査時も教区イマムを務めていた。村モスクの代表者でもある。彼は村のイスラーム活動を取り仕切る立場にある。カッロン村の海サマのなかでは、サバ州イスラーム局（JHEAINS）との関係がもっとも深い。結婚登録など、イスラーム行政の事務処理には彼がもっとも精通している。

ナジャヤ（六一歳）

フィリピンのシタンカイ島出身の海サマ。第一世代のイスラーム指導者。シタンカイ島で初等学校（六学年）を修了した。カッロン村には一九七〇年代前半に移住した。村では「難民」とみなされている。シタンカイ島でクルアーン読誦、イスラームの義務にかかわる諸実践、伝統的儀礼のやり方などを学んだ。一九九五年にマッカ巡礼を果たす。調査時、カッロン村ではマグンボなどのアッダト的儀礼と、髪切り儀礼などのイスラーム的儀礼の双方を執行していた。ウスタズが「非イスラーム的」とみなすアッダト的儀礼の執行役も務めるため、ウスタズやウスタズにしたがうモスク青年団らとの関係は良くない。

シユン（四三歳）

ティンギの九番目の子ども。カッロン村に生まれる。第二世代のイスラーム指導者。調査時は大型トラックの運転手をしていた。初等学校を修了している。一九七〇年代後半、サンダカンで港湾労働者として働いていた際、同僚に誘われてトラックの免許を取得した。その後は、サバ州各地の森林伐採現場で働くようになる。カッロン村でもっとも裕福な海サマのひとり。村では雑貨屋と氷の卸売り業を営む。一九六〇年代末から八〇年代はじめまで、クルニアのもとでイスラームを学んだ。村のモスクではハティブ（金曜礼拝の説教師）を務める。若手ムスリムからの信望が厚い。

クハティ（二五歳）

ティンギの姉の孫。カッロン村に生まれる。第三世代のイスラーム指導者。カッロン村でもっとも若いイスラーム指導者。タワウのイスラーム中等学校（五学年）を修了している。センポルナの初等宗教学校の教師（ウスタズ）。モスクでの礼拝の導師やハティブをもっとも頻繁に務める。ナジャヤらがおこなうアッダト的儀礼に対しては批判的である。ただしマガルワ儀礼には参加する。

アブガニ（六二歳）

ティンギとは直接の親族関係にない。カッロン村の「霊媒の長（ナクラ・ジン）」。シタンカイ島に生まれる。おそらく一九四〇年代後半にセンポルナに移住した。一般学校には就学しなかった。カッロン村設立時から住民である。小規模漁業で生計をたてている。カッロン村のマグンボ儀礼を主導する。儀礼では自ら祖先霊を憑依することもある。ウスタズやモスクの青年団は、そうした儀礼実践を「非イスラーム的」な行為とみなし、それを主導するアブガニを非難している。アブガニはモスクでの礼拝にはほとんど参加しない。

初出一覧

本書は、二〇〇五年に京都大学大学院アジア・アフリカ地域研究研究科に提出し、学位（地域研究）を認定された博士論文「マレーシア・サバ州における海サマ人の国家経験とイスラーム化」を、大幅に書き直したものである。博士論文前後に、あるいは博士論文とは別に、独立した論考として発表した論文を基にしている章もある。それらの初出をここに示しておく。

序　海サマと国家・国境という課題
大部分は書き下ろし。一部、博士論文の序章「海サマ人と国家という課題」と「序　島嶼部東南アジアの開発過程――周縁世界の経験とアクチュアリティの理解に向けて」『開発の社会史――東南アジアにおけるジェンダー・マイノリティ・境域の動態』長津一史・加藤剛（編）（二〇一〇年、風響社）を修正して加えた。

一　フィールドワーク――国境社会をいかに捉えるか
書き下ろし。

二　海サマとはどのような人びとなのか――国境をまたぐ民族の概要と先行研究
博士論文の第一章「海サマ人の概要と先行研究」を改稿した。

三　スル海域とサバ州の歴史過程――民族の生成を中心に
博士論文の第二章「スルー諸島域の歴史的背景――民族の生成を中心に」を改稿した。

四　民族表象の変容――海賊、漂海民、イスラームの守護者
Pirates, Sea Nomads or Protectors of Islam? A Note on 'Bajau' Identifications in the Malaysian Context.『アジア・アフリカ地域研究』第一号（二〇〇一年）を日本語にしたうえで大幅に加筆・修正した。

五　地域社会の分断と政治的権威の再編成――国境の町センポルナ
博士論文の第七章「センポルナ――地域の時空」を加筆・修正した。

六　海上集落の構成と歴史――調査地カッロン村の概況
博士論文の第八章「村と国家――カッロン村の社会的背景と歴史」を加筆・修正した。

七　開発と国境――「先住性」の政治と海サマ社会
「開発と国境――マレーシア境域における海サマ社会の再編とゆらぎ」『開発の社会史――東南アジアにおけるジェンダー・マイノリティ・境域の動態』長津一史・加藤剛（編）（二〇一〇年、風響社）を改稿した。

八　サバ州におけるイスラームの制度化と権威――法・行政・教育
「マレーシア・サバ州におけるイスラームの制度化――歴史過程とその特徴」『東洋大学アジア文化研究所研究年報』四八号（二〇一四年）を改稿した。

九　「正しい」宗教をめぐるポリティクス――海サマのイスラーム化と国家
『「正しい」宗教をめぐるポリティクス――マレーシア・サバ州、海サマ人社会における公的イスラームの経験』『文化人類学』六九巻一号（二〇〇四年）、および「「正しい」宗教の政治学――マレーシア国境海域におけるイスラームと国家」『変容する東南アジア社会――民族・宗教・文化の動態』加藤剛（編）（二〇〇四年、

めこん）を改稿した。

一〇　海サマの信仰と儀礼――イスラーム化にともなう宗教実践の変容

「イスラームの制度化と宗教変容――マレーシア・サバ州、海サマ人の事例」『南太平洋海域調査研究報告』四三号（二〇〇六年）を大幅に加筆・修正した。

一一　儀礼の変化――初米儀礼と死者霊儀礼をめぐって

「イスラームの制度化と宗教変容――マレーシア・サバ州、海サマ人の事例」『南太平洋海域調査研究報告』四三号（二〇〇六年）を大幅に加筆・修正した。

結び　国境社会を生きること

書き下ろし。

あとがき

この本は、一九九七年から九九年にかけておこなったマレーシア・サバ州でのフィールドワークにもとづく。フィールドワークから刊行まで約二〇年もの時間を要したのにはいくつかの理由がある。本書のもとになる博士論文を二〇〇五年に提出したあと、研究環境ががらりと変わったこと（誰もが経験することであるが）、なによりも調査地域に劇的な変化が起こり、その変化を前に成果のまとめ方や今後の研究の進め方に迷い続けたこと、などである。ここでは少し字数を割き、こうした事情について若干なりとも触れておきたい。

まず二〇〇〇年以降のカッロン村の変化についてである。この本では、カッロン村があたかも調査時と同じように存続しているかのごとく書いてきた。しかし実際はそうではない。この二〇年間で村は著しい変貌をとげた。

マクロな状況についていえば、二〇〇〇年代以降、イスラーム過激派勢力の島嶼部東南アジアへの拡散を受け、センポルナでは国境警備がいっそう強化された。その結果、「先住者」と「移民／難民」の対立を軸とする帰属の政治はますます先鋭化するようになっている。資源分配を基盤とするマレーシアの「開発の政治」に大きな変化はない。国家がイスラームを管理する公的イスラーム状況は、地域社会に深く定着した。ただ付言すると、二〇一八年五月の連邦議会下院議員選挙では、野党連合の「希望連盟」が国民戦線を退け、マレーシア史上初の政権交代を実現させた（本書の調査時に首相だったマハティール氏が九二歳で首相に復帰した！）。サバ州議会議員選挙でも「希望連盟」と同盟関係にあるサバ伝統党が政権を奪取した。これらの政権交代は、従来の「民族の政治」や「開発の政治」を変える契機になるかもしれない。

カッロン村の特筆すべき変化は、これらのマクロな環境とは別のきわめてローカルな原因のために生じた。ひとつは火災である。カッロン村は二〇〇三年と二〇一五年の二回、大火災にみまわれた（一回目は調理用ガスの爆発が、二回目は放火が原因とされる）。いずれの年も、村の半数近い家屋が焼失した。本書の「悉皆《しっかい》調査区」の家々は、わたしの寄宿先を含め、ほぼすべて灰燼に帰した。ただ、幸い死者は出なかった。一回目の火災の後、サバ州政府等の支援により、二〇〇軒の復興住宅が火災の跡地に建てられた。そこでの新たな生活が落ち着いてきたときに、二回目の火災が起こった。二回目の火災被害者に対する住宅の支援はまだなく、いまも多くの人が臨時の避難所で暮らしている。

もうひとつの変化は人口移動である。調査時、すでに若い世代の海サマたちのマレーシア半島部への就労が盛んになっていたことは一章で述べた。火災はこの傾向をさらに加速させた。住処を失った世帯の若者はこぞってマレーシア半島部を目指した。他方、流出した人口を埋めるかのように、フィリピン・シタンカイ島の海サマらが村に移入した。しかし、国籍を持たないかれらは、流動的な人口を構成するにとどまっている。

二〇〇〇年代から現在までのあいだにカッロン村は、物理的な構成と社会的な構成、双方の面でこうした劇的な変化を経験していたのである。一回目の火災の二年後、二〇〇五年に村を再訪した際、わたしはどこに誰が住んでいるのかがまったくわからなかった。二〇一三年の訪問時には、村人の半数近くが入れ替わってしまったかのように感じた。

一九九九年に村を去るとき、当初に目的としたフィールドワークじたいは終わっていた。しかし、その後すっかり変貌した村をみて、この状況を一九九〇年代末の調査結果と結びつけるかどうか、そうするとしてもどのように補足調査なり継続調査なりをすればよいのか考えあぐねているうちに、いたずらに時間だけが過ぎた。わたしはまた、二〇〇〇年代半ばからインドネシア東部のサマ＝バジャウ集落で調査をすることが多くなった。インドネシア東部には、サンゴ礁の島々を拠点としていまも比較的自由な移動を繰り返す「海の民」の生活が維持されている。そうした海の民の生活にひかれ、わたしはインドネシアでの調査にのめりこんでいった。

かくして別の調査地に研究の足場を移していたわたしに、「国境社会のリアリティをこれほどじっくりと現場でみてきた研究者はそうはいない。その見聞は書き残すだけでも意味がある。村の人たちに対する『恩義』もあるでしょうし」と執筆を促しつづけてくださったのは、大学院時代の指導教員のひとりで元同僚の加藤剛さん（京都大学名誉教授）であった。同じサマ研究に携わる友人の青山和佳さん（東京大学）も、「長津さんの調査は、長津さんが思っている以上に価値がある」と会うたびに過分な激励をかさねてくれた。

二〇一〇年代以降、村を再訪し、本書の主役たちが年老いていくのを目の当たりにし、あるいは来世に旅だったと聞くにつけ、「わずかであれ、かれらに対する『恩義』を返さなければ」といまさらながら強く思うようになった。他方、クアラルンプルで育った若き海サマたち（第一言語はマレー語である）が、カッロン村にもどり、サマ語を学び、友人をつくり、商売を始めるような例も目にするようになった。そのひとり、わたしの調査時には幼稚園児だった青年が「ぼくはバジャウだからね」とマレー語でアイデンティティを語っていた。かつては予想もできなかったこのような「おもしろい」状況に遭遇するなかで、次世代の研究者が次世代の海サマの世界を描くとき、わたしの研究でも貴重な記録にはなるかもしれない、そう考えるようにもなった。

これらの経験がかさなって、博士論文をもとに一冊の本をまとめることを決意したのは数年前のことだった。上記の加藤さんと青山さんは、そのときから校了まで、粘り強く執筆の伴走者を務めてくださった。お二人の無私の支援がなければ本書は芽吹くことさえもなかった。深く感謝の意を表したい。

いうまでもなくこの本は、カッロン村の友人たちとの共同作品である。すべての村人に深くお礼を申しあげる。調査時の約二年間、わたしは図々しいほど快適に村での日々を過ごすことができた。それが可能になったのは、アリパダ氏、妻のスリラン氏、娘でサマ語教師のスニタ氏たちがわたしを家族の一員として受け入れてくれたからにほかならない。心から感謝したい。アリパダ氏は二〇一八年、カッロン村で亡くなった。本書は彼の墓前に捧げなければならなくなった。それでもアリパダ氏は、上半身裸の巨体をゆらして「ンバル・ドゥ、ナガ＝気にしなさんな、ナガ（わたしの呼び名）」と言ってくれるように思う。ひと言だけ、サマ語で謝辞を書くことをお許しいただきたい。

Aheya pagsukulan ku ni arwah Bapa Alipada maka Babu Surilan (tahinang ku mattoa ku), ma guru bahasa ku Sunita maka kamemon kalualga, danakan sarta bagai ku ma Semporna.

マレーシア国民大学留学時には、同大学の故モハメッド・ユソフ・イスマイル教授（Prof. Dr. Mohamed Yusoff Ismail）とシャムスル・アムリ・バハルディン教授（Prof. Dr. Shamsul Amri Baharuddin）に受け入れ教員になっていただき、現地での研究と生活を全面的に支援していただいた。当時、大学院生だったジュナエナ・スレハン准教授（Assoc. Prof. Dr. Junaenah Sulehan）は博士論文執筆にともに奮闘した仲間であり、いまに至るまで良き友人として付きあい続けている。

クリフォード・セイザー（Prof. Clifford Sather）氏（元ヘルシンキ大学教授）は、写真からフィールドノートに至るまで、過去のカッロン村での調査資料を全面的に供与してくださった。フィールドを囲い込まない氏の寛大な姿勢に心から敬意を表したい。

本書の土台となるフィールドワークは、大和銀行アジア・オセアニア財団と文部省アジア諸国等派遣留学生制度の助成金、日本学術振興会特別研究員（ＰＤ）の研究奨励費によって可能になった。フィールドワーク後の補足調査や資料収集は、次の科研費プロジェクトおよび共同研究において実施された（カッコ内は代表者）。課題番号／07041057（田中耕司）、14251006（加藤剛）、18710210、21510271、24651278、25300017（長津一史）、19251010（鏡味治也）、23251004（山田勇）、22310157、25283008（赤嶺淳）、京都大学東南アジア研究所共同研究（長津一史）、東洋大学井上円了記念共同研究（長津一史）。それぞれの機関と関係者に深く感謝する。

本書のもとになった博士論文の執筆時には、京都大学大学院アジア・アフリカ地域研究研究科（当時）の杉島敬志さん（主査）、同研究科の玉田芳史さん（副査）、故足立明さん（副査）、明治大学の鳥居高さん（外部審査委員）から親身なご指導を賜った。心よりお礼申しあげる。

わたしの海サマ研究は、上智大学での故村井吉敬さんとの出会いからはじまった。「海サマの人たちに寄り添わなくてはだめですよ。相手の人たちをかんたんに『対象』なんていっちゃだめです。そういう研究者をぼくは信用しません」。村井さんから受けたこの薫陶こそが、わたしの研究者人生の礎だと思っている。同大学の寺田勇文さんは、文化人類学の魅力を熱心に教えてくださった。

立本成文さん（京都大学名誉教授）は、京都大学大学院でわたしを学生としてお引き受けくださり、自由闊達な学問教育の場を設けてくださった。「無秩序学生」とわたしにあきれながらも、地域研究の理念、実践、作法をじっくりと鷹揚に指導してくださった。同大学東南アジア研究所の田中耕司さん（現京都大学名誉教授）と山田勇さん（同）は、多くの研究プロジェクトにお誘いくださり、歩く学問の楽しさと厳しさの双方をフィールドでご教示くださった。深く感謝の意を表したい。

小林寧子さん（南山大学）は、東南アジア・イスラーム研究者の視点から草稿を丁寧にみてくださった。伊藤眞さん（首都大学東京名誉教授）は、良き飲み友だちとして、数年間にわたり本書の助言者になってくださった。ここにお名前を挙げることのできなかった人を含め、すべての恩師に深くお礼申しあげる。

京都大学大学院以来、「おもろい」に満ちたアカデミアにわたしを導きつづけてくれているのは、同期の得がたい学友たちである。貞好康志さん、島上宗子さん、左右田直規さん、岡本正明さん、及川洋征さん、濱元聡子さん、河野元子さんとは、京都川端で地域研究をめぐる尽きない議論を重ねた。左右田さんには本書の草稿にも目を通していただいた。赤嶺淳さん、石井正子さん、小野林太郎さんとは、学部学生、大学院生の時代から現在まで、酒杯を交わしながら東南アジア研究の未来を語りあってきた。マレーシア留学時代には、信田敏宏さんと山本博之さんから研究生活に関するさまざまな助言をいただいた。すべての学友に心から感謝したい。

東洋大学に奉職してからも同僚に恵まれた。昨年度に退職された植野弘子さんは、研究と教育双方の面の恩師である。本書の草稿も丁寧に添削してくださった。植野さんとあわせ、不器用なわたしの研究・教育活動を寛容に支えてくださっている松本誠一さん、山本須美子さん、箕曲在弘さん、渡邉暁子さん（現文教大学）、間瀬朋子さん（現南山大学）、鈴木佑記さん（現国士舘大学）に深くお礼申しあげる。

本書の仕上げ段階では、金子正徳さん（人間文化研究機構）、合地幸子さん（東洋大学）、中野真備さん（京都大学大学院生）、山口元樹さん（東洋文庫）が、多忙な時間のあいまを縫って手伝いにかけ参じてくれた。若き仲間の寛大なご助力に心から感謝したい。

二〇年の時間には、数枚ではおよそ書ききれない学恩が幾十にも積み重なっている。すべての方の名をあげてお礼を述べることができないことをお許しいただきたい。

木犀社の代表・遠藤真広氏と編集者・関宏子氏のご協力なしには、本書はまともな形をなさなかった。筆の遅いわたしをまさに叱咤激励しながら、短い時間で全身全霊をこめて美しい作品を仕上げてくださったことに心からお礼を申しあげたい。

本書の刊行にあたっては、独立行政法人日本学術振興会平成三〇年度科学研究費補助金（研究成果公開促進費）を受けた。記して深謝申しあげる。

最後に、私事になるが、女手ひとつでわたしを育ててくれた母、佐枝子と、どんなわがままも笑顔で（最後には）許してくれる寛大な妻、博子に、心から感謝の気持ちを伝えたい。二人の支えがなければ、本書の執筆はもちろん、研究じたいが成り立たなかった。ありがとう。

二〇一九年立春をまえに　東京にて　　長津一史

１３）順序正しく礼拝すること（タルティブ）＝その効用、さあ慈愛あまねき汝の神と出会え。至高なるアッラーの御言葉

١٣) تَرْتِبْ = فَعِدَّنِيَا نَكْبَكْ نَكَمُوْ اِبَنْ تُهَانْ نِيُوْ رَحْمَانْ. فِرْمَانْ اَللّٰهُ تَعَالَى'

本当にアッラーは、凡てのことに全能であられる[Q: 2-20、他]。

【Ts】 Hatina[Sm] bunnal2[<My] inna[Ar] Allah Ta'ala ha katan unu2[Ts] sangat[My] makagaus [Ts].

まことに至高なるアッラーはすべてのことを可能になされる。

هَتِنَا بُنَّلْ٢ اِنَّ اَللّٰهُ تَعَالَى' هَكَتَانْ اُنُ٢ سَغَةْ مَكَغَاوُسْ.

凡例：Ar=アラビア語. Jv=ジャワ語. Sd=陸サマ語. Skr=サンスクリット語. Sm=サマ語（海サマ語と陸サマ語を区別しない/できない場合）. Ts=タウスグ語. My=マレー語. "<〜"=〜語源だがスルー諸語で一般化している語、あるいはその語を現地語（Sm、Ts）で活用した語（例：<My マレー語起源あるいはマレー語をサマ語で活用）. Allah、Muhammadのような基本的固有名詞、一部の前置詞は指示を省略. **【Sm】**＝サマ語の文章（海サマ語と陸サマ語を区別しない/できない場合）. **【Sd】**陸サマ語の文章. **【Ts】**タウスグ語の文章.

註：

・原文におけるクルアーンの引用は記載せず、日本語訳のみを記した。クルアーンの日本語訳は、『イスラームのホームページ』内の「聖クルアーン・アラビア語・日本語検索」（http://islam-jp.com/quran/quran000.htm、2018年10月1日参照）による。[Q:　]の数字はクルアーンの章と節番号（例：[Q:　2-238]は第2章238節）。引用中の〔　〕内は筆者の注記、（　）内は日本語訳原文の注記である。

・サマ語、タウスグ語のジャウィ表記は必ずしも統一的な規則によっていない。

・単語の起源については、Wilkinson［1903］も参照した。文章が何語であるかの判断は海サマ人の協力者によった。

出典：ナジャヤ氏所蔵の「パルクナン」（手書き）

１１）預言者に神のご加護があるように祈る（サラワト）＝サラワトの効用は、奈落、地獄の業火を防ぐ壁を作ること。至高なるアッラーの御言葉

١١) صَلَوَاتْ = فَعِدَّ سِنْ صَلَوَاتْ مَهِنَڠْ دِنْدِڠْ دَيْنْ هَا اَفِي نَرْكَاءْ جَهَنَّمْ.
فِرْمَانْ اَللّٰهُ تَعَالَى"

本当にアッラーと天使たちは、聖預言者を祝福する。信仰する者たちよ、あなたがたはかれを祝福し、（最大の）敬意を払って挨拶しなさい[Q: 33-56]。

【Ts】 Hatina[Sm] bunnal2[<My] inna Allahu Ta'ala iban sanga manga[Ts] malaikat[Ar] niya simalawat[Ts<Ar] pa nabi. Wu manga taga[Ts] iman salawat[Ar] kamu pa nabi Muhammad.

汝らの全能なる神と天使たちは、預言者にご加護を与え給うという意味。さあ信仰篤き者どもよ、預言者に神のご加護があるように祈れ。

هَتَنَا بُنَّلْ٢ اِنَّ اَللّٰهُ تَعَالَى' اِبَنْ سَڠَ مَڠَ مَلَآئِكَتَنِيَاسِمَلَوَاتْ فَا نَبِي.
اُمَڠَ تَݢَا اِيمَنْ صَلَوَاتْكَمُو فَا نَبِي مُحَمَّدْ.

12) Salam[Ar] =**【Ts】** Faidda[<Ar] niya masod[Ts] shurga[<Skr]. Firman

１２）「あなたがたの上に平安とアッラーの御慈悲がありますように」と唱える（サラーム）＝その効用は、天国に入ること。御言葉

١٢) سَلَمْ = فَعِدَّنِيَا مَسُدْ شُرْݢَا .فِرْمَانْ

「あなたがたに平安あれ、あなたがたは立派であった。ここに御入りなさい。永遠の住まいです」と〔主を畏れたものが楽園に到着したときに門番が〕言う[Q: 39-73]。

Ts Hatina[Sm] sajahitra'[<Skr] na kamu hisud[Ts] na kamu shurga[<Skr].

汝に平安あれ、汝よ天国に導かれよという意味。

هَتِنَا سَجَهِتْرَءْ نَكَمُ هِسُدْ نَكَمُوْ شُرْݢَا.

13) Tartib[Ar] =**【Ts】** Faidda[Ar] niya nagbag na kamu iban[Ts] Tuhan[<My] niyu rahman[Ar]. Firman Allah Ta'ala

9) Duduk[My] tahiyat[Ar] akhir[<Ar] =【Sm】 Panguraan [Sm] ma parang[<My] mahshar[Ar] Firman Allahu Ta'ala

９）最後に座って右手の人差し指を立ててタシャッフド（礼拝の座礼の時の信仰告白）を唱える（タヒヤト）＝最後の審判のためにすべての人間が集められる、その場での乗り物。至高なるアッラーの御言葉

٩) دُوْدُقْ تَحِيَةْ اَخِرْ = فَغُرَاَنْ مَا فَرَغْ مَحْشَرْ. فِرْمَانْ اَللهُ تَعَالَى

〔本当に主を畏れる者は〕全能の王者の御許の、真理の座に（住むのである）[Q: 54-55]。

【Sm】 Hatina[Sm] tampat[<My] tingko'an kamemon aa [Sm] 'arif billah[Ar] bunnal2[<my] ma hadarat[Ar] Tuhan [<My] magpapanjadi[Sm] saluruh[<My] 'alam[<Ar].

すべての智者〔神をよく知る者〕が座る場所は、万世をあらしめた神のまことの御前という意味。

هَتنَا تَمْفَةْ تغْكَاءَنْ كَمِمُنْ اَاَ عَارِفْ بِاَللهِ بُنَّلْ٢ مَحَضَرَةْ تُهَانْ مَكْفَفَنْجَد سَلُوْرُه عَلَمْ.

10) Massa[<My<Skr] Tahiyat[Ar] =【Ts】 Fa'idda [<Ar] niya makasambag[Ts] kita sual[<Ar] Munkar iban[Ts] Nakir halaum[Ts] kubur[<Ar] = Firman sing Allahu Ta'ala

１０）タシャッフドを唱える＝その効用は、墓の中でムンカルとナキールの問いに答えうること。至高なるアッラーからの御言葉

١٠) مَسَّا تَحِيَةْ = فَعِدَّنِيَا مَكَ سَمْبَاغْ كِتَا سُوءَلْ مُنْكَرْ اِبَنْ نَكِرْ هَلَوُمْ قُبُورْ.
فِرْمَانْ سِغْ اَللهُ تَعَالَى

そこ〔楽園で〕でかれら〔信仰して善い行いに励む者〕の受ける挨拶は、「平安あれ」であろう] [Q: 14-23] 。

【Ts】 Hatina[Sm] izin[<Ar] sin Tuhan[<My] niyu inkawnan niyu[Ts] sajahitra'[<Skr] na kam.

汝どもの神がお与えになる許しは、汝どもの喜び、汝どもの安寧という意味。

هَتِنَا اِذِنْ سِنْ تُهَانْ نِيُوْ اِنْ كَاَوْنَانْ نِيُوْ سَجَهِتْرَءْ نَكَمْ.

11) Salawat[Ar] = Ts Fa'idda[<Ar] sin salawat[Ar] mahinang[Ts] dinding [<My] dain ha[Ts] api[<My] narkah [<Skr] jahannam[Ar]. Firman sing Allahu Ta'ala.

٦) اِعْتِدَالْ = فَرْمَدَّنِيءْ مَاجِيُومْ قُبُورْ. نْ اَللّٰهُ

これらの信仰した者たちは、アッラーを唱念し、心の安らぎを得る。アッラーを唱念することにより、心の安らぎが得られないはずがないのである[Q: 13-28]。

【Sm】 Hatina[Sm] u sasukul[Sd] aa[Sm] magiman[<Ar] nitag Tuhan[<My] patattapun[<My] bi atai[Sm] bi maka pahekaun bi sabbut[Sm] bi nitag Tuhan [<My].

神への信仰篤き者は何人も、気持ちを固めて「アッラーの他に神はなし」と何度でも繰り返せという意味。

هَتِنَا اُ سَسُكُلْ اَاَ مَغْاِيْمَان نِتَكْ تُهَانْ فَتَتَّفُنْبِيْ مَكَ فَهِكَاُنْبِيْ سَبُّتْبِيْ نِتَكْ تُهَانْ.

7) Sujud[Ar] =**【Sm】** makalakkas[<My] naitay[Sd] ma shiraathal mustaqiim[Ar]. Firman Allahu Ta'ala

７）平伏礼（スジュド）＝真っ直ぐな道（シラータル・ムスタキーン）で足を速めよ。至高なるアッラーの御言葉

٧) سُجُوْدْ = مَكَالَكَّسْ نَيْتَايْ مَا صِرَاطَ اَلْمُسْتَقِيمْ. فِرْمَا نْ اَللّٰهُ تَعَالَى

一途にサジダ〔平伏礼〕して（主に）近付け[Q: 96-19]。

【Sm】 Hatina[Sm] sujud[Ar] kam ni Tuhan [<My].

神に平伏礼をせよという意味。

8) Duduk[My] antara'[<Skr] duwa[Sm] sujud[Ar] =**【Ts】** Makasindung[Ts] kita ma panji2 [<My] rasulullah[Ar] = Firman Allahu Ta'ala

８）平伏礼のあいだの２回の正座＝預言者の旗のもとに庇護の場を求める。至高なるアッラーの御言葉

٨) دُوْدُقْ اَنْتَرَءْ دُوَ سُجُوْدُ = مَكَ سِنْدُغْ كِتَا مَا فَنْجِيْ٢ رَسُوْلُ اَللّٰه. فِرْمَانْ اَللّٰهُ تَعَالَى

アッラーの御赦しを請い願いなさい[Q: 2-199、他]。

【Sd】 Hatina[Sm] mikiampun[<My] kam ni Tuhan[<My].

神の許しを請い願えという意味。

هَتِنَا مِكِاَمْفُنْ كَامْ نِتُهَانْ.

٣) تَكْبِرَةُ الاِحْرَامْ = فَلِتَئَانْ تَلَّقْ مَا قُبُرْ. فِرْمَانْ اَللّٰهُ تَعَالى

かれ〔アッラー〕の偉大さ(栄光)を讃えなさい[Q: 17-111]。

【Sm】 Hatina paheya'un[Sm] bi Tuhan[<My] bi makasampurna'[My<Skr] kaheya'an[Sm].

偉大なる、全能なる汝の神を讃えよという意味。

هَتِنَا فَهِيَاءُنْبِي تُهَانْبِي مَكَ سَمْفُرْنَاءْ كَهِيَئَانْ.

4) Fatihah[Ar] =**【Sm】** Pakayan[<My] inda2[Sd<My] ma kubur[<Ar] = Firman Allahu Ta'ala

４)開扉章＝墓の中での麗しき衣装。至高なるアッラーの御言葉

فَاتِحَهْ = فَكَايَانْ اِنْدَ٢ مَا قُبُورْ. فِرْمَانْ اَللّٰهُ تَعَالى

われは絶えず繰り返されるべき7つ(の節)と、偉大なクルアーンをあなたに授けた[Q: 15-87] 。

【Sd】 Hatina muan[Sm] kami u Muhammad pitu[Sm] ayat[<Ar] Quran min sanglit sanglitan [Sd] maka Quran

ムハンマドは神へのあまたの賛辞から、クルアーンの七節を、クルアーンとともに我々にお与えくださった、という意味。

هَتِنَا مُوَنْ كَامِى اُ مُحَمَّدْ فِتُو آيَة قُرْآنْ مِبْ سَغْلِتْ سَغْلِتَانْ مَكَ قُرْآن

5) Ruku'[Ar] =**【Sm】** Nalima'[<My] bohe'[Sm] kal* kauthar [Ar] = Firman Allahu Ta'ala

５)屈折礼(ルクー)＝天国に流れる川の水の拝受。至高なるアッラーの御言葉〔*テクスト原文のكَلは誤記と思われる。〕

٥) رُكُوحْ = نَلِمَاءْ بُهِئْ كَلْكَوْثَرْ. فِرْمَانْ اَللّٰهُ تَعَالى

ルクーウ〔屈折礼〕するものと一緒にルクーウしなさい[Q: 3-43]。

【Sd】 Hatina[Sm]= Ruku'[Ar] kam nitag Tuhan[<My] bette' [Sd] ruku'[Ar] Muhammad.

ムハンマドがしたように、神に向かって屈折礼をせよという意味。

هَتِنَا رُكُوحْ كَامْ نِتَاغْ تُهَانْ بِتِئْ رُكُوحْ مُحَمَّدْ.

6) Iktidal [Ar]=**【Sd】** Farmaddani'[<Jv] majiyom[Sd] kubur [<Ar] = Firman Allahu

６)両手を体の前で組み直立する(イクティダル)＝墓の中の絨毯。アッラーの御言葉

付録 5　「（礼拝の）13 柱の効用」

（原文、ローマ字アルファベット転写、言語構成、日本語訳）

Fa'idda Rukun Hangpu' Tagtu فَئِدَ رُكُوْنْ هَغْفُوْ تَكْتُوْ

---

1) Niat[Ar] =【Sm】Parhiasan[My] ma dunia[<Ar] sampai ni allaw[Sm] akhirat[Ar] dalil[Ts] bete'[Sd] fardu niat[Ar]. Firman Allahu Ta'ala.

１）意思表明（ニアト）＝来世の日まで現世を飾るもの。意思表明の義務の例え（が示す）。至高なるアッラーの御言葉

١) نيَةْ = فَرْهِيَسَانْ مَا دُنْيَاسَمْفَيْ نِيْ اَلَّوْ اَخِرَةْ دَلِيلْ بِتِئْ فَرْضُ نِيَةْ.
فِرْمَانْ اَللهُ تَعَالَى

言ってやるがいい。「各人は自分の仕方によって行動する」[Q: 17-84]。

【Sm】Hatina[Sm] maghinang[Sm] 'ammal[<Ar] ma shara'[<Ar] subay[Sm] maka niat[Ar]. Hadith nabi Muhammad

神の定めにしたがった良いおこないをするときには、意思表明をともなわせよという意味。預言者ムハンマドの言行録、

هَتِنَا مَكْهِنَغْ عَمَّلْ مَا شَرَعْ سُبَايْ مَكَ نِيَةْ.حَدِيثْ نَبِي مُحَمَّدْ.

まことに諸々の行為は意思表明によっている。

2) Bardiri[My] buttul[<My] =【Sd】Makaluhas[<My] tampat [<My] majiyom kubur[<Ar]. Firman Allahu Ta'ala

２）直立する＝墓の中の、わたしたちの場所を広くする。至高なるアッラーの御言葉

٢) بَرْدِرِ بُتُّلْ = مَكَلُهَاسْ تَمْفَةْ مَجِيُمْ قُبُرْ. فِرْمَانْ اَللهُ تَعَالَى

敬虔にアッラーの御前に立て[Q: 2-238]。

【Sd】Hatina[Sm] mantau[Sd] kam nitag Tuhan[<My] maka pantau tulid[Sd] ni Tuhan[<My].

神の御座に向かって立て、真っ直ぐ平行に立てという意味。

هَتِنَا مَنْتَاوْ كَامْ نِتَاغْ تُهَانْ مَكَ فَنْتَاوْ تُلِدْ نِيْ تُهَانْ.

3) Takbiratulihram[Ar] =【Sm】Palita'an[Ts] tallak[Sm] ma kubur[<Ar]. Firman Allahu Ta'ala

３）両手を開いて耳の高さにあげ、「アッラーは偉大なり」と唱える（タクビール）＝墓の中を明るくするランプ。至高なるアッラーの御言葉

アッラーと魂との関係に応じた世界の説明が記される。3の段階では、死者の名は「自己顕現」で、アッラーとはいまだ隔てられた世界にいる。が、徐々にアッラーに近づいていき、100の段階では死者の名は「永遠なるアッラーの」になり、アッラーと一体化した世界に至るとされる。なお、3から100までの数字は、スルーのムスリム（海サマ人を含む）が死者追悼の儀礼をおこなう死後の区切りの日を指す。

【38】 فَتَاهِنَغْ فَبَڠْكَيْ٢يَنْ

Pangahinang pabangkai-bangkaian. [p. 70]

「死者追悼の時に遺品飾りを設置する儀礼」[死者儀礼]
死者追悼儀礼の時には死者の遺品を入れた飾りが作られる。この時に唱えるドゥアが記される。

【39】 فَمَادُوَإِ

Pamaduwai. [p. 70]

「死後100日目の死者追悼儀礼が終わった時のドゥア」[死者儀礼]
表記の通り。

【40】 فَمَسُدْ نِى قُبُورْ

Pamasod ni kubur. [p. 71]

「墓に入れる」[死者儀礼]
死後100日目の追悼儀礼の後、魂を墓に戻すために唱えるドゥアが記される。

註： 原書のジャウィ表記の節タイトルを記し、その下にローマ字アルファベットによる転写と節の訳を加えた。アルファベット転写横の[ ]内はページ。訳の横の[ ]は内容による分類。節の区切りは文脈によって判断した。節の番号は筆者がつけた。原書にはない。
ここでの「現地語」はタウスグ語とサマ語を指す。
ムラユ語のジャウィ表記ではふつう母音記号は付けられないが、このパルクナンではすべての語に付されている。ただし、母音の表記法はしばしば不規則である。

“p”の音は、ڤ ではなく ف で表記される。“g”には غ、ڬ双方が用いられる。
アラビア語の単語の表記、あるいはアラビア語起源の単語の表記は、必ずしも原語の表記と同じではない。

出典：ナジャヤ氏所蔵の「パルクナン」（手書き）

【30】 سَمْبَهَيَغْ وِتِرْ

Sambahayang witir. [p. 49-55]

「ウィティル礼拝*」[断食月]
タラウィー礼拝後のウィティル礼拝でビラルが唱える章句と、他の参加者が唱える章句とが記される。一部の章句には、現地語の説明が付けられる。
*イシャー礼拝後に、奇数回数ラカアト（礼拝動作の単位）おこなう個人の自発的礼拝。ここでの説明は、断食月の集団でのウィティル礼拝について。

【31】 نِيَةْ فُوَسَ

Niat puasa. [p. 55]

「断食の意思表明」[断食月]
断食を始める時に唱える意思表明とドゥア。

【32】 تُتُوْ دُوَعَا كِفَرَةْ

Tutu duwa'a kiparat. [p. 56-62]

「これは人間関係修復儀礼のドゥアである」[その他の儀礼]
現地語による同儀礼（magkipalat）の手順説明と、アラビア語のドゥア。

【33】 مَعَاشِرَالْ هَرِيرَيَ

Ma'ashiral hari raya. [p. 63]

「ハリラヤ（大祭）礼拝時のビラルの言葉」[断食月他]
断食明け大祭と犠牲祭の集団礼拝で、ビラルが最初に唱える章句。

【34】 سَمْبَهَيَغْ هَرِيرَيَ

Sambahayang hari raya. [p. 64]

「ハリラヤの礼拝」[断食月他]
ハリラヤ礼拝の手順と章句が記される。意思表明、タクビール（「アッラーは偉大なり」）を７回、各タクビールの間にカビーラン（アッラーへの賛辞）、その後に開扉章、など。

【35】 نِيَةْ سَمْبَهَيَغْ هَدِيَه

Niat sambahayang Hadiya. [p. 65]

「死者の埋葬後、マグリブ礼拝後におこなう礼拝の意思表明」[死者儀礼]
表題の通り。

【36】 فَصَلْ فَتَايْ

Pasal patai. [p. 66-69]

「死者について」[死者儀礼]
遺体洗浄の時のカマート、遺体洗浄時のドゥアなどが記される。【20】～【26】と重複。

【37】 غِنِسَنْ عَلَمْ اَرْوَاح

Ginisan 'alam arwah. [p. 70]

「死者の魂（アルワー）が至る世界の種類」[死者儀礼]
3、7、20、40、100 の数字が付された５つのアルワーの段階それぞれにおける、死者の名と、

【23】 نِهِنَاڠْ مَتَاڠْ مَيَتْ ٤ فَرْكَارَ

Nihinang matagmayat 4 parkara. [p. 29]

「遺体に対して施すべき４項目」[死者儀礼]
洗浄する、布で包む、礼拝する、埋葬するの４項目が現地語で記される。

【24】 بُهِيْ سِيَامْ

Bohe' siyam. [p. 30]

「９つの水（遺体洗浄の水）」[死者儀礼]
遺体に水をかける手順（体の右側面３回、左側面３回、前面３回の順）と、唱えるべきドゥアが記される。

【25】 تُتُوْ دُوَعَا فَنَفُتْ

Tutu duwa'a panaput. [p. 30]

「これは遺体を布で包むときのドゥアである」[死者儀礼]
表題のとおり。

【26】 قَمَةْ سَمْبَهَيَڠْ مَيَتْ

Qamat sambahayang mayat. [p. 31]

「葬送礼拝のカマート（礼拝開始の呼びかけ）」[死者儀礼]
表題の通り。カマートはイカーマのこと。

【27】 سَمْبَهَيَڠْ مَيَتْ لَلَّا

Sambahayang mayat lalla. [p. 32-34]

「男性が死者の場合の葬送礼拝」[死者儀礼]
葬送礼拝の時に唱えるべき意思表明。女性、男の子供、女の子供の例が続く。次いで、葬送儀礼の手順が現地語で説明され、その時に唱えるべき章句がアラビア語で記される。

【28】 فَمَاسِيُمْ مَيَتْ نِى تَنَاءْ

Pamasiyum mayat ni tana'. [p. 34-40]

「遺体を地面にキスさせる」[死者儀礼]
埋葬前のドゥア、「土を３回かける」、「次いでアザーン（現地語で bang بَاڠْ）とカマートを唱え、埋葬する」という埋葬手順の説明、その後に唱えるドゥア・タルキン（تَلْقِين）*等が記される。
*天使の訊問に対する答えを死者に教えるドゥア。

【29】 سَمْبَهَيَڠْ تَرَوِح

Sambahayang tarawih. [p. 41-48]

「タラウィー礼拝*」[断食月]
ビラルが唱えるクルアーンの章句、サラワト（アッラーに対する預言者の加護の祈願）、他の参加者が唱える章句、イマムが唱えるドゥアがアラビア語で記される。朗誦すべき人の指示は現地語。
*断食月のイシャ礼拝後におこなう特別な礼拝。ビラルの主導でおこなわれる。

【16】 فَرْتُبُهَانْ شَهَدَةْ

Partubuhan shahadat. [p. 22]

「信仰告白の全身体」[礼拝]
信仰告白の魂、肉体、心、全身体は、それぞれ信仰、帰依（Islam）、アッラーの唯一性、智恵であるという説明。

【17】 فَصَلْ سَمْبَاغْ تُهَانْ مَا فَاتِحَهْ

Pasal sambag Tuhan ma fatihah. [p. 24-25]

「開扉章における神の応答について」[礼拝]
アッラーの開扉章各節への応答の説明。各節がアラビア語の原文で記され、一節ごとにアラビア語と現地語でアッラーの応答が記される。例えば第一節に対しては、「わが下僕からジクル（アッラーの名を唱え賛美すること）が届いた」など。末尾にアーミーンの４文字ا・م・ي・ن それぞれの効用が記される。例えば ا は、「（来世への）道（مُسْتَقِيمْ）に架かる橋にいるわれわれに加護を与える」。

【18】 سُجُوْدْ مَلَمْ جُمْعَةْ

Sujud malam jum'at. [p. 26]

「金曜の夜の平伏礼」[礼拝]
金曜の夜（日本の木曜の夜を指す）の礼拝で、平伏礼の時に唱えるアラビア語のドゥアが記される。

【19】 فَصَلْ حُكُمْ جَنَازَه

Pasal hukum janazah. [p. 27]

「遺体（処理）の規則について」[死者儀礼]
「遺体洗浄の条件（شَرَطْ）６項目」と最初に記され、その下に「ムスリム」など６つの条件が挙げられている。「独立した人」や「小さな子供でないこと」が挙げられている理由は不明。

【20】 لَفَلْ نُسِى جُنُوبْ مَيَتْ

Lapal nussi junub mayat. [p. 28]

「遺体内の汚物を出し、遺体を洗浄する時の章句」[死者儀礼]
表題の通り。

【21】 نِيَةْ مَنْدِي مَيَتْ

Niat mandi mayat. [p. 28]

「遺体洗浄の時の意思表明」[死者儀礼]
表題の通り。成人男性、成人女性、男の子供、女の子供の場合それぞれについて。

【22】 اَيِرْ سَمْبَهَيَغْ مَيَتْ

Air sambahayang mayat. [p. 29]

「遺体の（ための）礼拝の水」[死者儀礼]
遺体に水をかける前に唱えるドゥアなど。

【8】 سَمْبَهَيَغْ

Sambahayang. [p. 12-13]

「礼拝」[礼拝]

礼拝時の人間の体についての神秘主義的、抽象的な説明。礼拝時の人間の体は、肉体（بَدَانْ）、魂（نياوا）、ムハンマドの光（نُورْ مُحَمَّدْ）、アッラーの本質（ذَاتُ الله）で構成される、など。

【9】 مَقَامْ سَمْبَهَيَغْ ٤

Makam sambahayang 4. [p. 14]

「礼拝の４階梯」[礼拝]

礼拝が４つの階梯（昇天、睦言、変化、アッラーの御言葉）にわけられ、礼拝の動作および【8】の礼拝時の体の構成要素との対応関係が示される。

【10】 بَهَكِيْ تُهَانْ لِمَا

Bahagi' Tuhan lima. [p. 15]

「神の５つの構成要素」[礼拝]

【6】の 13 柱から意思表明など５つが挙げられる。

【11】 بَهَكِيْ مُحَمَّدْ اَمْفَاتْ

Bahagi' Muhammad ampat. [p. 15]

「ムハンマドの４つの構成要素」[礼拝]

【6】の 13 柱から、礼拝のはじめに立つことなど４つが挙げられる。

【12】 بَهَكِيْ بَدَنْتَ

Bahagih' badan ta. [p. 15]

「わたしたちの体の構成要素」[礼拝]

【6】の 13 柱から、平伏礼と、２回の平伏礼間の正座の二つが挙げられる。

【13】 مَنْتَاوْ نَكِتَا سَمْبَهَيَغْ

Mantau na kita sambahayang. [p. 15-18]

「礼拝のために立ち上がろう」[礼拝]

礼拝の時に唱えるべき章句のいくつかと､信仰告白の重要性を現地語で説明｡礼拝の最初の章句、開扉章、タシャッフドの信仰告白などはアラビア語の原文。

【14】 تُتُوْ بَتُوْ٢ فَصَلْ مُقَرْنَاءْ

Tutu batuk2 pasal muqarna'. [p. 18-22]

「これは比較に関する話である」[礼拝]

礼拝についての四法学派の解釈。現地語で説明（不明箇所多数）。

【15】 فَرْبُوَتَنْ سَمْبَهَيَغْ ٤ فَرْكَارَ

Parbuwatan sambahayang 4 parkara. [p. 22]

「礼拝の行為４項目」[礼拝]

礼拝の柱、条件、動作の各部分、外面的な形式が、それぞれ頭、生命（心）、足、髪の毛という身体部位に喩えられる。

付録４　「パルクナン」の構成（節のタイトルと概要）

【1】 نِيَةْ مَنْدِي

Niat mandi. [p. 1-3]

「水浴びの際の意思表明」[浄め]
性交後の大汚を落とすための水浴び（「浄め」を意味する）など、水浴びの 11 の事例と、アラビア語での意思表明が記される。

【2】 فَرِنْتَا اَللهْ مَا جَسَدْ

Parinta Allah ma jasad. [p. 4]

「アッラーの、体に対する命令」[信仰]
イスラームの行為上の義務、いわゆる五行に対応。体、つまり行為上の義務であることの強調。項目のみが現地語で記される。大汚（جُنُوبْ）＝浄め（اِسْتِنْجَاءْ）という語句が付加されている。

【3】 فَرِنْتَا اَللهْ مَا اَتَيْ

Parinta Allah ma atai. [p. 4]

「アッラーの、心に対する命令」[信仰]
イスラームの信仰上の義務、いわゆる六信に対応。ただし項目は９つになっている。心、つまり内面的な義務であることの強調。現地語で記される。通常の六信に、「神への義務を心の中にしっかりと置くこと」など３項目が付加されている。

【4】 رُكُوْنْ اِسْلاَمْ لِمَافَرْكَارَ

Rukun Islam lima parkara. [p. 5]

「イスラームの柱５項目」[信仰]
いわゆる五行。項目のみが現地語で記される。

【5】 رُكُوْنْ اِيْمَانْ اُنُمْ فَرْكَارَ

Rukun iman unum parkara. [p. 5-6]

「信仰の柱６項目」[信仰]
いわゆる六信。アラビア語と現地語による訳。

【6】 فَئِدَ رُكُوْنْ هَنْفُوْ تَكْتُوْ

Faidda rukun hangpu' tagtu. [p. 7-11]

「（礼拝の）１３柱の効用」[礼拝]
礼拝の動作等が１３に分けられ、それぞれの効用が説明される。詳細は付録資料２を参照。

【7】 رُكُوْنْ ١٣ نِبَهَاغِيْ ٣

Rukun 13 nibahagi' 3. [p. 11]

「１３柱は三つにわけられる」[礼拝]
【6】の 13 柱のうち、二つは心・内面に、５つは言葉に、６つは行為にかかわるとする説明。

kabilahian bi, aku lullun ameyaq, lullun bilahiq."

Jadi nihakaan na mattoa inan, arapun iya tinalimaq na. Iyuk mattoa inan, "ahap na, boq əmbal giq aku pasebog, bilai tau ku pasal mahal. Iyuk si Kapitan Duwanah, "Aluhai du. Subai aniyaq kapuq-puan ma satahah Suk maka təbba na maka kememon tumbuh-tumbuhan ma tanah subai ajari atomoq ma tanah Suk." Ahəlling mattoa inan, "Pahalu piitu aku amatal, taluwaq na saat ku."

*

Taabut pahalu, iluun na mattoa ajukup maka pakayan na. Agtui magkabtangan, "Arapun aku itu amatal na." Sambung si Kapitan Duwanah, "Makajari na ka amatal, bang iluun na sangbai-sangbaian anak ku." Agtui angakup pai man bulsana. Pagakup pai inan, agtui nihambulan ni mata əllaw, ni səddopan, ni mata satan maka ni mata uttalaq. Pagpuwas bai nihambulan pai inan, sanduun-duun du patanjak kapuq-puan, təbba dakatahaan tanah Suk. Buat na, Palawan, Cagayan, Pangutaran, Siasi, Tongkil, Tawi-Tawi, Sitangkai maka kahekaan na. Damikian isab kamemon tumbuh- tumbuhan tinanom deyaq katanjak- tanjakan dusab.

Jadi, iya na sampai buatinaan tandaq ta na baanan kapuq-puan, katəbba-təbbahan ma kalingkal Suk maka kamemon buwah-buwahan aniyaq atomoq ma tanah Suk. Kamemon itu-i bai mahal anak si Kapitan Duwanah.

とを聞いた。「わが娘よ、お前は所帯を持ちたいか」。妹はこう答えた。「お父さん、わたしはたとえ相手が半分獣で半分人間だったとしても、お父さんが望むのであればいつでもお父さんの意思にしたがいます。お父さんの意思がわたしの意思です」。

こうして老人の申し出は受け入れられ、老人は妹と結婚することになった。「よかった。しかしまだ帰るわけにはいきません。婚資について聞いておかないと」老人は言った。カピタン・ドゥワナは答えた。「安いもんですよ。このスックと同じ長さの島々とサンゴ礁を用意していただければ、そしてすべての陸の作物をこのスックの地に育んでくれれば良いのです」。老人は言った。「明日戻ってきます。そしてすぐに〔指を額にあてて〕契りを結びましょう」。

＊

翌日になり、しっかりとした身なりで老人が来て言った。「さあわたしはあなたの娘と契りを結びますぞ」。カピタン・ドゥワナは答えた。「よろしい。契りを結んでください。ただし娘への婚資としてわたしが望んだものを用意していただければですが」。すると老人はポケットに手を入れその中にあるおコメを取り出した。そしてそのおコメを東へ、西へ、南へ、北へと降り注ぐようにばらまいた。そのおコメが落ちたところには、スックと同じ長さの島々とサンゴ礁がつぎつぎとあらわれた。パラワン、カガヤン、パグタラン、シアシ、トンキル、タウィタウィ、シタンカイなどなど。同時に、あらゆる陸の作物がスックにあらわれた。

こうしていまに至るまで、わたしたちはスックの島のまわりに無数の島々とサンゴ礁が連なり、またスックの地にありとあらゆる作物が育っている姿をみることができる。そのすべては、カピタン・ドゥワナの娘への婚資だったのである。

magusaha na, maghinang na sibuh-sibuh.

Aniyaq dakayuq waktu, pasabi na si Salingayah Bungsu ni danakan na si Kapitan Duwanah. Iyuk-i, "Otoh, salih asigpit pagusahaan lahat itu. Akulang kapuan na maka akulang təbba na." Sambung si Kapitan Duwanah, "Sagarin na. Angagad na pain kita, kahandak man Tuhan."

Jadi, pabalik na amoleq si Salingayah Bungsu inan salih lengngan, anduh ka ilu asusa. Tandaq heq si Kapitan Duwanah landuh asusa danakan na, agtui aminta-minta ni Tuhan. Iyuk-i, "ya Tuhan ku, Tuhan kami, sabənnal-bənnal kaa sehin ma aku danakan maka saga tendog na, sigam landuh asusa, abinasa heq kalloman."

*

Jadi, kahandak man Tuhan, aniyaq dakayuq waktu, luman angaq boheq duwangan budjang anak si Kapitan Duwanah. Taabut ma poon boheq heq, pasong isab dakayuq mattoa, ahəlling ni duwangan magdanakan budjang inan, "arapun aku iya inan bilahi magənda maka ingga dangan kaam itu." Sambung duwangan magdanakan inan, "bang ka bənnal-bənnal bilahi magənda, peheq ka ni əmmaq kami, amahənda kaa." Ahəlling sab mattoa ləlla ina, "pahalu peheq aku ni əmmaq bi, amahənda aku."

Taabut pahalu, iluun na mattoa inan. Sinagina na heq si Kapitan Duwanah. "Palanjal ka. Aheyaq salih hadjat ta ilu?" Sambung mattoa. "Ahoq, aheyaq toongan maksud ku ni kaa." Iyuk si Kapitan Duwanah, "pamurahun lapal kabtangan, boq alakkas tasambungan." Sambung mattoa inan, "Addat tau marayau, maksud piyatunai, atas tumungguh bai." Hati na iya amahənda anak nu ingga-ingga bilahi. "Ahap isab tanam na. Sagwaq tinilau gih anak," ahəlling Kapitan Duwanah. Tinilau na anak siyaka. Iyuk-i, "Arung, kaa bilahi na ka maghəlla?" Sambag ondeq siyaka inan, "əmbal giq aku bilahi maghəlla, əmmaq. Bilahi giq aku angonkaq." Jadi tinilau na sab anak siyali. "Arung, bilahi na ka taga lumaq-lumaq?" Sambung siyali inan, "əmmaq, ma aku, iya giq na mandusiyaq minsan giq dampong hayop, dampong mandusiyaq, bang

た海のグループは陸の従者たちに、それぞれの収穫を分かち合うことになった。これが物々交換のはじまりである。こうしてサマたちは海と陸に分かれていき、各々が漁と耕作に励むようになった。

けれども、サリガヤ・ブンスのほうはほどなくして、兄のカピタン・ドゥワナに助けを求めなければならなくなった。「兄さん、この場所では漁で暮らしていくのはとても厳しいよ。島もサンゴ礁も少ないんだ」。カピタン・ドゥワナは答えた。「気にすることはない。しばらく様子をみよう。神の御意志しだいさ」。

かわいそうに、サリガヤ・ブンスは気落ちしてとぼとぼと歩いて海に戻っていった。ひどく落ち込んだ弟の姿をみてカピタン・ドゥワナは、神に向かって願い事をした。「我が神よ、我らが神よ。わたしの弟とその従者たちはたいへんに苦しんでいます。生活に困窮しています。どうか神の御慈悲をかれらに授けてください」。

*

神の御意志か、あるときカピタン・ドゥワナの二人の娘が水汲みに向かっていた。井戸に着くとひとりの老人がそこに現れ、姉妹二人に向かって「おまえたちのどちらかと結婚したい」と言った。姉妹は答えて言った。「あなたが本当に結婚を望むのであれば、お父さんのところに行って、結婚の許しを乞うてください」。老人は、「明日お前たちの父親のところに行こう。そして結婚の許しを乞おう」と言った。

翌日になり、老人が姉妹の父カピタン・ドゥワナのところにあらわれた。カピタン・ドゥワナはこう言って老人をもてなした。「どうぞお入りなさい。どうやら重大な話があるようですね」。「はい。実に大事な用件のためにあなたのもとに参りました」、と老人は答えた。「早く用件をおっしゃってください。そうすればわたしも早くお返事ができます」。「人間の道義、つまり正直であることは良いことだ。すべてに責任を持ちます」〔タウスグ語〕。老人は答えた。その意味は、「あなたの娘の一人と結婚することの許しを得たい」ということであった。カピタン・ドゥワナは答えた。「その言葉は快く受け止めよう。しかし、子供たちにも聞いてみるべきだろう。我が娘よ、結婚したいか」。姉は「わたしはまだ結婚したくないわ、お父さん。わたしはまだ遊んでいたいもの」と答えた。カピタン・ドゥワナは妹に同じこ

Jadi anui-nui na pain maglamakan amiha sowang. Atəkka na sab ni dakayuq puh saltaq makabak na sowang maka look palimbuan. Agtui na isab tinagbakan sambuang inan (anu bai ma kehe ung pahi heq-i). Binista-binista heq saga nakuraq Sama inan, bang aniyaq baliyu, ahap look inan palimbuan pagmundaq. Magkatoggol-toggol saga Sama magusaha-usaha ma sowang inan. Pagka halam aniyaq on na, nionan na maka Sambuang. On Zamboanga itu tagnaq "Sambuang."

*

Jadi man Sambuang heq, pabalik pagmundaq ni Suk sabab akulang təbba na ma Sambuang. Atəkka pain sigam ni Suk, peheq kamemon kamandusiyaan ni bud magisun. Meheq pain sigam ma bud magtangisan kamemon, taentom sigam bai ma Juhul. Jadi bud inan nionan na isab "Bud Tuman tangis" sabab bai pagtangisan.

Arapun bai magnakuraq tagnaq-tagnaq waktu jaman kasamahan heq si Kapitan Duwanah maka si Salingayah Bungsu, duwangan magdanakan. Jadi atimuk pain baanan kamandusiyaan inan ma heq ma bud Tumantangis, ahəlling na si Kapitan Duwanah, pagka iya na siyaka. Iyuk-i "pagka ilu na kam kamemon saga tendog, bilahi aku amahati ai iya ma deyom atai ku, əmbal na gih aku magkətta- kətta, maglintas-lintas, magsohaq, magbusai ni katahan. Alamma na baran ku. Jadi pasulai-sulai gih aku maghuma" .

Jadi anambag na isab siyali na inan. Iyuk-i "Arapun sab aku, otoh, bilahi gih aku magkətta-kətta, magbusai-busai, magsohaq- sohaq maka bilahi gih aku magbai-bai angandah lahat ahap, supaya aniyah na pain pamihaan kalluman maka paghantian saga tendog."

Jadi, manheq na magisun, magbahagiq sukuh ingga-ingga tendog bilahi maghuma sukuh si Kapitan Duwanah ma deyaq, ingga-ingga bilahi sab magdaing ameyaq subai ma si Salingayah Bungsu sukuh ma dilaut. Jadi bang aniyaq taaq lumput deyaq subai binahagian tendog man dilaut. damikian isab bang aniyaq taaq lumput dilaut subai dusab binahagian tendog man deyaq, anagna magsambiq. Bai pain sigam magisun, magbalin kaut maka kaleyaq

ほどなくして、今度は船団はサンゴ礁内の水道を探して帆走した。やがて別なひとつの島に至り、同時に船団が波浪から避難するための水道と湾にも行きあたった。そこではまた、係留するために〔あのエイの鼻に刺さってしまった〕杭（サンブアン）を突きたてた。サマのリーダーたちは、風があってもこの湾にいれば船団は波風から守られる〔かつてのように流されることはない〕だろうと考えた。サマたちはしばらくはその水道で漁をしながら暮らした。その地には名前がなかったので、サマたちはサンブアンと名づけた。サンボアンガの名は、もとはサンブアンといったのである。

＊

しかし、サンブアンには漁場となるサンゴ礁が少なかったため、船団はスックにもどることになった。スックに着くと、話し合いをするため船団の人々全員が山に向かった。山に辿りつくと皆はジョホルにいたときのことを思い出して泣きじゃくった。そのためこの山も「人々が集まって泣く山」、トゥマンタギス山と名づけられた。

この時代のサマ人のリーダー、つまりサマ人最初のリーダーは、カピタン・ドゥワナとサリガヤ・ブンスという二人の兄弟であった。トゥマンタギス山に船団の人々が集まると、兄であるカピタン・ドゥワナがまず発言した。「あなたたち従者全員がここにいる。ここでわたしが心に思っていること、考えていることをオープンにしてしまおう。わたしはしばし休息を取りたいと思っている。島々を移ってまわり、海を渡り、棹をさし、櫂をこいで遠くまで行くような生活はしばらくしたくない。疲れたのだ。そこで、わたしは耕作をしてみようと思う」。

「そうですか」、と言って弟はこう答えた。「お兄さん、わたしはまだ島々を移ってまわり、棹をさし、櫂をこいでいたい。従者たちにとってより良い生業と居場所がみつかるように、旅を続け、良い場所を探し求めたいと思っています」。

こうした話し合いの後、人々は二つのグループにわかれた。ひとつはカピタン・ドゥワナにしたがって陸で耕作を試みるグループで、もうひとつはサリガヤ・ブンスにしたがって海で漁をするグループである。陸のグループは海の従者たちに、ま

Suli-suli awal-awal Sama Dilaut

Tagnaq-tagnaq, suli-suli kamattoahan, bai muyang-muyang na Sama Dilaut itu bai man Juhul. Sama itu-i konoq asal bai man awal tagnaq-tagnaq usaha na magdaing.

*

Manjadi, aniyaq dakayuq waktu, apuwas pain bai magusaha, buwat du isab sakahabah, pagkohap maglayowan na. Bai addat Sama Dilaut heq-i, bang maglayowan innga-ingga palayowan nakuraq ameyaq patundan saga tendog inan. Bai masa heq-i bang alayo maka sambuang. Kasamahan bai waktu he-i akosog. Bang angosol, sambuang ilu hal tinagbakan ma gusung. Ai ka itu, sukud na bahaq, wai makatigih ni kehe ung pahi. Manjadi pahi inan taluwaq ma kehe ung na ina halam du isab bai daih-daihan pabungkual aholega. Kila-kila anongah-anongah na bahangi magtulian na pagmundah inan ma, magsaltah pabungkal na pahi inan, lome le. Kila ku bahaq tassa abuhat binowa heh, pahi inan boh lome papaslod nilahiyan sampay taabut na tengah laut. Jadi maheq na əmbohoq apellos sambuwang man kehe ung pahi.

Manjadi, magsinah-sinah pain əllaw, magbatian na kamandusiyaan. Pagbatih dahu-dahu agtui ni bulih bayanan, nindah deyoh, diyatah langit supaya kinatauwan luwa na lahat ahap ka atawa alaat ka, supaya kinatauwan buat ingga heh magai-magai bang əllaw. Jadi Pagsayu-sayu inan pagmundaq inan ma səllang na. halam na aniyah puq, lahat tandah. Ahəlling na nakuraq, "arapun kitam ilu humanut na." Asusa na kamemon pagmundaq inan, kadəndahan, kaondeh-ondehan inan magtangisan na alungai na pangəennal sigam.

Kahandak man Tuhan, agtui aniyah dakayuh mandusiyah, iya na jin, patəkka iyuk na "bang kitam alamak subai kitam magmundaq tudju mata əllaw." Jadi alamak pain bineyah əlling panduh bai aa katəkkahan heq magmundaq ni mata əllaw. Pituh ngəllaw, pitum bahangi, taabut kapitum bahangi na daih-daih əllaw maka- saluksuk na ni lahat. Jadi lahat inan nionan "Suk."

付録3 海サマの起源に関する語り（サマ語・日本語対訳）

話者：ハジ・ムサ・マラボン（Haji Musa Malabong）
シタンカイ島小学校教員（55歳、男性）

サマ・ディラウトの起源についての話

年寄りたちの話によれば、もともとサマ・ディラウトの先祖はジョホルからやってきた。いわく、サマはもともとはじめから漁民であった。

＊

あるとき、漁を終え夕方になり、いつものようにサマたちは船を係留した。サマの慣習では、船団のリーダーがまずどこかに係留し、他のサマたちはリーダーの船にロープを繋いで連なる。当時は杭（サンブアン）を海底に突きたてて船を係留した。その頃のサマは力強かった。杭はただ砂地に突きたてるだけであった。しかしこの時は、それが運命だったのだろうか、杭の先はエイの鼻の穴に向けられていたのだ。やがて鼻に杭を突き立てられたそのエイはごそごそと動き出した。だいたい真夜中のことであっただろう、船団の皆が寝静まっているちょうどそのとき、エイは這うようにして泳ぎだした。船団をひっぱって泳ぐのは、さぞかし重かっただろう。しかしエイは力強く泳ぎつづけ、ついには大海の真中にまでたどり着いてしまった。そこまで行ってやっと杭は鼻から抜けたのだった。

夜明けが近づいた頃、船団の人々は起きだした。サマは起きると、そこが良い漁場か悪い漁場か、昼になって漁をする時にどの方向へ向かえば良いかといったことを知るために、船尾にいき、海底を、空を、陸を見る。そうして周りを見まわしたとき、船団は外洋に出ていて、島も陸も見えないことに気づいた。リーダーは、「われわれは漂流してしまったようだ」と言った。船団の人々は皆、困り果ててしまった。女と子供は泣き出し、すっかり気が動転してしまった。

神の御意志か、そのときある人、ジンが霊媒（ジン）に憑依して言った。「帆走するなら太陽の方向〔東〕を目指せ」と。その霊媒に憑依したジンの言葉にしたがって、船団は東に向かった。七日七晩のあいだ帆走した七日目の晩の夜明け前、突如陸地にたどり着くことができた。船団の人々はそのためこの地をスックと〔ホロ島を指す〕名づけた。

職業				学歴（全年齢層）				学歴（10-20代）				
商店等での雇用	公務員	他	総計	初等中退	初等修了	中等以上	無	初等中退	初等修了	中等以上	無	対象計
20	1	1	47	15	21	13	54	19	4	12	19	54
42.6%	2.1%	2.1%		14.6%	20.4%	12.6%	52.4%	35.2%	7.4%	22.2%	35.2%	
4	0	2	23	16	14	14	15	6	4	14	5	29
17.4%	0.0%	8.7%		27.1%	32.2%	16.1%	17.2%	20.7%	13.8%	48.3%	17.2%	
3	0	0	16	6	1	4	26	6	1	4	7	18
18.8%	0.0%	0.0%		4.5%	11.9%	9.5%	61.9%	33.3%	5.6%	22.2%	38.9%	
6	0	1	15	8	4	15	5	2	3	12	0	17
40.0%	0.0%	6.7%		25.0%	37.3%	27.5%	7.8%	11.8%	17.6%	70.6%	0.0%	
8	2	2	18	13	4	8	20	9	4	7	6	26
44.4%	11.1%	11.1%		28.9%	8.9%	17.8%	44.4%	34.6%	15.4%	26.9%	23.1%	
6	1	0	35	11	7	7	49	6	6	7	23	42
17.1%	2.9%	0.0%		2.6%	15.9%	8.0%	55.7%	14.3%	14.3%	16.7%	54.8%	
2	0	0	7	3	0	0	11	1	0	0	6	7
28.6%	0.0%	0.0%		21.4%	0.0%	0.0%	78.6%	14.3%	0.0%	0.0%	85.7%	
7	2	0	30	11	12	8	29	10	8	7	7	32
23.3%	6.7%	0.0%		18.3%	20.0%	13.3%	48.3%	31.3%	25.0%	21.9%	21.9%	
6	6	2	51	10	19	9	84	11	6	9	28	54
11.8%	11.8%	3.9%		8.2%	13.5%	6.4%	59.6%	20.4%	11.1%	16.7%	51.9%	
5	3	3	26	0	28	12	35	9	11	11	12	43
19.2%	11.5%	11.5%		0.0%	27.2%	11.7%	34.0%	20.9%	25.6%	25.6%	27.9%	
7	2	0	31	3	18	10	43	12	6	7	19	44
22.6%	6.5%	0.0%		4.1%	19.6%	10.9%	46.7%	27.3%	13.6%	15.9%	43.2%	
11	4	1	37	0	17	9	65	9	8	7	36	60
29.7%	10.8%	2.7%		0.0%	15.7%	8.3%	60.2%	15.0%	13.3%	11.7%	60.0%	
4	0	0	18	3	1	1	34	3	0	1	16	20
22.2%	0.0%	0.0%		7.7%	2.5%	2.5%	85.0%	15.0%	0.0%	5.0%	80.0%	
11	4	8	36	6	12	8	51	8	9	6	25	48
30.6%	11.1%	22.2%		7.8%	22.4%	9.2%	49.0%	16.7%	18.8%	12.5%	52.1%	
5	0	0	13	4	4	2	13	4	1	2	4	11
38.5%	0.0%	0.0%		17.4%	14.8%	7.4%	48.1%	36.4%	9.1%	18.2%	36.4%	
6	0	0	11	2	7	11	7	2	5	10	1	18
54.5%	0.0%	0.0%		7.4%	40.0%	24.4%	15.6%	11.1%	27.8%	55.6%	5.6%	
2	2	0	12	3	10	6	8	2	3	6	1	12
16.7%	16.7%	0.0%		11.1%	38.6%	13.6%	15.9%	16.7%	25.0%	50.0%	8.3%	
4	2	2	15	3	7	11	17	3	6	9	1	19
26.7%	13.3%	13.3%		7.9%	32.1%	19.6%	30.4%	15.8%	31.6%	47.4%	5.3%	
5	4	0	20	10	14	16	17	6	10	15	6	37
25.0%	20.0%	0.0%		17.5%	34.5%	18.4%	19.5%	16.2%	27.0%	40.5%	16.2%	
6	2	0	12	4	4	7	10	2	4	7	1	14
50.0%	16.7%	0.0%		16.0%	16.0%	28.0%	40.0%	14.3%	28.6%	50.0%	7.1%	
1	3	0	16	11	8	7	18	5	8	7	4	24
6.3%	18.8%	0.0%		25.0%	18.2%	15.9%	40.9%	20.8%	33.3%	29.2%	16.7%	
5	2	0	16	6	9	19	12	6	5	15	2	28
31.3%	12.5%	0.0%		13.0%	19.6%	41.3%	26.1%	21.4%	17.9%	53.6%	7.1%	
4	1	0	7	6	3	2	7	3	1	1	4	9
57.1%	14.3%	0.0%		33.3%	16.7%	11.1%	38.9%	33.3%	11.1%	11.1%	44.4%	

註：各ロオクの位置は図6-4を参照

出典：フィールドワークにもとづき筆者作成

付録２　カッロン村悉皆調査区 23 ロオクの統計情報

ロオク長	ロオク識別記号	ロオク内人口	IC所有状況						出身地			職業					
			青	赤	他	無	赤・他・無の計	対象計（未取得除く）	マレーシア	フィリピン	インドネシア	漁業	漁業と一時雇用	仲買・小商い	大工・修理工	交易・密貿易	運転手
TL	A	103	82	4	7	3	14	96	59	42	2	17	0	3	0	3	2
			85.4%	4.2%	7.3%	3.1%	14.6%		57.3%	40.8%	1.9%	36.2%	0.0%	6.4%	0.0%	6.4%	4.3%
AL	B	59	28	5	13	11	29	57	21	38	0	9	0	4	1	2	1
			49.1%	8.8%	22.8%	19.3%	50.9%		35.6%	64.4%	0.0%	39.1%	0.0%	17.4%	4.3%	8.7%	4.3%
SW	C	37	32	3	2	0	5	37	29	7	1	13	0	0	0	0	0
			86.5%	8.1%	5.4%	0.0%	13.5%		78.4%	18.9%	2.7%	81.3%	0.0%	0.0%	0.0%	0.0%	0.0%
RX	D	32	31	0	1	0	1	32	22	6	4	0	0	2	1	0	5
			96.9%	0.0%	3.1%	0.0%	3.1%		68.8%	18.8%	12.5%	0.0%	0.0%	13.3%	6.7%	0.0%	33.3%
HL	E	45	37	1	6	1	9	45	32	13	0	1	0	3	0	0	2
			82.2%	2.2%	13.3%	2.2%	20.0%		71.1%	28.9%	0.0%	5.6%	0.0%	16.7%	0.0%	0.0%	11.1%
JH	F	74	42	10	16	4	30	72	29	44	1	25	0	2	0	0	1
			58.3%	13.9%	22.2%	5.6%	41.7%		39.2%	59.5%	1.4%	71.4%	0.0%	5.7%	0.0%	0.0%	2.9%
WN	G	14	4	4	3	2	7	13	10	4	0	4	0	0	0	1	0
			30.8%	30.8%	23.1%	15.4%	53.8%		71.4%	28.6%	0.0%	57.1%	0.0%	0.0%	0.0%	14.3%	0.0%
AR	H	61	49	3	5	0	8	57	47	12	1	4	3	10	0	1	3
			81.7%	5.0%	8.3%	0.0%	13.3%		78.3%	20.0%	1.7%	13.3%	10.0%	33.3%	0.0%	3.3%	10.0%
JL	I	122	59	20	19	13	52	111	56	66	0	30	0	6	0	0	1
			53.2%	18.0%	17.1%	11.7%	46.8%		45.9%	54.1%	0.0%	58.8%	0.0%	11.8%	0.0%	0.0%	2.0%
AM	J	75	61	1	4	0	5	66	63	12	0	9	1	5	0	0	0
			92.4%	1.5%	6.1%	0.0%	7.6%		84.0%	16.0%	0.0%	34.6%	3.8%	19.2%	0.0%	0.0%	0.0%
MS	K	74	40	18	7	2	27	67	39	35	0	7	4	0	0	1	0
			59.7%	26.9%	10.4%	3.0%	40.3%		52.7%	47.3%	0.0%	22.6%	12.9%	0.0%	0.0%	3.2%	0.0%
IG	L	91	46	15	21	3	39	85	44	46	1	20	0	0	0	0	1
			54.1%	17.6%	24.7%	3.5%	45.9%		48.4%	50.5%	1.1%	54.1%	0.0%	0.0%	0.0%	0.0%	2.7%
ST	M	39	18	10	7	1	18	36	10	29	0	12	0	2	0	0	0
			50.0%	27.8%	19.4%	2.8%	50.0%		25.6%	74.4%	0.0%	66.7%	0.0%	11.1%	0.0%	0.0%	0.0%
JS	N	77	65	4	1	0	5	70	59	15	2	4	0	6	1	0	2
			92.9%	5.7%	1.4%	0.0%	7.1%		77.6%	19.7%	2.6%	11.1%	0.0%	16.7%	2.8%	0.0%	5.6%
KB	O	23	19	1	2	0	3	22	18	5	0	0	1	6	0	0	1
			86.4%	4.5%	9.1%	0.0%	13.6%		78.3%	21.7%	0.0%	0.0%	7.7%	46.2%	0.0%	0.0%	7.7%
LP	P	27	23	1	0	0	1	24	18	8	1	1	0	3	0	1	0
			95.8%	4.2%	0.0%	0.0%	4.2%		66.7%	29.6%	3.7%	9.1%	0.0%	27.3%	0.0%	9.1%	0.0%
BS	Q	27	23	3	0	0	3	26	19	8	0	1	0	5	1	0	1
			88.5%	11.5%	0.0%	0.0%	11.5%		70.4%	29.6%	0.0%	8.3%	0.0%	41.7%	8.3%	0.0%	8.3%
UM	R	38	23	1	2	0	3	26	26	12	0	4	0	3	0	0	0
			88.5%	3.8%	7.7%	0.0%	11.5%		68.4%	31.6%	0.0%	26.7%	0.0%	20.0%	0.0%	0.0%	0.0%
LT	S	57	43	2	3	0	5	48	51	6	0	7	1	3	0	0	0
			89.6%	4.2%	6.3%	0.0%	10.4%		89.5%	10.5%	0.0%	35.0%	5.0%	15.0%	0.0%	0.0%	0.0%
PJ	T	25	23	0	1	0	1	24	19	6	0	1	0	2	0	0	1
			95.8%	0.0%	4.2%	0.0%	4.2%		76.0%	24.0%	0.0%	8.3%	0.0%	16.7%	0.0%	0.0%	8.3%
TR	U	44	39	0	0	0	0	39	40	4	0	4	0	4	0	0	4
			100%	0.0%	0.0%	0.0%	0.0%		91.3%	8.7%	0.0%	25.0%	0.0%	25.0%	0.0%	0.0%	25.0%
MH	V	46	41	0	0	0	0	41	33	11	2	0	0	3	2	0	4
			100%	0.0%	0.0%	0.0%	0.0%		71.7%	23.9%	4.3%	0.0%	0.0%	18.8%	12.5%	0.0%	25.0%
AB	W	18	16	1	0	0	1	17	5	13	0	2	0	0	0	0	0
			94.1%	5.9%	0.0%	0.0%	5.9%		27.8%	72.2%	0.0%	28.6%	0.0%	0.0%	0.0%	0.0%	0.0%

世代別構成/ 年齢・関係・夫婦居住形態					備考
世帯主（NL）からみた関係・人数	夫婦の居住パターン 夫方	 妻方	 独立	同居する夫婦の構成	
NL, W 2S, 3D	1			核家族	
NL, W 2S, 2D, 1DH	1	1		直系家族 NLc+Dc	
F, M NL, W, 2B, 1Z(離婚), 1BW 1S, 3D	2		1	拡大家族 NLc+P+Bc	

家屋通番	ロオク識別記号	ロオク内の家屋番号	・世帯主名（略称） ・配偶者名（略称）	性別	年齢	民族	性別構成			世代別構成/ 年齢・関係・夫婦居住形態		
							男	女	計	世代	人数	年齢（人数）
191	W	1	BD	男	40s	海サマ	3	4	**7**	0	2	40s(1), 30s(1)
			SN	女	30s	海サマ				−1	5	10s(3), 0s(2)
192	W	2	TU	男	30s	海サマ	4	3	**7**	0	2	30s(2)
			NT	女	30s	陸サマ				−1	5	10s(2), 0s(3)
193	W	3	MD	男	30s	海サマ	7	5	**12**	+1	2	70s(1), 60s(1)
			PE	女	30s	陸サマ				0	6	30s(2), 20s(4)
										−1	4	10s(1), 0s(3)

註：ロオクは地縁的な親族群。本文で説明。ロオク欄のZZは特定のロオクに含まれていないことを意味する。

「世帯主名（略称）」欄の（死）は死亡の意。「年齢」欄の s は年代を意味する。50s は 50 代の意。

「世帯主（NL）からみた関係・人数」欄の記号の意味は次のとおり。H: 夫、W : 妻、F: 父、M: 母、S: 息子、D: 娘、B: 兄弟、Z: 姉妹、（継）: 継母 / 父 / 子、（養）: 養子、数字は人数。

「夫婦にかんする世帯構成」欄の記号の意味は次のとおり。c: 夫婦、NLc: 世帯主夫婦、P: 両親、+: 同居、数字は夫婦の数（例 : 2Sc は息子夫婦 2 組の意）。

出所 : フィールドワークによる。

世代別構成/ 年齢・関係・夫婦居住形態					備考
世帯主(NL)からみた関係・人数	夫婦の居住パターン 夫方	 妻方	 独立	同居する夫婦の構成	
NL, W 4S, 4D		1		核家族	
NL, W 4S, 3D	1			核家族	
NL, W 2S, 2D		1		核家族	
NL, W 2S, 4D		1		核家族	
NL, W 4S, 6D	1			核家族	
NL, W, 1WB, 1WBW 5S, 2D, 1SW, 1DH, 2WBS, 1WBD 1SS, 1SD, 1DS	2 1	 1		拡大家族 NLc+WBc+Sc+Dc	
NL, W 2S, 6D, 1DH 1DS, 1DD	1	 1		直系家族 NLc+Dc	
NL, W 3S, 6D, 1SW, 2DH 2DS, 4DD	1 1	 2		拡大家族 NLc+Sc+2Dc	
NL(夫死別) 3S				夫婦なし	
WM(離婚) NL, W, 1WZ, 1WZH 1S(養), 3WZS, 1WZD, 1WZDH 1WZDD		 2 1		拡大家族 NLc+WZc+WZDc	
WMF, WMM WF, 1WFW(継), 2WMB NL, W, 3WB, 2WZ 1D	 1	1 1		直系家族 NLc+WMP+ WF(継)c	
NL, W 2D, 2DH 2DS, 2DD	1	 2		拡大家族 NLc+2Dc	
NL, W, 1B, 1BW 2S, 2D, 4BS	2			拡大家族 NLc+Bc	
NL, W 2D, 2DH 8DS, 4DD	1	 2		拡大家族 NLc+2Dc	
NL, W 3S, 3D		1		核家族	
NL(夫死別) 1S, 4D, 3DH 5DS, 8DD, 1DDH 1DDD		 3 1		拡大家族 3Dc+1DDc	
NL, W 3D, 3DH 7DS, 10DD, 1DDH		 3 1	1	拡大家族 NLc+3Dc+DDc	
NL(夫死別) 1S, 1D, 1DH 1DS, 1DD		 1		(核家族) Dc	
WM(夫死別) NL, W 2S, 4D, 2DH		 1 2		拡大家族 NLc+2Dc	
NL, W 1S, 2D		1		核家族	
NL, W 1S, 2D, 1DH 2DS, 1DD		1 1		直系家族 NLc+Dc	

家屋通番	ロオク識別記号	ロオク内の家屋番号	・世帯主名（略称） ・配偶者名（略称）	性別	年齢	民族	性別構成			世代別構成/ 年齢・関係・夫婦居住形態		
							男	女	計	世代	人数	年齢（人数）
170	S	1	UA	男	30s	海サマ	5	5	**10**	0	2	30s(2)
			MG	女	30s	海サマ				−1	8	10s(6), 0s(2)
171	S	2	LY	男	30s	海サマ	5	4	**9**	0	2	30s(2)
			EG	女	30s	海サマ				−1	7	10s(3), 0s(4)
172	S	3	OH	男	30s	陸サマ	3	3	**6**	0	2	30s(2)
			PM	女	20s	海サマ				−1	4	0s(4)
173	S	4	LT	男	40s	海サマ	3	5	**8**	0	2	40s(1), 30s(1)
			SP	女	30s	海サマ				−1	6	10s(3), 0s(3)
174	S	5	MT	男	40s	海サマ	5	7	**12**	0	2	40s(2)
			DM	女	40s	海サマ				−1	10	20s(1), 10s(5), 0s(4)
175	S	6	GT	男	40s	海サマ	12	7	**19**	0	4	40s(2), 30s(1), 20s(1)
			BY	女	40s	海サマ				−1	12	20s(3), 10s(3), 0s(6)
										−2	3	0s(3)
176	S	7	KU	男	50s	海サマ	5	8	**13**	0	2	50s(1), 40s(1)
			LA	女	40s	海サマ				−1	9	20s(2), 10s(3), 0s(4)
										−2	2	0s(2)
177	S	8	JL	男	50s	海サマ	12	8	**20**	0	2	50s(2)
			NA	女	50s	海サマ				−1	12	40s(1), 30s(3), 20s(3), 10s(3), 0s(2)
										−2	6	0s(6)
178	T	1	TS	女	50s	海サマ	1	3	**4**	0	1	50s(1)
										−1	3	20s(1), 10s(2)
179	T	2	AD	男	40s	海サマ	7	5	**12**	+1	1	70s(1)
			US	女	40s	海サマ				0	4	40s(2), 30s(2)
										−1	6	30s(1), 20s(1), 10s(1), 0s(3)
										−2	1	0s(1)
180	T	3	UG	男	20s	海サマ	8	6	**14**	+2	2	60s(1), 50s(1)
			RO	女	20s	海サマ				+1	4	40s(1), 30s(1), 20s(1), 10s(1)
										0	7	20s(2), 10s(5)
										−1	1	0s(1)
181	U	1	LH	男	60s	海サマ	5	5	**10**	0	2	60s(2)
			AB	女	60s	海サマ				−1	4	30s(2), 20s(2)
										−2	4	0s(4)
182	U	2	TT	男	40s	海サマ	8	4	**12**	0	4	40s(3), 30s(1)
			UG	女	40s	海サマ				−1	8	10(6), 0s(2)
183	U	3	TR	男	70s	海サマ	11	7	**18**	0	2	80s(1), 70s(1)
			HM	女	70s	海サマ				−1	4	40s(2), 30s(2)
										−2	12	10s(6), 0s(6)
184	U	4	TU	男	40s	海サマ	4	4	**8**	0	2	40s(1), 30s(1)
			LM	女	30s	海サマ				−1	6	10s(2), 0s(4)
185	U	5	SG	女	50s	海サマ	10	14	**24**	0	1	50s(1)
										−1	8	30s(5), 20s(3)
										−2	14	20s(1), 10s(4), 0s(9)
										−3	1	0s(1)
186	V	1	HR	男	60s	海サマ	12	14	**26**	0	2	60s(1), 50s(1)
			NP	女	50s	海サマ				−1	6	40s(4), 30s(2)
										−2	18	20s(3), 10s(12), 0s(3)
187	V	2	KA	女	40s	海サマ	3	3	**6**	0	1	40s(1)
			（死）SL	男	—	海サマ				−1	3	20s(1), 10s(2)
										−2	2	0s(2)
188	V	3	KN	男	40s	陸サマ	5	6	**11**	+1	1	60s(1)
			SO	女	40s	海サマ				0	2	40s(2)
										−1	8	30s(2), 20s(2), 10s(4)
189	V	4	OD	男	30s	陸サマ	2	3	**5**	0	2	30s(1), 20s(1)
			EB	女	20s	海サマ				−1	3	0s(3)
190	V	5	JK	男	50s	海サマ	5	4	**9**	0	2	50s(1), 40s(1)
			NZ	女	40s	海サマ				−1	4	30s(1), 20s(1), 10s(2)
										−2	3	0s(3)

世代別構成/ 年齢・関係・夫婦居住形態					備考
世帯主（NL）からみた関係・人数	夫婦の居住パターン 夫方	妻方	独立	同居する夫婦の構成	
NL. W 1D(養). 1D(養)H. 1WBS		1 1		直系家族 NLc+D(養)c	
NL. W. WB 1S. 3D. 1SW 2DS	1 1			直系家族 NLc+Sc	
NL. W 4S. 2D		1		核家族	
NL. W 1D. 1DH 6DS. 8DD. 1DDH 1DDS. 4DDD		 1 1	1	直系家族 NLc+Dc+DDc	
NL(離婚). 1MZS 2D				夫婦なし	
NL. W 1D			1	核家族	
NL. W 2D. 1D(離婚). 1DH 2DS. 2DD	1	 1		直系家族 NLc+Dc	
WMM(夫死別) WM(夫死別) NL. W. 3WZ. 1WZ(夫死別). 2S. 4WZS. 8WZD		 4		拡大家族 NLc+3WZc	
WF. WM NL. W 1S, 2D, 1WBS(継), 2WBD, 3WBD(継)	1	 1		直系家族 NLc+WP	
NL(夫死別). 1Z(夫死別). 1B. 2D, 2DH, 4BS, 2BD, 1ZD, 1ZD(継). 1ZDH 2DS. 3DD	1	 3		拡大家族 NLc+2Dc+ZDc	
NL. W 1S. 1ZS. 1ZSW	1 1			直系家族 NLc+ZSc	
NL. W 1ZD. 1ZDH 1ZDS. 3ZDD		1 1		直系家族 NLc+ZDc	
NL(夫死別). 1DHF. 1DHM 6S. 2D. 2SW. 1DH. 1DHZ 2SS. 4SD. 1DS. 3DD	 2	1 1		拡大家族 DHP+2Sc+Dc	
F(妻死別) NL. W. 1WB(離婚). 1WZ		1		核家族	
NL. W 6S. 2D	1			核家族	
NL. W 3S. 1D. 1D(離婚). 3SW 3SS. 2SD. 5DS. 1DD	 3		1	拡大家族 NLc+3Sc	
NL, W, 1WZ(夫死別), 1WB(妻死別). 1B. 1BW 4D. 1WZD. 2WZS 4WZDS. 4WZDD	1		1	拡大家族 NLc+Bc	
NL. W 1S. 1D. 1SW. 1DH 4DS	1 1	 1		拡大家族 NLc+Sc+Dc	
NL(夫死別) 1S. 2D. 1D(離婚). 1SW. 2DH 1SS. 1SD. 4DS. 11DD	 1	 2		拡大家族 Sc+2Dc	
NL(妻死別) 1S. 1D. 1SW. 1DH 2SS. 6SD. 4DS. 2DD. 1DSW 3DSD	 1 1	 1		拡大家族 Sc+Dc+DSc	

家屋通番	ロオク識別記号	ロオク内の家屋番号	・世帯主名（略称） ・配偶者名（略称）	性別	年齢	民族	性別構成 男	女	計	世代別構成／年齢・関係・夫婦居住形態 世代	人数	年齢（人数）
150	P	2	SF	男	40s	陸サマ	3	2	**5**	0	2	40s(2)
			IY	女	40s	海サマ				−1	3	20s(2), 10s(1)
151	P	3	PD	男	40s	海サマ	5	5	**10**	0	3	40s(2), 30s(1)
			UR	女	40s	海サマ				−1	5	20s(2), 10s(2), 0s(1)
										−2	2	0s(2)
152	P	4	DK	男	40s	海サマ	5	3	**8**	0	2	40s(2)
			EM	女	40s	海サマ				−1	6	10s(4), 0s(2)
153	ZZ	25	MX	男	60s	陸サマ	12	12	**24**	0	2	60s(2)
			PT	女	60s	陸サマ				−1	2	40s(2)
										−2	15	20s(3), 10s(8), 0s(4)
										−3	5	0s(5)
154	ZZ	26	RA	女	40s	陸サマ	1	3	**4**	0	2	40s(1), 30s(1)
										−1	2	20s(1), 10s(1)
155	ZZ	27	TN	男	40s	陸サマ	1	2	**3**	0	2	40s(1), 30s(1)
			SM	女	30s	陸サマ				−1	1	0s(1)
156	ZZ	28	AI	男	50s	海サマ	4	6	**10**	0	2	50s2)
			WK	女	50s	陸サマ				−1	4	40s(1), 30s(3),
										−2	4	0s(4)
157	ZZ	29	RD	男	30s	海サマ	10	15	**25**	+2	1	80s(1)
			KS	女	20s	海サマ				+1	1	50s(1)
										0	9	30s(5), 20s(4)
										−1	14	10s(8), 0s(6),
158	ZZ	30	LS	男	30s	海サマ	4	9	**13**	+1	2	60s(1), 50s(1)
			SA	女	30s	海サマ				0	2	30s(2)
										−1	9	10s(6), 0s(3),
159	Q	1	BL	女	60s	海サマ	10	12	**22**	0	4	60s(1), 50s(2), 40s(1)
			（死）SG	男	—	海サマ				−1	13	40s(1), 30s(3), 20s(3), 10s(3), 0s(3)
										−2	5	10s(1), 0s(4)
160	Q	2	BS	男	50s	海サマ	3	2	**5**	0	2	50s(1), 40s(1)
			WI	女	40s	海サマ				−1	3	30s(1), 20s(1), 10s(1)
161	Q	3	KO	男	40s	海サマ	3	5	**8**	0	2	40s(2)
			WT	女	40s	海サマ				−1	2	30s(2)
										−2	4	10s3), 0s(1)
162	ZZ	31	AP	女	50s	海サマ	11	14	**25**	0	3	50s(3)
			（死）LY	男	—	海サマ				−1	12	30s(2), 20s(7), 10s(2), 0s(1)
										−2	10	0s(10)
163	ZZ	32	RU	男	30s	海サマ	3	2	**5**	+1	1	70s(1)
			IT	女	30s	海サマ				0	4	30s(3), 20s(1)
164	ZZ	33	WL	男	50s	海サマ	7	3	**10**	0	2	50s(1), 40s(1)
			UN	女	40s	陸サマ				−1	8	20s(1), 10s(4), 0s(3)
165	ZZ	34	SI	男	50s	海サマ	12	9	**21**	0	2	50s(1), 40s(1)
			AJ	女	40s	海サマ				−1	8	30s(3), 20s(5)
										−2	11	10s(7), 0s(4)
166	ZZ	35	JU	男	40s	陸サマ	9	12	**21**	0	6	60s(1), 40s(3), 30s(2)
			UR	女	40s	陸サマ				−1	7	20s(3), 10s(3), 0s(1)
										−2	8	10s(3), 0s(5)
167	R	1	OG	男	50s	海サマ	6	2	**8**	0	2	50s(2)
			YN	女	50s	海サマ				−1	4	30s(4)
										−2	4	10s(3), 0s(1)
168	R	2	IN	女	50s	海サマ	8	17	**25**	0	1	50s(1)
			（死）JK	男	—	海サマ				−1	7	40s(1), 30s(6)
										−2	17	10s(4), 0s(13)
169	R	3	RI	男	70s	海サマ	9	14	**23**	0	1	70s(1)
			（死）BE	女	—	海サマ				−1	4	40s(2), 30s(2)
										−2	15	20s(3), 10s(9), 0s(3)
										−3	3	0s(3)

世代別構成/ 年齢・関係・夫婦居住形態					備考
世帯主（NL）からみた関係・人数	夫婦の居住パターン 夫方	妻方	独立	同居する夫婦の構成	
WF, WM NL, W, 1Z, 1ZH, 1WZ, 1WZH 3D, 1DH, 1ZD, 1ZDH 1DD, 4ZSD, 1ZSDH		 3 2 1	1	拡大家族 NLc+WP+Zc+WZc+Dc+Z Dc+ZSDc	
NL, W 3S, 2SW 3SS, 3SD	1 2			拡大家族 NLc+2Sc	
NL, W		1		核家族	*詳細不明
NL, W 7S, 3D			1	核家族	
NL(夫死別), ZHMBW(夫死別) 4S, 1D(離婚), 1SW, 2ZHMBS, 4ZHMBD, 1ZHMBDH, 2ZHMBDHB, 1ZHMBDHZ	 1	 1		拡大家族 Sc+ZHMBDc	
NL, W 1S, 3D	1			核家族	
NL, W 3S, 1D 1WMZSWZSS, 2WMZSWZSD		1		核家族	
NL, W, 1WB, 1WZ, 1WBW 1S	1	1		拡大家族 NLc+WBc	
WF, WM NL, W, 1WB, 1WBW, 1WBWB, 1WBWZ, 1WBWZH 3S, 1D, 1SW, 5WBS, 1WZD, 1WZDH, 2WBWZS, 2WBWZD 2SS, 1WZDS	1 1 1	 2 1		拡大家族 NLc+WP+WBc+WBWZc+ Sc+WZDc	
NL, W 3D, 2DH 1DS, 1DD		1 2		拡大家族 NLc+2Dc	
NL, W 1S, 1SW, 1WZS, 1WZSW 1SS, 2SD, 1WZSS, 3WZSD	 2		1	拡大家族 NLc+Sc+WZSc	
NL, W 2S, 4D	1			核家族	
NL, W 1S(養), 1D(養), 2WBS, 1MBSS, 1MZDS	1			核家族	
NL, W 1D		1		核家族	
NL, W 1S, 1D, 1DH 1DS, 2DD		 1	1	直系家族 NLc+Dc	
F, M, ZHM(夫死別) NL, W, 1Z, 1ZH 2S, 1SW, 1ZD 1SS	1 1 1	 1		拡大家族 NLc+P+Zc+Sc	
NL, W 2D		1		核家族	
NL, W, 1WB(離婚), 2WZ, 2WZH, 3S, 2D, 1WZS, 4WZD	1*	3		拡大家族 NLc+2WZc(+WZHc)	*2番目の妻
NL, W 4S, 3D	1			核家族	
WM(夫死別) NL, W 6S, 3D		 1		核家族	
M(夫死別) NL(夫死別) 6D, 1DH 4DD		 1		（核家族）Dc	

家屋通番	識別記号	ロオク内の家屋番号	・世帯主名（略称）・配偶者名（略称）	性別	年齢	民族	性別構成 男	女	計	世代別構成/年齢・関係・夫婦居住形態 世代	人数	年齢（人数）
129	M	3	ST	男	40s	海サマ	7	13	20	+1	2	60s(1), 50s(1)
			MW	女	30s	海サマ				0	6	40s(3), 30s(1), 20s(1), 10s(1)
										−1	6	30s(1), 20s(2), 10s(3)
										−2	6	20s(1), 10s(1), 0s(4)
130	M	4	SN	男	40s	海サマ	7	6	13	0	2	40s(1), 30s(1)
			ML	女	30s	海サマ				−1	5	20s(2), 10s(3)
										−2	6	0s(6)
131	M	5	DR*	男	40s	海サマ	1	1	2	0	2	40s(2)
			LO	女	40s	海サマ						
132	ZZ	21	HJ	男	50s	陸サマ	8	4	12	0	2	50s(1), 40s(1)
			AX	女	40s	タウスグ				−1	10	20s(4), 10s(4), 0s(2)
133	N	1	AW	女	40s	海サマ	9	9	18	0	2	40s(2)
			JM	男	—	海サマ				−1	16	20s(5), 10s(9), 0s(2)
134	N	2	SL	男	30s	海サマ	2	4	6	0	2	30s(1), 20s(1)
			IP	女	20s	海サマ				−1	4	10s(1), 0s(3)
135	N	3	RM	男	30s	海サマ	5	4	9	0	2	30s(2)
			PO	女	30s	海サマ				−1	4	10s(3), 0s(1)
										−2	3	0s(3)
136	N	4	UH	男	30s	海サマ	3	3	6	0	5	30s(2), 10s(3)
			GH	女	30s	海サマ				−1	1	0s(1)
137	N	5	GX	男	40s	海サマ	18	10	28	+1	2	60s(2)
			RN	女	40s	海サマ				0	7	40s(2), 30s(5)
										−1	16	20s(1), 10s(11), 0s(4)
										−2	3	0s(3)
138	N	6	ND	男	50s	海サマ	4	5	9	0	2	50s(1), 40s(1)
			TD	女	40s	海サマ				−1	5	20s(4), 10s(1)
										−2	2	0s(2)
139	N	7	JA	男	60s	海サマ	6	7	13	0	2	60s(2)
			BZ	女	60s	海サマ				−1	4	30s(3), 20s(1)
										−2	7	10s(1), 0s(6)
140	N	8	BD	男	30s	海サマ	3	5	8	0	2	30s(2)
			IM	女	30s	海サマ				−1	6	10s(2), 0s(4)
141	N	9	JO	男	40s	海サマ	6	2	8	0	2	40s(1), 30s(1)
			DJ	女	30s	海サマ				−1	6	10s(5), 0s(1)
142	N	10	MP	男	30s	海サマ	1	2	3	0	2	30s(2)
			DN	女	30s	海サマ				−1	1	0s(1)
143	ZZ	22	KD	男	50s	海サマ	4	4	8	0	2	50s(2)
			ED	女	50s	陸サマ				−1	3	30s(2), 20s(1)
										−2	3	10s(3)
144	O	1	KB	男	40s	海サマ	6	6	12	+1	3	60s(2), 50s(1)
			SS	女	40s	海サマ				0	4	40s(2), 30s(2)
										−1	4	20s(1), 10s(2), 0s(1)
										−2	1	0s(1)
145	O	2	DS	男	40s	カダザン	1	3	4	0	2	40s(2)
			DG	女	40s	海サマ				−1	2	10s(1), 0s(1)
146	O	3	MU	男	30s	海サマ	8	10	18	0	8	30s(4), 20s(3), 10s(1)
			MS	女	30s	海サマ				−1	10	10s(3), 0s(7)
147	ZZ	23	UK	男	40s	ブギス	5	4	9	0	2	40s(2)
			DL	女	40s	ブギス				−1	7	10s(5), 0s(2)
148	ZZ	24	TH	男	30s	タウスグ	7	5	12	+1	1	60s(1)
			RB	女	30s	ブギス				0	2	30s(2)
										−1	9	10s(4), 0s(5)
149	P	1	LB	女	40s	陸サマ	12	1	13	+1	1	60s(1)
			（死）GO	男	—	陸サマ				0	1	40s(1)
										−1	7	20s(2), 10s(5)
										−2	4	0s(4)

世代別構成/ 年齢・関係・夫婦居住形態					備考
世帯主(NL)からみた関係・人数	夫婦の居住パターン 夫方	 妻方	 独立	同居する夫婦の構成	
WFF. WFM WM(夫死別) NL. W. 1WB. 1WBW. 2WZ. 2WZH 3S. 4D. 1DH. 2WZS. 2WZD 1DS	 1	 3 1	1	拡大家族 NLc+WFP+WBc+2WZc+ Dc	
NL. W. 1WZ. 1WZH 4S. 3D. 1DH	1	1 1		拡大家族 NLc+WZc+Dc	
NL. W. 8S, 3D, 2SW, 1DH 4SD. 2DS. 3DD	 2	1 1		拡大家族 NLc+2Sc+Dc	
WM(夫死別) NL. W 2S. 2D. 1SW. 1DH 1SS. 3DS. 3DD	 1	 1 1		拡大家族 NLc+Sc+Dc	
M(夫死別) NL. W 5S. 3D		 1		核家族	
NL. W 7S. 3D. 1SW. 2DH 1DS. 3DD	 1	1 2		拡大家族 NLc+Sc+2Dc	
WF. WM(継) NL, 2W(1st, 2nd), 1WZ, 1WZH 1S. 4D. 1DH 2DD	1 1*	 2 1		拡大家族 NLc+WP+WZc+Dc	 *2番目の妻
WF. WM NL. W. 1WZ. 1WZH 1S. 1D. 2WZS. 2WZD	 1	 1	1	拡大家族 NLc+WP+WZc	
M(夫死別) NL(離婚). 1Z. 1ZH 1S. 1SW. 2ZS. 4ZD. 1ZDH. 1ZDS. 3ZDD	 1	 1 1		拡大家族 Zc+Sc+ZDc	
NL. W 1D. 1DH 3DS. 3DD		 1	1	直系家族 NLc+Dc	
NL. W 5S. 1D. 1SW	 1	1		直系家族 NLc+Sc	
NL. W 3S. 1D. 1SW 2DD	 1	1		直系家族 NLc+Sc	
WM(夫死別) NL. W. 1Z. 1ZH. 2WB. 2WZ	 1	 1		拡大家族 NLc+Zc	
NL. W(2nd). 3WZ		1		核家族	
NL. W. 1WZ. 1WZH 3S. 2D. 2WZS. 2WZD		2		拡大家族 NLc+WZc	
NL. W 3S. 1D. 1DH. 1BS. 2BD 1DD	1	 1		直系家族 NLc+Dc	
NL. W 5S. 2D		1		核家族	
WM(夫死別) NL. W 2S. 2D		 1		核家族	
WF. WM NL, W, 1WZ, 1WZH, 1MBS, 1MBSW 2S, 1D, 1WZS, 2WZD, 1MBSS, 2MBSD	 2	1 1		拡大家族 NLc+WP+WZc+MBSc	

家屋通番	ロオク識別記号	ロオク内の家屋番号	・世帯主名（略称） ・配偶者名（略称）	性別	年齢	民族	性別構成			世代別構成／年齢・関係・夫婦居住形態		
							男	女	計	世代	人数	年齢（人数）
110	K	2	UY YG	男 女	30s 30s	陸サマ 海サマ	12	12	**24**	+2 +1 0 −1 −2	2 1 8 12 1	70s(1), 60s(1) 50s(1) 30s(2), 20s(3), 10s(3) 20s(2), 10s(2), 0s(8) 0s(1)
111	K	3	GR EA	男 女	40s 40s	陸サマ 海サマ	7	5	**12**	0 −1	4 8	50s(1), 40s(3) 30s(1), 20s(1), 10s(3), 0s(3)
112	K	4	BT GN	男 女	50s 40s	海サマ 海サマ	12	13	**25**	0 −1 −2	2 14 9	50s(1), 40s(1) 40s(1), 30s(1), 20s(5), 10s(3), 0s(4) 0s(9)
113	K	5	AS ID	男 女	60s 50s	海サマ 海サマ	8	8	**16**	+1 0 −1 −2	1 2 6 7	70s(1) 60s(1), 50s(1) 30s(2), 20s(1), 10s(3) 10s(2), 0s(5)
114	K	6	PN SJ	男 女	30s 30s	海サマ 海サマ	6	5	**11**	+1 0 −1	1 2 8	60s(1) 30s(2) 10s(3), 0s(5)
115	L	1	KN RM	男 女	50s 40s	海サマ 海サマ	11	8	**19**	0 −1 −2	2 13 4	50s(1), 40s(1) 30s(1), 20s(5), 10s(1), 0s(6) 0s(4)
116	L	2	NU HH	男 女	40s 40s	海サマ 海サマ	6	9	**15**	+1 0 −1 −2	2 5 6 2	70s(1), 50s(1) 40s(2), 20s(3) 20s(1), 10s(4), 0s(1) 0s(2)
117	L	3	NA RW	男 女	40s 30s	海サマ 海サマ	6	6	**12**	+1 0 −1	2 4 6	60s(2) 40s(2), 30s(2) 10s(3), 0s(3)
118	L	4	UL （死）SU	女 男	50s —	海サマ 海サマ	6	11	**17**	+1 0 −1 −2	1 3 9 4	60s(1) 50s(1), 40s(2) 20s(4), 10s(3), 0s(2) 0s(4)
119	L	5	IG TH	男 女	70s 50s	海サマ 海サマ	5	5	**10**	0 −1 −2	2 2 6	70s(1), 50s(1) 30s(1), 20s(1) 10s(3), 0s(3)
120	L	6	DI SP	男 女	50s 40s	海サマ 海サマ	6	3	**9**	0 −1	2 7	50s(1), 40s(1) 20s(1), 10s(6)
121	L	7	BI ND	男 女	50s 50s	海サマ 海サマ	4	5	**9**	0 −1 −2	2 5 2	50s(2) 20s(3), 10s(2) 0s(2)
122	L	8	ES RC	男 女	20s 10s	海サマ 海サマ	4	5	**9**	+1 0	1 8	40s 20s(3), 10s(3), 0s(2)
123	L	9	NJ UY	男 女	30s 10s	陸サマ 海サマ	1	4	**5**	0	5	30s(1), 10s(3), 0s(1)
124	L	10	OH LR	男 女	30s 20s	海サマ 海サマ	7	6	**13**	0 −1	4 9	30s(2), 20s(2) 10s(3), 0s(6)
125	L	11	AN PI	男 女	30s 20s	海サマ 海サマ	6	5	**11**	0 −1 −2	2 8 1	30s(1), 20s(1) 10s(3), 0s(5) 0s(1)
126	L	12	UF GS	男 女	50s 30s	ブギス 海サマ	6	3	**9**	0 −1	2 7	50s(1), 30s(1) 10s(3), 0s(4)
127	M	1	HL AY	男 女	50s 40s	海サマ 海サマ	3	4	**7**	+1 0 −1	1 2 4	60s(1) 50s(1), 40s(1) 10s(2), 0s(2)
128	M	2	DE BO	男 女	30s 30s	海サマ 海サマ	8	9	**17**	+1 0 −1	2 6 9	50s(2) 30s(3), 20s(3) 10s(1), 0s(8)

世代別構成/ 年齢・関係・夫婦居住形態					備考
世帯主（NL）からみた関係・人数	夫婦の居住パターン 夫方	妻方	独立	同居する夫婦の構成	
WM(夫死別), WMFBD(夫死別) NL, W, 2WB, 2WBW, 1WZ 1D, 1WS(継), 1WD(継), 2WBS, 2WBD	3			拡大家族 NLc+2WBc	
NL, W, 1WZ, 1WZH 2S, 3D, 1WBS, 1WBSW	1 1	1		拡大家族 NLc+WZc+WBSc	
WM(夫死別) NL, W, 1B 2S, 1D		1		核家族	
NL, W, 1MZD, 1MZDH 2S, 2D		2		拡大家族 NLc+MZDc	
NL, W 2S, 1S(養), 2D		1		核家族	
NL, W 2S, 1SW, 1D, 1DH 4SS, 3SD, 1DS, 5DD	1	1	1	拡大家族 NLc+Sc+Dc	
NL, W, 1Z, 1ZH 1S(養), 1ZS, 1ZD	1	1		拡大家族 NLc+Zc	
NL, W 2S, 2SW, 2D, 1DH 3SS, 2SD, 3DS, 3DD	2	1 1		拡大家族 NLc+2Sc+Dc	
NL, W 1S, 1SW, 1D(養), 1DH 5SS, 1SD, 1DS	1	1 1		拡大家族 NLc+Sc+D(養)c	
NL, W 5S, 4D		1		核家族	
NL, W 1S, 3S(継), 2D(継)		1		核家族	
F, M NL, W 3D, 1ZS, 1ZSW 1ZSD	1 1		1	直系家族 NLc+P+ZSc	
NL, W 2S	1			核家族	
WM(離婚) NL, W, 1WB*, 1WBW 4S, 2D, 2WBS, 1WBD	1	1		拡大家族 NLc+WB*c	*父違い
NL(夫死別), 1Z, 1Z(夫死別), 1S, 1SW	1	1		拡大家族 NL+Zc+Sc	
NL, W, 1Z, 1ZH, 1MZS, 1MZSW 3S, 6D, 2MZSS, 2MZSD	1	1	1	拡大家族 NLc+Zc+MZSc	
WM(夫死別) NL, W, 1WZ 2S, 4D		1		核家族	
NL, W 4S, 2D		1		核家族	
NL, W 1S, 1D		1		核家族	*タワウのマレー人
NL, W, 1WB 2D, 1D(離婚)		1		核家族	
NL, W 3S, 2D, 1SW, 2DH 2DD	1	1 2		拡大家族 NLc+2Dc+Sc	
WM NL, W, 1WB, 1WBW, 1WZ, 1WZH 1S, 2D, 1DH, 1ZBS, 4ZBD, 4DD	1	1 1	1	拡大家族 NLc+WBc+WZc+Dc	
WF(妻死別) NL, W, 1Z, 1ZH, 2WB, 2WBW 4S, 1D, 1ZD(夫死別), 5WBS, 3WBD, 2WBDH	3	1 2		拡大家族 NLc+Zc+2WBc+2WBDc	

家屋通番	ロオク識別記号	ロオク内の家屋番号	・世帯主名（略称） ・配偶者名（略称）	性別	年齢	民族	性別構成			世代別構成／年齢・関係・夫婦居住形態		
							男	女	計	世代	人数	年齢（人数）
87	I	7	IZ	男	40s	海サマ	7	9	**16**	+1	2	50s(2)
			SR	女	30s	海サマ				0	7	40s(1), 30s(3), 20s(2), 10s(1)
											7	10s(2), 0s(5)
88	I	8	OI	男	40s	海サマ	5	6	**11**	0	4	40s(4)
			IA	女	40s	海サマ				−1	7	30s(1), 20s(2), 10s(3), 0s(1)
89	I	9	OE	男	20s	海サマ	4	3	**7**	+1	1	60s(1)
			PA	女	20s	海サマ				0	3	20s(3)
											3	0s(3)
90	I	10	ES	男	30s	海サマ	4	4	**8**	0	4	30s(2), 20s(2)
			UL	女	30s	海サマ				−1	4	10s(1), 0s(3)
91	I	11	JN	男	50s	海サマ	4	3	**7**	0	2	50s(1), 40s(1)
			PN	女	40s	海サマ				−1	5	20s(2), 10s(2), 0s(1)
92	I	12	LH	男	60s	海サマ	9	11	**20**	0	2	60s(1), 50s(1)
			ER	女	50s	海サマ				−1	5	30s(4), 20s(1)
										−2	13	10s(5), 0s(8)
93	I	13	AM	男	40s	海サマ	4	3	**7**	0	4	40s(3), 30s(1)
			IY	女	40s	海サマ				−1	3	10s(3)
94	I	14	SH	男	50s	海サマ	10	10	**20**	0	2	50s(2)
			YA	女	50s	海サマ				−1	7	30s(3), 20s(3), 10s(1)
										−2	11	10s(2), 0s(9)
95	I	15	IM	男	50s	海サマ	9	4	**13**	0	2	50s(2)
			MR	女	50s	海サマ				−1	4	30s(2), 20s(2)
										−2	7	10s(3), 0s(4)
96	J	1	LG	男	40s	海サマ	6	5	**11**	0	2	40s(1), 30s(1)
			SY	女	30s	海サマ				−	9	10s(4), 0s(5)
97	J	2	IB	男	40s	陸サマ	5	3	**8**	0	2	40s(1), 30s(1)
			DD	女	30s	海サマ				−1	6	10s(5), 0s(1)
98	J	3	NS	男	20s	海サマ	3	7	**10**	+1	2	60s(2)
			OL	女	20s	海サマ				0	2	20s(2)
										−1	5	20s(1), 10s(2), 0s(2)
										−2	1	0s(1)
99	J	4	JD	男	40s	海サマ	3	1	**4**	0	2	40s(2)
			WO	女	40s	海サマ				−1	2	10s(2)
100	J	5	GA	男	30s	海サマ	8	6	**14**	+1	1	50s(1)
			MG	女	30s	海サマ				0	4	30s(2), 20s(2)
										−1	9	10s(3), 0s(6)
101	J	6	SK	女	70s	海サマ	2	4	**6**	0	4	70s(1), 60s(3)
			(死)JH	男	—	海サマ				−1	2	30s(1), 20s(1)
102	J	7	LI	男	50s	海サマ	8	11	**19**	0	6	50s(1), 40s(2), 30s(2), 20s(1)
			RY	女	40s	海サマ				−1	13	20s(3), 10s(3), 0s(7)
103	J	8	YA	男	40s	海サマ	3	7	**10**	+1	1	70s(1)
			LM	女	30s	海サマ				0	3	40s(2), 30s(1)
										−1	6	10s(4), 0s(2)
104	J	9	TI	男	40s	海サマ	5	3	**8**	0	2	40s(1), 30s(1)
			EN	女	30s	海サマ				−1	6	20s(1), 10s(3), 0s(2)
105	J	10	MD	男	50s	ムラユ*	2	2	**4**	0	2	50s(1), 40s(1)
			BN	女	40s	海サマ				−1	2	10s(2)
106	J	11	UA	男	40s	海サマ	2	4	**6**	0	3	40s(2), 20(1)
			UP	女	40s	海サマ				−1	3	10s(3)
107	ZZ	19	ON	男	40s	海サマ	6	6	**12**	0	2	40s(2)
			BN	女	40s	海サマ				−1	8	30s(1), 20s(2), 10s(4), 0s(1)
										−2	2	0s(2)
108	ZZ	20	RU	男	40s	海サマ	6	17	**23**	+1	1	60s(1)
			MK	女	40s	海サマ				0	6	40s(2), 30s(1), 20s(3)
										−1	12	20s(1), 10s(3), 0s(8)
										−2	4	10s(1), 0s(3)
109	K	1	NS	男	40s	海サマ	16	9	**25**	+1	1	70s(1)
			EG	女	30s	海サマ				0	8	50s(2), 40s(4), 30s(1), 20s(1)
										−1	16	20s(2), 10s(10), 0s(4)

世代別構成/ 年齢・関係・夫婦居住形態					備考
世帯主(NL)からみた関係・人数	夫婦の居住パターン 夫方	 妻方	 独立	同居する夫婦の構成	
NL, W, WMZS, WMZSW 2S, 1D, 1SW, 1WMZSS,	1 1	1		拡大家族 NLc+WMZSc+Sc	
NL, W 1S, 1D	1			核家族	
NL, W 1S, 4D		1		核家族	
NL, W 1S(継), 2D(継), 1D(継)H 2DS, 1DD	1	 1		直系家族 NLc+D(継)c	
NL, W 1D, 1DH		1 1		直系家族 NLc+Dc	
NL, W 1D(継), 1D, 1D(継)H		1 1		直系家族 NLc+D(継)c	
NL(夫死別) 1S, 1D, 1SW 3SS, 2SD	 1			核家族 Sc	
NL, W 2S, 3D		1		核家族	
M NL, W 1S, 1D, 1SW 2SS, 2SD	 1 1			直系家族 NLc+Sc	
NL, W 2S, 1D		1		核家族	
NL, W 4S, 4D	1			核家族	
WM NL, W 1D, 1DH 1DS, 2DD	 1	 1		直系家族 NLc+Dc	
NL, W 3S, 1D, 2SW, 1DH 2SS, 2SD	 2	1 1		拡大家族 NLc+2Sc+Dc	
NL(妻死別) 4S, 1D, 1SW 4SS, 1SD	 1			核家族 Sc	
M(夫死別) NL, W, 1B, 1BW, 1MZD(夫死別) 1S, 2D, 1BS, 2BD, 4MZDS, 2MZDD	 2			直系家族 NLc+Bc	
NL(妻死別), 1DHF, 1DHM, 1MZD(夫死別) 1D, 1DH, 1DHZ, 1DHZH, 1MZDD, 2MZDS 2DS, 1DD		 2	1	拡大家族 DHP+Dc+DHZc	
WF, WM NL, W, 1WB 1S, 1D		 1	1	直系家族 NLc+WP	
F(妻死別), WF, WM NL, W 3S, 3D, 1SW, 2DH 1SS, 2DS, 1DD	 1 1	 2	1	拡大家族 NLc+WP+Sc+2Dc	
WM NL, W, 1WZ 1S, 1D		 1		核家族	
NL, W, 1WB, 1WBW 1Z*D(夫死別) 1SS, 1ZDS	1		1	拡大家族 NLc+WBc	 *母違い
F(継), M NL, W 2S, 1D	 1	1		直系家族 NLc+F(継)M	

家屋通番	ロオク識別記号	ロオク内の家屋番号	・世帯主名（略称） ・配偶者名（略称）	性別	年齢	民族	性別構成 男	女	計	世代別構成／年齢・関係・夫婦居住形態 世代	人数	年齢（人数）
66	G	1	WN	男	50s	海サマ	5	6	**11**	0	4	50s(1), 40s(1), 30s(2)
			TX	女	40s	海サマ					7	30s(1), 20s(2), 10s(3), 0s(1)
67	G	2	TK	男	40s	海サマ	2	2	**4**	0	2	40s(2)
			NL	女	40s	海サマ				−1	2	10s(2)
68	G	3	IS	男	30s	海サマ	2	5	**7**	0	2	30s(2)
			LD	女	30s	海サマ				−1	5	10s(1), 0s(4)
69	H	1	JK	男	60s	海サマ	5	4	**9**	0	2	60s(1), 40s(1)
			PA	女	40s	海サマ				−1	4	20s(2), 10s(2)
										−2	3	0s(3)
70	H	2	EP	男	50s	海サマ	2	2	**4**	0	2	60s(1), 50s(1)
			NE	女	60s	海サマ				−1	2	30s(2)
71	H	3	IL	男	40s	海サマ	2	3	**5**	0	2	40s(2)
			UK	女	40s	海サマ				−1	3	20s(2), 10s(1)
72	H	4	BI	女	60s	海サマ	5	4	**9**	0	1	60s(1)
			（死）KI	男	—	海サマ				−1	3	40s(1), 30s(1), 10s(1)
										−2	5	10s(2), 0s(3)
73	H	5	ST	男	30s	海サマ	3	4	**7**	0	2	30s(2)
			ZN	女	30s	海サマ				−1	5	10s(1), 0s(4)
74	H	6	RP	男	50s	海サマ	4	6	**10**	+1	1	70s(1)
			HM	女	50s	海サマ				0	2	50s(2)
										−1	3	30s(1), 20s(2)
										−2	4	10s(1), 0s(3)
75	H	7	DN	男	50s	イバン	3	2	**5**	0	2	50s(1), 40s(1)
			DS	女	40s	海サマ				−1	3	10s(3)
76	H	8	HA	男	40s	海サマ	5	5	**10**	0	2	40s(1), 30s(1)
			TE	女	40s	海サマ				−1	8	20s(1), 10s(5), 0s(2)
77	H	9	WK	男	40s	海サマ	3	5	**8**	+1	1	60s(1)
			MA	女	40s	海サマ				0	2	40s(2)
										−1	2	20s(2)
										−2	3	0s(3)
78	H	10	GS	男	50s	海サマ	7	6	**13**	0	2	50s(2)
			BA	女	50s	海サマ				−1	7	30s(2), 20s(3), 10s(2)
										−2	4	10s(2), 0s(2)
79	ZZ	17	SI	男	40s	陸サマ	8	4	**12**	0	1	40s(1)
			（死）AE	女	—	陸サマ				−1	6	30s(1), 20s(2), 10s(2), 0s(1)
										−2	5	0s(5)
80	ZZ	18	IL	男	40s	陸サマ	8	10	**18**	+1	1	60s(1)
			OR	女	30s	タウスグ				0	5	40s(2), 30s(3)
										−1	12	10s(7), 0s(5)
81	I	1	TO	男	50s	海サマ	8	6	**14**	0	4	50s(1), 40s(3)
			（死）IS	女	—	海サマ				−1	7	30s(2), 20s(4), 10s(1)
										−2	3	10s(1), 0s(2)
82	I	2	SU	男	40s	海サマ	4	3	**7**	+1	2	60s(2)
			DI	女	30s	海サマ				0	3	40s(1), 30s(1), 20s(1)
										−1	2	10s(2)
83	I	3	JN	男	40s	海サマ	10	8	**18**	+1	3	70s(1), 60s(2)
			UB	女	40s	海サマ				0	2	50s(1), 40s(1)
										−1	9	30s(3), 20s(3), 10s(2), 0s(1)
										−2	4	0s(4)
84	I	4	BT	男	30s	海サマ	2	4	**6**	+1	1	40s(1)
			ON	女	20s	海サマ				0	3	30s(1), 20S(1), 10s(1)
										−1	2	0s(2)
85	I	5	IH	男	60s	海サマ	4	3	**7**	0	4	60s(3), 50s(1)
			MI	女	60s	海サマ				−1	1	40s(1)
											2	20s(1), 10s(1)
86	I	6	JI	男	20s	海サマ	4	3	**7**	+1	2	60S(2)
			TA	女	20s	海サマ				0	2	20s(2)
										−1	3	0s(3)

世代別構成/ 年齢・関係・夫婦居住形態					備考
世帯主(NL)からみた関係・人数	夫婦の居住パターン 夫方	 妻方	 独立	同居する夫婦の構成	
NL, W 1D(養)	1			核家族	
NL, W 3S, 1SW(夫死別), 2D, 2DH		1 2		拡大家族 NLc+2Dc	
NL, W 1S, 1D		1		核家族	
NL, W 1S, 1D		1		核家族	
NL, W 1D(夫死別)		1		核家族	
NL, W 3S, 2D		1		核家族	
WF, WM NL, W, 1WZ(離婚), 1WMZS, 1WMZSW 6S, 1D, 2WMZSD	 1	1 1		拡大家族 NLc+WP+WMZSc	
NL(妻死別) 1D(離婚), 1D(養), 1DH 1DD, 1DDH 2DDS, 2DDD		 1 1		直系家族 Dc+DDc	
NL, W 1S, 1SW 4SS, 4SD	 1		1	直系家族 NLc+Sc	
NL(夫死別) 2S, 1D, 2SW, 1DH 2SS, 4SD, 5DD, 2DDH 1DDD	 2	 1 2		拡大家族 2Sc+Dc+2DDc	
NL, W 2S, 2D				核家族	
NL, W 6S, 1D		1		核家族	
NL, W 5S, 3D			1	核家族	
NL, W 2S, 1D		1		核家族	
NL, W		1		核家族	*詳細不明
NL, W, 1WBWBW 1WBWBWS		1		核家族	
WF, WM NL, W, 2WB, 4WZ, 1WZH		1 2		拡大家族 NLc+WP+WZc	
NL(妻死別) 2S, 2SW, 1D, 1DH 2SS, 3SD, 4DS, 1DD, 1DDH	 2	 1 1		拡大家族 2Sc+Dc+DDc	
NL, W, WZ 1D, 1DH, 1WZD, 1WZDH 3DS, 2DD, WZDD		 2	1	拡大家族 NLc+Dc+WZDc	
WF(妻死別) NL, W, 2WB, 2WBW 1S, 2D, 1DH, 3WBS, 1WBD, 1WBSW, 1WBDH 2DS, 1WBDD	 2 1	 1 2		拡大家族 NLc+2WBc+Dc+WBSc+ WBDc	
NL, W 1D, 2S	1			核家族	
NL, W 3S, 2D, 1WBDD		1		核家族	

家屋通番	ロオク識別記号	ロオク内の家屋番号	・世帯主名（略称） ・配偶者名（略称）	性別	年齢	民族	性別構成			世代別構成/ 年齢・関係・夫婦居住形態		
							男	女	計	世代	人数	年齢（人数）
44	E	2	SH	男	30s	海サマ	1	2	**3**	0	2	30s(1), 20s(1)
			JM	女	20s	海サマ				−1	1	0s(1)
45	E	3	TR	男	40s	海サマ	6	4	**10**	0	2	40s(2)
			MB	女	40s	海サマ				−1	8	30s(1), 20s(6), 10s(1)
46	E	4	NO	男	20s	海サマ	2	2	**4**	0	2	20s(2)
			UD	女	20s	海サマ				−1	2	10s(1), 0s(1)
47	E	5	AD	男	50s	陸サマ	2	2	**4**	0	2	50s(1), 40s(1)
			IN	女	40s	海サマ				−1	2	10s(2)
48	E	6	NK	男	60s	海サマ	1	2	**3**	0	2	60s(2)
			SD	女	60s	海サマ				−1	1	40s(1)
49	E	7	TN	男	40s	海サマ	4	3	**7**	0	2	40s(1), 30s(1)
			PL	女	30s	海サマ				−1	5	10s(2), 0s(3)
50	E	8	RJ	男	40s	海サマ	9	7	**16**	+1	2	50s(2)
			SA	女	20s	海サマ				0	5	40s(1), 20s(4)
										−1	9	10s(2), 0s(7)
51	E	9	IG	男	80s	海サマ	5	5	**10**	0	1	80s(1)
			（死）PS	女	—	海サマ				−1	3	50s(1), 40s(2)
										−2	2	20s(2)
										−3	4	0S(4)
52	ZZ	14	NU	男	60s	陸サマ	6	6	**12**	0	2	60s(1), 50s(1)
			DD	女	50s	海サマ				−1	2	30s(1), 20s(1)
										−2	8	10s(4), 0s(4)
53	ZZ	15	DL	女	60s	海サマ	7	14	**21**	0	1	60s(1)
			（死）US	男	—	海サマ				−1	6	50s(1), 40s(4), 30s(1)
										−2	13	20s(2), 10s(3). 0s(8)
										−3	1	0s(1)
54	F	1	PO	男	30s	海サマ	3	3	**6**	0	2	30s(2)
			IA	女	30s	海サマ				−1	4	10s(2), 0s(2)
55	F	2	AP	男	50s	陸サマ	7	2	**9**	0	2	50s(1), 40s(1)
			JL	女	40s	海サマ				−1	7	20s(2), 10s(1), 0s(4)
56	F	3	KI	男	30s	海サマ	6	4	**10**	0	2	30s(2)
			AM	女	30s	海サマ				−1	8	20s(1), 10s(5), 0s(2)
57	F	4	BX	男	30s	海サマ	3	2	**5**	0	2	30s(1), 20s(1)
			OS	女	20s	海サマ				−1	3	10s(1), 0s(2)
58	F	5	OG*	男	40s	海サマ	1	1	**2**	0	2	40s(2)
			WS	女	40s	海サマ						
59	F	6	MU	男	50s	陸サマ	2	2	**4**	0	3	50s(2), 40s(1)
			AK	女	50s	海サマ				−1	1	10s(1)
60	F	7	IU	男	30s	海サマ	5	6	**11**	+1	2	50s(1), 40s(1)
			AL	女	20s	海サマ				0	9	30s(1), 20s(3), 10s(2), 0s(3)
61	F	8	HN	男	60s	海サマ	13	5	**18**	0	1	60s(1)
			（死）IH	女	—	海サマ				−1	6	30s(4), 20s(2)
										−2	11	20s(1), 10s(3), 0s(7)
62	F	9	HA	男	50s	海サマ	6	7	**13**	0	3	50s(1), 40s(1), 30s(1)
			KO	女	40s	海サマ				−1	4	30s(1), 20s(2), 10s(1)
										−2	6	10s(2), 0s(4)
63	F	10	NG	男	40s	海サマ	12	8	**20**	+1	1	50s(1)
			LB	女	30s	陸サマ				0	6	40s(1), 30s(4), 20s(1)
										−1	10	20s(4), 10s(6)
										−2	3	0s(3)
64	F	11	YG	男	30s	海サマ	3	2	**5**	0	2	30s(2)
			PY	女	30s	海サマ				−1	3	10s(1), 0s(2)
65	ZZ	16	GT	男	30s	海サマ	4	4	**8**	0	2	30s(2)
			UM	女	30s	海サマ				−1	5	10s(2), 0s (3)
										−2	1	10s(1)

世代別構成/ 年齢・関係・夫婦居住形態					備考
世帯主(NL)からみた関係・人数	夫婦の居住パターン 夫方	 妻方	 独立	同居する夫婦の構成	
NL, W 2S, 2D, 1SW	1 1			直系家族 NLc+Sc	
NL, W, 1Z, 1ZH, 1B, 1BW 2D, 2DH, 2ZS 2DD	1	2 2		拡大家族 NLc+Zc+Bc+2Dc	
NL, W, 1WZ, 1WZH 3S, 2WD, 4WZS, 3WZD		2		拡大家族 NLc+WZc	
NL, W, 1WB, 1WBW 2S, 3D, 1SW 4DD	1 1	1		拡大家族 NLc+WBc+Sc	
NL(夫死別) 2S, 2SW, 1DH, 1DHW(再婚) 5SS, 6SD, 3DHWS	 3			拡大家族 2Sc+DHc	
NL, W 4S, 6D, 1SW, 1DH	 1	1 1		拡大家族 NLc+Sc+Dc	
NL, W 3S, 3D, 1DH 4DS, 1DD	1	 1		直系家族 NLc+Dc	
NL(離婚)				単身	
M NL, W, 1Z	 1			核家族	
M NL, W, 1WB, 1WBW 7S, 3SW, 1BS	 1 1	 1		拡大家族 NLc+Bc+Sc	
NL, W 2D, 2DH, 1DS	1	 2		拡大家族 NLc+2Dc	
M(夫死別) NL, W, 1B, 1BW, 1WB, 1WBW 2S, 2D, 1DH, 1BD, 1BS	 2	 1	 1	拡大家族 NLc+Bc+WBc+Dc	
NL, W 3D	1			核家族	
M(夫死別) NL, W 1S, 1D, 1SW, 1DH 3SS, 2SD, 1DD, 1SDH	 1	 1	 1	拡大家族 NLc+Sc+Dc	
NL, W, 1WZ, 1WZH, 1WB, 1WBW 1S(離婚), 2D, 1DH, 2WBS, 1WBD, 3WZS,2WZD 1DS, 2DD	1	1 1	1	拡大家族 NLc+WZc+WBc+Dc	
NL, W 1S, 1D, 1SW, 1DH 2SS, 1SD, 1DD	 1	1 1		拡大家族 NLc+Sc+Dc	
WM(夫死別) NL(妻死別) 1S, 1SW, 1D, 1DH 2SS, 1SD, 1DS, 2DD	 1	 1		拡大家族 Sc+Dc	
NL, W 2S	1			核家族	
NL, W 3S		1		核家族	*妻の父はブトンと海サマの子
NL, W 4S, 1SW, 3D, 2DH	 1	1 2		拡大家族 NLc+Sc+2Dc	
F, M NL, W 1WZS	 1		1	直系家族 NLc+P	*一部データ不備
WM(夫死別) NL, W 1S, 5D, 1DH 1DS, 3DD		 1 1		直系家族 NLc+Dc	

家屋通番	ロオク識別記号	ロオク内の家屋番号	・世帯主名（略称） ・配偶者名（略称）	性別	年齢	民族	性別構成			世代別構成/ 年齢・関係・夫婦居住形態		
							男	女	計	世代	人数	年齢（人数）
22	B	1	ZL	男	50s	海サマ	3	4	**7**	0	2	50s(1), 40s(1)
			BA	女	40s	海サマ				−1	5	20s(3), 10s(2)
23	B	2	NN	男	50s	海サマ	7	7	**14**	0	6	50s(3), 40s(1), 30s(2)
			MZ	女	50s	海サマ				−1	6	30s(2), 20s(2), 10s(1), 0s(1)
										−2	2	0s(2)
24	B	3	GL	男	40s	海サマ	9	7	**16**	0	4	40s(1), 30s(3)
			AB	女	30s	海サマ				−1	12	10s(5), 0s(7)
25	B	4	UD	男	50s	陸サマ	6	8	**14**	0	4	50s(1), 40s(3)
			BY	女	40s	海サマ				−1	6	30s(1), 20s(3), 10s(1), 0s(1)
										−2	4	10s(2), 0s(2)
26	B	5	DA	女	50s	海サマ	11	10	**21**	0	1	50s(1)
			（死）DM	男	—	海サマ				−1	6	40s(1), 30s(4), 20s(1)
										−2	14	0s(14)
27	B	6	JA	男	40s	海サマ	6	8	**14**	0	2	40s(2)
			BO	女	40s	海サマ				−1	12	20s(2), 10s(3), 0s(7)
28	B	7	KY	男	50s	陸サマ	7	7	**14**	0	2	50s(2)
			TI	女	50s	陸サマ				−1	7	30s(2), 20s(1), 10s(3), 0s(1)
										−2	5	0s(5)
29	ZZ	10	RI	男	50s	海サマ	1		**1**	0	1	50s(1)
30	C	1	PS	男	40s	海サマ	1	3	**4**	+1	1	70s(1)
			RP	女	40s	海サマ				0	3	40s(3)
31	C	2	UT	男	40s	海サマ	10	6	**16**	+1	1	60s(1)
			BG	女	40s	海サマ				0	4	40s(2), 30s(2)
										−1	11	20s(3), 10s(5), 0s(3)
32	C	3	PL	男	40s	海サマ	4	3	**7**	0	2	50s(1), 40s(1)
			MA	女	40s	海サマ				−1	4	30s(2), 10s(2)
										−2	1	0s(1)
33	C	4	SL	男	40s	海サマ	7	7	**14**	+1	1	50s(1)
			BR	女	30s	海サマ				0	6	40s(1), 30s(3), 20s(1), 10s(1)
										−1	7	20s(1), 10s(3), 0s(3)
34	C	5	WA	男	40s	海サマ	1	4	**5**	0	2	40s(1), 30s(1)
			MN	女	30s	海サマ				−1	3	10s(2), 0s(1)
35	ZZ	11	AI	男	50s	海サマ	7	7	**14**	+1	1	70s(1)
			IP	女	50s	海サマ				0	2	50s(2)
										−1	4	30s(4)
										−2	7	20s(1), 10s(3), 0s(3)
36	ZZ	12	AL	男	40s	海サマ	11	10	**21**	0	6	40s(1), 30s(3), 20s(2)
			MH	女	30s	海サマ				−1	12	30s(1), 20s(2), 10s(5), 0s(4)
										−2	3	0s(3)
37	D	1	RG	男	50s	ブトン	5	5	**10**	0	2	60s(1), 50s(1)
			NG	女	60s	海サマ				−1	4	20s(4)
										−2	4	0s(4)
38	D	2	TG	男	50s	ブトン	6	6	**12**	+1	1	70s(1)
			LK	女	—	海サマ				0	1	50s(1)
										−1	4	30s(2), 20s(2)
										−2	6	10s(3), 0s(3)
39	D	3	XO	男	40s	海サマ	3	1	**4**	0	2	40s(2)
			OA	女	40s	海サマ				−1	2	20s(1), 10s(1)
40	D	4	TM	男	30s	陸サマ	4	1	**5**	0	2	30s(2)
			AU	女	30s	海サマ*				−1	3	10s(1), 0s(2)
41	D	5	NT	男	50s	タウスグ	7	5	**12**	0	2	50s(1), 40s(1)
			LS	女	40s	ブトン				−1	10	30s(2), 20s(4), 10s(2), 0s(2)
42	ZZ	13	DR*	男	40s	陸サマ	3	2	**5**	+1	2	60s(1), 50s(1)
			ME	女	30s	陸サマ				0	2	40s(1), 30s(1)
										−1	1	20s(1)
43	E	1	HT	男	50s	海サマ	5	9	**14**	+1	1	60s(1)
			RB	女	50s	海サマ				0	2	50s(2)
										−1	7	20s(2), 10s(3), 0s(2)
										−2	4	0s(4)

世代別構成/ 年齢・関係・夫婦居住形態					
世帯主(NL)からみた関係・人数	夫婦の居住パターン 夫方	 妻方	 独立	同居する夫婦の構成	備考
NL, H 4S, 4D, 3DH 4DS, 2DD		1 2		拡大家族 NLc+2Dc	
WF, WM NL, W, 1WZ, 1WZH 6WZS, 3D		1 2		拡大家族 NLc+WP+WZc	
NL, W 1D, 1DH 2DD, 1DDH 2DDD, 3DDS		1 1 1		直系家族 NLc+Dc+DDc	
NL, W 6S, 1D, 1SW, 1DH, 1DHB 1SS, 2DS, 2DD	1	1 1		拡大家族 NLc+Sc+Dc	
NL, H, 1Z, 1ZH 1D, 1ZS, 3ZD		2		拡大家族 NLc+Zc	
NL, W 1S, 3D, 3DH 7DS, 4DD		1 3		拡大家族 NLc+3Dc	
NL (夫死別) 1S, 1SW, 1D, 1DH 1SS 3DS, 3DD, 1DDH	1	1 1		拡大家族 Sc+Dc+DDc	
NL (妻死別) 1D, 1DH 2DS, 5DD, 1DDH		1 1		直系家族 Dc+DDc	
NL, W 1S, 1SW 3SS	1	1		直系家族 NLc+Sc	
NL, W 3S, 3D, 2DH 3DS, 2DD	1	2		拡大家族 NLc+2Dc	
F, M(継母/WM) NL, W 3S, 1ZS, 1ZD	1 1			直系家族 NLc+P	
WF NL, W, 1WZH (妻死別) 3S, 6D, 1SW, 2DH 1SD, 1DS, 1DD	1	1 2		拡大家族 NLc+Sc+2Dc	
NL, W, 1WZ, 1WZH 2S, 3D, 2WZS, 2WZD		2		拡大家族 NLc+WZc	
WM(夫死別) NL(妻死別) 3S				夫婦無	
NL, W, 1WZ, 1ZH 2S	1	1		拡大家族 NLc+WZc	*妻の父はタウスグと華人の子、母は陸サマ
NL, W 4S			1	核家族	*妻の父はタウスグと華人の子、母は陸サマ
NL, W, 1WZ(夫死別) 3S,3D			1	核家族	
NL, W 1S, 1S(養), 1D			1	核家族	
NL, W 1D 2SS			1	核家族	
NL, W 4S, 1D		1		核家族	
F, M NL, W, 4B, 1Z 2D	1		1	直系家族 NLc+P	

付録1　カッロン村悉皆調査区193世帯の世帯構成

家屋通番	ロオク識別記号	ロオク内の家屋番号	・世帯主名（略称） ・配偶者名（略称）	性別	年齢	民族	性別構成 男	女	計	世代別構成／年齢・関係・夫婦居住形態 世代	人数	年齢（人数）
1	A	1	TL	女	50s	海サマ	8	11	**19**	0	2	50s(1), 40s (1)
			MK	男	40s	イロカノ				−1	11	30s(1), 20s(5), 10s(3), 0s(2)
										−2	6	0s(6)
2	A	2	MJ	男	20s	海サマ	7	8	**15**	+1	2	50s(2)
			NP	女	20s	海サマ				0	4	20s(4)
										−1	9	10s(3), 0s(6)
3	A	3	BS	男	80s	海サマ	6	6	**12**	0	2	70s(1), 60s(1)
			IK	女	80s	海サマ				−1	2	40s(1), 30s(1)
										−2	3	20s(2), 10s(1)
										−3	5	0s(5)
4	A	4	MB	男	40s	海サマ	12	5	**17**	0	2	40s(2)
			NI	女	40s	海サマ				−1	10	20s(4), 10s(3), 0s(3)
										−2	5	0s(5)
5	A	5	MS	女	40s	海サマ	3	6	**9**	0	4	40s(2), 30s(2)
			YM	男	40s	海サマ				−1	5	20s(1), 10s(3), 0s(1)
6	A	6	RT	男	60s	海サマ	12	8	**20**	0	2	60s(1), 50s(1)
			BR	女	50s	海サマ				−1	7	30s(5), 20s(2)
										−2	11	0s(11)
7	A	7	PH	女	50s	海サマ	7	6	**13**	0	1	50s(1)
			（死）GN	男	—	海サマ				−1	4	40s(2), 20s(2)
										−2	8	10s(4), 0s(4)
8	A	8	BL	男	70s	海サマ	5	6	**11**	0	1	70s(1)
			（死）BU	女	—	海サマ				−1	2	30s(2)
										−2	8	10s(4), 0s(4)
9	A	9	JB	男	60s	海サマ	5	2	**7**	0	2	60s(2)
			HR	女	60s	海サマ				−1	2	40s(2)
										−2	3	10s(1), 0s(2)
10	A	10	MY	男	40s	海サマ	9	6	**15**	0	2	40s(2)
			LA	女	40s	海サマ				−1	8	30s(3), 20s(2), 10s(2), 0s(1)
										−2	5	10s(1), 0s(4)
11	A	11	AR	男	30s	海サマ	6	3	**9**	+1	2	50s(2)
			KA	女	30s	海サマ				0	2	30s(2)
										−1	5	10s(2), 0s(3)
12	A	12	DO	男	50s	海サマ	9	10	**19**	+1	1	80s(1)
			PG	女	40s	海サマ				0	3	50s(1), 40s (1), 20s(1)
										−1	12	30s(2), 20s(5), 10s(2), 0s(3)
										−2	3	0s(3)
13	ZZ	1	IS	男	40s	ビサヤ	6	7	**13**	0	4	40s(1), 30s(3)
			HW	女	40s	陸サマ				−1	9	10s(8), 0s(1)
14	ZZ	2	AN	男	40s	陸サマ	4	1	**5**	+1	1	50s(1)
			（死）NZ	女	—	陸サマ				0	1	40s(1)
										−1	3	10s(2), 0s(1)
15	ZZ	3	TG	男	40s	海サマ	4	2	**6**	0	4	40s(1), 30s(3)
			RG	女	30s	タウスグ*				−1	2	0s(2)
16	ZZ	4	UI	男	30s	陸サマ	5	1	**6**	0	2	30s(2)
			NI	女	30s	タウスグ*				−1	4	0S(4)
17	ZZ	5	ZT	男	60s	陸サマ	4	5	**9**	0	3	60s(1), 40s(2)
			NR	女	40s	陸サマ				−1	6	10s(4), 0s(2)
18	ZZ	6	LK	男	50s	陸サマ	3	2	**5**	0	2	50s(1), 40s(1)
			TA	女	40s	陸サマ				−1	3	10s(2), 0s(1)
19	ZZ	7	OS	男	50s	陸サマ	3	2	**5**	0	2	50s(2)
			UH	女	50s	陸サマ				−1	1	10s(1)
										−1	2	0S(2)
20	ZZ	8	DM	男	50s	タウスグ	5	2	**7**	0	2	50s(1), 40s(1)
			JU	女	40s	陸サマ				−1	5	20s(2), 10s(1), 0s(2)
21	ZZ	9	RS	男	30s	陸サマ	6	5	**11**	1	2	50s(1), 40s(1)
			OR	女	20s	ブギス				0	7	30s(1), 20s(2), 10s(3), 0s(1)
										−1	2	0s(2)

【付録索引】

V Inheemsche Bevolking van Borneo, Celebes, de Kleine Soenda Eilanden en de Molukken.
Batavia: Landsdrukkerij.

———. 1971. Usul Bahagian dan Tindakan USIA Pusat: Sebagaimana yang Dikemukakan didalam Persidangan Perhimpunan Agong USIA Kali yang Pertama pada 1hb.-2hb. Ogos 1970.

〔センサス〕

（北ボルネオ／マレーシア・サバ州）

The British North Borneo Herald and Official Gazette (BNBH). February 1, 1892: 19-34.〔1891年のセンサスを掲載〕

———. October 1, 1901: Supplement i-iv.〔1901年のセンサスを掲載〕

The British North Borneo Official Gazette. January 2, 1912: 18-23.〔1911年のセンサスを掲載〕

Department of Statistics, Malaysia (DOSM). 1976. *Population and Housing Census of Malaysia, 1970: Vol.1. Basic Population Tables Part XII- Sabah*. Kuala Lumpur: DOSM.

———. 1983. *Population and Housing Census of Malaysia, 1980: State Population Report, Sabah*. Kuala Lumpur: DOSM.

———. 1995a. *Population and Housing Census of Malaysia, 1991: General Report of the Population Census (volume 1)*. Kuala Lumpur: DOSM.

———. 1995b. *Population and Housing Census of Malaysia, 1991: General Report of the Population Census (volume 2)*. Kuala Lumpur: DOSM.

———. 1995c. *Population and Housing Census of Malaysia, 1991: State Population Report, Sabah*. Kuala Lumpur: DOSM.

———. 2001. *Population and Housing Census of Malaysia, 2000: Population Distribution and Basic Demographic Characteristics*. (CD-ROM). Kuala Lumpur: DOSM.

Garry, A. N. M. n.d. *Report on the Census of the State of North Borneo, taken on the night of 26th April, 1931*. Hong Kong: Noronha and Co.

Jones, L. W. 1953. *North Borneo: A Report on the Census of Population held on 4th June, 1951*. London: Crown Agent for the Colony.

———. 1962. *North Borneo: Report on the Census of Population held on 10th August, 1960*. Kuching: Government Printing Office.

Maxwell, D. R. n.d. *State of North Borneo Census Report, 24th April, 1921*. n.p.: State of North Borneo.

（アメリカ領フィリピン／フィリピン）

National Statistics Office, Republic of the Philippines (NSO-RP). 1995. *Census of Population, Report No.2-90 O: Socio-Economic and Demographic Characteristics Tawi-Tawi*. Manila: National Statistics Office, Republic of the Philippines.

———. 2002-2006. Census 2000, Population and Housing Characteristics. (CD-ROM). Manila: National Statistics Office（各州版）.

（オランダ領東インド／インドネシア）

インドネシア中央統計局所蔵の2000年センサス電子版データ（Badan Pusat Statistik, Republik Indonesia, Jl. Dr. Sutomo 6-8, Jakarta, Indonesia）

Departement van Economische Zaken, Nederlandsch-Indiës, 1936. *Volkstelling 1930 Deel*

———. 1993b. Enakmen Prosedur Mal Syariah 1993. (Sabah No. 9 tahun 1993). Kota Kinabalu: Jabatan Cetak Kerajaan.

———. 1993c. Enakmen Prosedur Jenayah Syariah 1993. (Sabah No. 10 tahun 1993). Kota Kinabalu: Jabatan Cetak Kerajaan.

———. 1995. Enakmen Kesalahan Jenayah Syariah 1995. (Sabah No. 3 tahun 1993). Kota Kinabalu: Jabatan Cetak Kerajaan.

———. 1998. Enakmen Perbadanan Baitulmal 1998. (Sabah No. 11 tahun 1993). Kota Kinabalu: Jabatan Cetak Kerajaan.

State of Sabah. 1975. Administration of Muslim Law Enactment 1971. (Sabah No. 15 of 1971). (containing the amended law as in force on the 30th day of April, 1975). Kota Kinabalu: Jabatan Cetak Kerajaan.

———. 1995. Interpretation (Definition of Native) Ordinance, 1952. (Sabah No.9 of 1952). (containing the amended law as in force on 1st January, 1995). Kota Kinabalu: Jabatan Cetak Kerajaan.

———. 1996. *Constitution of the State of Sabah*. (containing the amended law as in force on 12th December, 1995). Kota Kinabalu: Jabatan Cetak Kerajaan.

〔行政および政党資料〕

PDSPA (Pejabat Daerah Semporna Perangkaan Am). (「センポルナ郡役所公文書」。直接引用したもののみ書類名を記した。他はファイル名。なお村名は“ *** ”と記した)

PDSPA. 600 1/5/5 (1-15). “Kampong ***.” (1995-1998)

———. 600 1/5/5: 2 “Rayuan Kampung *** Semporna agar Diwartakan sebagai Kampung Reserve.” 2 / 9/ 1995.

———. 600 1/5/5: 9 “Permohonan Projek Pembangunan Luar Bandar: Membina semula Jambatang.” Kg. ***, Semporna sejauh 2,300 Kaki Panjang” . 5/ 1/ 1998.

———. 600 1/5/10: 1-79. “Kampong ***.” (1990-1995)

———. 600 1/5/10: 9 “Permohonan Peruntukan Alat-Alat Kebudayaan Tempatan Kg. ***, Semporna Sebanyak $ 3,000.00.” 26/ 2/ 1991.

———. 600-1/5/10: 66 “Permohonan Projek Membina Rumah Persinggahan Kg. ***, Semporna $ 25,000.00.” 21/11/1990.

———. 100 1/5/10 “Aid to Fishermen/ Bantuan Perikanan.” (1977-1997)

———. 100-0/96/3 “Infrastruktur dan Kemudahan Asas Kampong2 Peruntukan PKN.” 1982.

———. 100-0/96/4 “Rencangan Pemulihan Kampung.” 7/ 6/ 1982.

Talikop Lamsin. 1997. Wawasan dan Mtlamat: Jabatan Pembangunan Luar Bandar. Kota Kinabalu: Jabatan Pembangunan Luar Bandar.

UMNO Bahagian Semporna. 1997. Mesyuarat Perwakilan UMNO Bahagian Semporna 1997 (Penyata Tahunan 1996/1997).

———. 1998. Mesyuarat Perwakilan UMNO Bahagian Semporna 1998 (Peringatan Persidangan Tahun 1997).

United Sabah Islamic Association (USIA). 1970. USIA/ Bahagian/ 1969/70.

Kinabalu: Jabatan Cetak Kerajaan.
North Borneo Central Archives Files (NBCA). 152. "Mohammedan Laws and Customs."
———. 542. "Township, 1924-1941 Auction of Shop Lots, Semporna."〔542 はファイル番号。以下同じ〕
———. 643. "Native Reserve, Semporna."
———. 789. "Vernacular School, Semporna."
———. 809. "Appointment of Imams."
Pejabat Daerah Semporna. 1994. 100-0/33-Jilid 2. Survey of Illegal House. No.76. "Laporan Kajian Sanitasi ke atas Kampung Setinggan yang Terletak di Kawasan Pekan Semporna."
Parlimen Malaysia 1999 (13 October). *Penyata Rasmi Parlimen Dewan Rakyat, Isnin, 13 Oktober 1997 (Parlimen Kesembilan/ Penggal Ketiga/ Mesyuarat Ketiga)*. Cawangan Dokumentasi Parlimen Malaysia.
The British North Borneo (Chartered) Company (BNBC). 1890. *Handbook of British North Borneo compiled from Reports of the Governor and Officers of the Presidential Staff in Borneo, and Other Sources of Information of an Authentic Nature, with an Appendix of Documents, Trade Returns, &c., Showing the Progress and Development of the Company's Territory to the Latest Date*. London: William Clowes & Sons.
———. 1921. *Handbook of the State of British North Borneo compiled from Reports of the Governor and Staff of North Borneo with an Appendix Showing the Progress and Development of the State to the End of 1920*. London: BNBC.

〔北ボルネオ・サバ州法令〕
Government of the State of North Borneo (GSNB). n.d. *The Ordinances and Rules of the State of North Borneo 1881-1936* (revised edition). Sandakan: Government Printing Office.
Kellanger, George B. 1954. *The Laws of North Borneo in Force on the 30th June 1953*. (revised edition). London: Waterlow & Sons Limited.
Negeri Sabah. 1977. Enakmen Pentadbiran Hukum Syarak 1977. (Sabah No. 15 tahun 1977). Kota Kinabalu: Jabatan Cetak Kerajaan.
———. 1991. Enakmen Pengawalan Sekolah-sekolah Agama Islam 1991. (Sabah No. 7 tahun 1991). Kota Kinabalu: Jabatan Cetak Kerajaan.
———. 1992a. Enakmen Pentadbiran Undang-undang Islam 1992. (Sabah No. 13 tahun 1992). Kota Kinabalu: Jabatan Cetak Kerajaan.
———. 1992b. Enakmen Mahkamah Syariah 1992. (Sabah No. 14 tahun 1992). Kota Kinabalu: Jabatan Cetak Kerajaan.
———. 1992c. Enakmen Undang-undang Keluarga Islam 1992. (Sabah No. 15 tahun 1992). Kota Kinabalu: Jabatan Cetak Kerajaan.
———. 1992d. Enakmen Keterangan Mahkamah Syariah 1992. (Sabah No. 16 tahun 1992). Kota Kinabalu: Jabatan Cetak Kerajaan.
———. 1993a. Enakmen Zakat dan Fitrah 1993. (Sabah No. 6 tahun 1993). Kota Kinabalu: Jabatan Cetak Kerajaan.

〔刊行物〕

Abdul Rahman Arshad; Asraf; dan Hanafi Mohamed Kamal. 1976. *Pendidikan Tatarakyat Baru Dewan: Untuk Tingkatan Dua*. Kuala Lumpur Dewan Bahasa dan Pustaka, Kementerian Pelajaran Malaysia.

Crocker, W. M. 1890. Report on British North Borneo. In *Handbook of British North Borneo compiled from Reports of the Governor and Officers of the Presidential Staff in Borneo, and Other Sources of Information of an Authentic Nature, with an Appendix of Documents, Trade Returns, &c., Showing the Progress and Development of the Company's Territory to the Latest Date*, edited by BNBC, pp.165-174. London: William Clowes & Sons.

Government of the State of North Borneo (GSNB). 1909. Annual Report on Tawao District, 1908.

———. 1912. *Annual Report on the East Coast Residency for the year 1911*.

———. 1915. *Annual Report on the East Coast Residency for the year 1914*.

———. 1916. *Annual Report on Tawau District for the year 1915*.

———. 1917. *Annual Report on the East Coast Residency for the year 1916*.

———. 1918. *Annual Report on the East Coast Residency for the year 1917*.

———. 1920. *Annual Report on the East Coast Residency for the year 1919*.

———. 1923. *Annual Report on the East Coast Residency for the year 1922*.

———. 1931. *Annual Report on Tawau Residency for the year 1930*.

———. 1934. *Annual Report on the East Coast Residency for the year 1933*.

Jabatan Hal Ehwal Agama Islam Sabah (JHEAINS), Semporna. 1999. *Taklimat Ringkas Jabatan Hal Ehwal Agama Islam Negeri Sabah Semporna*.

Jamdin Buyong. 1995. *Islam di Sabah Peranan Putatan dalam Perkembangannya*. Kota Kinabalu: Badan Dakwah Daerah Penampang & MUIS.

Johari Alias. n.d. Perkembangan Ugama Islam di Sabah. In *Mesjid Negeri Sabah*, edited by Majlis Ugama Islam Sabah (MUIS), pp. 32-36. Kota Kinabalu: Majlis Ugama Islam Sabah (MUIS).

Kementerian Pendidikan Malaysia. 1996. *Kurikulum Bersepadu Sekolah Menengah: Sejarah, Titngkatan Satu*. Kuala Lumpur: Kementerian Pendidikan Malaysia & Dewan Bahasa dan Pustaka.

Khoo, G. 1981. *Sejarah Malaysia, Tingkatan Satu*. Kuala Lumpur: Dewan Bahasa Dan Pustaka.

Majlis Ugama Islam Sabah (MUIS). n.d. (a). *Perkembangan Islam di Sabah Melalui MUIS*. Kota Kinabalu: Majlis Ugama Islam Sabah (MUIS).〔1980年代前半の発行と思われる〕

———. n.d. (b). *Majlis Ugama Islam Sabah: Fungsi dan Peranannya*. Kota Kinabalu: Majlis Ugama Islam Sabah (MUIS).〔1983-85年の発行と思われる〕

———. 1998. *Taklimat MUIS/ JHEAINS 1998*. Kota Kinabalu: Majlis Ugama Islam Sabah (MUIS).

Mustapha Harun. 1972. *Fungsi dan Peranan Majlis Ugama Islam Sabah*. Kota Kinabalu: Jabatan Chetak Kerajaan, Sabah.

Negeri Sabah, Malaysia. 2000. *Anggaran Hasil dan Perbelanjaan bagi Tahun 2000*. Kota

Series 76(2): 361-362.

【未刊行論文・報告】

長津一史. 1995b.『フィリピン・サマの漁撈活動の実態と環境観――民俗環境論的視点から』京都大学修士（人間・環境学）学位請求論文（京都大学大学院人間・環境学研究科）

Akamine, Jun. 2004. "Language Questions of the Sama-Bajau in Wallacea World: A Possible Way to Understand Dynamic Population Movement of Sama People." A Paper Presented at 21st Century COE Program International Workshop "Everyday Life and Policing in the Wallacean World" at LIPI (Indonesian Institute of Sciences), March 23, 2004.

Nagatsu, Kazufumi; and Akamine, Jun. 2004. Word and Sentence List for Sama/ Bajau Languages Ver. 3.『ウォーラセア海域における生活世界と境界管理の動態的研究』平成13年度～平成15年度科学研究費補助金基盤研究A(2)研究成果報告書. パトリシオ・N・アビナウレス（編）, 25-102ページ.

Sabihah Osman. 1983. Malay-Muslim Political Participation in Sarawak and Sabah 1841-1951. Ph. D. Dissertation, University of Hull.

〔ウェブサイト〕

柄谷利恵子. 2018.「ヨーロッパ難民危機」『ヨーロッパ難民 危機日本大百科全書（ニッポニカ）』東京：小学館.

URL: https://japanknowledge.com/contents/nipponica/sample_koumoku.html?entryid=711/（2018年10月1日最終閲覧）

National Library Board, Singapore. 2014. "Campaign against Yellow Culture Launched, 8th Jun 1959." In *History SG: An Online Resource Guide*.

URL: http://eresources.nlb.gov.sg/history/events/47129576-377a-44fe-a05f-fefddf0cb765（2019年1月10日最終閲覧）

Prime Minister's Office of Malaysia. 2007. "Arkib Ucapan." In *Official Website of the Prime Minister's Office of Malaysia*.

URL: http://www. pmo.gov.my/ucapan/（2009年10月1日最終閲覧）

Quiambao, Cecilia 1995. (May 23) "Ports in East Asia growth area get regular links." In JOC.com

URL: https://www.joc.com/maritime-news/ports-east-asia-growth-area-get-regular-links_19950523.html?destination=node/2534211（2018年1月30日最終閲覧）

【定期刊行物】

The British North Borneo Herald and Official Gazette (BNBH).

Borneo Bulletin.

Daily Express.

The North Borneo News and Sabah Times (NBNST).

【公文書等資料】

Canberra: ANU press.

Stone, Richard L. 1962. Intergroup Relations among the Taosug, Samal and Badjaw of Sulu. *Philippine Sociological Review* 10: 107-133.

Taylor, Carl N. 1931. The Sea Gypsies of Sulu. *Asia* 31(Aug.): 476-483, 534-535.

Toohey, A. Patricia. 1998. Being out of Place: Mendicants in Urban Landscapes. *Philippine Sociological Review* 46(3/4).: 158–70.

Tregonning, K. G. 1965. *A History of Modern Sabah: North Borneo 1881-1963*. Singapore, Kuala Lumpur: University of Malaya Press.

Trocki, Carl A. 1999. *Opium, Empire and the Global Political Economy: A Study of the Asian Opium Trade 1750-1950*. London: Routledge.

Tsing, Anna L. 1993. In *the Realm of the Diamond Queen*. Princeton: Princeton University Press.

Verschuer, F. H., Van. 1883. De Badjoo. *Nederlandsch Aadrijksckundig Genootschap* 7: 1-7.

Villiers, John. 1990. Makassar: The Rise and Fall of an East Indonesian Maritine Trading State, 1512-1669. In *The Southeast Asian Port and Polity, Rise and Demise*, edited by J. Kathirithamby-Wells; and J. Villers, pp. 141-159. Singapore: Singapore University Press.

Warren, Carol. 1983. *Ideology, Identity and Change: The Experience of the Bajau Laut of East Malaysia, 1969-1975*. Townsville: James Cook University of North Queensland.

Warren, James F. 1971. *The North Borneo Chartered Company's Administration of the Bajau, 1878- 1909: The Pacification of Maritime, Nomadic People*. Papers in International Studies, Southeast Asia Series No.22. Athens: Ohio University, Center for International Studies, Southeast Asian Program.

———. 1978. Who were the Balangingi Samal? Slave Raiding and Ethnogenesis in Nineteenth- Century Sulu. *The Journal of Asian Studies* 37(3): 477-490.

———. 1981. The Sulu Zone 1768-1898. Singapore: Singapore University Press.

Wensinck, Arent J. 1999. Sha'bān. In *Encyclopaedia of Islam*. (CD-ROM Edition). Leiden: Koninklijke Brill NV.

Wilkinson, R. J. 1903. *A Malay-English Dictionary*. Hongkong: Kelly & Walsh, limited.

Wolters, Oliver W. 1982. *History, Culture and Region in Southeast Asian Perspectives*. Michigan: Institute of Southeast Asian Studies.

Yap Beng Liang. 1993. *Orang Bajau Pulau Omadal : Aspek-Aspek Budaya*. Kuala Lumpur: Dewan Bahasa dan Pustaka.

Zainah Anwar. 1987. *Islamic Revivalism in Malaysia: Dakwah among Students*. Kuala Lumpur: Pelanduk Publication.

Zainal Abidin Abdul Kadir. 1993. Pendidikan Islam di Sabah dan Sarawak Masalah dan Perlaksanaannya. In *Pendidikan Islam Malaysia*, edited by Ismail Ab. Rahman, pp. 61-63. Bangi: Penerbit Universti Kebangsaan Malaysia.

Zainal Abidin (Hj.) Safarwan. (compiled). 1996. *Kamus Besar Bahasa Melayu Utusan*. KL: Utusan Publications.

Zamora, Mario D. 1974. Henry Otley Beyer, 1883-1966. *American Anthropologist*, New

No. 4). Quezon City: Philippine Center for Advanced Studies Museum, University of the Philippines.

Saleeby, Najeeb M. 1913. *The Moro Problem*. Manila: E. C. McCullogh & Co.

———. 1963 (1908). *The History of Sulu.* Manila: Filipiniana Book Guild. (Reprint of the 1908 edition)

Sather, Clifford. 1976. Kinship and Contiguity: Variation in Social Alignments among the Semporna Bajau Laut. In *The Societies of Borneo*, edited by Appell George N., pp. 40-65. Washington D. C.: American Anthropological Association.

———. 1978. The Bajau Laut. In *Essays on Borneo Societies*, edited by Victor T. King, pp. 179-192. Hull Monographs on Southeast Asia, No.7. London: Oxford University Press.

———. 1984. Sea and Shore People: Ethnicity and Ethnic Interaction in Southeastern Sabah. *Contributions to Southeast Asian Ethnography* 3: 3-27

———. 1985. Boat Crews and Fishing Fleets: Social Organization of Maritime Labour among the Bajau Laut of Southeastern Sabah. *Contributions to Southeast Asian Ethnography* 4: 165-214.

———. 1997. *The Bajau Laut: Adaptation, History, and Fate in a Maritime Fishing Society of South-eastern Sabah*. Kuala Lumpur: Oxford University Press.

Shamsul A. Baharuddin. 1986. *From British to Bumiputera Rule: Local Politics and Rural Development in Peninsular Malaysia. Singapore: Institute of Southeast Asian Studies.*

———. 1996. Debating about Identity in Malaysia: A Discourse Analysis. *South East Asian Studies* 34(3): 476-499.

———. 1998. Development and Change in Rural Malaysia: The Role of the Village Development Committee. *Southeat Asian Studies* (『東南アジア研究』)26(2): 218-228.

Shaw, Rosalind; and Charles Stewart. 1994. Introduction: Problematizing Syncretism. In *Syncretism/ Anti-Syncretism: The Politics of Religious Synthesis*, edited by Charles Stewart; and Rosalind Shaw, pp. 1-26. London; New York: Routledge.

Sherfan, Andrew D. 1976. *The Yakans of Basilan Island : Another Unknown and Exotic Tribe of the Philippines*. Cebu City: Fotomatic (Phils.).

Sheridan, L. A.; and Harrye Groves. 1987. *The Constitution of Malaysia*. Singapore: Malayan Law Journal (Pte) Ltd.

Smith, Kenneth D. 1984. The Languages of Sabah: A Tentative Lexicostatistical Classification. In *Languages of Sabah: A survey report*, (Pacific Linguistics Series C-78), edited by Julie K. King; and John W. King, pp. 1-49. Canberra: The Australian National University.

Sopher, David E. 1977(1965). *The Sea Nomads: A Study of the Maritime Boat People of Southeast Asia*. Singapore: National Museum of Singapore. (Reprinted in 1977 with Postscript)

Spoehr, Alexander. 1973. *Zamboanga and Sulu: An Archaeological Approach to Ethnic Diversity*. (Ethnology Monographs no. 1). Pittsburgh: Deptartment of Anthropology, University of Pittsburgh.

Stacey, Natasha. 2007. *Boats to Burn: Bajo Fishing Activity in the Australian Fishing Zone*.

———. 1990a. Religious Beliefs of the Tawi-Tawi Bajau. *Philippine Studies* 38(1): 3-27.

———. 1990b. Religious Rituals of the Tawi-Tawi Bajau. *Philippine Studies*. 38(2): 166-198.

Noresah (Hja.) Baharom et al. eds. 1997. *Kamus Dewan*. (3rd edition) Kuala Lumpur: Dewan Bahasa dan Pustaka.

Ongkili, James P. 1989. Political Development in Sabah, 1963-1988. In *Sabah 25 Years Later 1963-1988*, edited by Jeffrey Kitingan; and Maximus J. Ongkil, pp. 61-79. Kota Kinabalu: Institute for Development Studies.

Orosa, Sixto Y. 1923. *The Sulu Archipelago and its People*. New York: World Book Company.

Pallesen, A. Kemp. 1985. *Culture Contact and Language Convergence*. Manila: Linguistic Society of the Philippines.

Peletz, Michael G. 1988. *A Share of the Harvest Kinship, Property, and Social History among the Malays of Rembau*. Berkeley; Los Angeles; Oxford: University of California Press.

———. 1997. "Ordinary Muslims" and Muslim Resurgents in Contemporary Malaysia: Notes on An Ambivalent Relationship. In *Islam in an Era of Nation-States: Politics and Religious Renewal in Muslim Southeast Asia*, edited by Robert W. Hefner; and Patricia Horvatich, pp. 231-273. Honolulu: University of Hawai'i Press.

Pryer, William B. 1887. On the Natives of British North Borneo. *Journal of the Royal Anthropological Institute* 16: 229-236.

Pugh-Kitingan, Jacqueline. 1989. Cultural Development in Sabah. In *Sabah 25 Years Later 1963-1988*, edited by Jeffrey Kitingan; and Maximus J. Ongkil, pp. 359-404. Kota Kinabalu: Institute for Development Studies.

Ramli Dollah et al. 2016. Old Threats, New Approach and National Security in Malaysia: Issues and Challenges in Dealing with Cross-border Crime in East Coast of Sabah. *Mediterranean Journal of Social Sciences* 7(3): 178-186.

Ranjit Singh, D. S. 2000. *The Making of Sabah 1865-1941: The Dynamics of Indigenous Society*. Kuala Lumpur: University of Malaya Press.

Regis, Patricia. 1989. Demography. In *Sabah 25 Years Later 1963-1988*, edited by Jeffrey Kitingan; and Maximus J. Ongkil, pp. 405-450. Kota Kinabalu: Institute for Development Studies.

Roff, William R. 1985. Islam Obscured? Some Reflections on Studies on Islam and Society in Southeast Asia. *Archipel* 29: 7-34.

———. 1994 (1967). *The Origin of Malay Nationalism*. Kuala Lumpur: Oxford University Press. (Second edition).

Rogers, Marvin L. 1992. *Local Politics in Rural Malaysia: Patterns of Change in Sungai Raya*, Boulder: Westview Press.

Sabihah Osman. 1985. *Pentadbiran Pribumi Sabah 1881-1941*. Bangi: Universiti Kebangsaan Malaysia-Yayasan Sabah.

Safi Sharifuddin Daud. 1993. Masa Depan dan Matlamat Sekolah-Sekolah Agama Islam Sabah. In *Pendidikan Islam Malaysia*, edited by Ismail Ab. Rahman, pp. 64-69. Bangi: Penerbit Universti Kebangsaan Malaysia.

Salbalvaro, Jose, B.; and Mashur bin Ghalib Jundam. 1978. *The Badjaw. (Field Report Series*

Kessler, Clive S. 1978. *Islam and Politics in a Malay State, Kelantan, 1838-1969*. Ithaca: Cornell University Press.

Kiefer, Thomas M. 1972a. *The Tausug Violence and Law in a Philippine Moslem Society*. New York: Holt, Rinehart and Winson, Inc.

———. 1972b. The Tausug Polity and the Sultan of Sulu: A Segmentary State in the Southern Philippines. *Sulu Studies* 1: 16-64.

Kipp, Rita Smith; and Rodgers, Susan eds. 1987. *Indonesian Religions in Transition.* Tucson : University of Arizona Press

Kitingan, Jeffrey; and Gabriel William. 1989. Development of the Administrative System in Sabah, 1963-1988. In *Sabah 25 Years Later 1963-1988*, edited by Jeffrey Kitingan; and Maximus J. Ongkil, pp. 145-207. Kota Kinabalu: Institute for Development Studies.

Laarhoven, Ruurdje. 1990. Lords of the Great River: The Magindanao Port and Polity during the 17th Century. In *The Southeast Asian Port and Polity, Rise and Demise*, edited by J. Kathirithamby-Wells; and John Villers, pp. 161-185. Singapore: Singapore University Press.

Luping, Herman J. 1994. *Sabah's Dilemma: The Political History of Sabah, 1960-1994*. Kuala Lumpur: Magnus Books.

Majul, Cesar Adib. 1973. *Muslims in the Philippines*. Manila: Saint Mary's Publishing.

Martenot, Alain. 1981. Bateaux Sama de Sitangkai. *Archipel* 22: 183-207.

Mat Zin Mat Kib. 2003. *Kristian di Sabah*: 1881-1994. Bangi: Penerbit Universti Kebangsaan Malaysia.

Muhamad Saleh Hasan Fred, Haji. 1970. *Khtba Jumaat Masjid Negara*. Masjid Negara: Kuala Lumpur.

Muhammad Kurais II. 1979. *The History of Tawi-Tawi and its People*. Tawi-Tawi: Mindanao State University.

Muhiddin Yusin. 1990. *Islam di Sabah*. Kuala Lumpur: Dewan Bahasa dan Pustaka-Kementerian Pendidikan Malaysia.

Murdock, George Peter. 1949. *Social Structure*. New York: Macmillan.（『社会構造――核家族の社会人類学』内藤莞爾監訳．東京：新泉社．1978）

Nagata, Judith. 1984. *The Reflowering of Malaysian Islam: Modern Religious Radicals and their Roots*. Vancouver: University of British Columbia Press.

Nagatsu, Kazufumi. 2001. Pirates, Sea Nomads or Protectors of Islam? A Note on "Bajau" Identifications in the Malaysian Context. *Asian and African Area Studies*（『アジア・アフリカ地域研究』）1: 212-230.

Nicholas, Colin. 2000. *Orang Asli and the Contest for Resources: Indigenous Politics, Development and Identity in Peninsular Malaysia*. Kuala Lumpur: IWGIA/ COAC.

Nimmo, H. Arlo. 1968. Reflections on Bajau History. *Philippine Studies* 16(4): 32-59.

———. 1972. *The Sea People of Sulu: A Study of Social Change in the Philippines*. San Francisco: Chandler Publishing Company.

———. 1986. Recent Population Movements in the Sulu Archipelago: Implications to Sama Culture History. *Archipel* 32: 25-38.

Geertz, Clifford. 1960. *The Religion of Java*. Chicago and London: University of Chicago Press

Gowing, Peter G. 1979. *Musilim Filipinos: Heritage and Horizon*. Quezon City: New Day Publishers.

Grimes, Barbara F., ed. 2000. *Ethnologue: Languages of the world*. (14th edition) Dallas: Summer Institute of Linguistics.

Hefner, Robert W. 1997. Islam in an Era of Nation-States: Politics and Religious Renewal in Muslim Southeast Asia. [as Introduction]. In *Islam in an Era of Nation-States: Politics and Religious Renewal in Muslim Southeast Asia*, edited by Robert W. Hefner; and Patricia Horvatich, pp. 3-40. Honolulu: University of Hawai'i Press.

Hefner, Robert W. et al. eds. 2013. *Religions in Movement: The Local and the Global in Contemporary Faith Traditions*. London: Routledge

Hefner, Robert W.; and Patricia Horvatich, eds. 1997. *Islam in an Era of Nation-States: Politics and Religious Renewal in Muslim Southeast Asia*. Honolulu: University of Hawai'i Press.

Hirschman, Charles. 1987. The Meaning and Measurement of Ethnicity in Malaysia: An Analysis of Census Classifications, *The Journal of Asian Studies* 46(3): 555-582.

Hooker, M. B. 1980 (1993). *Native Law in Sabah and Sarawak*. Singapore: Malaysian Law Journal Pte. Ltd.

———. 1984. *Islamic Law in South-east Asia*. Singapore: Oxford University Press.

Horvatich, Patricia. 1997. The Ahmadiya Movement in Simunul: Islamic Reform in One Remote and Unlikely Place. In *Islam in an Era of Nation-States: Politics and Religious Renewal in Muslim Southeast Asia*, edited by Robert W. Hefner; and Patricia Horvatich, pp. 183- 206. Honolulu: University of Hawai'i Press.

Hunt, J. 1837a. Sketch of Borneo or Pulo Kalamantan, In *Notices of the Indian Archipelago and Adjacent Countries: Being a Collection of Papers Relating to Borneo, Celebes, Bali, Java, Sumatra, Nias, the Philippine Islands, Sulus, Siam, Cochin China, Malayan Peninsula, &c.*, edited by J. H. Moor, pp. 12-30 (in Appendix). Singapore.

———. 1837b. Some Particulars Relating to Sulo in The Archipelago of Felicia. In *Notices of the Indian Archipelago and Adjacent Countries: Being a Collection of Papers Relating to Borneo, Celebes, Bali, Java, Sumatra, Nias, the Philippine Islands, Sulus, Siam, Cochin China, Malayan Peninsula, &c.*, edited by J. H. Moor, pp. 31-60 (in Appendix). Singapore.

Hussin Mutalib. 1993. *Islam in Malaysia: From Revivalism to Islamic State?* Singapore: Singapore University Press.

Ismail Abbas et al. 1996. *Biografi Bergambar Tun Datuk Seri Panglima Haji Sakaran Dandai*. Kota Kinabalu: Holijaya.

Jenar Lamdah. 1981. *Datuk Harris Mohd. Salleh dengan Politk Sabah*. Ipoh: Chee Leong Press.

Kathirithamby-Wells, J. 1990. Introduction: An Overview. In *The Southeast Asian Port and Polity, Rise and Demise*, edited by J. Kathirithamby-Wells; and John Villers, pp. 1-16. Singapore: Singapore University Press.

Islands, 1493-1898. (55 Volumes). Cleveland: The Arthur H. Clark Co.

Blake, Anson S. 1954. David Prescott Barrows. *California Historical Society Quarterly* 33(4): 371.

Bottignolo, Bruno. 1995. *Celebrations with the Sun: An Overview of Religious Phenomena among the Badjaos*. Manila: Ateneo de Manila University Press.

Bowen, John R. 1993. *Muslims through Discourse: Religion and Ritual in Gayo Society*. Princeton: Princeton University Press.

Casino, Eric S. 1974. Folk Islam in the Life Cycle of the Jama Mapun. In *The Muslim Filipinos*, edited by Peter G. Gowing; and Robert McAmis, pp. 165-181. Manila: Solidaridad Publishing House.

———. 1976. *The Jama Mapun*. Quezon City: Ateneo de Manila University.

Chandra Muzaffar. 1987. *Islamic Resurgence in Malaysia*. Petaling Jaya: Fajar Bakti.

Cook, Oscar. 1991(1924). Borneo: *The Stealer of Hearts*. Borneo Publishing Company, Kota Kinabalu. (Reprint of the 1924 edition)

Dewan Bahasa dan Pustaka, ed. 1998. *Ensiklopedia Sejarah dan Kebudayaan Melayu*. Kuala Lumpur: Dewan Bahasa dan Pustaka.

Dewall, H. von. 1855. Aanteekeningen omtrent de Noordoostkust van Borneo. *Tijdschrift voor Indische Taal-, Land- en Folkenkunde* 4: 423-458.

Ducommun, Dolores. 1962. Sisangat: A Sulu Fishing Community. *Philippines Sociological Review* 10(3-4): 91-107.

Duncan, Christopher R., ed. 2004. *Civilizing the Margins: Southeast Asian Government Policies for the Development of Minorities*. Ithaca: Cornell University Press.

Earl, George W. 1971(1837). *The Eastern Seas or Voyages and Adventures in the Indian Archipelago in 1832, 1833, 1834, Comprising a Tour of the Island of Java- Visits to Borneo, the Malay Peninsula, Siam, Also an Account of the Present State of Singapore with Observations on the Commercial Resources of the Archipelago*. London: W. H. Allen & Co.

Eickelman, Dale F.; and Piscatori, James. 1996. *Muslim Politics*. Princeton: Princeton University Press.

Encyclopædie van Nederlandsch-Indië. 1917. *Encyclopædie van Nederlandsch-Indië, Eerste Deel A-G*. ' s-Gravenhage: Martinus Nijhoff. (tweede druk)

Evans, Grant; Hutton, Christopher; and Kuah, Khun Eng eds. 2000. *Where China Meets Southeast Asia: Social and Cultural Change in the Border Regions*. Singapore: Institute of Southeast Asian Studies.

Evans, Ivor H. N. 1923. *Studies in Religion, Folklore, and Custom in British North Borneo and the Malay Peninsula*. Cambridge: Cambridge University Press.

———. 1952. Notes on the Bajaus and Other Coastal Tribes of North Borneo. *Journal of the Malayan Branch of the Royal Asiatic Society* 25: 48-55.

Forrest, Thomas. 1969(1780). *A Voyage to New Guinea and the Moluccas, 1774-1776*. Kuala Lumpur: Oxford University Press. (Reprint of the 1780 edition)

Furqan (Hj.), Ahmad Ansari. 1998. *Doa dan Zikir Rasulullah SAW*. Johor Bahru: Perniagaan Jahabersa.

山下晋司. 1988.『儀礼の政治学――インドネシア・トラジャの動態的民族誌』東京：弘文堂.
山本博之. 1993.「サバのマレーシア加入とカダザン・ナショナリズム」『アジア経済』34(11): 18-36.
―――. 1996.「『20項目』問題と連邦・州関係――1950年代カダザン民族主義の復活とその限界」『国民開発策（NDP）下のマレーシア』原不二夫・鳥居高（編），131-149ページ. 東京：アジア経済研究所.
―――. 1999.「マレーシア・サバ州の州首相輪番制の導入で問われるもの」『アジア研ワールド・トレンド』42: 82-88.
―――. 2006.『脱植民地化とナショナリズム――英領北ボルネオにおける民族形成』東京：東京大学出版会.

〔欧米語・マレーシア語・インドネシア語〕
Abdul Rahman Haji Arshad; Asraf; dan Hanafi Mohamed Kamal. 1976. *Pendidikan Tatarakyat Baru Dewan: Untuk Tingkatan Dua*. Kuala Lumpur: Dewan Bahasa Dan Pustaka, Kementerian Pelajaran Malaysia.
Anderson, Benedict. 1991. *Imagined Communities: Reflections on the Origin and Spread of Nationalism*. (Revised Edition). London: Verso.
Anon. n.d.(a). *Majmu'at Mawlud Sharaf Al-anam*. Pulau Pinang: Percetakan Almunarif Sdn. Bhd. 〔『高貴な人の誕生にかんする書』（原文はジャウィのマレー語とアラビア語）〕
Anon. n.d.(b). *Perukunan Sembahyang Melayu*. Pulau Pinang: Percetakan Almunarif Sdn. Bhd.〔原文はジャウィのマレー語。「本書の半分は Sheikh Muhammad Arsyad Banjar の作品から成る」と注記されている〕
Aoyama, Waka. 2017. To Become 'Christian Bajau': The Sama Dilaut's Conversion to Pentecostal Christianity in Davao City, 1997-2005. *Filipinas* (The Philippine Association, Inc.) 1: 109-131.
Arong, Jose R. 1962. The Bajaw of Sulu. *Philippine Sociological Review* 10: 134-147.
Azizah Kassim. 2005. Foreign Workers in Malaysia: A Comparative Analysis. *Master Builders* 3rd Quarters 2005: 78-91
Barrows, David P. 1905. History of Population. In *Census of the Philippine Islands: Taken under the Direction of the Philippine Commission in the Year 1903*, volume 1, compiled by United States Bureau of the Census, pp. 411-419. Washington: United States Bureau of the Census.
Beatty, Andrew. 1996. Adam and Eve and Vishnu: Syncretism in the Javanese Slametan. *Man* 2: 271-288.
―――. 1999. *Varieties of Javanese Religion: An Anthropological Account*. Cambridge: Cambridge University Press.
Beyer, Otley H. 1920-21. The Non-Christian People of the Philippines. In *Census of the Philippine Islands: Taken under the Direction of the Philippine Legislature in the Year 1918, volume 2*, compiled by the Census Office of the Philippine Islands, pp. 907-940. Manila: Bureau of Printing.
Blair, Emma Helen and James Alexander Robertson, compiled. 1903-1909. *The Philippine*

発の社会史――東南アジアにおけるジェンダー・マイノリティ・境域の動態』長津一史・加藤剛（編），473-517 ページ．東京：風響社．

―――．2014.「マレーシア・サバ州におけるイスラームの制度化――歴史過程とその特徴」『東洋大学アジア文化研究所研究年報』48: 279-296.

長津一史・加藤剛（編）．2010.『開発の社会史――東南アジアにおけるジェンダー・マイノリティ・境域の動態』東京：風響社．

永渕康之．2007.『バリ・宗教・国家――ヒンドゥーの制度化をたどる』東京：青土社．

―――．2010.「精神の開発――インドネシアにおける開発計画と宗教言説」『開発の社会史――東南アジアにおけるジェンダー・マイノリティ・境域の動態』長津一史・加藤剛（編），35-66 ページ．東京：風響社．

中村光男．1987.「文明の人類学再考――イスラーム文明の場合」『現代の社会人類学 3 国家と文明への過程』伊藤亜人・関本照夫・船曳建夫（編），109-137 ページ．東京：東京大学出版会．

西井凉子．2001.『死をめぐる実践宗教――南タイのムスリム・仏教徒関係へのパースペクティヴ』京都：世界思想社．

日本ムスリム協会．1996.『日亜対訳・注解　聖クルアーン』．（1996 年改訂版）．東京：宗教法人日本ムスリム協会．

信田敏宏．2004.『周縁を生きる人びと――オラン・アスリの開発とイスラーム化』．京都：京都大学学術出版会．

林行夫（編）．2009.『〈境域〉の実践宗教――大陸部東南アジア地域と宗教のトポロジー』京都：京都大学学術出版会．

林行夫．2009.「大陸部東南アジア地域の宗教と社会変容」『〈境域〉の実践宗教――大陸部東南アジア地域と宗教のトポロジー』林行夫（編），3-23 ページ．京都：京都大学学術出版会．

福島真人．1991.「『信仰』の誕生――インドネシアに於けるマイナー宗教の闘争」『東洋文化研究所紀要』113: 97-210.

―――．2002.『ジャワの宗教と社会――スハルト体制下インドネシアの民族誌的メモワール』東京：ひつじ書房．

福田美紀．1997.「島嶼部東南アジア、イスラームをめぐる人類学的研究」『社会人類学年報』23: 141-58.

ブルーベイカー、ロジャース（Brubaker, Rogers）．2016.『グローバル化する世界と「帰属の政治」――移民・シティズンシップ・国民国家』（佐藤成基ほか訳）．東京：明石書店．

堀井健三．1998.『マレーシア村落社会とブミプトラ』東京：論創社．

前川啓治．1997.「文化的「主体」と翻訳的適応――トレス海峡社会の墓石除幕式を中心に」『植民地主義と文化――人類学のパースペクティヴ』山下晋司・山本真鳥（編），65-98 ページ．東京：新曜社．

松田素二．1996.「『人類学の危機』と戦術的リアリズムの可能性」『社会人類学年報』22: 23–48.

村井吉敬．1987.『スラウェシの海辺から――もうひとつのアジア・太平洋』東京：同人舘．

門田修．1986.『漂海民――月とナマコと珊瑚礁』東京：河出書房新社．

58(2): 121-141.
———. 2005.『マレー・イスラームの人類学』京都：ナカニシヤ出版.
———. 2010.「マレーシア・イスラームにおける『イスラーム』と『世俗』——『イスラーム国家』論争を中心に」『人文研究』(大阪市立大学大学院文学研究科紀要) 61: 145-161.
竹川郁夫. 2006.「BIMP-EAGA 等 ASEAN 成長地域」『東南アジア地域援助研究会報告書——地域統合と開発援助（各論 課題別分析資料）』JICA 研究所（編), 63-173 ページ. 東京：独立行政法人国際協力機構.
鶴見良行. 1984.『マングローブの沼地で——東南アジア島嶼文化論への誘い』東京：朝日新聞社.
———. 1987.『海道の社会史——東南アジア多島海の人びと』東京：朝日新聞社.
寺田勇文. 1996.「スルー海域のサマ族——海洋民の『国民化』過程をめぐって」『国家のなかの民族——東南アジアのエスニシティ』綾部恒雄（編), 217-252 ページ. 東京：明石書店.
床呂郁哉. 1992.「海のエスノヒストリー——スールー諸島における歴史とエスニシティ」『民族学研究』57(1): 1-20.
———. 1996.「アガマ（宗教）をめぐる『日常の政治学』」『社会人類学年報』22: 81-104.
———. 1999.『越境——スールー海域世界から』東京：岩波書店.
鳥居高. 2003.「マハティール政権下の開発政策とイスラーム」『アジア研究』49(1): 19-37.
———. 2010.「マレーシアの開発計画にみる中心と周縁——新経済政策（ＮＥＰ）期を中心に」『開発の社会史——東南アジアにおけるジェンダー・マイノリティ・境域の動態』長津一史・加藤剛（編), 109-142 ページ. 東京：風響社.
中谷義和. 2007.「グローバル化と現代国家——ひとつの視座」『立命館法学』314: 167-198.
長津一史. 1995a.「海の民サマ人の生計戦略」『季刊民族学』74: 18-31.
———. 1997.「西セレベス海域におけるサマ人の南下移動——素描」『上智アジア学』15: 99-131.
———. 2002.「周辺イスラームにおける知の枠組み——マレーシア・サバ州、海サマ人の事例（1950-70 年代)」『上智アジア学』20: 173-196.
———. 2004a.「『正しい』宗教をめぐるポリティクス——マレーシア・サバ州、海サマ人社会における公的イスラームの経験」『文化人類学』69(1): 45-69.
———. 2004b.「＜正しい＞宗教の政治学——マレーシア国境海域におけるイスラームと国家」『変容する東南アジア社会——民族・宗教・文化の動態』加藤剛（編), 245-292 ページ. 東京：めこん.
———. 2004c.「越境移動の構図——西セレベス海におけるサマ人と国家」『海域アジア』(叢書現代東アジアと日本 4) 関根政美・山本信人（編), 91-128 ページ. 東京：慶應義塾大学出版会.
———. 2008.「サマ・バジャウの人口分布に関する覚書——スラウェシ周辺域を中心に」『アジア遊学』106: 92-102.
———. 2010.「開発と国境——マレーシア境域における海サマ社会の再編とゆらぎ」『開

Cliffrord. 1973a. Thick Description: Toward an Interpretive Theory of Culture. In *The Interpretation of Cultures: Selected Essays*, pp. 3-30. New York: Basic Books, Inc.）

ギアーツ、クリフォード．1987b(1973b).「儀礼と社会変化――ジャワの一事例」『文化の解釈学 I』吉田禎吾ほか（訳），243-290 ページ．東京：岩波書店．（Geertz, Clifford. 1973b. Ritual and Social Change: A Javanese Example: Toward an Interpretive Theory of Culture. In *The Interpretation of Cultures: Selected Essays*, pp. 142-169. New York: Basic Books, Inc.）

小池淳一．2010.「たたりとのろい」『宗教学事典』星野英紀ほか（編），226-227 ページ．東京：丸善．

小杉泰．1999.「イスラーム世界の東西――地域間比較のための方法論的試論」『東南アジア研究』37(2): 123-157.

小林寧子．1999.「インドネシア・イスラーム研究の半世紀――『地域研究』と『イスラーム学』とのはざま」『東南アジア研究』37(2): 176-193.

佐藤成基．2009.「国民国家と移民の統合――欧米先進諸国における新たな『ネーション・ビルディング』の模索」『社会学評論』60 (3): 348–363.

ザマフシャリ・ゾフィール（Zamakhsyari Dhofier）．1985.「プサントレン伝統――ジャワのキアイとイスラム伝統主義」『インドネシアのイスラム』タウフィック・アブドゥルラ（Taufik Abdullah）（編）（白石さや・白石隆訳），183-344 ページ．東京：めこん．

澤井充生．2001.「ヤースィーン章」『イスラーム辞典』大塚和夫他（編），1016 ページ．東京：岩波書店．

島村恭則．2018.「民俗学とは何か――多様な姿と一貫する視点」『現代民俗学のフィールド』古家信平（編），14-30 ページ．東京：吉川弘文館．

清水昭俊．1998.「周辺民族と世界の構造」『周辺民族の現在』清水昭俊（編），15-63 ページ．東京：世界思想社．

清水展．1997.「開発の受容と文化の変化」川田順造ほか（編），『いまなぜ「開発と文化」なのか』（岩波講座開発と文化 1）53-176 ページ．東京：岩波書店．

―――．2013.『草の根グローバリゼーション――世界遺産棚田村の文化実践と生活戦略』京都：京都大学出版会．

白石隆．1999.「東南アジア国家論・試論」『＜総合的地域研究＞を求めて――東南アジア像を手がかりに』坪内良博（編），261-281 ページ．京都：京都大学出版会．

末廣昭．2002.「総説」『岩波講座・東南アジア史 9「開発」の時代と「模索」の時代』末廣昭（責任編集），1-30 ページ．東京：岩波書店．

関本照夫．1974.「ギアツの宗教分析論をめぐって――宗教研究の方法に関する覚書」『アジア経済』15(12): 50–56.

左右田直規．2001.「マレーシアのイスラームと政治――『東南アジアのイスラームと政治』セミナーの報告から」『JAMS News』21: 8-13.

立本成文．1996.『地域研究の問題と方法――社会文化生態力学の試み』京都：京都大学学術出版会．

田辺繁治（編）．1995.『アジアにおける宗教の再生――宗教的経験のポリティックス』京都：京都大学学術出版会．

多和田裕司．1993.「『イスラーム化』と社会変化――マレー村落の事例から」『民族学研究』

参考文献

【書籍・論文】
〔日本語〕
青山和佳．2004.「フィリピン・ダバオ市のバジャウ移民のキリスト教受容――生活水準改善への微細な投企？」『経済学論集』69(4): 57-92.
―――. 2006.『貧困の民族誌――フィリピン・ダバオ市のサマの生活』東京：東京大学出版会.
―――. 2010.「福音とパン――フィリピン、ダバオ市の『バジャウ』のキリスト教受容」『開発の社会史――東南アジアにおけるジェンダー・マイノリティ・境域の動態』長津一史・加藤剛（編），437-472 ページ．東京：風響社.
石川登．1997.「民族の語り方――サラワク・マレー人とは誰か」『民族の生成と論理』（岩波講座文化人類学第五巻）内堀基光（編），133-163 ページ．東京：岩波書店.
―――. 2008.『境界の社会史――国家が所有を宣言するとき』京都：京都大学学術出版 .
上杉富之．1999.『贈与交換の民族誌――ボルネオ・ムルット社会の親族と祭宴関係のネットワーク』吹田：国立民族学博物館.
上田達．2002.「バジャウ・ラウトに関する人類学的研究の課題と展望」『年報人間科学』23(1): 75–93.
内堀基光．1989.「民族論メモランダム」『人類学的認識の冒険』田辺繁治（編），27-43 ページ．東京：同文館出版.
―――. 1997.「序論 民族の意味論」『民族の生成と論理』（岩波講座文化人類学第五巻）内堀基光（編），1-28 ページ．東京：岩波書店.
大塚和夫．1989.『異文化としてのイスラーム――社会人類学的視点から』東京：同文舘出版.
―――. 1999.「宗教復興の背後にあるもの――オブジェクト化されたイスラームをめぐって」『大航海』29: 81-89.
―――. 2000.『近代・イスラームの人類学』東京：東京大学出版会.
大塚和夫他（編）．2001.『イスラーム辞典』東京：岩波書店.
カサノヴァ、ホセ．1997 (1994).『近代世界の公共宗教』津城寛文（訳），東京：玉川大学出版部（Casanova, José. 1994. Public Religions in the Modern World. Chicago: University of Chicago Press）
片岡樹．2006.『タイ山地一神教徒の民族誌――キリスト教徒ラフの国家・民族・文化』東京：風響社.
加藤剛．1990.「『エスニシティ』概念の展開」『東南アジアの社会』（講座東南アジア学第三巻）坪内良博（編），215-245 ページ．東京：弘文堂.
加藤剛（編）．2004.『変容する東南アジア社会――民族・宗教・文化の動態』東京：めこん.
川島緑．1993.「戦後フィリピンにおけるイスラーム団体の発展――モロ国民主義に先行する政治的潮流」『アジア研究』39(4): 85-130.
ギアーツ、クリフォード．1987a(1973a).「厚い記述――文化の解釈学的理論をめざして」『文化の解釈学 I』吉田禎吾ほか（訳），3-56 ページ．東京：岩波書店．（Geertz,

【地名索引】

【人名索引】

［さ］

索引

【事項索引】

著者紹介

長津 一史（ながつ かずふみ）

東洋大学社会学部・准教授

一九六八年札幌生まれ

一九九二年上智大学外国語学部卒業

一九九八年京都大学大学院人間・環境学研究科博士課程単位取得満期退学

二〇〇五年京都大学大学院アジア・アフリカ地域研究研究科より博士（地域研究）を取得

日本学術振興会特別研究員ＰＤ（一九九八年から）、京都大学大学院アジア・アフリカ地域研究研究科助手（二〇〇〇年から）を経て、二〇〇六年から現職

東南アジア海域世界の社会史、海民社会の地域間比較を研究

主な著書

『開発の社会史――東南アジアにおけるジェンダー・マイノリティ・境域の動態』（加藤剛と共編著　風響社　二〇一〇年）

『小さな民のグローバル学――共生の思想と実践をもとめて』（甲斐田万智子・佐竹眞明・幡谷則子と共編著　上智大学出版会　二〇一六年）

『海民の移動誌――西太平洋のネットワーク社会』（小野林太郎・印東道子と共編著　昭和堂　二〇一八年）

国境《こっきょう》を生《い》きる

マレーシア・サバ州、海サマの動態的民族誌

二〇一九年二月二七日初版第一刷発行

長津《ながつ》一史《かずふみ》——著者
菊地信義——装幀者
関宏子——編集者
遠藤真広——発行者
木犀社——発行所
長野県松本市浅間温泉二—一—二〇
〒三九〇—〇三〇三
電話〇二六三—八八—六八五二
信毎書籍印刷——印刷所
川島製本所——製本所

Living on the Border: An Historical Ethnography
of the Sama Dilaut in Sabah, Malaysia

Printed in Japan
ISBN978-4-89618-068-8 C3039